法治原理与实务丛书

立法原理、程序与技术

（第二版）

刘 平 著

学林出版社

丛书自序

在从事政府法制工作 17 年之后，从 2013 年开始，我以每两年写一部书的速度，完成了"行政法治四部曲"的写作与出版，即 2013 年的《法治与法治思维》、2015 年的《行政执法原理与技巧》、2017 年的《立法原理、程序与技术》、2019 年的《行政救济的法理思辨》。这四本书本意是分别写给领导干部、行政执法人员、立法人员、行政复议和诉讼从业人员看的，覆盖了行政法治的决策、立法、执法、救济等四个环节，形成了闭环。欣慰的是，"行政法治四部曲"被认为都是具有独特性的学术专著。《法治与法治思维》是党的十八大报告中提出领导干部要增强运用"法治思维和法治方式"要求之后，较早一部系统论述法治思维的学术专著；《行政执法原理与技巧》一书列入了清华大学法学院何海波教授所列的每年一版的行政法学推荐书目清单，很长一段时间是行政执法类目中唯一一本专著；《立法原理、程序与技术》属于立法学的专著，但作为一部将立法学原理与立法技术相结合的教材或者专著并不多见。《行政救济的法理思辨》一书，严格地说，是行政法与法理学结合的一部学术专著，并且将所有行政救济制度都列入研究范畴，这也是没有相似的专著的。此外，2012 年我还主编了《征收征用与公民财产权的保护》，2015 年出版了法理学专著《法律解释——良法善治的新机制》。

让我感到鼓舞的是，这些学术著作得到了同行的认可与市场的积极反响。其中，《法治与法治思维》是加印次数最多的；《行政执法原理与技巧》被不少行政执法单位作为岗位培训的教材来使用。这两部专著在经过了多次加印后，都出了修订版。

2023 年 7 月，应司法部邀请，我去贵州遵义为来自全国各地从事行政立法的领导和工作人员作了立法原理与技巧的讲座。之后许多地方同志都希望购买我的《立法原理、程序与技术》一书，虽然此书出版社也加印过，但目前网上已基本买不到。于是，我与上海人民出版社联系加印出版事宜，曹培雷副总编十分热情地把我推介给了学林出版社。学林出版社的吴耀根主任与李晓梅编辑在与我沟通了解之后，主动提出可以给我出一套系列丛书，定名为"法治原理与实务丛书"，就从出版《立法原理、程序与技术》（第二版）开始。我自然很赞成这样的提议，特别是将丛书定位在法治原理与实务的结合上，是非常有见地的。

法治，不该是一堆僵硬的法律概念的组合，它是活的，是能回应社会需求的制度规范，是要融入每一个人的血液里变成本能反应的行为准则。"法律必须被信奉，否则就不会运作，这不仅涉及理性和意志，而且涉及感情、直觉和信仰，涉及整个社会的信奉。"（伯尔曼语）法学本身就是一门实践科学，法律的生命也在于运用与实施。而当它在某些时候表现出僵化、迟滞的一面时，一定有另一股力量把它激活，让它直面现实，去创新制度规则，使法律再度发挥其规范、引领、教育的功能，推进社会的文明进步。因此，如何把法学原理在法治实践中运用和落地，是法学理论工作者和执法一线人员需要共同去努力实现的现实目标。

回想起来，我从 1996 年开始从事政府法制工作，是自己在上海市政府法制办公室的岗位优势，以及长期兼任上海市行政法制研究所所长的经历，为法学理论和实务结合提供了最佳的条件，使自己逐渐形成了将法学原理与实务综合考量的思维习惯，也使上述几本专著自然地带上了这种特征，即定位在需求导向+学术思考；以实务为框架，以理论梳理、比较、分析为内涵。2019 年，我去西安参加中国法学会立法学研究会年会，遇到了三位来自外省市高校讲授立法学的青年老师，之前我们并不认识，他们都是主动找到我，分别自我介绍说，为了讲授立法学，他们在书店里寻找相关参考书，结果都选择了我写的这本《立法原理、程序与技术》，结果发现，只要稍加充实，就能完成立法学的课程讲授，因为我这本书的体系十分完整，而且理论与实务的结合很好。他们当面对我表达了感谢之意。听到他们的介绍，我十分欣慰，也有一份自得。时任西北师范大学法学院副院长何俊毅教授，在发给我的微信中这么说："您的著作确是当前立法学领域理论与实务结合最好的著作。我给研究生讲立法学主要以您的大作为依托。"我知道这是同行对我的鼓励与认同，也是我今后继续努力的动力。

这套丛书目前计划出版 8—10 种。第一批已经确定的就是原来的"行政法治四部曲"，当然不是简单加印，而是要进行全面修订之后推出第二版。

因为在党中央提出习近平法治思想，党的二十大报告对法治建设又提出新的要求和部署，加之《立法法》《行政处罚法》《行政复议法》等的修订，《民法典》的颁布，这一系列法治时代背景的新变化，原来写的内容有的难免已经滞后，甚至存在条文已经不适用的"硬伤"，所以需要与时俱进，进行修正、充实、完善。第二批专著的初步计划包括：法律解释的运用；征收与征用；社会信用的制度机理；基层治理的法治化。其中，前两本书是在原有出版物基础上的修订，后两本则是需要从头开始写的新著。这对我无疑也是一种自我加压，也是对法律学术更高追求的一种动力。此外，还会根据实践需要和法律知识的积累，增加其他内容。希望能继续得到法律同行们的指教和鼓励。

刘　平

2023 年 9 月于海上

笔者的话

这本书是我于 2016 年利用大半年的业务时间和少量的工作零碎闲暇时间写成的。在即将付印之际，不经意地发现，本书与我之前写的《法治与法治思维》《行政执法原理与技巧》正好构成三部曲。第一本《法治与法治思维》属于法理学范畴的专著，主要是写给领导干部们看的；第二本《行政执法原理与技巧》，顾名思义属于行政法学范畴的书，主要是为一线行政执法人员而写的；本书则属于立法学范畴，主要写给从事立法工作的同仁看。而上述这三个领域正是我 20 多年政府法制工作所主要涉及的法律专业领域。这三本书也可视为我这 20 多年工作经历中法律理论与实践思考的集成与总结。如果说，《法治与法治思维》一书只是一时兴起，有感而为之作，《行政执法原理与技巧》一书是"蓄谋已久"，属于了却一份夙愿的话，本书的写作动机则是介于两者之间，既不是一时冲动的产物，也不是早就有的写作计划。主要还是因为在所从事的立法工作中不断受到的一些刺激和感悟，触发了我想把 20 多年立法工作实践的得失作一梳理，留下一些历史痕迹给后来人作参考的想法。

最直接的动因还是有感于目前立法工作仍处于非专业化的经验主义状态，没有专业技术的积累和制度化的传承，还处于"师傅带徒弟"似的传统方式运作，这种现状与法治国家建设的大背景太不相适应了。我回顾自己，20 多年前开始从事立法活动时，也是没有现成可用的教科书和技术规范，甚至没有师傅传授，直接看一些地方性法规、规章的先例文本，自己慢慢琢磨，无师自通这么过来的，主要的基础仍是大学所学的哲学专业所训练的逻辑思维能力，以及从小喜欢写作散文、小说所打下的文字功底。而这种"业态"一直延续到今天，没有任何改变。我观察身边的那些立法工作后来人，许多都没有立法专业的学习和训练，甚至不是法律科班出身，都是作为一种工种安排，直接从事立法工作的。似乎立法工作是不需要什么专业的要求，谁都可以承担和胜任的岗位。这样的要求甚至低于一线的行政执法人员，他们不管怎么说还要经过法律知识和专业知识的考试合格，拿到《行政执法证》后，才能从事行政执法岗位。

而事实上，立法工作者是法律职业共同体中不可或缺的一员，而且是有着特殊条件和要求的一员。一般认为，法律职业共同体必须经过专门法律教育和职业训练，是具有统一的法律知识背景、模式化思维方式、共同法律语言的知识共同体；它以从事法律事务为本，是有着共同的职业利益和范围，并努力维护职业共同利益的利益共同体；其成员间通过长期对法治事业的参与和投入，达成了职业伦理共识，是精神上高度统一的信仰共同体。在我国，很长一段时间内，法律职业共同体仅是指法官、检察官、律师、法学家这四种法律职业人员所组成的特殊的社会群体。而立法工作者、政府法制工作者以及从事者面广量大的行政执法人员等都不算是法律职业共同体的成员。2015年12月，经中央深化改革领导小组审议通过，中共中央办公厅和国务院办公厅印发的《关于完善国家统一法律职业资格制度的意见》，第一次明确了我国法律职业人员的范围：法律职业人员是指具有共同的政治素养、业务能力、职业伦理和从业资格要求，专门从事立法、执法、司法、法律服务和法律教育研究等工作的职业群体。这标志着我国真正建立起法律职业共同体，且将法律职业共同体的范围作了扩大，使立法工作者、行政执法人员、政府法制工作人员第一次被纳入法律职业共同体的范围。当然，对法律职业共同体的管理，也分成了两个层次：一部分需要获得国家统一法律职业资格考试才能从事法律职业，另一部分则没有这一硬性要求，立法工作者便属于第二类法律人。

作为法律职业共同体的一员，立法工作者既有一般法律人的特质和职业标准，也有立法工作对其提出的特定要求：一是具有"吃透两头、把握中间"的政治判断能力；二是需要掌握立法工作内在规律的专业能力；三要具备善于平衡各种利益博弈的协调能力；四是具有法的不同价值的判断与衡量能力；五要有娴熟掌握立法技术的职业能力。科学立法，要求立法工作者懂得尊重立法自身的规律，即正确认识立法所调整的社会关系发展的客观规律；遵循一国法律体系的内在规律；掌握立法的工作规律，如把握好立法需求与实现可能的关系、立法目的与实现手段的关系、长远目标与眼前目标的关系，处理好法的稳定性与发展性的关系、立法"粗"与"细"的关系、法律专业与业务专业的关系等。总而言之，立法工作者是需要具备职业专业素养的。而目前尚未达到这样的要求。更何况党的十八届四中全会决定又赋予了所有设区的市人大和政府在城乡建设与管理、生态文明建设、历史文化保护、基层治理等领域的立法权，又自然产生了一大批新的需要自学成才的立法工作者。因此，这种状态亟须改变。这也就是我写这本书最主要的动因所在。

那么，立法工作者需要具备哪些基本素养呢？客观地说，这是个见仁见智的问题，并没有唯一正确的标准答案。在本书里，我结合自己20多年立法实践的体会，从"需求导向"和"问题导向"出发，主要围绕下列问题展开论述：（一）良法的标准是什么？（二）地方立法有哪些空间？（三）政府立法权该如何定位？（四）地方立法中有哪些特别制度安排？（五）何谓科学立法？（六）如何实现民主立法？（七）地方立法的基本程序有哪些？（八）法律文本的基本结构是怎样的？（九）如何掌握"法言法语"？

在本书即将付印之际，由衷地对责任编辑许钧伟女士为之付出的心血和努力表示万分感谢，尤其是在出版社改制未完之际就将本书纳入出版计划，并给予无私的帮助表达我的敬意。对在这一过程中给予热情帮助的邵敏先生、林岚女士亦表示真诚的谢意和敬意。

刘　平

2017 年 6 月 2 日于沪上

九亭上海诗林寓所

目　录

上篇　立法基本原理

中篇　立法规则与程序

下篇　立法技术规范

第一章 法律体系概论

立法，是指法治国家享有立法权的特定主体，根据法定权限，按照立法程序，运用一定技术，制定、修改、废止和解释法这种特定社会规范的活动。立法无疑是一种特定的人类决策活动，因为"立法工作，涉及的都是根本性的问题"①。

而要研究立法的规律，先要弄明白什么叫法律体系，因为立法行为是与法律体系密切相关的。法律体系虽然不是法律制度的全部，但在其中处于十分重要和突出的位置。

要了解所有这一切，就让我们从考察法律的渊源和流变开始。

一、法律渊源与法系

法是经济社会发展到一定阶段的产物，它是由社会物质生活条件决定的，正如马克思所言："政治、法律、哲学、宗教、文学、艺术等的发展是以经济发展为基础的。但是，它们又都互相影响并对经济基础发生影响……经济条件归根到底还是具有决定意义的，它构成一条贯穿于全部发展进程并唯一能使我们理解这个发展进程的红线。"② 立法者"在任何时候都不得不服从经济条件，并且从来不能向经济条件发号施令。无论政治的立法或市民的立法，都只是表明和记载经济关系的要求而已"③。

法的产生和演变，皆离不开社会的特定背景和社会变迁。科特威尔（Ruger Cotterrell）指出，"社会变迁是指社会中已建立的行为模式的任何非重

---

① 彭真：《新时期的社会主义民主与法制建设》，中央文献出版社 1989 年版，第 214 页。
② 《马克思恩格斯选集》第 4 卷，第 506 页。
③ 《马克思恩格斯全集》第 4 卷，第 121—122 页。

复性变更"，以及在"社会结构-社会关系模式，原有的社会规范，社会角度方面的变化"①。立法过程就是一个历史的过程，一个与社会的发展和变迁相伴随的过程。社会的变迁总要反映在一国的法律制度中，法律制度又会影响、促进和推动社会的变迁。

（一）法的渊源和演变

关于法的渊源和演变，有多种学术见解。这里介绍三位较为有影响的代表人物的观点。

中世纪经院哲学的代表人物圣·托马斯·阿奎那（St. Thomas Aquinas）根据法律的演变脉络，将古代法律划分为四种类型，即永恒法、自然法、神法和人法：

永恒法，乃是"上帝的统治计划"，它是指导宇宙中一切运动和活动的上帝之理性、智慧和意志。所有隶属于神辖范围的天地万物，都受永恒法的支配和调整。

自然法，依靠某些一般性规则指引的活动。这些一般性规则中最基本的规则就是行善避恶，是指引人类达到至善的理性命令。自然法是由人之物理的心理的特性组成的。

神法，即用上帝发布的一些比较具体的关于人应当如何生活的命令，来补充表现为一般的和抽象的原则体系的自然法。神法是上帝通过《圣经》给人类的启示，记载于新旧约全书中。

人法，一种以公共利益为目的的合乎理性的命令，它是由负责治理社会的人即君主制定和颁布的。②

当代学者马克斯·韦伯（Max Weber）、亨利·萨姆纳·梅因（Henry Sumner Maine）经过对法律的历史演变进行实证分析，得出基本相似的结论——在现代法即法治国家产生之前，法律形态基本经历了任意法、习惯法、判例法和成文法四种形态：

任意法，是国家初生之后的初级法律形式，其基本上是诸法不分，立法、行政与司法亦无区割，是"人意"和"神意"的混合体。"从早期社会，直到古希腊制定其法规时，人们一直是靠先知的预言，或至少靠这种语言的揭

---

① ［美］罗杰·科特威尔著，潘大松译：《法律社会学导论》，华夏出版社1989年版，第34页。

② 参见［美］E. 博登海默著，邓正来译：《法理学——法律哲学与法律方法》，中国政法大学出版社1999年版，第29—30页。

示来制定新的秩序，因此，在预言的合法性方面，默许是以信念为基础的。"① 所以在西方，这一时期的法律也叫神授法。

习惯法，产生于一个民族的社会安排，这些安排是由传统习惯而得到巩固，与民族的法律意识相符合，而不是来源于当局的政令。② "最古老、最普遍的秩序效力形式是以传统的神圣性为基础的。担心神灵的报复这种心理障碍使得传统习俗难以改变。"③ 而另一方面，在立法机关或法院赋予习惯法以法律效力之前，习惯是否具有法律实效往往是不确定的，因此，在早期习惯法的实施过程中，大众的观点、惯例和实践同官方解释者的活动之间始终存在着互动的关系。④ 但与任意法相比较，习惯法更有可能接近理性。因为，"利益驱动会产生合理考虑的愿望，保障习惯与习惯法不再被推翻。于是，就明确地将它置于实施机制的保障之下，这样，习惯就演变为制定法了"⑤。

判例法，意指法在司法实践中，即审判中能够构成法的原则和规则，它是由法院通过判例而产生，并按照"遵循先例"的原则被确立下来。在英美法系里，判例是主要法源。这样的优越地位是其强有力的司法权的结果与标志，即"所有法律都是法官创造的法律"。⑥ 而判例法的根本之处，不在于对以前判例的汇编，而在于把先前的判例看作一种规范，并且期望从中得到根据惯例应该、并在某种情况下必须遵循和适用的原则与规则。⑦

成文法，在韦伯那里，被概括为法典化。这是以罗马法为起点的、重视逻辑力量、以形式理性为主要特征的人造法时代。罗马法达到了古代法律发展的高峰，甚至"一切后来的法律都不能对它作任何实质性的修改。"⑧ 其重要的进步，一是加快了法律分化进程，罗马法体系分为公法和私法两个部分；二是关注程序法。罗马法的形式理性被称为"写成文字的理性"得到尊重，

---

① ［德］马克斯·韦伯著，张乃根译：《论经济与社会中的法律》，中国大百科全书出版社 1998 年版，第 10 页。

② 德国历史法学派萨维尼（Savigny）的著名观点。

③ ［德］马克斯·韦伯著，张乃根译：《论经济与社会中的法律》，中国大百科全书出版社 1998 年版，第 9—10 页。

④ 参见 ［美］E. 博登海默著，邓正来译：《法理学——法律哲学与法律方法》，中国政法大学出版社 1999 年版，第 470、383 页。

⑤ ［德］马克斯·韦伯著，张乃根译：《论经济与社会中的法律》，中国大百科全书出版社 1998 年版，第 23 页。

⑥ 美国法律理论家约翰·查普曼·格雷（John Chapman Gray）语。转引自宋功德著：《行政法哲学》，法律出版社 2000 年版，第 203 页。

⑦ 参见戴维·M. 沃克著，李双元译：《牛津法律大辞典》，法律出版社 1988 年版，第 149 页。

⑧ 《马克思恩格斯全集》第 21 卷，第 454 页。

之后在欧洲大陆各国得到了广泛的继承和发扬。

美国社会法学派创始人罗斯科·庞德（Roscoe Pound）则把世界上已经成熟的法律类型概括为依次发展的五个阶段，即原始法阶段、严格法阶段、衡平法和自然法阶段、法律成熟阶段和法律的社会化阶段：

原始法或古代法阶段。法典尚未从一般的社会控制（如宗教和道德）中分离出来，法律秩序还处于萌芽状态。在此阶段，人们信奉的观念乃是单纯的维持和平与治安，因此，维持治安或和平是原始法阶段法律的唯一目的。

严格法阶段。法律秩序与其他社会控制形式分离，法律取代宗教而成为社会中主要的调整性力量，国家通过压倒有组织的宗教而成为社会控制的机构。在此阶段，法律秩序所追求的首要目的乃是法律救济中的确定性。法律对国家可以干涉的案件和国家进行干涉的方式作出了严格的规定，以防止司法行政官员的专断行为，实现安全的目的。

衡平法和自然法阶段。严格法所坚持的法律确定性、形式性、一致性和规则性由衡平法和自然法所主张的法律的道德性、伦理性和理性的特点所取代，法律不再拘泥于文字而是富有弹性。这时法律的目的旨在通过法律将道德义务变成法律义务，使人们的伦理行为与道德规范相符合，依凭理想最大限度地减少或消除司法中的个人因素。

法律成熟阶段。严格法的稳定性、确定性与衡平法和自然法的弹性得以平衡、综合，法律体系渐趋成熟，"平等"和"安全"成为这一阶段的口号。所谓平等既指法律运作的平等，也指个人的利益不受其他人侵犯，只有在本人同意或因本人违反了旨在保障其他人相同利益规则的时候，其他人才被允许从他那里获益。

法律的社会化阶段。到 20 世纪初，法律把调整的重点从个人利益转向了社会利益方面。这种转变的目标和主张就是满足个人的欲求，把以最少限度的摩擦和浪费最大限度地满足人们的个人要求视作法律的目的。这区别于法律成熟阶段的抽象的个人主义。①

古今学者们的概括虽然不同，但从中我们可以梳理出大致的法律形态的发展脉络，即：法的形态是从习惯法、自然法到人造法即立法的演变过程；法是从自然理性（习惯法）到形式理性（人造法）再到实质理性（衡平法）的逐步深化的过程；法是从民商法到行政（管制）法到社会法的发展过程，即

---

① 参见尹晋华主编：《法律的真谛》，中国检察出版社 2006 年版，第 17—18 页。

从个人权利的平等保护到社会秩序的维护再到满足每个人不同需求的进化过程；法是从严格规则主义为主导到正当程序主义为主导的变化过程，即从对公权力的数量限权到程序控权的过程。

（二）法系

何谓法系？法系是指由不同的国家或地区在历史上所形成的具有相同法的结构和渊源的一种法的类型，法系的概念更多地表达的是一种法律传统，它是跨越历史和国度的。我国知名法学家沈宗灵先生认为，法系就是"由若干国家和特定地区的、具有某种共性或共同传统的法律的总称"[①]。沈宗灵先生特别强调：在理解法系的这一定义时，一定要注意：第一，法系不是指某一个国家的法律，而是一些国家的法律；第二，这些国家的法律具有一种共性或共同的传统；第三，某种法系与某一社会制度虽然有一定联系，但两者并不是一回事。

法系的理论，最早是由日本法学家穗积陈重提出来的。1881 年，穗积从英国、德国留学回到日本，在创设"法理学"课程的同时，提出了"五大法律家族"的学说，他将世界各国的法律制度，划分为五大法族（legal family），即印度法族、中华法族、伊斯兰法族、英国法族和罗马法族。这里，法族就是法系，罗马法族就是大陆法系。穗积认为，这五大法族互相竞争，此消彼长，其遵循的规律是优胜劣汰。之后，各国学者对法律传统都做了不同的分类，从人种的角度、法律职业阶层的角度、法律体系内部角度、意识形态的角度、法律技术的角度、法律样式的角度，等等，就法系作了不同的归纳，目的都是试图通过某种标准予以归类，合并简化为少量的几个系（family，族），以方便学术的比较研究。由于法系的概念在演绎的过程中比较混乱，一些学者开始使用"法律传统"（legal tradition）一词来替代法系的概念。[②]

加拿大的帕特里克·格伦（H. Patrick Glenn）在其 2007 年再版的《世界法律传统》[③] 一书中，将世界各国法律的发展，分为原生、犹太、大陆、伊斯

---

① 沈宗灵著：《比较法研究》，北京大学出版社 1998 年版，第 45 页。

② 如美国学者梅利曼、加拿大学者帕特里克·格伦等。

③ 该书关于法律传统理论的主要内容包括：传统之间：身份、劝谕和生存；原生法律传统：对世界的再审视；犹太法律传统：完美的创造者；大陆法传统：以人为本；伊斯兰法律传统：后世启示之法；普通法传统：审判之德；印度教法传统：法律为君王；亚洲法律传统：革新；调和法律传统：法律的可持续多样性等。

兰、英美、印度和亚洲等七个法律传统（法系）。在进行这种分类研究的基础上，强调必须维护法律传统的多样性的意义，"维护多样性意味着接受（而非宽容）世界上（所有的）主要的、复杂的法律传统"，强调各法律传统各自发展、彼此依存的价值。①

（三）大陆法系与英美法系

所有法系中，在当今世界影响最大的是两大法系，即大陆法系和英美法系。

大陆法系是目前世界上最大的法系，涉及国家众多，部门法典内容丰富，法学著作琳琅满目，其特点也非常鲜明：一是有完整的六法体系。大陆法系以法国和德国为代表，一大特点就是有一个比较完整的法律体系，这一体系，以宪法为指导，以私法（民法、商法）为基础，包含了刑法、刑事诉讼法、民事诉讼法以及行政法等在内的六大法律领域的法律、法令，一般称其为"六法全书"体系，也因此，大陆法系国家通常又被称为成文法国家②；二是对公法与私法作出划分。这种划分，来源于古代罗马法。公元 6 世纪编纂的《优士丁尼法学总论》将法律划分为两部分，"即公法与私法。公法涉及罗马帝国的政体，私法则涉及个人利益。这里所谈的私法，包括三部分，由自然法、万民法和市民法的基本原则所构成。"③ 这一划分，对大陆法系国家的立法、司法，以及法律教育和法学研究，都产生巨大的影响。日本的美浓部达吉总结说："公法和私法的区别，实可称为现代国法的基本原则。"④；三是有成文的部门法典。大陆法系非常注重成文法典的编纂，几乎每个国家在各个领域都制定了系统完整的法典。从古罗马的《法学阶梯》到《法国民法典》（即《拿破仑法典》），再到《德国民法典》。大陆法系各国的法典，作为近代型成文法的代表，无论在立法理念、立法技术和制度规定上，都显示出巨大的优点，并影响到英美法系国家。四是注重法律解释和法典注释学。与编

---

① 参见何勤华主编：《法律文明史》第 9 卷，何勤华、马贺、蔡迪等著：《大陆法系》（上卷），商务印书馆 2015 年版，第 3 页。

② 大陆法系"六法全书"的体系，发展到现在，已经名不副实了，即现在法国、德国、日本、韩国等出版的"六法全书"或"小六法"等，基本上就是一部该国现行法律、法令的汇编，"六法全书"只是一个象征性的称谓。

③ ［古罗马］优士丁尼著，张企泰译：《优士丁尼法学总论》，商务印书馆 1989 年版，第 5—6 页。

④ ［日］美浓部达吉著，黄冯明译、周旋勘校：《公法与私法》，中国政法大学出版社 2003 年版，第 3 页。

纂成文的部门法典的传统相适应，大陆法系各个国家都十分注重对法典的解释工作，并进一步形成了法典解释学（注释学）。如法国为了让1789年《人权与公民权利宣言》深入广大国民的心中，其后220多年中，就推出了众多的注释作品，对条文逐条进行解释；《法国民法典》颁布后，法学界编纂了众多的解说和注释书，帮助民众理解，并迅速形成了一个民法典注释学派。五是从大学中发展起来的法学教育。通过兴办法科大学来从事法律人才的培养，也是大陆法系法律教育的重要特点，这一传统最早来自古罗马，与英美法系（以英国为代表）主要通过各律师学院来实现法律教育的途径明显不同；由此带来的另一个特点是，在课程设置上比较注重必修课，选修课的比例不高，强调对抽象的概念和原理进行详细的阐述，形成完整的法律知识结构，培养学生触类旁通的思维能力，能够总揽各个部门法之间相通的精神本质。六是形成教授型的法学家群体。大陆法系的法学家，基本上都是大学法律院系的教授，这是其注重大学法学教育的必然结果。而与之不同的是，英美法系的法学教育对司法事务有着强大的依赖性。[1]

2001年，荷兰法学家马丁·W. 海塞林克（Martin W. Hesselink）出版了《新的欧洲法律文化》一书，对大陆法系的新的状况进行了描述：在传统的法律渊源载体形式上，增加了欧盟指令；法官的作用增大，也参与了立法过程；实行目的论解释；法律体系解决法律问题的或然性和不确定性增大；法学家的作用更加积极；法学与其他社会科学的界限不再那么清晰；传统上公私法的划分不再显得那么重要。[2] 可见，与传统的六法全书相比，大陆法系已经发生巨大变化。

英美法系，又称普通法法系或者海洋法系，是指以英国普通法为基础发展起来的法律的总称。它首先产生于英国，到18世纪至19世纪时，随着英国殖民地的扩张，英国法被传入曾经是英国殖民地、附属国的许多国家和地区，包括美国、加拿大、印度、巴基斯坦、孟加拉国、马来西亚、新加坡等国家和地区，最终发展成为世界主要法系之一。英美法系的主要特点：注重法典的延续性；以判例法为主要形式，除非某一项目的法例因为客观环境的需要或为了解决争议而需要以成文法制定，否则，只需要根据当地过去对于该

---

[1]　参见何勤华主编：《法律文明史》第9卷，何勤华、马贺、蔡迪等著：《大陆法系》（上卷），商务印书馆2015年版，第40—53页。

[2]　参见何勤华主编：《法律文明史》第9卷，何勤华、马贺、蔡迪等著：《大陆法系》（上卷），商务印书馆2015年版，第2页。

项目的习惯而评定谁是谁非。

英美法系以英国的普通法为基础，但并不仅指普通法，还包括英国的衡平法和制定法。这三种法律形式中，普通法最早发展，而且有着长期的重大影响。普通法是判例之法，而非制定之法，是法官在地方习惯法的基础上，归纳总结而形成的一套适用于整个社会的法律体系。美国法律制度虽然源于英国，但它在英国法律制度的基础上发展了自己的法律制度，与英国法律制度已有很大差别。从传统上讲，英美法系的判例法占主导地位，但从 19 世纪开始，其制定法也在不断增加，如美国的《统一商法典》、美国宪法等，但是制定法仍然受判例法解释的制约。判例法一般是指高级法院的判决中所确立的法律原则或规则。这种原则或规则对以后的判决具有约束力或影响力。同时，判例法也是成文法，由于这些规则是法官在审理案件时创立的，因此，又称为法官法（judge-made law）。判例法和制定法是一种相互作用、相互制约的关系。制定法可以改变判例法，同时，在适用的过程中，通过法官的解释，判例法可以修正制定法，如果这种解释过分偏离了立法者的意图，又会被立法者以制定法的形式予以改变。

英美法系没有严格的部门法概念，即没有系统性、逻辑性很强的法律分类，他们的法律分类比较偏重实用，其原因有以下几点：（1）英美法系从一开始就十分重视令状和诉讼的形式，这种诉讼形式的划分本身就缺乏逻辑性和系统性，因此就阻碍了英国法学家对法律分类的科学研究。（2）英美法系重判例法，而反对法典编纂，判例法偏重实践经验，而忽视抽象的概括和理论探讨。（3）英美法系在法院的设置上分为普通法院和衡平法院，普通法和衡平法的划分从政治的角度看是国会和国王争夺权力的表现，从法律技术的角度看是衡平法对普通法缺陷的修改和补充，衡平法是以普通法为基础的，其价值在于指出了一般正义和个别正义的冲突和矛盾，并加以矫正。这也阻碍了对法律的分类，尤其是难以形成公法和私法观念。（4）在英美法系的发展过程中，起主要推动作用的是法官和律师，而且其教育方式也是以学徒制为主，这就决定了他们更加关注具体案件，而轻视抽象理论意义上的法律分类。

值得注意的是，在第二次世界大战以后，大陆法系与英美法系出现了明显地相互借鉴和相互融合的趋势。大陆法系日益向英美法系靠拢，对英美法系成果加快吸收，如意大利学习美国建立了宪法法院，法国等许多大陆法系国家学习美国确立了违宪审查制度等；更加注重程序法的内容；判例在司法审判中的指导地位更加明显；更加注意发挥法官的作用，从原先严格限制法官解释法律、创制法律，到法官日益活跃，在法庭审判领域中发挥的作用越来越大，如德国联邦法院的法官超越法律规定，确立一般人格权保护的理念和制度；在坚持成文法典传统等基础上立法方式更加灵活、新兴的部门法领域迅速增加，面对成文法典日益滞后和失去包容性的危机，将原来的经典成文法典转化成各个部门法的通则，对一些相同或相近法域法典中的相关部分，重新予以整合，推出新的比较系统完整的单行法律，甚至出现有一种社会关系，就制定一部新的法律的现象。

反之，大陆法系对英美法系也产生积极的影响。大陆法系的成文法传统也为英美法系所借鉴。第二次世界大战以后，英国、美国、加拿大和澳大利亚等国家也在宪法、行政法、民商法、经济法、社会保障法和刑法等领域，陆续颁布了一批成文法典。

二、法律体系与立法

法律体系是法发展到相对成熟阶段的产物。法律体系（Legal System），通常是指一个国家全部现行法律规范分类组合为不同的法律部门而形成的具有体系规模和内在有机联系的和谐统一整体。简单地说，法律体系就是部门法体系。部门法，是根据一定标准、原则所制定的同类规范的总称。法律体系有下列基本特征：第一，它是一个国家全部现行法律构成的整体。第二，它是一个由法律部门分类组合而形成的呈体系化的有机整体。第三，它的理想化要求是门类齐全、结构严密、内在协调。第四，它是客观法则和主观属性的有机统一。

严格地说，上述法律体系的定义是一种狭义的概念。还有一种广义的定义，即法律体系是指社会生活中的某一个领域甚至某一方面形成的内在联系较为系统的国家现行的法律规范群体，如，我国社会主义市场经济法律体系、我国社会基本保障法律体系、我国行政管理法律体系等。广义的法律体系与狭义的法律体系在内涵和外延上既有联系又有区别。

（一）法律体系与成文法

从世界法律的发展史中可见，并非所有的法律传统即法系都有法律体系，法律体系是与成文法相对应而形成的。

论法律体系，就世界范围而言，当推大陆法系普遍都有的被称为"六法全书"的完整法律体系。在法国，这一六法全书体系，是在拿破仑执掌法国最高统治权（1799 年）之后，制定了 1799 年的法国宪法、1804 年的法国民法典、1807 年的商法典、1808 年的民事诉讼法典和刑事诉讼法典，以及 1810年的刑法典形成的。在德国，则是在 1871 年国家统一之后，通过制定宪法（1871 年）、民法典（1896 年）、商法典（1897 年）、刑法典（1871 年）、法院组织法、民事诉讼法和刑事诉讼法（均为 1877 年）等形成的。日本通过1889 年的明治宪法、1898 年的民法典、1899 年的商法典、1890 年的民事诉讼法与刑事诉讼法以及 1907 年的刑法典开始确立。在我国中华民国时期，六法全书也是在 1928 年至 1935 年间，通过制定民法、刑法、民事诉讼法、刑事诉讼法等各大法典之后形成的。①

历史证明，建立成文法的法律体系，对于构建一个国家的法律规范制度，对于法学教育和法学研究以及公民法律意识的普及等，都是比较适合、比较便利的形式。因此，至少在法律制度的表现形式上，大陆法系的六法全书式的成文法体系是非常经典的，是人类法律文明的精华之一。

立法与法律体系之间是怎样一种关系？概括地说，先是制定法律规范，然后形成法律体系；法律体系形成之后，又会指导立法实践，防止法律规范之间相互矛盾、"打架"，把法自身逻辑体系搞乱。②

确立以六大法典为核心的六法全书式法律体系，在其他各个法系中是没有的。但立法行为并不是大陆法系特有的，英美法系虽然具有判例法的传统，但同样有制订成文法的立法行为以及编纂法典的传统。也因此，立法被认为"是我们今天社会中唯一的最重要的法的渊源。"③

（二）法律是一种人为理性

在很大程度上，我们所了解的各种法律的历史，就是各种法律工作日益专门化的历史，是一种人为理性的积累和演化过程。1607 年，英国国王詹姆斯一世（James I）曾询问英格兰首席大法官爱德华·柯克（Edward Coke）：

---

① 参见何勤华主编：《法律文明史》第 9 卷，何勤华、马贺、蔡迪等著：《大陆法系》（上卷），商务印书馆 2015 年版，第 40—41 页。

② 参见杨景宇：《我国的立法体制、法律体系和立法原则》，载上海市行政法制研究所编：《依法行政与法治政府》，法律出版社，第 6 页。

③ ［美］迈尔斯·帕基著：《立法》"序言"，转引自周旺生著：《立法论》，北京大学出版社 1994年版，第 670 页。

既然法律基于理性，并且他詹姆斯同柯克法官一样拥有理性，为什么他詹姆斯就没有权力作出法律判决呢？柯克不可能对这样两个前提提出质疑，但他回答说：涉及公民的生命、财富、继承、物权等事由不能根据自然理性来作出判断，作为法律之基础的理性是一种"人为理性"，而法律是一门需要人们经由长时间的学习和经验累积方可掌握的技艺，也只有受过法律训练、有法律经历的人才会运用。① 柯克大法官的回答中，浓缩了传统法律观的三个要素：法律是理性而不是命令；法律是一种特殊的理性而不是常识、道德哲学的运用或政策分析；只有法律人懂得法律。②

如何来理解法律这种"人为理性"的特质呢？美国的诺内特（P. Nonet）和塞尔兹尼克（P. Selznick）认为："人为理性通过使公认的法律成为判决的一种不可少的成分而确认其权威；在如此做的过程中，人为理性显示出其匠心独具，成为一种解决矛盾、弥合'差距'而提供所需要的法律变化的艺术。人为理性是法律正统性的修辞学。它援引公认的和有权威的东西，并使自己为寻找法律的某种专门技术所约束。与此同时，它也维护了法官的自治要求。"③

法律是一套规则体系，规则是对自然规律和社会规律的认知和固化，但（法律）规则不能简单地等同于（客观）规律。法律乃是人类的创造物，是人类把法律发明创造出来以体现一定的理想、价值。换句话说，法律是不同时期、不同地域的人们解决纠纷的手段、工具或装置，也是人们价值观的一种载体。"一如语言、文学、艺术、国家或技术发明，法规范也是人类的创作，它是人类世界独有的构成部分。在此含义上，它不属于'自然'界。"④ 既然法律是人造物，即人造法，因而法律不仅有客观性的一面，也有主观性的一面。

客观地说，人通过立法制定的法则与自然法则是有区别的。古希腊的诡辩论者安堤弗（Antiphon）就宣称，自然的命令是必然的和不可抗拒的，而法则的命令则是人类专断制定的，是那种因时、因人和因势的变化而变化的偶

---

① 参见［英］马丁·洛克林著，郑戈译：《公法与政治理论》，商务印书馆 2003 年版，第 63—64 页。

② ［美］理查德·A. 波斯纳著，苏力译：《法理学问题》，中国政法大学出版社 2002 年版，第 7、12—13 页。

③ ［美］P. 诺内特、P. 塞尔兹尼克著，张志铭译：《转变中的法律与社会：迈向回应型法》，中国政法大学出版社 2004 年版，第 68—69 页。

④ ［德］卡尔·拉伦茨著，陈爱娥译：《法学方法论》，商务印书馆 2003 年版，第 72 页。

然的和人为的安排。任何人只要违犯自然法则就必然会受到惩罚。正如恩格斯所警告人类的："我们不要过分陶醉于我们对自然界的胜利。对于每次这样的胜利，自然界都报复了我们。"① 但是，如果一个人违反国家的法律而未被发现，那么他就不会受到惩罚也不会丧失名誉。其隐含着一种假设：人所约定的惯例实际上只是对"自然权利"设定的一种桎梏。②

（三）立法：实现一种形式理性

立法是人的一种理性活动。古罗马法学家西塞罗（Cicero）认为，"法律是最高的理性，从自然生出来的，指导应做的事，禁止不应做的事"，"这种理性，当在人类理智中稳定而充分地发展了的时候，就是法律"。③ 当然，博登海默也提醒理性具有局限性："理性乃是人用智识理解和应对现实的（有限）能力。"④

马克斯·韦伯通过对人类社会法律理性演变过程的考察，将法律理性抽象为四种"理想类型"：其一，形式非理性。即法的创造和发现，并不是通过一般性的规范引导出来，而是通过超越理性控制的各种方式（神明裁判、神谕等）以及在礼仪上采用形式主义程序进行的。这种非逻辑分析的过程，其立法和司法的结果是不可预测的。其二，实质非理性。即法的创造和发现，并非通过一般性的规范出来，而是通过一个事例所做的感情评价，完全恣意地决定来进行的，比如衡平。其立法和司法的结果也是不可预测的。其三，形式理性，即以形式主义为特征，主要重视在诉讼程序上的明确要件标记。法律形式理性化，主要表现为法律规范逻辑意义上的严格性与确定性——在实体和程序两个方面都具有确凿的、一般性的事实。其立法和司法的结果有较大的可预测性。其四，实质理性。即通过打破外在形式主义或逻辑的形式主义的逻辑性、功利性、政治性、合目的性原则，对法的创造和发现给予决定性明确；它遵循意识形态整体的原则（道德、宗教、权力政治等），而非法律本身。其立法和司法具有一定的可预测性。比如德国的自然法学理论、美

---

① 《马克思恩格斯选集》第 3 卷，第 517 页。
② ［美］E. 博登海默著，邓正来译：《法理学——法律哲学与法律方法》，中国政法大学出版社 1999 年版，第 5 页。
③ 转引自张宏生主编：《西方法律思想史》，北京大学出版社 1983 年版，第 58 页。
④ ［美］E. 博登海默著，邓正来译：《法理学——法律哲学与法律方法》，中国政法大学出版社 1999 年版，第 454 页。

国的实用主义法学以及实质意义上的自然法，都具有这种特点。[①]

立法，就其性质而言，是实现一种形式理性。在马克斯·韦伯眼里，法律理性的最高发展层次，即是"逻辑形式合理性"。形式理性带有鲜明的工具理性特征，又可称为技术理性。法律是一种可以反复复制、预期和推理的工具理性。香港大学的陈弘毅先生评价："自成一体的现代法规范是条理井然、包罗万象、结构严谨、内容精密、清晰明确、并无内在矛盾的，由具有高度抽象性、概括性、普遍性的规则组成，这些规范是公之于世的，并由法学家以逻辑推理方法把它们适用于各具体的个案之中，用韦伯的语言来说，这是一个'理性'的法制。此外，这些规范并不是一成不变的，它们既是由专家刻意创建的，又是可根据客观形势的需要而修订、改良。"[②] 美国的理查德·A. 波斯纳（Richard Allen Posner）也为形式理性作了有力的辩护："从特殊到抽象是科学的关键，因此在一定意义上，所有的科学，而不仅仅是经济科学，都是形式主义的……而之所以有如此众多的法官和法律学者都在努力促使法律成为一个形式主义的学科，部分原因就是由于真正的形式主义具有的威望。"[③]

（四）立法过程：从预期到规则

立法是一个用法律规则表述合理预期的过程，体现着规则创制的客观性与主观性的统一。这种统一取决于规则创制者对社会预期的双重特性的认识：一方面，合理的社会预期基于一定的共识性法律事实之上，法律事实的变迁直接影响着合理预期的范围、幅度与表现方式，共识性法律事实作为社会事实的局部，是对社会行为加以表现的社会现象，社会行为又取决于社会政治、经济、文化环境，这构成社会预期的客观性一面。另一方面，法律规则的创制并非只是纯粹地直接从法律事实中提取社会预期，社会预期应基于法律事实而又相对超脱法律事实，并形成自己的结构与价值取向，这又构成社会预期的主观性一面。

立法即法律规则的创制过程中的客观性，是指规则创制活动受外界客观环境制约的情形。这种制约来自自然和社会两方面。一方面，作为法律规则

---

① 转引自宋功德著：《行政法哲学》，法律出版社 2000 年版，第 6 页。
② 陈弘毅著：《法治、启蒙与现代法的精神》，中国政法大学出版社 1998 年版，第 4 页。
③ ［美］理查德·A. 波斯纳著，苏力译：《法理学问题》，中国政法大学出版社 2002 年版，第 78 页。

源泉的社会预期逻辑应顺应自然逻辑，即要处理好"天人关系"。人是自然的产物，人类的产生和发展无不受自然规律的支配和制约，所以人类的合理预期永远不可能通过超越自然规律来实现。今天我们对生态文明的自觉便是一种新的"天人关系"的觉醒。西塞罗说："依照自然生活是最好的。"① 也就是说，合理的社会预期的逻辑必须与自然逻辑相适应，遵循自然理性。正如孟德斯鸠（Charles Louis Montesquieu）所说："从最广义的意义上说，法是由事物的性质产生出来的必然关系。在这个意义上，一切存在物都有它们的法。"②

另一方面，社会预期逻辑还应顺应社会逻辑。人是有理性的社会动物，社会预期的逻辑必然要顺应社会经济文化的发展逻辑。社会逻辑是社会经济、政治、文化发展与演变的决定性力量，它直接来源于社会生产力水平。社会生产基本上是由低级向高级发展的过程。因此，立法即法律规则的创制要回应社会发展的逻辑，并要随着社会逻辑的演变发展而作相应的适应性变迁，这样才能保持法律规则与整个社会预期的协调。历史法学派代表人物萨维尼（Savigny）指出，法律乃是"那些内在地、默默地起作用的力量"的产物。它深深地植根于一个民族的历史之中，而且其真正的源泉乃是普遍的信念、习惯和"民族的共同意识"。③

立法即法律规则创制的过程便是对各种社会预期的整合过程，这既有对公众的经验性社会预期的整合，也有对立法者外的法学家抽象性社会预期的整合。英国法学家米尔恩（A. J. M. Milne）提出了"语言规则"和"惯例性规则"两个概念。他认为，语言规则是被发现的，而不是被制定出来的，语法学家只是对那些说这种语言的人已经在做的事进行系统的记录和介绍；而惯例性规则是指习惯规则、传统做法规则和道德规则，它们根源于习惯、传统和道德，并随着后者变化而变化。米尔恩强调，没有惯例性规则就根本不可能有制定性规则即法律规则。④ 在立法对各种社会预期的整合过程中，受着三方面的制约：一则，立法者对预期素材的取舍，要不可避免地受立法整合技术的影响；二则，立法者基于其对民意的理解而形成特定的社会预期；三则，

---

① 张宏生主编：《西方法律思想史》，北京大学出版社 1983 年版，第 58 页。

② ［法］孟德斯鸠著，张雁深译：《论法的精神》（上册），商务印书馆 1961 年版，第 1 页。

③ 参见 ［美］E. 博登海默著，邓正来译：《法理学——法律哲学与法律方法》，中国政法大学出版社 1999 年版，第 88 页。

④ ［英］A. J. M. 米尔恩著，夏勇、张志铭译：《人的权利与人的多样性——人权哲学》，中国大百科全书出版社 1995 年版，第 19 页。

立法者本身亦有体现阶层利益的社会预期。因此，最终形成的法律规则，往往是多种社会预期博弈后相互妥协的产物。①

立法规则能否实现预期，变成现实的法律秩序，需要几个重要的前提，都是需要立法者在立法过程中就关注到的：一是，人们相信这种规则和秩序具有合法性与正当性。"在设定的秩序中的默认，只要它不是由于恐惧，或基于目的——合理性，就可假定存在一种信念，即认为设定秩序的统治者权力是合法的。"② 而这种合法性有赖于执法者和管理者的诚笃，让民众相信执行这些规则具有合法与正当性。二是，这种规则应当是回应民众生活，即对人的利益有利，并且切实可行的。德国的著名法学家拉德布鲁赫（Gustav Radbruch）强调："法律上的效力只能在毫不脱离民众生活实际的情况下才能实现，否则民众生活就会拒绝服从它；一项法令只有在其实际运用于大多数情况下是都能指望切实可行时，才会'产生效力'。因为对法权而言，法律实质上不仅是欲然和应然，而且还是人民生活中的一种实际有效的力量。"③ 三是，这种秩序的遵守必须是已经成为社会成员的一种自觉的道德义务。米尔恩指出："一种实在法体系要成为实在，就只有在道德已然是人们实际关注的东西的地方，即，在这样一个社会共同体中，这里的绝大多数社会成员承认他们具有道德义务，而且大部分成员能够也愿意履行这些义务。假如没有服从法律道德义务，那就不会有什么堪称法律义务的东西。所能有的只是以暴力为依托的法律要求。"④ 四是，这种规则必然是符合公序良俗的，即法律规则是对已被现实生活证明属于公共秩序和优良习俗的价值理念的法制化。这也就是社会主义核心价值观入法的内在动力。

基于这样的立法逻辑，对照现在的立法行为和现象，值得反思的有以下几种并未充分掌握社会预期的"立法行为"：一谓"闭门造法"，即立法者在立法过程中未倾听民意，不了解社会接受度，把立法当成几个专门人员的"技术活"，结果难免会存在脱离社会实际的缺陷；二谓"激情立法"，因为某些突发事件或现实急需而激发起立法冲动，但其实对立法所指向的社会预

---

① 参见宋功德著：《行政法哲学》，法律出版社 2000 年版，第 46 页。

② ［德］马克斯·韦伯著，张乃根译：《论经济与社会中的法律》，中国大百科全书出版社 1998 年版，第 10 页。

③ ［德］拉德布鲁赫著，米健、朱林译：《法学导论》，中国大百科全书出版社 1997 年版，第 2 页。

④ ［英］A. J. M. 米尔恩著，夏勇、张志铭译：《人的权利与人的多样性——人权哲学》，中国大百科全书出版社 1995 年版，第 35 页。

期并未充分掌握，违背了立法的理性原则；三谓"盆景式立法"，从立法的技术看，很完美，很理想化，具有较高的观赏价值，但好看不好用，不具有"移栽价值"，在实施中并不能取得应有的普遍性实效；四谓"指令性立法"，指根据领导个人的指令，在未做好立法调研的情况下，片面讲求立法效率，匆忙进入相关立法程序，硬性"创造"并不适用的法律规则。上述这些违反社会预期和客观规律的立法行为都是需要去避免的。

三、中国特色社会主义法律体系

中国特色社会主义法律体系，是指适应我国社会主义初级阶段的基本国情，与社会主义的根本任务相一致，以宪法为统帅和根本依据，由部门齐全、结构严谨、内部协调、体例科学、调整有效的法律及其配套法规所构成，是保障我们国家沿着中国特色社会主义道路前进的各项法律制度的有机的统一整体。2011 年 3 月，吴邦国委员长在十一届全国人大四次会议工作报告中，向全世界庄严宣布："一个立足中国国情和实际、适应改革开放和社会主义现代化建设需要、集中体现党和人民意志，以宪法为统帅，宪法相关法、民法商法、行政法、经济法、社会法、刑法、诉讼与非诉讼程序法等多个法律部门的法律为主干，由法律、行政法规、地方性法规三个层次的法律规范构成的中国特色社会主义法律体系如期形成，社会主义经济建设、政治建设、文化建设、社会建设和生态文明建设实现有法可依。这是我国社会主义民主法制建设史上的重要里程碑，是中国特色社会主义制度走向成熟的重要标志，具有重大的现实意义和深远的历史意义。"自此，也开启了中国特色社会主义法律体系建设的新阶段。

刘松山对"法律体系"这一用语在我国现代法治中的历史沿革作了考察。党的十一届三中全会公报提出要"加强社会主义法制"，并未提出要建立"社会主义法律体系"。在领导人讲话中最早提出"法律体系"的是彭真。1981年 5 月，彭真委员长在全国人大常委会法制工作委员会（简称"法制委"）举办的民法座谈会上的讲话中提出："如果说什么是民法的母亲的话，就法律体系本身来说就是宪法。"① 这是就民法与宪法的关系而提及"法律体系"

---

① 彭真：《论新时期的社会主义民主法制建设》，中央文献出版社 1989 年版，第 97 页。

的。1982 年，杨尚昆副委员长兼秘书长在五届全国人大第五次会议上所作的常委会工作报告中提出，要"按照社会主义法制原则，逐步建立有中国特色的独立的法律体系"。① 这个表述就是今天人们耳熟能详的"中国特色社会主义法律体系"的雏形。而最早以官方文件或官方的方式提出建设"中国特色社会主义法律体系"的是全国人大常委会法制委。1984 年，全国人大常委会法制委公开发表文章《为建设具有中国特色社会主义法律体系而努力》；同年，法制委的负责人项淳一、杨景宇、顾昂然联名在《红旗》杂志发表题为"努力建设有中国特色的社会主义法律体系"的文章，提出要"努力建设有中国特色的社会主义法律体系"，文章详细论述了建设中国特色社会主义法律体系需要遵循的指导思想，并指出，这项工作"是一项重大的工程，需要作出巨大的努力，经历较长时间，绝不是一朝一夕、一蹴而就的"。②

（一）中国特色社会主义法律体系的特征

中国特色社会主义法律体系的标志是：法律部门齐全、法的层次清晰、结构简洁严谨、体例科学合理、法律关系和谐统一，是具有体系规模和内在有机联系的和谐统一的法律法规整体。③ 中国特色社会主义法律体系，是紧紧伴随着中国特色社会主义事业发展而前进，是动态的、发展的法律体系，它不断走向新的健全和完善，彰显我国社会主义法治文明，鲜明体现了我国法律制度以改革创新为核心的时代精神。概括起来，有以下几个特征：

1. 始终以尽快实现"有法可依"为现实目标。党的十一届三中全会，是我国迈向现代法治的起点，全会报告中提出："为了保障人民民主，必须加强社会主义法制，使民主制度化、法律化，使这种制度和法律具有稳定性、连续性和极大的权威，做到有法可依、有法必依、执法必严、违法必究。从现在起，应当把立法工作摆到全国人民代表大会及其常务委员会的重要议程上来。"这可以被视为我们建设中国特色社会主义法律体系的第一声号令，从此开启了我国社会主义现代法制建设的进程。其中，"有法可依、有法必依、执法必严、违法必究"被称为法制十六字方针，成为直到党的十八大提出新的

---

① 刘政、于友民、程湘清主编：《人民代表大会工作全书》，中国法制出版社 1999 年版，第 544 页。

② 参见刘松山著：《中国立法问题研究》，知识产权出版社 2016 年版，第 214 页。

③ 参见李培传著：《论立法》，中国法制出版社 2013 年版，第 380 页。

法治十六字方针"科学立法、严格执法、公正司法、全民守法"之前很长一段时期内中国法制和法治建设的指导思想。而法制十六字方针的首要任务就是解决"有法可依"的问题。只有做到了有法可依，才会有之后的有法必依、执法必严、违法必究的现实可能。所以，中国特色社会主义法律体系的逻辑起点就是如何解决"有法可依"的问题，做到社会生活的主要方面都有基本的法律规范，使全社会成员确立依法办事、依法行事理念成为一种现实。

2. 始终遵循党的领导、人民当家作主和依法治国的有机统一。党的十五大报告中，对依法治国有深刻的阐述："依法治国，就是广大人民群众在党的领导下，依照宪法和法律规定，通过各种途径和形式管理国家事务，管理经济文化事业，管理社会事务，保证国家各项工作都依法进行，逐步实现社会主义民主的制度化、法律化，使这种制度和法律不因领导人的改变而改变，不因领导人看法和注意力的改变而改变。依法治国，是党领导人民治理国家的基本方略，是发展社会主义市场经济的客观需要，是社会文明进步的重要标志，是国家长治久安的重要保障。党领导人民制定宪法和法律，并在宪法和法律的范围内活动。依法治国把坚持党的领导、发扬人民民主和严格依法办事统一起来，从制度和法律上保证党的基本路线和基本方针的贯彻实施，保证党始终发挥总揽全局、协调各方的领导核心作用。"从中我们可以解读出如下几层含义：其一，依法治国的主体是人民群众，人民在立法中始终处于主体地位，立法是其实现管理国家事务、管理经济文化事业、管理社会事务的重要途径。其二，依法治国的现实意义，集中体现为四句话：是党领导人民治理国家的基本方略，是发展社会主义市场经济的客观需要，是社会文明进步的重要标志，是国家长治久安的重要保障。其三，理清并明确了党与法的关系，即党领导人民制定宪法和法律，并在宪法和法律的范围内活动；党在立法工作中起着统揽全局、协调各方的领导核心作用，还强调了，要使法律不因领导人的改变而改变，也不因领导人看法和注意力的改变而改变。表明科学立法并保持法律的相对稳定性，是消除人治现象的重要制度保证。

3. 始终坚持立法决策与改革决策相衔接，鼓励地方先行性立法。我国的改革开放与现代法治进程起始于同一时间，即党的十一届三中全会，所以，改革决策与立法决策同时运用，有机衔接，就成了中国法治进程的一大特点，也构成了中国特色社会主义法律体系建设的一大亮点。虽然我国是单一制法制国家，实行法制统一，但在法制建设过程中十分强调地方的先行性立法，也就是创制性立法。其主要原因是：（1）中央立法通常只能对社会关系中具有普遍意义的事项作出规范，而在执行中，地方会遇到各种新情况、新问题，需要地方根据实际情况作出新的执行性或创制性规定；（2）在单一制法制国家中，虽然中央可以对任何事项进行立法，但对于纯粹的地方性事务，由地方立法显然更为适宜；（3）一项社会关系由国家统一立法通常需要较长的周期，而在中央立法条件尚不成熟时，某些地方又急需对该项社会关系作出调整，由地方先立法就成为解决局部问题的重要途径；（4）从认识论的角度看，人们对一个事物的认识通常都需要经过一个从具体到抽象、从局部到整体的过程，与此相适应，我们国家的很多改革工作，也都是先从地方做起，从局部做起的；这反映在立法上，就是许多社会关系需要地方先立法、先规范、先认识，进而为日后中央立法提供实践经验和参照，提供认识的基础。[①]因此，创新性立法、先行性立法也成为我国地方立法的一种品格。

4. 始终贯彻和遵循科学发展观的理念。党的十八大报告指出："科学发展观是马克思主义同当代中国实际和时代特征相结合的产物，是马克思主义关于发展的世界观和方法论的集中体现，对新形势下实现什么样的发展、怎样发展等重大问题作出了新的科学回答，把我国对中国特色社会主义规律的认识提高到新的水平，开辟了当代中国马克思主义发展新境界。"科学发展观的第一要义是发展，涉及经济、政治、文化、社会、生态文明等方方面面的发展问题，需要落实到发展先进生产力，发展先进文化，从而推动社会全面进步，促进人的全面发展。科学发展观的核心是以人为本，即始终把最广大人民的根本利益作为立法工作的根本出发点和落脚点。统筹兼顾则是科学发展观的根本方法，正如党的十七大报告所阐述的，需要"统筹城乡发展、区域发展、经济社会发展、人与自然和谐发展、国内发展和对外开放，统筹中央和地方关系，统筹个人利益和集体利益、局部利益和整体利益、当前利益和长远利益，充分调动各方积极性。"以上阐述，揭示了统筹兼顾的科学内涵，也是立法工作要切实运用好的重要方法。

5. 始终坚持建设中国特色社会主义法治体系。党的十八届四中全会明确提出："全面推进依法治国，总目标是建设中国特色社会主义法治体系，建设社会主义法治国家。"2020年11月，中央全面依法治国工作会议确立了习近平法治思想在全面依法治国工作中的指导地位，明确指出"坚持建设中国特色社会主义法治体系"。2021年12月，习近平总书记主持十九届中共中央政

---

① 参见刘松山著：《中国立法问题研究》，知识产权出版社2016年版，第354页。

治局第三十五次集体学习时强调："建设中国特色社会主义法治体系，要顺应事业发展需要，坚持系统观念，全面加以推进。"2022 年 2 月，《求是》杂志发表习近平总书记重要文章，文章指出："我们抓住法治体系建设这个总抓手，坚持党的领导、人民当家作主、依法治国有机统一，坚持依法治国、依法执政、依法行政共同推进，坚持法治国家、法治政府、法治社会一体建设，全面深化法治领域改革，统筹推进法律规范体系、法治实施体系、法治监督体系、法治保障体系和党内法规体系建设，推动中国特色社会主义法治体系建设取得历史性成就。"① 新时代背景下，要坚持以习近平法治思想为指导，更好推进中国特色社会主义法治体系建设。

（二）中国特色社会主义法律体系的构成

一般来说，法律体系包括了一个国家的全部法律规范，其按照一定的原则和要求，根据不同法律规范的调整对象和调整方法的不同，划分为若干法律门类，也被称为"法律部门"，并由这些法律部门及其所包括的不同法律规范形成相互有机联系的统一整体。这里所称的"法律规范"，是指由国家制定或者认可，体现统治阶级意志，调整社会关系，并最终依靠国家强制力保证实施的社会活动准则。

据全国人大原法律委员会主任委员杨景宇介绍，关于法律部门的划分，全国人大常委会曾经组织过专题研究，按照基本上达成的共识，认为我国的法律体系划分为七个门类即法律部门比较合适②。2011 年 3 月，吴邦国委员长在报告中明确表述了这七个法律部门，即宪法相关法、民法商法、行政法、经济法、社会法、刑法、诉讼与非诉讼程序法。这构成了我国特定的法律体系的基本内涵。

1. 宪法相关法。

宪法是国家的根本法，它规定国家和社会的基本制度、公民的基本权利和义务、国家机构和组织等具有"根本性"的制度，解决的是一国的政治体制和国家制度，具有最高的法律效力。宪法的核心精神就是确认和保障公民的基本权利，并通过建立、规范各项国家制度和国家权力，来保障公民基本

---

① 《坚持走中国特色社会主义法治道路，更好推进中国特色社会主义法治体系建设》，载《求是》2022 年第 4 期。

② 参见杨景宇：《我国的立法体制、法律体系和立法原则》，载上海市行政法制研究所编：《依法行政与法治政府》，法律出版社 2006 年版，第 3 页。

权利的实现。① 宪法相关法是与宪法相配套、直接保障宪法实施和国家政权运作等方面的法律规范的总和，主要包括四方面的法律：（1）有关国家机构的产生、组织、职权和基本工作制度的法律，包括：《国务院组织法》《地方各级人民代表大会和地方各级人民政府组织法》《国务院行政机构设置和编制管理条例》《地方各级人民政府机构设置和编制管理条例》等各类组织法；（2）有关民族区域自治制度、特别行政区制度、群众自治制度等的法律，包括：《民族区域自治法》《香港特别行政区基本法》《澳门特别行政区基本法》《工会法》《城市居民委员会组织法》《村民委员会组织法》等；（3）有关维护国家主权、领土完整的国家安全的法律，包括：《国旗法》《国徽法》《戒严法》《缔结条约程序法》《专属经济区和大陆架法》《领海及毗连区法》《引渡法》《外交特权与豁免条例》《领事特权与豁免条例》《国家安全法》《反分裂国家法》《对外关系法》等；（4）有关保障公民基本政治权利的法律，包括：《国籍法》《立法法》《集会游行示威法》等。

根据我国现行《宪法》第 62 条和 64 条的规定，宪法由全国人民代表大会常务委员会或者五分之一以上的全国人民代表大会代表提议，并由全国人民代表大会以全体代表的三分之二以上多数通过才能修改。

宪法相关法作为一国的基本法律，一般应由全国人民代表大会审议、表决、通过。

2. 民法商法。

民法与商法，是规范民事、商事活动的法律规范的总和，所调整的是自然人、法人和非法人组织之间以平等地位而发生的各种法律关系，可以称为横向关系。我国采取的是民商合一的立法模式。民法是一个传统的法律部门，其所调整的是平等主体的自然人之间、法人之间、自然人与法人之间的财产关系与人身关系，包括物权、债权、知识产权、婚姻家庭继承等法律关系的调整，最集中的体现是《民法典》。商法是民法中的一个特殊部分，是在民法基本原则的基础上适应现代商事活动的需要逐渐发展起来的，主要包括公司、破产、证券、期货、债券、保险、票据、海商、租赁等方面的法律。

根据《立法法》第 11 条的规定，民法商法属于法律的专属立法权范畴，即只有全国人民代表大会及其常委会才能制定民法和商法，所有法规和规章均无此立法权。

---

① 参见刘松山著：《中国立法问题研究》，知识产权出版社 2016 年版，第 118 页。

3. 行政法。

行政法，是规范行政管理活动的法律规范的总和，包括有关行政管理主体、行政行为、行政程序、行政监督以及国家公务员制度等方面的法律规范。行政法调整的是行政机关与行政管理相对人（公民、法人和其他组织）之间因行政管理活动而发生的法律关系，可以称为纵向关系。在这种管理与被管理的纵向法律关系中，行政机关与行政管理相对人的地位是不平等的，行政行为由行政机关单方面依法作出，不需要双方平等协商。因此，为了正确处理两者关系，保持行政权力与行政管理相对人合法权利的平衡，行政法的基本原则是：职能科学、权责法定、执法严明、公开公正、廉洁高效、守法诚信。① 行政法对行政机关的要求是遵循"法无授权不可为、法定职责必须为"的原则。

考察世界法治史，政府与行政相对人的关系，大致经历了由管制行政到控权行政，再到回应型行政或者平衡型行政三个阶段。管制行政是现代行政法治进入积极行政阶段的第一个表现形态，其又可称为秩序法治。管制型法治是现代法治的最低层次，但又是基础性的法治状态。它是以维护社会公共秩序为主要目标，以警察国家理论为支撑，以行使负担性行政行为为特征主导国家社会生活的一种法律秩序状态。因为，"人民的安全乃是至高无上的法律"（霍布斯语）。其法理基础是，为了形成良好的自然环境、生活环境，行政机关展开对私人的权利、自由、财产施加制约，是"必要之恶"。当然，管制行政并非完美的法治状态，其存在着明显的缺陷，管制行政只是站在行政主体一方以怀疑的眼光打量着行政相对人。作为对这种初级法治的反思和矫正，在 20 世纪后，控权行政开始登上历史舞台。控权理论认为："行政法的最初目的就是要保证政府权力在法律的范围内行使，防止政府滥用权力，以保护公民。"（威廉·韦德语）② 控权行政的主要特征是：严格遵循法定权威；推行严格的规则主义；政治与规则分离；行政自由裁量权受到严格限制；重视程序公正等。在这一阶段，法治就成了治官、治权、治吏，但控权行政法治又走向了另一个极端，它是站在行政相对人的立场，警惕地防范着行政权

---

① 2014 年 10 月《中共中央关于全面推进依法治国若干重大问题的决定》中明确提出了法治政府的标准，即"职能科学、权责法定、执法严明、公开公正、廉洁高效、守法诚信"。中共中央、国务院《法治政府建设实施纲要（2021—2025）》将法治政府标准调整为："职能科学、权责法定、执法严明、公开公正、智能高效、廉洁诚信、人民满意。"

② ［英］威廉·韦德著，徐炳等译：《行政法》，中国大百科全书出版社 1997 年版，第 3 页。

的恶性发作。因此，控权行政仍不是法治的最理想状态。行政法治必须进入第三个阶段，即回应型法治①，又称为平衡论②，也有称为新行政法。其内涵有相似性，都主张一种政府与公民合作型的行政、一种从管理转向服务的行政、一种更主动积极的行政、一种抛弃了"法条主义"的动态行政、一种政府善于自省的行政、一种从人本型升华为生态型的行政。这些都是行政法立法中应当追求的现实目标和价值。

行政法，是国务院行政法规、地方性法规和部门规章和政府规章的主要立法内容，也是地方立法权运用的主要领域。

4. 经济法。

经济法，是调整因国家从社会整体利益出发对市场经济活动实行干预、管理、调控所产生的法律关系的法律规范总和。主要包括：计划、投资、财政、税收、金融、基本建设、标准化、计量、质量管理、统计、资源与资源利用、能源与能源工业、交通运输、邮政电讯、农牧业、工业、商贸物资仓储、工商管理、物价管理、市场中介机构、对外经济合作与三资企业、对外贸易等领域的法律关系调整。

经济法是在国家干预市场活动过程中逐渐发展起来的一个法律部门，一方面与行政法的联系很密切，另一方面又与民法商法的联系很密切，往往在同一经济法中包括两种不同性质的法律规范，既有调整纵向法律关系的，又有调整横向法律关系的，因而具有相对的独立性。尤其在中国的目前国情下，我们主张既要发挥市场这只"看不见的手"的作用，又要发挥政府这只"看得见的手"的作用。③

关于政府与市场的关系，实践已经证明，充分发挥市场机制在资源配置中的决定性作用，实行公开、公平、公正竞争，经济活动才能富有活力，效率才能提高，才能更快地创造更多的社会财富，进而提高综合国力。同时，市场又不是万能的，市场本身就存在着自发性、滞后性、盲目性。面对市场，政府这只"看得见的手"有失灵的时候，但面对社会需求，市场这只"看不见的手"也有失灵的时候。因此，改善宏观经济调控，合理利用公共资源，维护社会公共利益等方面，离不开政府更好地发挥作用。实行社会主义市场

---

① 美国法学家诺内特和塞尔兹尼克提出的论点，在全世界有较大影响。

② 国内法学家罗豪才提出的论点。

③ 2013年11月中国共产党十八届三中全会通过的《中共中央关于全面深化改革若干重大问题的决定》明确，要"发挥市场在市场配置中的决定性作用和更好的发挥政府作用"。

经济体制，并不意味着减少政府的责任和作用。而经济法正是实现这些功能的法律途径。

根据《立法法》第 11 条的规定，基本经济制度以及财政、海关、金融和外贸的基本制度，税种的设立、税率的确定和税收征收管理等税收基本制度，属于法律的专属立法权范畴，法规和规章都无权设定。

5. 社会法。

社会法，是规范劳动关系、社会保障、社会福利和特殊群体权益保障方面的法律关系的总和。包括：《劳动法》《劳动合同法》《未成年人保护法》《老年人权益保障法》《妇女权益保障法》《残疾人保障法》《红十字会法》《公益事业捐赠法》《消费者权益保护法》等。

社会法是在国家干预社会生活过程中逐渐发展起来的一个法律部门，所调整的是政府与社会之间、社会不同部分之间的法律关系。社会法的特征，被称为"促进法""保障法""保护法"，是一种与行政法有硬约束的刚性完全不同的"软法"，其遵循的是"法定职责必须为"的原则，即对于社会法范畴的法规范，一旦写入了就成为行政主体的法定责任，必须做到，否则构成违法。反之，对于未进行立法规范的社会保障、社会福利和特殊群体权益保障，行政主体只要条件允许，仍可以作为，不受法律规范的限制。

在我国，政府与社会的关系，经历了从社会管理到社会建设，再到社会治理的发展演变过程，也就是现在常被提起的"管制"与"共治"的关系。在政府与社会的关系上，管制主要体现在"社会管理"中，既管制型行政；而共治则体现为一种"社会治理"的新型理念，即政府公权力和社会权利、私权利良性互动，共同治理。总体而言，政府与社会是相互依存的互动力量，政府与社会都应保持高度的自主。政府自主性将会强化公权力的"仲裁者"角色，以中立的态度去调节社会不同利益群体之间的各种矛盾；社会自主性一方面充分保证公民（市民）的自治权利，另一方面公民（市民）享有充分的参与社会公共事务的权利，也为政治民主创造基本条件。在这过程中，政府角色的一个重要转变是从"管理"转向"服务"和公共产品供给，从法律体系来看，就是从行政法范畴转向社会法范畴。

可见，社会法也是行政立法和地方立法的重要领域。

6. 刑法。

刑法，是规范犯罪、刑事责任和刑事处罚的法律规范的总和。刑法是一个传统的法律部门，与其他法律部门相比，具有两个显著特点：一是所调整的社会关系最广泛；二是强制性最严厉。

现代刑法确立了合乎人权的刑法理念，主要体现为四项原则：一是罪刑法定，即"法无明文规定不为罪"，它要求法律应当公布，为人所知；法律的含义应当清晰；无论在法律的意图和陈述的哪一方面，法律都应是普遍的，而不是用来损害特定人的方式；至少对较大的不法行为应作狭义的解释。二是公正审判，即"类似案件类似处理"，包括合法的实体规则和合理的审判程序，实体规则包括：审判应当遵循罪刑均衡原则，确立罪与刑之间的一种等值、相当、均衡的关系；必须按照犯罪构成要件、严格认定犯罪主体要件、主观要件、客体要件、客观要件，以区分罪与非罪、此罪与彼罪、重罪与轻罪；合理的审判程序包括：任何人不应审理与本人有利害关系的案件；必须有"以法律事实为依据"的证据规则和取证规则；必须保障当事人的沉默权和零口供权；必须保障律师辩护权与阅卷权。三是疑罪从无，这是现代刑事司法中"有利于被告"思想的体现，是无罪推定原则思想的重要表现，它是启蒙思想家倡导理性主义和人道主义改革的优秀成果。四是法不溯及既往，即不得用明天的法律规则来判昨天的行为为犯罪。"法律只应规定确实需要和显然不可少的刑罚，而且除非根据在犯法前已经制定的和公布的且系依法实行的法律之外，不得处罚任何人。"①

刑法也是全国人大及其常委会制定法律的专属立法权范围，行政法规和地方无此项立法权。

7. 诉讼与非诉讼程序法。

诉讼与非诉讼程序法，是规范解决社会纠纷的诉讼活动与非诉讼活动的法律规范的总和。我国的诉讼制度分为刑事诉讼、民事诉讼、行政诉讼三大类；其他还有知识产权诉讼、海事诉讼等。非诉讼程序包括：仲裁、申诉、行政复议、国家赔偿；从某种意义上讲，信访制度也是一种非诉讼程序。

诉讼与非诉讼程序法也是全国人大及其常委会制定法律的专属立法权事项，行政法规和地方无此创制权。

总体而言，从我国社会主义法律体系所组成的七个法律部门来看，虽然没有照搬大陆法系的"六法全书"，但有很多相似之处，也都有成文的部门法律。尽管我国并没有真正承认是大陆法系国家，但成文法的特点，是与大陆法系相同的，从历史发展的脉络去考察，也是有渊源关系的。当然，大陆法

---

① 法国《人权和公民权宣言》第 8 条。

系的其他特点，如区分公法与私法、注重法律解释和法典解释学等，我国则没有引入。因此，我国今天的社会主义法律体系，确实具有中国特色，并不属于哪个法系。

（三）建设中国特色社会主义法律体系的基本经验

回顾我国社会主义法律体系 40 多年的构建过程，我们可以总结出以下几点基本经验：

1. 中国特色社会主义法律体系建设，必须坚持人民主体地位和人民代表大会制度为主要内容的中国特色社会主义的国家政治制度。人民是依法治国的主体和力量源泉。立法必须坚持为了人民、依靠人民、造福人民、保护人民，以保障人民根本利益为出发点和落脚点，保证人民依法享有广泛的权利和自由、承担应尽的义务，维护社会公平正义，促进共同富裕。要保证人民依照法律规定，通过各种途径和形式管理国家事务，管理经济文化事业，管理社会事务。要增强全社会尊法、学法、守法、用法的意识，使法律为人民所掌握、所遵守、所运用。而人民代表大会制度是保证人民当家作主的根本政治制度。《宪法》第二条规定，中华人民共和国的一切权力属于人民。人民行使国家权力的机关是全国人民代表大会和地方各级人民代表大会。我国的人民代表大会制度是根据民主集中制的原则，按照法律程序，由选民在民主选举的基础上产生各级人民代表大会代表，组成地方各级和全国人民代表大会，即国家权力机关，并由国家权力机关产生其他国家机关，行使国家权力的政权组织形式。实行人民代表大会制度，是中国人民当家作主的重要途径和最高实现形式，有力地保证了人民当家作主，有利于加强和改善党的领导。在我国，中国共产党是执政党，党通过人民代表大会制度，经过国家权力机关按照法定程序制定法律或者作出决定，把自己的主张变成国家意识，变成全体人民的共同行为规范和自觉行动。

2. 中国特色社会主义法律体系建设，必须立足我国的基本国情，一切从中国的实际出发。这里所提的实际，既包括现实的实际，也包括历史的实际，即总结我国自己的历史经验和现实经验，从实际中产生法律。[①] 在立法实践中，要深刻理解和正确把握：中国特色社会主义进入新时代，我国社会主要矛

---

① 参见刘松山著：《中国立法问题研究》，知识产权出版社 2016 年版，第 224 页。

盾已经转化为人民日益增长的物质文化需要和不平衡不充分的发展之间的矛盾①。我国的基本国情是：正处于社会主义初级阶段，全面建成小康社会进入决定性阶段，改革进入攻坚期和深水区，国际形势复杂多变，我们党面对的改革发展稳定任务之重前所未有、矛盾风险挑战之多前所未有，依法治国在党和国家工作全局中的地位更加突出、作用更加重大。② 所以，法律制度的构建要从这一基本国情出发，立足我国经济基础和经济社会文化发展现实，为我国实现民族复兴的伟大事业服务。

3. 中国特色社会主义法律体系建设，必须要有改革的精神和勇气，努力实现制度创新。我国改革开放与现代法治进程是在同一时间、同一起点，即党的十一届三中全会开始的。所以，中国的现代法治从一开始就是与改革相伴而行的。实践表明，随着改革的深入发展，越来越需要法律发挥引领护航的功能和作为其合法性、正当性的依据，改革之后又要为巩固和发展改革成果提供法律保障。中国特色社会主义法律体系是要解决国家事业发展面临的一系列重大问题，解放和增强社会活力，促进社会公平正义，维护社会和谐稳定，确保国家长治久安。要完成这些任务，没有改革的意识和能力，不进行制度创新是不可能做到的。所以，党的十四届三中全会决定指出："改革决策要与立法决策紧密结合。立法要体现改革精神，用法律引导、推进和保障改革顺利进行。"这样的保障功能至今没有削弱，反而越来越强。

4. 中国特色社会主义法律体系建设，必须积极借鉴和吸取古今中外各种优秀法律文化成果。在立法工作中，我们要发扬"古为今用，洋为中用，取其精华，去其糟粕"的传统，在新的历史条件下，要体现中国人治国理政的智慧和经验，尊重科学规律，反映社会经济发展的客观规律，遵循法律体系和立法的内在规律，坚持实事求是的工作作风。这里，有必要重温毛泽东的话："学习有两种态度。一种是教条主义的态度，不管我国情况，适用和不适用的，一起搬来。这种态度不好。另一种态度，学习的时候用脑筋想一下，学那些和我国情况相适合的东西，即吸取对我们有益的经验，我们需要的是这样的一种态度。"③ 我国的现代法治建设过程，基本上是一个外来法律制度和理念的移植过程，这种借鉴无疑是有积极作用的，加快了我们的现代化法

---

① 《决胜全面建成小康社会　夺取新时代中国特色社会主义伟大胜利》（2017 年 10 月 18 日），《习近平谈治国理政》第 3 卷，外文出版社 2020 年版，第 9 页。

② 党的十八届四中全会《中共中央关于全面推进依法治国若干重大问题的决定》第一部分。

③ 《毛泽东文集》第 7 卷，第 242 页。

制进程。但在移植过程中，也难免地遇到一些制度的"水土不服"，不适应中国国情的情形，如听证制度、劳动合同制度、公司治理制度、破产制度等。说明我们不能简单地照搬外国的那套法律制度，需要从中国的实际出发，立足于解决中国的实际问题，对外国的东西需要一个论证、鉴别和扬弃的过程。所以，党的十八届四中全会《决定》明确指出："汲取中华法律文化精华，借鉴国外法治有益经验，但绝不照搬外国法治理念和模式。"这是一条已被我国的立法实践所证明了的基本经验。

5. 中国特色社会主义法律体系建设，必须坚持以习近平法治思想为指导。党的十八大以来，习近平总书记高度重视全面依法治国，亲自谋划、亲自部署、亲自推动。在这一过程中，习近平总书记创造性地提出了关于全面依法治国的一系列新理念新思想新战略，形成了内涵丰富、科学系统的思想体系，为建设法治中国指明了前进方向，在中国特色社会主义法治建设进程中具有重大政治意义、理论意义、实践意义。习近平法治思想从历史和现实相贯通、国际和国内相关联、理论和实际相结合上深刻回答了新时代为什么实行全面依法治国、怎样实行全面依法治国等一系列重大问题，是顺应实现中华民族伟大复兴时代要求应运而生的重大理论创新成果，是马克思主义法治理论中国化最新成果，是习近平新时代中国特色社会主义思想的重要组成部分，是全面依法治国的根本遵循和行动指南。习近平法治思想内涵丰富、论述深刻、逻辑严密、系统完备。就其主要方面来讲，就是习近平总书记在中央全面依法治国工作会议重要讲话中精辟概括的"十一个坚持"：坚持党对全面依法治国的领导；坚持以人民为中心；坚持中国特色社会主义法治道路；坚持依宪治国、依宪执政；坚持在法治轨道上推进国家治理体系和治理能力现代化；坚持建设中国特色社会主义法治体系；坚持依法治国、依法执政、依法行政共同推进，法治国家、法治政府、法治社会一体建设；坚持全面推进科学立法、严格执法、公正司法、全民守法；坚持统筹推进国内法治和涉外法治；坚持建设德才兼备的高素质法治工作队伍；坚持抓住领导干部这个"关键少数"。① 这"十一个坚持"，既是重大工作部署，又是重大战略思想，在中国特色社会主义法律体系建设过程中必须抓好贯彻落实。

---

① 《坚持习近平法治思想——论学习贯彻习近平总书记在中央全面依法治国工作会议上重要讲话》，源自《人民日报》2020 年 11 月 20 日。

第二章　良法的标准

党的十八届四中全会《中共中央关于全面推进依法治国若干重大问题的决定》中，提出了"法律是治国之重器，良法是善治之前提"的重要命题。

良法与善治，是现代法治的核心内涵。良法，亦称善法，从亚里士多德（Aristotle）的"良法之治"到我们党的十八大提"科学立法"，无论古今和中外，对良法的追求都是一脉相承的。

古希腊哲学家亚里士多德是最早提出良法标准的人，他认为，良法应具备三个条件：第一，良法的目的应该体现和保障公众利益而不是为某一阶级（或个人）的利益。第二，良法应该体现古希腊人珍爱的自由，"法律不应该被看作（和自由相对的）奴役，法律毋宁是拯救。"① 第三，良法必须能够维护合理的城邦政体的久远。亚里士多德的良法之治思想对良法理论具有奠基性的意义。②

良法包括法的实质善良性和形式善良性两个不可分割的方面。笔者认为，衡量是否良法，应当包括价值标准、形式标准、程序标准和维护标准四个方面。

一、良法的价值标准

什么是价值标准？按照汉斯·凯尔森（Hans Kelsen）的观点，依据一个有效规范对一种事实行为所作的应当是这样或不应当是这样的判断，就是一种价值判断。③ 良法的价值标准即是体现法的实质善良性，也就是法律条文所

---

① ［古希腊］亚里士多德著，吴寿彭译：《政治学》，商务印书馆1965年版，第276页。
② 此评价见李龙主编：《良法论》，武汉大学出版社2001年版，第20页。
③ 参见 ［美］E. 博登海默著，邓正来译：《法理学——法律哲学与法律方法》，中国政法大学出版社1999年版，第502页。

承载的实体正义，它是指法所蕴含的人文性、价值性、合目的性，如自由、公平、正义、秩序、效率、和平等，诚如埃德加·博登海默（Edgar Bodenheimer）所说的："就法律控制的目的而论，越来越清楚的是：平等、自由、安全和公共利益都不应该被假定为绝对价值，因为它们都不能孤立地、单独地表现为终极和排他的法律思想。"①

（一）自由是法的终极价值

可以说，整个法律和正义的哲学体系就是以自由观念为核心而建构起来的。自由被古希腊人看作是最高道德价值，所以，法律与自由是一致的，城邦的要素就是在法律之下的个人自由。② 古罗马的西塞罗就有一句名言：为了得到自由，我们才是法律的臣仆。德国哲学大师康德（Immanuel Kant）说过："自由乃是每个人据其人性所拥有的一个唯一的和原始的权利。"③ 英国政治哲学家洛克（John Locke）宣称："法律的目的并不是废除或限制自由，而是保护和扩大自由。"博登海默有忠告："在一个正义的法律制度所必须予以充分考虑的人类需要中，自由占有一个显要的位置。要求自由的欲望乃是人类根深蒂固的一种欲望。"④ 马克思这样强调："自由就是从事一切对别人没有害处的活动的权利。每个人所能进行的对别人没有害处的活动的界限是由法律规定的，正像地界是由地标确定的一样。"⑤

法律需要以自由为基点，即以自由为其存在的基础；反之，自由需要法律为尺度和后盾。当代著名法学家哈耶克（F. A. Hayek）将自由置于其理论体系的核心地位，提出了"法律下的自由"理念。他认为，自由与法律相互联结，自由离不开法律的保障，法律的目的是保障自由的实现。米尔恩对"法律下的自由"进一步作了阐述："法律下的自由的权利属于一般的自由权，它只受服从法律的一般义务的限制。它也是一项豁免权。你有权不受任何对你的行为自由的干涉，只要这种干涉没有得到法律的认可。……法律对其所辖的人们的活动施加半强制。假如人们遵从这些强制，他们就能自行其是。

---

① ［美］E. 博登海默著，邓正来译：《法理学——法律哲学与法律方法》，中国政法大学出版社1999年版，第199页。

② 参见王人博、程燎原著：《法治论》，山东人民出版社1998年版，第11页。

③ 转引自尹晋华主编：《法律的真谛》，中国检察出版社2006年版，第35页。

④ ［美］E. 博登海默著，邓正来译：《法理学——法律哲学与法律方法》，中国政法大学出版社1999年版，第278页。

⑤ 《马克思恩格斯全集》第1卷，第438页。

这就是法律下的自由的权利成为一项宪法性权利的缘由所在。"①

　　法律要尊重个人的尊严和人格独立，尊重个人自我生存和发展的愿望。马克思有段关于自由与法律的名言："法律不是压制自由的手段，正如重力定律不是停止运动的手段是一样的……恰恰相反，法律是肯定的、明确的、普遍的规范，在这些规范中自由的存在具有普遍的、理论的、不取决于别人的任性的性质。法典就是人民自由的圣经。""哪里的法律成为真正的法律，即实现了自由，哪里的法律就真正地实现了人的自由。"② 具体来说，其一，法的权利是为自由而设定的，法的义务也是为自由而设定的；其二，法的授权固然是对自由的确认，法的禁止也应是为确保自由而设立的，离开了自由，法的授权、禁止都失去其本身的价值；其三，法的制定要以自由为出发点和归宿，以自由为核心；法的实施必须以自由为宗旨，法的保护还是打击、奖励还是制裁，都应以自由的实现为依归。

　　考察历史可以轻易地发现，自由从来就不是绝对的、不受限制的。17、18 世纪的启蒙思想家几乎都是自由主义的拥护者，但没有一个把自由解释为"随心所欲"或"想干什么就干什么"，从霍布斯到洛克，从孟德斯鸠到卢梭，都严守着这条思维路径：自由必须有个合理的限度，超过这个限度，就不再是国家法律保护的范围。孟德斯鸠的一段话可称得上是经典的总结："政治自由并不表示愿意做什么就做什么。在一个国家里，也就是说，在一个有法律的社会里，自由仅仅是：一个人能够做他应该做的事情，而不被强迫去做不应该做的事情……自由是做法律所许可的一切事情的权利；如果一个公民能够做法律所禁止的事情，他就不再自由了，因为其他的人同样也会有这个权利。"③ 马克思对此有很精辟的阐述。他说："法律在人的生活即自由的生活面前是退缩的。"④ "只是当人的实际行为表明人不再服从自由的自然规律时，这种表现为国家法律的自由的自然规律才强制人成为自由的人。"⑤ 博登海默因此说："法律始终是增进自由的一种重要力量，与此同时也是限制自由范围

————————
　　① ［英］A. J. M. 米尔恩著，夏勇、张志铭译：《人的权利与人的多样性——人权哲学》，中国大百科全书出版社 1995 年版，第 195 页。
　　② 《马克思恩格斯全集》第 1 卷，第 71、72 页。
　　③ ［法］孟德斯鸠著，张雁深译：《论法的精神》（上册），商务印书馆 1961 年版，第 154 页。
　　④ 《马克思恩格斯全集》第 1 卷，第 72 页。
　　⑤ 《马克思恩格斯全集》第 1 卷，第 72 页。

的一种重要工具。"①

　　法治所保障的自由，本质上就是法律"尺度"下的自由。这种"尺度"，既是针对公民的，又是针对法律本身的，即法律本身应具有一种对自由限制的"尺度"。这个"尺度"有以下几条准则：其一，法律对自由的限制及其标准必须是公开的、明确的。其二，限制自由本身不能成为限制的目的。其三，法律对自由的限制应当保证最低程度的自由，如，应以确保和满足个人作为社会成员应享有的基本自由权利（如必要的生活自由、确保生命健康和安全、政治权利的保障等）。概括而言，"法律的自由"来自被规范行使的"自由的法律"；法律只能是为了自由而去限制某种自由。这也是立法所要掌握的真谛之一。

（二）公平是法的普遍价值

　　法治是尽可能使社会各个成员获得充分的自由和最大限度的公平的一种制度。诚如亚里士多德所说，公平为百德之总。但法治意义上的公平并非平均主义式的公平，它是个人自由与公平的社会分配同时并存的一种平等，它以承认社会成员间的自然差别为前提，注重缩小社会差距的一种公平。人为什么要寻求公平感即平等感？博登海默分析了其中的心理根源：人的平等感的心理根源之一乃是人希望得到尊重的欲望，即一种法律待遇平等的愿望；另一种力量乃是人不愿受他人统治的欲望，所以要推进法律保障自身权利的平等；对交换对等之平等的要求，很可能源自一种均衡感，这种均衡感在人们所关注的其他领域如审美领域也是颇为明显的。②

　　然而，对公平的解读是极为多元的，即公平是个有多种含义的概念。博登海默就说："平等乃是一个具有多种不同含义的多形概念。它所指的对象可以是政治参与权利、收入分配的制度，也可以是不得势的群体的社会地位与法律地位。它的范围涉及法律待遇的平等、机会的平等以及人类基本需要的平等。它也可能关注诺成合同的义务与对应义务间的平等的保护问题、关注在因损害行为进行赔偿时作出恰当补偿或恢复原状的问题、并关注在适用刑

---

① ［美］E. 博登海默著，邓正来译：《法理学——法律哲学与法律方法》，中国政法大学出版社1999年版，第285页。

② ［美］E. 博登海默著，邓正来译：《法理学——法律哲学与法律方法》，中国政法大学出版社1999年版，第288页。

法时维护罪行与刑罚间某种程度的均衡问题。"①

在我国，实践中已经把公平概括为权利的公平、机会的公平和规则的公平三种②。这种见解与博登海默对平等的分类很相近。

一是权利公平，也就是法律基本权利的平等，即"法律面前人人平等"，博登海默称之为"人类基本需要的平等"。法律上的权利平等的思想，在人类法制史的早期就已萌发：古希腊雅典的立法者和改革家梭伦（Solon）就主张法律上"不分贵贱，一视同仁"；之后，古雅典的政治家伯里克利斯（Pericles）也说，城邦民主政体"在公民私权利方面，法律面前，人人平等"。法律权利平等作为一种法治的基本价值，则是近代资产阶级革命之后发展起来的。"在反对专制制度的斗争中……平等思想是最革命的思想。"③因为这是对封建专制等级、特权观念的根本否定。所以法国大革命过程中社会生活和思想的主流是法律平等。法国《人权宣言》宣称"人人生而平等"，《拿破仑法典》以"法律面前人人平等"为中心原则。到今天，这一平等概念已经成为几乎所有法治国家在宪法或宪法性文件中都确认的法律基本价值目标。

二是机会公平，博登海默称之为"交换对等之平等"，即在交换交易中，人的正义感在某种情形下会要求允诺与对应允诺之间、在履行与对应履行之间达到某种程度的平等。④机会公平是与市场经济体制和机制相适应的，是一种"经济人"而不是"身份人"的公平，旨在让所有人都有发挥才干，靠自己的劳动和智慧增长财富的机会，但结果可能不是绝对公平的。社会常常为起点公平、过程公平还是终点（结果）公平而争论不休。起点公平看是一种绝对公平，但结果并不一定是公平的，因为教育、智商等不同的人，学业成果会有天壤之别，结果是很多人已"输在起跑线上"了。终点公平看起来也是绝对的公平，但若按照不同人的自然需要，也可能是不公平的，因为每一个不同的经历、生理、性别、年龄等因素的不同，其需求都是不同的。所以，绝对的平均主义也是不足取的。从平衡效率与公平的角度来衡量，机会公平是以效率和激励为主的一种公平观，它是与当下我国实行社会主义市场经济

---

① ［美］E. 博登海默著，邓正来译：《法理学——法律哲学与法律方法》，中国政法大学出版社1999年版，第 285 页。

② 党的十八大报告中将公平分成了权利公平、机会公平和规则公平三类。

③ 《列宁全集》第 10 卷，第 213 页。

④ ［美］E. 博登海默著，邓正来译：《法理学——法律哲学与法律方法》，中国政法大学出版社1999年版，第 287 页。

体制的需求相匹配的。

三是规则公平，即博登海默所称的"**法律待遇的平等**"，罗尔斯所称的"**补偿正义**"，其实质就是对社会弱势群体的倾斜保护。中国台湾的陈新民认为："按平等权并非要求所有的对象都应享受同样的法律关系，毋宁是'相同的，相同对待；不同的，不同对待'。所以不是要求一律'平头'式的假平等，应分别区别适用对象的不同属性而作'合理'的区分。"①

美国当代著名行政法学家伯纳德·施瓦茨（Benard Schwarz）指出："如果说当代公法有一个反复出现的主题，那么，这一主题就是平等，包括种族之间的平等、公民之间的平等、公民与侨民之间的平等、富人与穷人之间的平等、原告与被告之间的平等。"② 所以，公平即"一视同仁"的平等保护，无疑是立法所追求的崇高目标。

（三）正义是法的内在价值

正义历来被看作是人类社会最基本的美德和内在的价值理想。正义，是指以一种正当的分配方式达到一种理想的社会秩序。古罗马的优士丁尼《民法大全》提出了由乌尔比安（Ulpian）首创的著名的正义定义："正义乃是使每个人获得其应得的东西的永恒不变的意志。"③ 博登海默总结："正义的关注点可以被认为是一个群体的秩序或一个社会的制度是否适合于实现其基本目标。满足个人的合理需要和主张，并与此同时促进生产进步和提高社会内聚性的程度，就是正义的目的。"④

"正义"，从汉语字义上讲，包含有正当、合理、应然的意义。法的正义，其含义可从法的字源看出。在拉丁文中 Jus 即法，Justitia 即正义、公平，它是由 Jus 演化而来；汉语中现在的"法"字由古体"灋"字演变而来，"灋"字中之"水"则代表"平之如水"。可见，中西方在解释法时都兼有正义、公平之含义。

但正如博登海默所说的："正义有着一张普洛透斯似的脸，变幻无常、随

---

① 陈新民著：《行政法学总论》（修订八版），台北三民书局 2005 年版，第 85—86 页。

② ［美］伯纳德·施瓦茨著，王军等译：《美国法律史》，中国政法大学出版社 1989 年版，第251 页。

③ 转引自［美］E. 博登海默著，邓正来译：《法理学——法律哲学与法律方法》，中国政法大学出版社 1999 年版，第 264 页。

④ ［美］E. 博登海默著，邓正来译：《法理学——法律哲学与法律方法》，中国政法大学出版社1999 年版，第 252 页。

时可呈不同形状并具有极不相同的面貌。"① 在柏拉图（Plato）看来，正义意味着"一个人应当做他的能力使他所处的生活地位中的工作。"② 古罗马法学家乌尔比安这样描述正义与法律的关系："法律的箴言是这样：过诚实的生活，不伤害任何人，给予每个人他自己应有的东西。法学是有关人的和神的事物的学问，是有关正义和非正义的学问。"③ 不论是在柏拉图式的基督教的传统中，还是在其他文化中，正义一直被认为是一种高级的法（higher law），而且社会中的实在法也应当与其相符合。"正义本身也存在着一种辩证关系：它包含着个人权利与社会共同体福利之间的紧张关系。"④

关于法和正义的关系，有两种代表性观点：一种观点认为法为正义奠定原则和基础，提供正义的标准和尺度。英国的霍布斯（Thomas Hobbes）认为，人们把自己的权力转交给了主权者，所以人们自己是实际上的法律制定者，离开主权当局的命令，不可能有是非，有正义与非正义。另一种观点认为正义为法奠定原则和基础，是衡量法的好坏的标准。正义是法的内容和法的尺度，如恶法就不是法。美国哲学家、社会学家约翰·罗尔斯（John Rawls）就认为，正义创造法，法依附于正义。

正义对于整个社会而言，可能不是一项价值，而是价值的综合体，具有绝对性和普遍性的一面。但对于法律而言，其形式法治的特性决定了只关注正义的相对性、具体性的一面，这就是亚里士多德所说的特殊正义和罗尔斯所说的形式正义。法治对正义的价值都指向具体的个人利益而不是指向根本利益和全体利益。博登海默这样评价：罗尔斯的正义理论，是在分析正义之含义时试图将自由与平等这两种价值结合起来的又一种努力。自由只有因自由本身的缘故才能被限制，如果实现社会的和经济的平等的主张不可能使所有人的自由总量得到增加，那么，这些主张就必须让位。在罗尔斯的正义观里，主要有自由、机会均等和差异原则三个分概念，它们之间存在着优先次序：自由原则占第一位，机会均等原则占第二位，差异原则占最后一位。在后两个

---

① ［美］E. 博登海默著，邓正来译：《法理学——法律哲学与法律方法》，中国政法大学出版社1999年版，第252页。

② 参见 ［美］E. 博登海默著，邓正来译：《法理学——法律哲学与法律方法》，中国政法大学出版社1999年版，第7页。

③ ［美］乔治·萨贝因著，托马斯·索尔森修订，邓正来译：《政治学说史》［上卷］，世纪出版集团、上海人民出版社2008年版，第211页。

④ ［美］哈罗德·J. 伯尔曼著，贺卫方、高鸿钧、张志铭、夏勇译：《法律与革命——西方法律传统的形成》，中国大百科全书出版社1993年版，第25页。

平等观念之间，机会均等应当优先于差异原则。如，不能因使穷人的孩子享有更多的教育条件而限制富家子弟在这方面的机会。①

有国内学者对法律所要遵守的正义价值作了归纳："法律应该遵守正义原则的价值内容包括：法律在整体意义上的合道德性；法律承认利益差别，体现各个利益群体的利益要求；重视社会利益的前提下，尊重个人价值和个体利益。法律应最大限度地实现自由；法律应是平等适用和平等待遇等等。"② 凯尔森认为，合乎正义的秩序既不是指实现个人的幸福，也不可能实现最大多数人的最大幸福，"社会秩序所能保证的幸福只能是集体意义上的幸福，即作为社会权威的立法者承认对某些需要的满足是值得加以满足的那些需要，例如吃、穿、住的需要。"③ 这种分析是有深度的、十分独到的。哈耶克则认为，正义观念是法律的必要基础和限定性条件。什么样的规则才是公正的？答案很简单：整个公正行为规则体系才是正义的，单个规则的正义与否要在整个体系内检验，要依赖于整个规则体系，因为它内含法的精神，这是发现新规则、消除既有规则冲突的基础。简言之，能够协调行为，减少冲突，有效保障内部秩序的规则就是公正规则。④

而从长远看，如同在科学中，旧的真理可能不得不让位于新的真理。在法律方面，旧的正义也许必须让位于新的正义。⑤ 社会法正是这种正义价值在法律体系中的体现。

（四）秩序是法的基础价值

秩序是人类生存的条件，也是人类发展的要求。"秩序意味着服从"。"意味着通过停止私人暴力来保持和平。"⑥ 法在一定意义上说，本身就是为建立和维护某种秩序而建立起来的。法为秩序提供预想模式、调节机制和强制保证。

秩序是与无序相对应的。博登海默对秩序与无序有这样的阐述："秩序概

---

① ［美］E. 博登海默著，邓正来译：《法理学——法律哲学与法律方法》，中国政法大学出版社1999年版，第256、578—579页。

② 王人博、程燎原著：《法治论》，山东人民出版社1998年版，第104页。

③ ［奥］凯尔森著，沈宗灵译：《法与国家的一般理论》，中国大百科全书出版社1996年版，第6页。

④ 参见张文显著：《二十世纪西方法哲学思潮研究》，法律出版社1996年版，第261—262页。

⑤ ［美］哈罗德·J. 伯尔曼著，贺卫方、高鸿钧、张志铭、夏勇译：《法律与革命——西方法律传统的形成》，中国大百科全书出版社1993年版，第26页。

⑥ ［英］J. S. 密尔著，汪瑄译：《代议制政府》，商务印书馆1984年版，第19页。

念，意指在自然进程与社会进程中都存在着某种程度的一致性、连续性和确定性。另一方面，无序概念则表明存在着断裂（或非连续性）和无规则性的现象，亦即缺乏知识所及的模式——这表现为从一个事态到另一个事态的不可预测的突变情形。"① 美国法学家哈罗德·J. 伯尔曼（Harold J. Berman）则指出："可以认为秩序本身存在着一种内在的紧张关系：它需要变革又需要稳定。"②

作为法律意义上的秩序，兼具实质性的和形式性的两种含义。实质意义上的"法律秩序"，主要是指一种安宁、和平、有序的社会合法状态；形式意义上的"法律秩序"，主要指法律必须具有一定的稳定性、连续性以及法律规范之间的相互协调性。

法没有不为一定秩序服务的。在法律的诸多价值里，秩序只能说是基础性价值。因为：（1）寻求安全是人类的基本需要之一。马斯洛的"需求层次理论"以及其他心理学家的研究结果都表明，在一个缺乏安全保障的社会，人们要取得充分的发展是不太可能的。法具有组织社会、调节社会的意义，而社会首要的是建立起最必要的人际秩序，使人与人能够安全、和平地共存。（2）人们在谋求社会进步的时候，必须注意到社会发展的连续性、协调性和相对稳定性，以期实现社会变迁的顺利进行。"休克疗法"被证明在社会变革中的代价太大。（3）法是阶级社会的产物，是阶级社会建立阶级统治秩序并维护阶级秩序的工具。任何统治的建立都必然意味着一定统治秩序的建立。（4）秩序是法的直接追求，其他价值是以秩序价值为基础的法的企望；没有秩序价值的存在，就没有法的其他价值。

亚里士多德说："法律是秩序，但是好的法律才会创造好的秩序。"③ 对于法律秩序，《中国大百科全书·法学》的解释是："法律秩序是在严格遵守法的基础上形成的一种社会秩序，它必须以实行法制为前提，而法律秩序的建立则是实行法制的重要体现。"④ 法律秩序作为一种特定的社会秩序形态，有以下几个特点：其一，法律秩序是最为完善的一种社会秩序状态。自人类产生以来，社会秩序至少存在过四种形态：习俗秩序、道德秩序、制度秩序和法

---

① ［美］E. 博登海默著，邓正来译：《法理学——法律哲学与法律方法》，中国政法大学出版社1999年版，第219—220页。

② ［美］哈罗德·J. 伯尔曼著，贺卫方、高鸿钧、张志铭、夏勇译：《法律与革命——西方法律传统的形成》，中国大百科全书出版社1993年版，第25页。

③ 转引自尹晋华主编：《法律的真谛》，中国检察出版社2006年版，第65页。

④ 《中国大百科全书·法学》，中国大百科全书出版社1984年版，第115页。

律秩序。法律秩序是其中最为发达和最为完善的形态。其二，法律秩序是在法律规则作用基础上形成的良性社会秩序。社会规则是社会秩序的内核，是社会秩序的实际内容。而法律规则是对社会秩序的"应然"反应和固化。凡法律规则能落地为法律秩序的，一定是符合预期的良好的社会秩序。其三，法律秩序必须以国家权威机关的存在为前提，以国家强制力为后盾。法律秩序离不开国家立法机关和执法机关来保证和维护。其四，法律规则的可预见性保障了法律秩序的稳定和完备。因为法律规则多是成文的、相对稳定的和可预见的，使得法律秩序具有规制性、计划性和可预测性，能推动社会秩序沿着既定的方向和轨道发展。这是别的秩序形态不具有的。而上述这些特点，正是法治的应有之义。法治要最终表现为一种法律秩序。达到某种法律秩序，既是法治的目标和结果，也是检验是否推行法治的一个重要指标。

法的秩序价值，总体而言，都是通过法的社会控制得以实现的。而狭义上的社会控制，是指社会、国家、社会群体等对偏离法律规范的越轨行为所采取的法的限制措施及其限制过程。在凯尔森的眼里，法就是一种强制秩序。"当制裁已在社会上组织起来时，对破坏秩序所适用的灾祸就在于剥夺所有物（possession）——生命、健康、自由或财产。由于所有物是违背他本人意志而被剥夺的，所以这种制裁就具有一种强制措施的性质……凡设法制定这种强制措施来实现社会所希望有的人的行为，这种社会秩序就被称为强制秩序。"① 尤尼根·哈贝马斯（Jürgen Habermas）对现代法律的理解是："法律规范必须具备的形式，即在不同的场合能同时被看作是强制的法律和自由的法律。"②

法律秩序是法律规范价值实践和实现的结果。它表现为社会生活的基本方面已经法律化和制度化，社会成员和社会组织都有明确的权利和义务，每个法律主体都忠实地履行法定义务，积极而正确地行使和维护法律权利；有条不紊、充满生机的社会秩序在法律秩序的基础上得以建立。③ 可见，秩序价值在法律价值中是比较特别的一种价值，如果说其他法的价值对公众意味着是权利的话，秩序价值对公众来说则更多的是义务，是不妨害公共秩序和他人自由的义务。罗尔斯也认为："自由可以因公共安全和秩序而得到限制，因

① ［奥］凯尔森著，沈宗灵译：《法与国家的一般理论》，中国大百科全书出版社1996年版，第18—19页。

② ［德］尤尔根·哈贝马斯著，曹卫东译：《包容他者》，上海人民出版社2002年版，第296页。

③ 参见张文显著：《二十世纪西方法哲学思潮研究》，法律出版社1996年版，第630页。

为公共秩序的维持是实施任何自由所不可缺少的先决条件。"① 也正因此，秩序被概括为是法的基础性价值。从这一意义上说，管制型法律是必不可少的，行政法需要实现管制与控权的平衡。这是立法工作中需要把握的基本原则之一。

（五）效率是法的经济价值

有的法律学者将效率与效益相提并论。法律上的效率和效益都是从经济学中引申过来的。经济活动中劳动和物质耗费同劳动成果之间的对比，反映社会生产各个环节等人力、物力、财力的利用效果。即指有效产出减去投入后的结果。从中推理出，在法律范畴里，效率与效益的内涵是基本一致的。

法的效率或效益价值主要体现为：实际效果的优化，即法律通过为人们提供适当的行为模式，争取最优化的实际结果；另一方面是社会代价的减少，即法律通过为人们设定最经济的行为方式，减少不必要的资源浪费，以及人力、时间和知识的无谓支出，以最小的投入获得最高的回报。

法的效率或效益价值，首先表现为对自然资源的利用效率（效益）。法通过调整对自然资源的利用方式，以提高自然资源的利用效益。自然资源包括土地、河流、山脉、矿藏和森林等，这些资源具有不可再生性或难以再生性，而人类的生存和发展又离不开对这些资源的高度依赖。所以，法律要对这些资源的利用注入效率和效益的评价机制。法律对生态文明的保障就是这一理念的具体体现。目前的土地法、水法、矿产法、森林法、环境保护法等都很大程度上承担着这一重要的使命。

法同时也调整社会资源的分配，以提高社会资源的利用效率和效益。社会资源的种类很多，包括权利、义务、政策、信息、机会，等等，但其相对需求而言，仍是有限的，很多情况下是供求不平衡的。因此，对社会资源的分配，平等是一个极为重要的价值准则，而离开了法治，就难以避免分配中的无序和不公正的出现。为了使社会资源分配始终公正和具有最大效用，法是必不可少的分配规则、调节机制、制度保障和行为规范。

促进生产力的发展，是法的重要目标。而经济效益是生产力水平的重要表现，是衡量生产力水平的最重要的客观标准。所以，衡量经济立法的好坏，

① 转引自［美］E. 博登海默著，邓正来译：《法理学——法律哲学与法律方法》，中国政法大学出版社 1999 年版，第 178 页。

看其能否促进经济效率和效益，促进市场经济的繁荣，保障公平交易和交易安全，是重要的标准。也就是说，经济效益本身就是法的效益体现。

与经济效益相对应的是社会效益，其外延十分广泛。我们平时经常讲的坚持法律效果、政治效果和社会效果的统一，其中的社会效果与社会效益具有相同的含义。就法的社会效率价值而言，至少包含着权力运行的效率的提高、社会公正的维护、政府诚实守信、对公权力的有效监督等内容。

关于法的经济效益与社会效益两者之间的辩证关系，卓泽渊分析认为，法的经济效益价值和社会效益价值，共同构成效益价值。在两者并不矛盾的时候，任何一方的增加都是有效益价值的，都应该被肯定。但当两者矛盾时，就必须注意：完全忽视经济效益的法，即使有一定的社会效益，其效益价值也是值得疑虑的。但任何否定社会效益的法，即使很有经济效益，也不能在整体上说是有效益的，因为，它在获得经济效益的同时失去了社会效益，社会效益成了经济效益的代价，法的效益价值也就因此而大打折扣。①

（六）和平是法的社会价值

法治是以和平理性的方式解决社会矛盾和纠纷的最佳途径，能有效地减少或避免因发生社会矛盾冲突而造成的损失和痛苦。哈耶克把自由和正义加上和平认定为文明的必要基础，并认为政府必须提供并促成这三种伟大价值，因为它们是人类行为及相互关系的内在要求。

和平，意味着社会成员之间没有激烈的冲突。在人类努力建构有序且和平的国家组织的过程中，法律一直起着关键的和重要的作用。法律是社会中合理分配权力、合理限制权力的一种工具。一个社会体的法律制度会建立某种机制，以调整这个社会单位中不同成员间的冲突。②

和平，意味着没有战争和不使用武力解决争端。按照霍布斯的观点，主权者所应关注的基本自然法乃是在任何能够实现和平的地方维护和平，在和平遭受危险的任何时候组织防御。他认为，保护生命、财产和契约的安全，构成了法律有序化的最为重要的任务；自由和平等则应当服从这一崇高的政

---

① 参见卓泽渊著：《法的价值论》，法律出版社 1999 年版，第 208 页。

② 参见［美］E. 博登海默著，邓正来译：《法理学——法律哲学与法律方法》，中国政法大学出版社 1999 年版，第 395 页。

治活动的目标。①

和平，意味着人们懂得用非暴力的方式表达意见，而不采取暴力的极端方式表达不满。

和平，意味着人们学会用第三人居中裁决的法律方式解决纠纷，达成妥协。古希腊的海希奥德（Hesiod）认为，法律乃是建立在公平基础上的一种和平秩序，它迫使人们戒除暴力，并把争议提交给仲裁者裁断。② 凯尔森指出："只有这样一种法律秩序，它并不满足这一利益而牺牲另一利益，而是促成对立利益间的妥协，以便使可能的冲突达到最小的限度，才有希望比较持久地存在。只有这样一种法律秩序才能在比较永久的基础上为其主体保障社会和平。"③

博登海默专门分析了法律对于促进和平的功能："无论在国际舞台上还是在各国的内部事务中，法律的目的都是要起到一种制度性手段的作用，即用人际关系的和平形式去替代侵略性力量。昔日的人类发展史清楚地表明，迄今为止，法律在遏制有组织的群体内部的斗争方面要比其在控制这种群体之间的战争方面更为行之有效。"④ 所以，诉讼及非诉讼程序法承担着实现和平这一法律价值的崇高使命。

二、良法的形式标准

良法的形式标准就是法的形式善良性，是指法的形式正义，其指立法、执法、守法和护法各环节中普遍遵守的基本原则。美国新自然法学派的朗·富勒（Lon Fuller）提出了法律合法性的八项要素，值得我们借鉴：（1）法的普遍性，意味着同样的情况应同样的对待；（2）法的稳定性，即法律不应频繁改变，更不应朝令夕改；（3）法的公开性，因为法律是人们必须遵守的规

---

① 参见［美］E. 博登海默著，邓正来译：《法理学——法律哲学与法律方法》，中国政法大学出版社1999年版，第256页。

② ［美］E. 博登海默著，邓正来译：《法理学——法律哲学与法律方法》，中国政法大学出版社1999年版，第4页。

③ ［奥］凯尔森著，沈宗灵译：《法与国家的一般理论》，中国大百科全书出版社1996年版，第13页。

④ ［美］E. 博登海默著，邓正来译：《法理学——法律哲学与法律方法》，中国政法大学出版社1999年版，第394页。

则，而只有人们直接了解或从别人的法律行为范式中间了解法律规则，才能够去遵守；（4）法的明确性，法律必须使它所针对的人对它的内容能够充分理解，至少是律师、法官能够弄懂它的确切含义；（5）法不溯及既往，即不能用明天的法律规则治理今天的行为，亦不能因人们先前的某种行为现在看来是违法的而处罚他们；（6）法的不矛盾性，如果法律本身互相矛盾，公民就只能自行解决这一矛盾，这必将严重损害法治；（7）法的可操作性，即可为人遵守，法律不应当规定人们无法做到的义务，实现不可能实现的事情；（8）官方行动与法的一致性，即官员的行为必须符合自己已经公布的规则，面对公民执法时必须忠实地解释法律规则的真意。这八大要素缺少任何一个，就会失去其存在价值。这也被叫作"自然程序法"。① 这是立法过程中应遵循的原则，也是立法后检验是否"良法"的标准。

作为良法的形式标准，笔者认为应当有以下五个方面内涵：

1. 法的体系应该是法律门类齐全的、系统完整的法规范体系。作为一个国家，应当有完善的法律体系，做到社会生活的基本方面都"有法可依"。我国是统一的、单一制的法制国家。我国的法律体系由横向和纵向两个方面构成：横向是指我国法律体系由七个法律部门组成：即宪法相关法、民法商法、行政法、经济法、社会法、刑法、诉讼与非诉讼程序法；纵向是指我国的法律有中央立法和地方立法组成，中央立法包括宪法、法律、行政法规、军事法规、部门规章等；地方立法包括地方性法规、民族地区自治条例和单行条例、经济特区法规、政府规章等。

2. 法规范的结构简洁严谨，形式多样、互补。一是有实体法与程序法的互补，如《民法典》与民事诉讼法，刑法与刑事诉讼法，行政法规范与行政诉讼法，都是实体法与程序法的有机配套；二是一般法与特别法的互补，行政处罚法、行政许可法、行政强制法既构成了我国行政程序法的完整体系，也构成了我国行政法主要领域的三部一般法，其他法律中有关行政处罚、许可、强制的规定则构成特别法，配套实施；三是法的正式渊源与非正式渊源的互补，亚里士多德认为：积习所成的"不成文法"比"成文法"实际上还更有权威，所涉及的事情也更为重要。② 在我国，法的正式渊源包括：宪法、全国人大及其常委会制定的法律、国务院制定的行政法规、中央军委制定的

---

① 参见张文显著：《二十世纪西方方法哲学思潮研究》，法律出版社 1996 年版，第 63—65 页。

② 参见［古希腊］亚里士多德著，吴寿彭译：《政治学》，商务印书馆 1965 年版，第 169—170 页。

军事法规、地方人大制定的地方性法规、民族自治地方制定的自治条例和单行条例、经济特区制定的经济特区法规、国务院部门制定的部门规章、地方政府制定的政府规章以及特别行政区基本法和国际条约。非正式的法律渊源包括：公共政策、司法判例、法律学说、习惯和习惯法（符合公序良俗的村规民约）、一般法律原则等①。

3. 法的内容是具有有机联系的、和谐统一的，覆盖法的实施的各个环节。其中包括立法行为规范、执法主体和行为规范、救济与监督规范。如在我国，在立法阶段，有规范立法行为的《立法法》《行政法规制定程序条例》《规章制定程序条例》，地方也有相应的地方性法规和政府规章制定规定。在实施阶段，有规范主体的组织法，包括《国务院组织法》《地方各级人民代表大会和地方各级人民政府组织法》《国务院行政机构设置和编制管理条例》《地方各级人民政府机构设置和编制管理条例》《公务员法》以及相应的法规；有规范执法行为的行政程序法，即《行政处罚法》《行政许可法》《行政强执法》，规范许可、处罚、强制等主要的具体行政行为。在救济阶段，有三大诉讼法（即《民事诉讼法》《刑事诉讼法》《行政诉讼法》）《行政复议法》《国家赔偿法》和《仲裁法》以及相应的法规构成完整的法律救济体系。在内部监督领域，还有《各级人民代表大会常务委员会监督法》《公职人员政务处分法》《审计法》以及相关法规。

4. 法规范的层次清晰，不同层次的法规范之间是和谐的，不相冲突和抵触的。相同的规范内容不应该存在不一致的情形。如果产生法规范之间不和谐甚至相互冲突的情形，有一套审查和救济程序，按照一定的规则予以纠正和矫正，如：上位法优于下位法、特别法优于一般法、新法优于旧法、变通法优于被变通法等；当法律文本或者条文相抵触且效力待定时，有一套程序性的裁量规则，来解决法律规范之间的冲突问题。

5. 法规范的体例是科学合理的，法的文本是简明、易懂、通俗的。关于法律文本是应当平民化的易懂些还是专业化的深奥些？确实有不同的观点。持平民化立场的认为，法是要民众去遵守和维护的，所以应当通俗易懂；而持专业化立场的则反驳说，法律本身是深奥的、有专业性的，法律语言具有高度的自治性，即使学法的人也不能成为什么法律都懂的法律全才，所以百姓遇到法律

----

① 博登海默将非正式法律渊源概括为以下几种：正义标准、推理和思考事物本质的原则、衡平法、公共政策、道德信念、社会倾向和习惯法。参见［美］E. 博登海默著，邓正来译：《法理学——法律哲学与法律方法》，中国政法大学出版社1999年版，第415页。

纠纷需要聘请律师为其辩护，因此，法律条文通不通俗并不是本质要求，关键是法律要善良而不能恶。两种观点都有一定的道理。英国的詹姆士·哈林顿（James Harrington）认为，法律既要简明，又不能相互冲突。在立法史上，法国民法典和德国民法典就是两种不同的典型。《法国民法典》以其通俗易懂而又简洁的语言赢得世界许多国家的赞誉和借鉴；与此形成鲜明对比的《德国民法典》则语言晦涩难懂，尽管其立法技术十分高超，许多国家仍对其并无好感，而且晦涩的语言也增加了理解和实施的难度，阻碍了其在世界范围的传播。笔者认为，良法的底线和基础是条文和词义的精准、能界定、无歧义、不冲突，在此基础上，再追求明白、简练和易懂。同一含义的内容有通俗和深涩两种词汇可供选择的，尽可能选择通俗的词汇；当一些专业词汇无可替代（包括法律词汇和其他专业性词汇）时，即便深涩也要保留。总之，当今世界，法律语言的准确性、易懂性、逻辑性、无矛盾性和良好的传递性是衡量立法技术水平和法律是否成熟的重要标志，也是良法的外在表现。

三、良法的程序标准

程序的一般含义由参与主体、一定的时间跨度、行为的方式、步骤等要素构成。而法律程序是指法律关系主体进行法律行为所必须遵循或履行的法定时间和空间上的方法、步骤和顺序。"无程序即无法治"，而立法程序的正当性是法治在法律程序中的重要组成部分。

不可否认，立法经过长时期的演进发展，已成为一种技术理性、工具理性，有它自身的特定规律。这一规律集中体现为——程序正义，而这种程序正义本身是包含并保证最大限度实现实体正义的最优途径。因为立法中的程序正义，如公众参与、专家论证、不同群体的利益博弈、必要性可行性的论证等，都从不同的角度，对不正当的利益诉求进行了抑制或调整。从理论上讲，法律的实质正义与形式正义应当是有机统一的。但从立法操作层面来看，同时将两个标准付诸实施是难以实现统一的，在这一环节，实质正义更多的是通过一套完善的立法程序来实现和保障的。诚如哈贝马斯所言："正当的立法实践依赖的是由话语和协商构成的网络，而不仅仅是道德话语。"[1] 另一方

----

[1] ［德］尤尔根·哈贝马斯著，曹卫东译：《包容他者》，上海人民出版社 2002 年版，第 298 页。

面，也要防止把立法程序绝对化，实践中已出现的把立项绝对化，不管是否成熟不容改变审议时间，以及出现的"激情立法""受命立法""景观式立法"等现象，都需要克服。

立法要求实现科学性、民主性和合法性三者的有机统一，其中的民主性是以公众的有效、有序参与为核心的。对于民主性，需要立法者在代议制民主的基本制度框架内，给予公民和社会法人能直接发表意见并能架起被起草者、提案者、表决者听到与采纳的有效途径。德国新康德自然法学家鲁道夫·施塔姆勒（Rudolf Stammler）从他的社会理想中推论出了"正当法律"的4条基本原则：其一，决不应当使一个人的意志内容受制于任何他人的专断权力；其二，每一项法律要求都必须以这样一种方式提出，即承担义务的人仍可以保有其人格尊严；其三，不得专断地把法律共同体的成员排除出共同体；其四，只有在受法律影响的人可以保有其人格尊严的前提下，法律所授予的控制权力才能被认为是正当的。上述原则，施塔姆勒称之为"尊重和参与原则"，其实质的含义是：社会的每一个成员都应当被视作是一种目的本身，而不应当被当作他人主观专断意志的对象。"通过尊重他人来控制自己的欲望，而且他人也严格这样行事：这必须被认为是实现上述社会理想的一条原则。"[1]

在我国，目前在实践的立法听证会、草案公开征求意见等无疑是值得肯定的。有的已超过西方法治国家的民主程度，如通过媒体广泛征求立法草案的书面意见，直接接受公众的意见建议［《治安管理处罚法》（修订草案）于2023年9月1日起公开征求意见，半月就收到11万余条意见］，这在西方法治国家都不能做到，他们一般只限于听取行业协会、社会团体等自治性组织的意见。公众参与是民主立法的重要载体，其中需要把握好公众的直接民主和代议制间接民主的辩证关系。现在有一种时髦的提法，叫"开门立法"，最早是指一些地方立法让律师等第三方提供法规、规章草案的文本进行审议，之后又延伸到让公众提出立法项目建议，这无疑是一种民主的进步。但"开门"的概念是似是而非的。其实，我国的立法制度（也是国际上法治国家的通行制度）是代议制民主即间接民主制度的立法模式，即立法的提案权[2]、审

---

① 转引自［美］E. 博登海默著，邓正来译：《法理学——法律哲学与法律方法》，中国政法大学出版社1999年版，第173—174页。

② 根据我国《立法法》第29条、30条规定，提交人大常务委员会审议的法律案有提案权的有：国务院、中央军事委员会、国家监察委员会、最高人民法院、最高人民检察院、全国人民代表大会各专门委员会、常委会组成人员10人以上联名。除此以外者，均无法律案的提案权。

议权①、表决权②、发布权③等，都是由法律明确规定的。从目前《立法法》的规定来看，公众能直接参与的只有审议阶段的对公布的法律草案发表书面意见④和参加立法座谈会、论证会、听证会⑤的权利，实践中又增加了立法项目的建议权。但公众最终都没有决定权，各项决定权都要按照《立法法》的严格要求由各主体来实施。立法中的直接民主只是对代议制间接民主的一种补充和优化。所以，不宜把民主立法简单地概括为"开门立法"，这会误导民众对立法权的过度预期。引入公众的直接民主机制，不能挑战和颠覆代议制的间接民主制度的既定安排，只能定位为对间接民主的必要补充。

四、良法的维护标准

良法的维护标准是立法的质量控制机制。良法应当是"活"法，始终保持适用性，能回应社会需要和法律秩序的需求。良法的维护标准可以分为静态维护标准和动态维护标准两类。在我国，静态维护有备案审查制度、违宪违法审查机制等；动态维护则包括定期评估制度、修订废止机制、法律解释制度等。

一是备案审查制度。立法的备案审查制度是颇具中国特色的，也就是说，这并非国际惯例。目前我国对立法的备案审查制度，在《立法法》里有明确规定，概括起来是两种方式：一是层级备案审查制度，即下级机关的立法文本向上级机关备案，这既包括立法机关，也包括有立法权的行政机关；另一种是行政机关向同级立法机关备案。所以，一个地方政府的立法，既要向上级

---

① 如《立法法》第32条规定，法律案一般应当经过三次常务委员会会议审议后再交付表决。

② 《立法法》第44条规定："法律草案修改稿经常务委员会会议审议，由宪法和法律委员会根据常务委员会组成人员的审议意见进行修改，提出法律草案表决稿，由委员长会议提请常务委员会全体会议表决，由常务委员会全体组成人员的过半数通过。"

③ 《立法法》第47条规定："常务委员会通过的法律由国家主席签署主席令予以公布。"

④ 《立法法》第40条规定："列入常务委员会会议议程的法律案，应当在常务委员会会议后将法律草案及其起草、修改的说明向社会公布，征求意见。但是经委员长会议决定不公开的除外。向社会公布征求意见的时间一般不少于三十日。征求意见的情况应当向社会通报。"第87条规定，地方性法规、自治条例和单行条例参照执行。

⑤ 《立法法》第39条规定："列入常务委员会会议议程的法律案，宪法和法律委员会、有关的专门委员会和常务委员会工作机构应当听取各方面的意见。听取意见可以采取座谈会、论证会、听证会等多种形式。"第74条对行政法规的立法程序也作了类似规定。第87条规定，地方性法规、自治条例和单行条例参照执行。

政府备案，同时还要向同级人大备案，接受合法性审查。而对备案后的审查，目前的通行做法是被动审查或者抽查，即只在有关主体提出异议时，备案审查主体才启动审查程序；没有人提起异议的话，一般不主动进行审查，更不是每件必审；一些做得较好的地方，能做到有计划的抽查。这种审查方式已经有学者提出质疑，认为有悖此项制度的设立本意。从发展的趋势来看，应该会向每件必审的方向演进。

二是违宪违法审查机制。违宪审查制度又称合宪性审查制度，是宪制国家普遍实行的一种立法维护机制。在我国，是否有违宪审查制度，学界还有不同观点的争议。提出异议者认为，我国宪法并没有明确违宪审查机制；持肯定者则认为，《立法法》作为宪法性文件，已经明确了违宪审查的主体和具体启动程序，因此不能认为我国没有建立违宪审查制度。笔者赞成后一种观点。全国人大及其常委会作为我国宪法的实施与监督机关，需要承担起违宪审查的职责，所以，党的十八届四中全会《决定》中明确要求：完善全国人大及其常委会宪法监督制度，健全宪法解释程序机制。加强备案审查制度和能力建设，把所有规范性文件纳入备案审查范围，依法撤销和纠正违宪违法的规范性文件。

三是定期评估制度，又叫作立法后评估制度。建立立法后评估制度，一方面是立法发展到一定阶段，提高立法质量的必然要求；另一方面也是由该项制度特有的功能所决定的，其功能体现在下列几方面：其一，通过对法律、法规、规章的立法技术、制度设计等作出评估，为立法的修改、废止提供技术层面的依据。其二，通过对法律、法规、规章的实施即执行情况进行评估，考量执法成本、法律规定措施的实现度，为法律、法规、规章的修改提供客观的评判依据。其三，通过考察法律、法规、规章被公众的认知程度，以及其被遵守的程度，来分析法律、法规、规章的实施效果以及与立法、执法的相关性，为法律文本的修订提供第一手的资料。立法后评估制度是相对比较晚才实施的一项与立法相配套的制度。虽然起步较晚，但实施情况还是值得肯定。各地都在探索不同形式的立法后评估制度，学界也有不少学理研究的成果，起到了一定的理论引领作用。

四是修订废止机制。法律在立法完成后的修订、废止机制的完善，是立法制度的应有之义。作为成文法，其滞后性与不完善性是固有的属性，无法避免。所以才有了世界法治史上绵延上千年的"恶法非法"与"恶法亦法"的无解之争。但学术争议归学术争议，面对实际，还是要脚踏实地建立健全法律的及时修订与废止制度方是上策。所以我们现在的习惯用语也是"立、改、废、释并举"。随着法律体系的日益完善，立法的重心也会自然而然地从制定新法为主转向修订旧法为主。从目前国家和地方立法的实证分析来看，都不难印证这一结论。以上海市人大 2022 年完成审议的 53 件立法项目来看，其中有 26 件为正式立法项目，27 件为修正或修订项目，修改项目占比超过一半。

五是法律解释制度。法律解释被认为是对现有法律理性缺陷的一种有益的矫正与补充，这在法治史上是很多法学家的共识。为什么要解释法律？德国当代著名民法学家米夏埃尔·马丁内克（Michael Martinek）的解释十分简单明了："通常，法律适用者很快便遇到这样的问题，即现实生活中的案情很少像课堂上法律教员为了说明抽象、概括的法律规范所举的具体事例那样简单明了，而是要纷繁复杂得多。恰恰在这里，法律家的本职工作就开始了：他必须解释法律，也就是探究法律的真实意义，以确定法律的可适用性。"[1] 广义的法律解释包括狭义法律解释、漏洞补充和价值补充，萨维尼把法律解释概括为语法解释、逻辑解释、历史解释、体系解释等四种解释方法。在米夏埃尔·马丁内克看来，语法解释既是出发点，也是归宿，因为其他解释方法均不得导致超出尚属可能的词义范围的结果；体系解释力图在法律体系的关联中理解和宣示法律规则，合宪性解释也属于这种解释；历史解释则较多地回答关于法律目的的问题，但它只具有有限的意义，因为生活关系变化之快，往往很快就为立法者的历史意思所不及；当今的司法裁判中，目的解释处于中心地位，因为解释的目标首先是领会并贯彻法律规定的价值评定、正义内容以及合目的性内容。[2] 而狭义的法律解释仅是确定法律规范的意义内容的作业。我国目前的法律解释是在狭义意义上把握的。在英美法系的法律解释学中，有一种"黄金规则"，一般来说，法律条文应按照其字面的、文字的最惯用的意义来解释，但这不应是一成不变的，因为有一种例外情形，就是字面意义的应用会在某宗案件中产生极不合理的、令人难以接受和信服的结果，我们也不能想象这个结果的出现会是立法机关订立这法律条文时的初衷，在这种情况下，执法部门应采用变通的解释，无须死板地依从字面上的意义，

---

① 米夏埃尔·马丁内克：《德国民法典于中国对它的继受——陈卫佐的德国民法典新译本导言》，参见陈卫佐译注《德国民法典》（第 3 版），法律出版社 2010 年版，第 13 页。

② 米夏埃尔·马丁内克：《德国民法典于中国对它的继受——陈卫佐的德国民法典新译本导言》，参见陈卫佐译注《德国民法典》（第 3 版），法律出版社 2010 年版，第 13 页。

借以避免这种与公平正义不符的结果。① 这种相对灵活的法律解释是值得我们借鉴的。波斯纳把对制定法的客观性解释途径概括为三种：一是想象性重构，即法官将自己置于创制该法的立法者的位置上，并努力理解立法者当年所面临的问题和可能会作出的结论；二是目的性解释，即从立法者想要通过立法达致的目的出发，来检验目前的法律适用是否符合立法目的；三是政策性决定，即法院根据其能力的理解，建设性的提出合理的公共政策，而不去理会立法者的意图和目的。② 这样的法律解释机制才能维护法律的"活性"，才适应社会发展的需求。

---

① 参见陈弘毅著：《法治、启蒙与现代法的精神》，中国政法大学出版社 1998 年版，第 39 页。

② 参见［美］理查德·A. 波斯纳著，苏力译：《法理学问题》，中国政法大学出版社 2002 年版，第 343—352 页。

第三章　立法体制与机制

立法体制（legislative system）是关于一国立法机关设置及其立法权限划分的体系和制度，即有关法的创制的权限划分所形成的制度结构。周旺生教授介绍，立法体制一词，是中国学者的一个创造，它是在经济体制、政治体制这些词汇大量使用的背景下产生的。[①]

立法体制的核心是立法权限的划分问题，它既包括中央和地方立法权限划分的制度结构，也包括中央各国家机关之间及地方各国家机关之间立法权限划分的制度结构。一个国家采取什么样的立法体制，是由这个国家的国体、政体、国家结构形式等一系列因素决定的，尤其国家结构形式是影响中央和地方立法权限划分的最重要因素。[②]

一、立法权的界定

立法权是为主权者所拥有的，由特定的国家机关所行使的，在国家权力结构中占据特殊地位的，用来制定、认可和变动规范性法律文件以调整一定社会关系的综合性权力体系。[③] 在西方政治、法治生活中，立法权问题通常都是极重要的主题。在英国思想家洛克看来，"立法权是指享有权利来知道如何运用国家的力量以保障这个社会及其成员的权力"。[④] 而德国哲学家黑格尔（Georg Wilhelm Friedrich Hegel）的解释是：立法权所涉及的是法律本身，以

---

① 参见周旺生主编：《立法学教程》，法律出版社 1995 年版，第 68 页。
② 参见李培传著：《论立法》，中国法制出版社 2013 年版，第 163 页。
③ 周旺生主编：《立法学教程》，法律出版社 1995 年版，第 64 页。
④ ［英］洛克著，叶启芳、瞿菊农译：《政府论》（下篇）商务印书馆 1983 年版，第 89 页。

及那些按其内容来说完全具有普遍性的国内事务。①

对于立法权的理解，在国外政治学、立法学和宪法学中，历来有结构主义和功能主义两种解释方法间的争议。② 依据结构主义解释，即在分权学说意义上的解释，立法权主要是一种政体结构、政府职能划分的结果，它是与行政权、司法权相对应的一种国家权力。按照结构主义的观点，当人们使用立法权概念时，往往是指代作为立法机关的议会；立法是立法机关的职能，立法权是立法机关的职权，因此，只有由立法机关行使的权力，才是"立法权"。而按照功能主义的解释，对立法权的认定不考虑主体在国家政体中的定位，而主要着眼于权力主体是否行使"立法"职能，或者是否拥有"立法"职权。按照这种理解，立法权只能通过具体权力主体来行使，权力主体是否具有立法功能是判断它有无立法权的根本标准，如果没有立法功能，无论是否叫作"立法机关"，都不能认为它的权力就是立法权。正是基于这样的解释，行政机关制定的行政法规、发布政府命令的行为，属于行使立法职能或职权；法院作出司法解释、法官裁决案件的行为，具有立法职能的性质；其他社会自治组织创制自治条例、规章等，也是行使立法职能或者职权，所有这些权力，都是"立法权"。③

在我国法学和政治学研究的语言使用习惯中，"立法"的概念主要是在创制和修改行为规则的功能意义上使用，也就是倾向于功能主义的解释，所以才有"政府立法""行政立法"之说。而"立法权"的概念则在结构及功能两种意义上同时使用的，其中，宪法和立法学者更多的是从结构主义意义上使用立法权；而行政法学者更多的是从功能主义意义上使用立法权。至于"立法机关"的概念，一般都是从政体分权的结构意义上使用的。

本书中，立法权是从功能主义的意义上使用的，即承认政府及其部门的立法行为属于立法权的范畴。也因此，本章中也会对政府立法进行专门的分析。

二、立法体制的构成要素

立法体制是关于立法权、立法权运行和立法权载体诸方面的体系和制度所构成的有机整体。其核心是有关立法权限的体系和制度。立法体制是静态

---

① ［德］黑格尔著，范扬、张企泰译：《法哲学原理》，商务印书馆1982年版，第315页。
② 参见李林著：《走向宪政的立法》，法律出版社2003年版，第24—27页。
③ 参见王保民著：《现代国家政府立法角色研究》，法律出版社2015年版，第10—11页。

和动态的统一，立法权限的划分，是立法体制中的静态内容；立法权的行使是立法体制中的动态内容；作为立法权载体的立法主体的建置和活动，则是立法体制中兼有静态和动态两种状态的内容。

立法体制由三要素构成：一是立法权限的体系和制度，包括立法权的归属、立法权的性质、立法权的种类和构成、立法权的范围、立法权的限制、各种立法权之间的关系、立法权在国家权力体系中的地位和作用、立法权与其他国家权力的关系等方面的体系和制度。二是立法权的运行体系和制度，包括确立立法权的运行原则、运行过程、运行方式等方面的体系和制度。其含义与通常所说的立法程序不同。后者指行使立法权的国家机关在立法活动中所须遵循的有关提案、审议、表决、通过法案和公布规范性法律文件的法定步骤和方法。前者除包括这些内容外，还包括行使立法权的国家机关在提案前和公布后的所有立法活动中所须遵循的法定的和非法定的步骤和方法，以及所须遵循的原则。例如，在进行立法预测、立法规划、立法决策、立法解释、立法信息反馈、法的汇编和编纂过程中所有与立法权的运行有关的步骤、方法和原则。除包括行使立法权的国家机关所须遵循的步骤、方法和原则外，还包括不行使立法权但却担负立法工作或参与立法工作的机构在立法活动中应当遵循的步骤、方法和原则。三是立法权的载体体系和制度，包括行使立法权的立法主体或机构的建置、组织原则、活动形式、活动程序等方面的体系和制度。其含义与通常所说的立法机关的体系和制度不同。后者指专门制定和变动规范性法律文件的立法机关，或虽非专门立法机关但却行使立法权的国家机关的体系和制度。前者除包括这些内容外，还包括上述国家机关中受命完成立法任务的工作机构和其他不行使立法权但参与立法活动的工作机构的体系和制度。这三方面的体系和制度构成的有机整体，即为立法体制。在这个体制中，立法权限是基础和核心，立法权的运行和立法权的载体是基于立法权限而产生和存在的，并成为立法体制的组成部分。①

三、立法体制的类型比较

有学者将立法体制分为以下三种类型：一是单一型的立法体制，即立法权

① 　参见周旺生著：《立法论》，北京大学出版社 1994 年版，第 131—132 页。

由一个政权机关所享有，其他政权机关不享有立法权的立法体制。二是复合型的立法体制，即立法权由两个或两个以上的政权机关共同享有的立法体制。三是制衡型的立法体制，即立法权属于一个政权机关（一般为议会）享有，其他有关的政权机关对立法权的行使具有制约作用的立法体制。① 但如果我们将世界上国家的立法体制都作一剖析，其实立法体制是十分多元和复杂的，并不能简单地用这三种类型来概括穷尽。上述概括仅是从横向作的分类，并未从纵向即中央与地方立法权的配置作出分类。笔者更乐意将立法类型概括为以下四种：

（一）两级制+复合型

两级制，是指由中央和地方两级立法机构分别行使立法权的体制。美国是联邦制国家，实行联邦和州双重立法体制的，可以被称为两级制的模式。在美国，各州都有权制定宪法和法律，各州的法律也可以与联邦的法律不一致，如在联邦已废止的死刑，在一些州可以恢复；各州之间的法律也可不同。严格地说，美国模式是两级制+复合型，即两院制的立法体制，两院制下，立法权由作为立法机关的议会两院分掌，在立法过程中两院相互制约，所以也是一种制衡型的立法体制。当然，并不是所有联邦制的国家都是两级制的立法体制，也有一级制的，如巴西。

（二）单一制+复合型

所谓单一制是由若干行政区或自治区域构成的单一主权国家的结构形式，其主要特点是：（1）从法律体系上看，国家只有一部现行宪法和一套统一的法律体系；（2）从国家组织结构来看，国家具有统一的立法、行政、司法系统；（3）从中央与地方的权力来看，最高国家权力归中央掌握，各地域的地方权力由中央权力授予，并接受中央权力的统一领导；（4）国家主权高度集中，由中央权力机关代表国家主权充任国际法主体，统一行使外交权，自治权被限制在统一的国家主权范围内；（5）国民具有统一的国籍身份。② 法国是单一制+复合型的典型。法国是单一制的法制国家，立法权归中央权力机关所有，但根据第五共和国宪法，建立了平等的两院制议会。第五共和国宪法第 45 条

① 参见周旺生主编：《立法学》，法律出版社 2000 年版，第 185—187 页。
② 参见孙关宏、胡雨春、任军锋主编：《政治学论》，复旦大学出版社 2009 年版，第 118 页。

第 1 款规定："一切法案都应在议会两院之间依次审议，以通过一项一致的文本。"当两院无法达成一致意见时，由混合对等委员会就该法案或有关条款提出一个新的妥协文本，再送两院分别表决。如果两院分别通过了该委员会的法案，则相当于三读通过，经总统签署后便可成为法律并生效。这种制度设计是为了防止出现严重分歧时立法过程被阻断，是两院协商、协调、讨价还价、达成妥协的一种重要机制。①

（三）单一制+自治型

在大陆法系，地方并非一个地理概念，而是一个法律实体，被称为公法人。公法人是为达成国家目的而由法律所创设的法人。地方作为公法人是与国家相对应，因为国家也属于公法人。与国家的构成三要素（领土、公民、主权）相比，地方也具有三要素：区域、住民、自治权。其中，自治权就包括自治立法权、自治行政权、自治组织权、自治财政权等。因此，地方立法权来源于地方自治权。② 地方自治制度，无论是大陆法系（如法国）还是英美法系（如英国）都存在。日本是这种模式的典型。日本也是实行国家法制统一的，立法权集中在国家层面，但地方管理有较大的公共团体自治权。日本《地方自治法》规定，在地方公共团体中，设置作为议事机关的议会（都道府县议会、市町村议会），作为议会的执行机关而设置首长（都道府知事、市町村长）。在宪法上，议会和首长均被规定为由居民的直接选举而产生的。在日本，议会除了条例的制定和改废以及预算的决议外，在行政管理方面也被赋予了广泛的决议权。因此，地方议会并不仅仅是立法机关，还是地方公共团体的最高意思决定机关。首长是代表地方公共团体执行行政的责任机关，其管理并执行地方公共团体的事务。③

（四）单一制+分层型

这也可以称为中国模式，即中央实行法制统一，同时适当放权地方。杨景宇先生分析认为："我国是统一的、单一制的国家，各地方经济、社会发展

---

① 参见许振洲编著：《法国议会》，华夏出版社 2002 年版，第 178—187 页。

② 参见张正修著：《地方制度法理论与实用》（二），台湾学林文化事业有限公司 2003 年版，第 198—204 页。

③ 参见［日］南博方著，杨建顺译：《行政法》（第六版），中国人民大学出版社 2009 年版，第 19—20 页。

又很不平衡。与这一国情相适应，在最高国家权力机关集中行使立法权的前提下，为了使我们的法律既能通行全国，又能适应各地方千差万别的不同情况需要，在实践中能行得通，宪法和立法法根据宪法确定的'在中央的统一领导下，充分发挥地方的主动性、积极性'的原则，确立了我国的统一而又分层次的立法体制。"①

四、我国的立法体制

我国虽然是单一制的法制国家，但不是纯粹的单一制，而是一种"一元两级多层次"的立法模式。这种立法体制是与中国特定的国情相适应的。

（一）我国立法体制发展沿革

从中华人民共和国成立以来，我国立法体制的变化与调整大致可以分为四个阶段：

1.《共同纲领》时期（1949 年 10 月—1954 年 8 月）。

1949 年 9 月，中国人民政治协商会议第一届全体会议通过了《中国人民政治协商会议共同纲领》（简称《共同纲领》），它是中华人民共和国法制史上第一个比较完备的新民主主义性质的宪法性文件。《共同纲领》和一届全国政协全体会议通过的《中华人民共和国中央人民政府组织法》，确立了中华人民共和国的国体、政体，同时也确立了我国当时的立法体制。《共同纲领》规定：国家最高政权机关为全国人民代表大会。全国人民代表大会闭会期间，中央人民政府为行使国家政权的最高机关。中央人民政府组织法规定：中央人民政府委员会依据《共同纲领》，有权制定并解释国家的法律，颁布法令，并监督其执行。政务院根据并为执行《共同纲领》、国家的法律、法令和中央人民政府委员会规定的施政方针，有权颁发决议和命令，并审查其执行。

政务院于 1949 年 12 月公布的《大行政区人民政府委员会组织通则》规定：各大行政区人民政府委员会根据并为执行《共同纲领》、国家的法律、法令、中央人民政府委员会规定的施政方针和政务院颁发的决议和命令，有权

---

① 杨景宇：《我国的立法体制、法律体系和立法原则》，载上海市行政法制研究所编：《依法行政与法治政府》，法律出版社 2006 年版，第 1 页。

对所属各省市转发政务院的决议和命令，并在其职权范围内颁发决议和命令，并审查其执行。有权拟定与地方政务有关之暂行法令条例，报告政务院批准或备案。

政务院于 1950 年 1 月公布的《省人民政府组织通则》规定：省人民政府委员会在中央人民政府政务院或大行政区人民政府委员会直接领导下，有权拟定与省政有关的暂行法令条例，报告主管大行政区人民政府转请中央人民政府政务院批准或备案。

政务院于 1950 年 1 月公布的《市人民政府组织通则》规定：市人民政府委员会在其上级政府领导之下，有权拟定与市政有关的暂行法令条例，报告上级人民政府批准施行。

政务院于 1950 年 1 月公布的《县人民政府组织通则》规定：县人民政府委员会在省人民政府委员会领导之下，有权拟定与县政有关的单行法规送省人民政府批准或备案。

中央人民政府于 1952 年 8 月公布的《中华人民共和国民族区域自治实施纲要》规定：各民族自治区自治机关在中央人民政府和上级人民政府法令所规定的范围内，依其自治权限，得制定本自治区单行法规，呈报上级人民政府批准。凡经各级地方人民政府核准的各民族自治区单行法规，均须呈报中央人民政府政务院备案。

《共同纲领》和上述法规的规定，构建了我国建国初期的立法体制。主要有下列特点：一是，具有过渡性特征，当时我国人民代表大会制度还没有建立，立法权由政府享有，属于议行合一的体制；二是，中央与地方分享立法权的格局开始形成，并呈现出多层次、立法权限相对分散的状态；三是，民族地区自治立法开始确立。四是，对地方立法权有严格的权限和程序限制，需要报请中央人民政府或者上级人民政府批准或者备案才能生效。有学者把这一时期概括为：法定由中央集中行使而实际由中央到地方多级主体分散行使立法权力的时期。[①]

究其原因，在建国初期，全国范围内不少地方军事行动尚未完全结束，选举产生人民大会代表行使立法权的条件尚不具备，当时采取在中央由中央人民政府行使中央立法权，在地方由县级以上地方各级人民政府委员会行使地方立法权，这种中央和地方两级和县级以上多层次的立法体制是恰当的。

---

① 参见徐向华著：《中国立法关系论》，浙江人民出版社 1999 年版，第 9 页。

同时，我国地域辽阔，各地区政治、经济和文化等发展很不平衡，采取在中央对地方的法规在呈报上级政府批准、备案制度上，作了严格规定。这样既能使地方立法从实际情况出发，适应各地区的实际需要，有利于当时国民经济获得恢复和发展，又能有效地维护和保障全国法制协调和统一，有利于加快法制建设进程。①

　　这一时期，我国法制建设处于初创阶段，立法体制也属于构建阶段。历史证明，这一时期，我们在法制的理论和实践上都进行了积极的探索，为我国法制建设提供了有益的经验，也奠定了良好的基础。

　　2. "五四宪法"时期（1954年9月—1978年12月）。

　　1954年9月，中华人民共和国第一届全国人民代表大会第一次会议通过《中华人民共和国宪法》（俗称"五四宪法"），这是我国的第一部完备意义上的宪法。当然，"五四宪法"是以《共同纲领》为基础的，但又在《共同纲领》的基础上有发展。它全面确立了国家政治、经济、文化和社会的基本制度，巩固和发展了新中国成立以来在政治、经济、文化和社会等方面取得的新成果，并且规定了国家在过渡时期的根本任务，体现了广大人民建设社会主义的共同愿望。

　　"五四宪法"对建国初期的立法体制作了重大改变，即将中央和地方两级多层次立法体制改变为立法权集于中央的一级立法体制。"五四宪法"规定："全国人民代表大会是行使国家立法权的唯一机关。"全国人民代表大会"修改宪法；制定法律；监督宪法的实施"；全国人大常委会有权解释法律和制定法令。国务院是最高国家权力机关的执行机关，是最高国家行政机关，有权"根据宪法、法律和法令，规定行政措施，发布决议和命令，并且审查这些决议和命令的实施情况。""地方各级人民代表大会都是地方国家权力机关。""地方各级人民代表大会依照法律规定的权限通过并发布决议。""自治区、自治州、自治县的自治机关可以依照当地民族的政治、经济和文化的特点，制定自治条例和单行条例，报请全国人民代表大会常务委员会批准。民族乡的人民代表大会可以依照法律规定的权限采取适合民族特点的具体措施。"

　　"五四宪法"规定由全国人民代表大会唯一地行使国家立法权，有一个重大背景，即旧中国处于半殖民地的分裂状态，大大小小的军阀割据了各地方政权，国家实际没有统一的法制。中华人民共和国成立后，为了维护

---

　　①　参见李培传著：《论立法》，中国法制出版社2013年版，第167页。

国家的统一，必须实行法制的统一。宪法将国家立法权高度集中和统一于全国人民代表大会，首先是基于这一历史背景考虑的，这在当时也是十分必要的。①

但客观地说，"五四宪法"将立法权集中到全国人民代表大会，使立法权过于集中而很难适应我国经济社会发展的实际需要。同时，由于全国人民代表大会会议每年举行一次，会期较短而且还有其他审议内容，致使国家急需的一些法律难以适时制定出台，立法工作难以适应国家政治、经济、文化和社会生活的实际需要，矛盾逐渐突出。因此，一届全国人大二次会议于1955年7月通过关于授权全国人大常委会制定单行法规的决议，明确："第一次全国人民代表大会第二次会议认为，随着社会主义建设和社会主义改造事业的发展，国家急需制定各项法律，以适应国家建设和国家工作的要求。在全国人民代表大会闭会期间，有些部分性质的法律，不可避免地急需常委会通过施行。为此，特依照中华人民共和国宪法第三十一条第十九项的规定，授权常务委员会依照宪法的精神，根据实际的需要，适时地制定部分性质的法律，即单行法规。"这一授权决定，使全国人大常委会有权根据国家和经济社会生活发展的实际需要制定单行法规，这在一定程度上缓解了国家立法不适应我国政治、经济、文化和社会生活发展实际需要的矛盾。

但是，由于立法权高度集中的结果，造成立法不适应国家和经济社会生活实际需要的矛盾仍然存在。所以，二届全国人大一次会议于1959年4月通过决议，明确："为了适应社会主义改造和社会主义建设事业发展的需要，大会授权常务委员会，在全国人民代表大会闭会期间，根据实际情况的发展和工作的需要，对现行法律中一些已经不适用的条文，适时地加以修改，作出新的规定。"

全国人大的上述两次授权决定，使全国人大常委会享有了部分立法权。

1975年宪法和1978年宪法，均未规定"全国人民代表大会是行使国家立法权的唯一机关"，但是，关于国家立法权的规定与"五四宪法"的规定基本相同。因此，这两部宪法都未改变我国的立法体制。另一方面，在"文化大革命"之后，这一时期并非处于真正的法治状态，立法权也基本被虚置，所以，研究分析"文化大革命"时期的立法权也并没有实际意义。

3. 改革开放时期（1979年1月—2000年2月）。

党的十一届三中全会，在深刻总结历史经验和教训的基础上，重新确立

---

① 参见刘松山著：《中国立法问题研究》，知识产权出版社2016年版，第205页。

了党的实事求是的思想路线，把全国工作重心转移到以经济建设为中心的社会主义现代化建设上来，提出了发展社会主义民主，健全社会主义法制的基本方针，提出了"有法可依、有法必依、执法必严、违法必究"的法制十六字方针。从此，我国进入了一个以改革开放为主旋律的新的历史时期，同时也开始了我国现代法治的新进程。面对新的时代使命和事业发展，原来的立法体制显然不适应改革开放和现代化事业发展的需要，对立法权集中在中央的状况，客观上提出了改变的需求。

1979 年 7 月，五届全国人大二次会议通过了《中华人民共和国地方各级人民代表大会和地方各级人民政府组织法》，该法第 6 条规定："省、自治区、直辖市的人民代表大会根据本行政区域的具体情况和实际需要，在和国家宪法、法律、政策、法令、政令不抵触的前提下，可以制定和颁布地方性法规，并报全国人民代表大会常务委员会和国务院备案。"第 27 条规定："省、自治区、直辖市的人民代表大会常务委员会在本级人民代表大会闭会期间，根据本行政区域的具体情况和实际需要，在和国家宪法、法律、政策、法令、政令不抵触的前提下，可以制定和颁布地方性法规，并报全国人民代表大会常务委员会和国务院备案。"从此，省、自治区、直辖市的人大及其常委会拥有了制定地方性法规的权力。

1982 年 11 月，五届全国人大五次会议上，通过并颁布了"八二宪法"。"八二宪法"是对"五四宪法"的继承和发展。"八二宪法"修改草案的报告在谈到草案对国家机构作了许多重要的新规定时，其中提出："在中央的统一领导下，加强地方政权的建设，县级以上的地方各级人大设立常委会。省、直辖市的人大和它的常委会有权制定和颁布地方性法规。"

这一新的思想在宪法修改中得到了具体体现。"八二宪法"第 100 条规定："省、直辖市的人民代表大会和他们的常务委员会，在不同宪法、法律、行政法规相抵触的前提下，可以制定地方性法规，报全国人民代表大会常务委员会备案。"第 116 条规定："民族自治地方的人民代表大会有权依照当地民族的政治、经济和文化的特点，制定自治条例和单行条例。自治区的自治条例的单行条例，报全国人民代表大会常务委员会批准后生效。自治州、自治县的自治条例和单行条例，报省或者自治区人民代表大会常务委员会批准后生效，并报全国人民代表大会常务委员会备案。"这是第一次将地方立法权在宪法中予以明确，其中得到授权的主体是省、直辖市的人大及其常委会；自治区、自治州、自治县的人大有权制定自治条例和单行条例。与 1979 年 7

月的地方组织法稍有不同的是，自治区只限于人大制定自治条例和单行条例。

1982 年 12 月，五届全国人大第五次会议通过关于修改《中华人民共和国地方各级人民代表大会和地方各级人民政府组织法》的若干规定的决议，对地方组织法作了修改。其中，第 27 条增加一款作为第 2 款："省、自治区的人民政府所在地的市和经国务院批准的较大的市的人民代表大会常务委员会，可以拟定本市需要的地方性法规草案，报请省、自治区的人民代表大会常务委员会审议制定，并报全国人民代表大会常务委员会和国务院备案。"第 35 条第（一）项最后增加："省、自治区、直辖市以及省、自治区的人民政府所在地的市和经国务院批准的较大的市的人民政府，还可以根据法律和国务院的行政法规制定规章。"这样，省政府所在地和较大的市的人民政府分别拥有了政府规章的制定权。

1986 年 12 月，六届全国人大常委会第十八次会议通过修改《中华人民共和国地方各级人民代表大会和地方各级人民政府组织法》，第 7 条新增第 2 款规定："省、自治区的人民政府所在地的市和经国务院批准的较大的市的人民代表大会根据本市的具体情况和实际需要，在不同宪法、法律、行政法规和本省、自治区的地方性法规相抵触的前提下，可以制定地方性法规，报省、自治区的人民代表大会常务委员会批准后施行，并由省、自治区的人民代表大会常务委员会报全国人民代表大会常务委员会和国务院备案。"第 38 条第 2 款修改为："省、自治区的人民政府所在地的市和经国务院批准的较大的市的人民代表大会常务委员会，在本级人民代表大会闭会期间，根据本市的具体情况和实际需要，在不同宪法、法律、行政法规和本省、自治区的地方性法规相抵触的前提下，可以制定地方性法规，报省、自治区的人民代表大会常务委员会批准后施行，并由省、自治区的人民代表大会常务委员会报全国人民代表大会常务委员会和国务院备案。"自此，省政府所在地和较大的市的人大及其常委会直接拥有了地方性法规的制定权，其立法权比同级政府晚了 4 年。

1995 年 2 月，八届全国人大常委会第十二次会议通过修改《中华人民共和国地方各级人民代表大会和地方各级人民政府组织法》的决定，第 60 条规定："省、自治区、直辖市的人民政府可以根据法律、行政法规和本省、自治区、直辖市的地方性法规，制定规章，报国务院和本级人民代表大会常务委员会备案。省、自治区的人民政府所在地的市和经国务院批准的较大的市的人民政府，可以根据法律、行政法规和本省、自治区的地方性法规，制定规章，报国务院和省、自治区的人民代表大会常务委员会备案。依照前款规定制定规章，须经该级政府常务会议或者全体会议讨论决定。"自此，在法律、行政法规之外，地方性法规也成为同级和下级政府制定规章的上位法。

4.《立法法》时期（2000年3月—至今）。

2000年3月，九届全国人大第三次会议通过《中华人民共和国立法法》，对立法工作作了全面的规范，标志着立法工作进入了一个新阶段。

《立法法》第65条规定："经济特区所在地的省、市的人民代表大会及其常务委员会根据全国人民代表大会的授权决定，制定法规，在经济特区范围内实施。"自此，对经济特区的特别授权立法作出了明确、统一的规定。

《立法法》第66条规定："民族自治地区的人民代表大会有权依照当地民族的政治、经济和文化的特点，制定自治条例和单行条例。自治区的自治条例和单行条例，报全国人民代表大会常务委员会批准后生效。自治州、自治县的自治条例和单行条例，报省、自治区、直辖市的人民代表大会常务委员会批准后生效。自治条例和单行条例可以依照当地民族的特点，对法律和行政法规的规定作出变通规定，但不得违背法律或者行政法规的基本原则，不得对宪法和民族区域自治法的规定以及其他有关法律、行政法规专门就民族自治地方所做的规定作出变通规定。"虽然民族自治地区制定自治条例和单行条例的授权，"八二宪法"就有了规定，但立法法进一步明确其可以对法律、行政法规作出变通规定，并规定了变通规定的边界和权限。这是立法法新的内容。

《立法法》第67条规定："规定本行政区域特别重大事项的地方性法规，应当由人民代表大会通过。"表面上看，省、直辖市的人大，在"八二宪法"中就已授权制定地方性法规。而立法法的此项规定，其实是对实际工作中地方人大基本由常委会承担立法，而人民代表大会直接立法较少的现状而提出的一种纠正意见。

《立法法》第73条规定："地方政府规章可以就下列事项作出规定：（一）为执行法律、行政法规、地方性法规的规定需要制定规章的事项；（二）属于本行政区域的具体行政管理事项。"关于规章是否纳入立法法调整范畴，在立法法起草过程中是个极具争议的问题。最终立法法还是将其纳入了调整范畴，即承认了制定规章是立法行为，其具有法律效力，并对规章立法权的范围作了具体界定。这也是立法法的一个进步。

2015年3月，十二届全国人大第三次会议通过《关于修改〈中华人民共和国立法法〉的决定》，其中第 72 条第 2 款规定："设区的市的人民代表大会及其常务委员会根据本市的具体情况和实际需要，在不同宪法、法律、行政法规和本省、自治区的地方性法规相抵触的前提下，可以对城乡建设与管理、环境保护、历史文化保护等方面的事项制定地方性法规，法律对设区的市制定地方性法规的事项另有规定的，从其规定。设区的市的地方性法规须报省、自治区的人民代表大会常务委员会批准后施行。"第 82 条第 3 款规定："设区的市、自治州的人民政府根据本条第一款、第二款制定地方政府规章，限于城乡建设与管理、环境保护、历史文化保护等方面的事项。已经制定的地方政府规章，涉及上述事项范围以外的，继续有效。"从此，全国所有设区的市的人大及其常委会和政府都拥有了立法权，但其权限只限于城乡建设与管理、环境保护和历史文化保护等三个领域。2023 年 3 月第二次修订的《立法法》第 81 条将设区的市立法权调整为城乡建设与管理、生态文明建设、历史文化保护和基层治理等四个领域。

（二）"一元两级多层次"模式

与当今世界普遍存在的单一的立法体制、复合的立法体制、制衡的立法体制相比，中国现行立法体制独具特色，不属于任何一种立法体制。其一，在我国，立法权不是由一个政权机关行使的，因而不属于严格意义上的单一立法体制。其二，在我国，立法权由两个以上的政权机关行使，是指中国存在多种立法权，如法律立法权、行政法规立法权、地方性法规立法权，它们分别由不同层级的政权机关行使，而不简单是同一个立法权由几个平行的政权机关行使，因而也不属于复合的立法体制。其三，我国立法体制也不是制衡的立法体制，不是建立在立法、行政、司法三权既相互分立又相互制约的原则基础上的，国家主席和政府总理都产生于全国人大，国家主席是根据人大的决定公布法律，总理不存在批准或否决人大立法的权力，行政法规不得与人大制定的法律相抵触，地方性法规不得与法律和行政法规相抵触，人大有权撤销与其所制定的法律相抵触的行政法规和地方性法规，这些表明中国立法体制内部的从属关系、统一关系、监督关系，不表明制衡关系。

中国现行立法体制是具有中国特色的立法体制，被概括为"一元两级多层次"模式。所谓"一元"是指我国为单一制法制国家，国家实行法制统一，全国只有一个法律体系，即中国特色社会主义法律体系。在我国，对重要领域的立法权实行法律保留制度，在国外又称为国会保留制度。法律保留制度的确立基于以下三个"必要性"：其一，有利于保证立法民主，"维护国家的统一和国内市场的统一"；其二，对全国人大及其常委会与国务院的立法权限进行划分，有利于"国务院更好地通过制定行政法规行使行政管理职权"；其三，对全国人大及其常委会与地方立法机关的立法权限进行划分，有利于"调动（地方）立法的主动性和积极性，加快地方法制建设的步伐，从而更好地依法管理好地方事务"。① 因此，也有学者认为，法律保留制度在我国具有双重功能——既规范国务院和地方立法机关的行为、维护全国人大及其常委会的立法权威，又保障国务院和地方立法机关适度的制度创设空间。②

所谓"两级"，是指我国立法权分为中央立法权和地方立法权两级。从立法权限划分的角度看：它是中央统一领导和一定程度分权的立法权限划分体制。一方面，最重要的立法权亦即立宪权和立法律权，属于中央，并在整个立法体制中处于领导地位。立宪权和立法律权只能由最高国家权力机关及其常设机关行使，地方没有这个权，其他任何机关都没有这个权。行政法规、地方性法规都不得与宪法、法律相抵触。另一方面，国家的整个立法权力，由中央和地方两级的多个主体行使。这是中国现行立法体制最主要的特征，也是最深刻的进步或变化。因而中国两级的立法体制并不能与美国的两级制立法模式画等号。

所谓"多层次"，是指立法权的分权，是通过多层并存和多类结合两个特征表现出来的。所谓多层并存，即全国人大及其常委会制定国家法律，国务院及其所属部门分别制定行政法规和部门规章，一般地方的有关国家权力机关和政府制定地方性法规和地方政府规章。全国人大及其常委会、国务院及其所属部门、一般地方的有关国家权力机关和政府，在立法上以及在它们所立的规范性法律文件的效力上有着级别之差，但这些不同级别的立法和规范性法律文件并存于现行中国立法体制中。所谓多类结合，即上述立法及其所制定的规范性法律文件，同民族自治地方的立法及其所制定的自治法规，以及经济特区和港澳特别行政区的立法及其所制定的规范性法律文件，在类别上有差别。

---

① 张春生主编：《中华人民共和国立法法释义》，法律出版社 2000 年版，第 29—30 页。

② 林彦：《中央地方立法权限划分——以询问答复为中心的考察》，载中国政法大学中德法学院主编：《立法权限划分——中德比较》，中国政法大学出版社 2015 年版，第 2 页。

五、地方立法权的配置

地方立法权是相对于国家立法权即中央立法权而言的。在单一制的法制国家背景下，国家立法权占据着主导地位，地方立法权处于从属地位。但如何配置地方立法权，使得其与国家立法权相得益彰，成为单一制法律体系中的有机组成部分，是立法体制中一个重要的课题。当然也是个难题。

（一）我国地方立法权配置的历史沿革

对于地方立法必要性的认识，可以追溯到 20 世纪 50 年代。1949 年的《共同纲领》和相关法规的规定，构建了我国当时的立法权由政府享有，属于议行合一的体制；中央与地方分享立法权的格局开始形成，并呈现出多层次、立法权限相对分散的状态；民族地区自治立法开始确立。但对地方立法权有严格的权限和程序限制，需要报请中央人民政府或者上级人民政府批准或者备案才能生效。应该说，当时采取在中央由中央人民政府委员会行使中央立法权，在地方由县级以上地方各级人民政府委员会行使地方立法权，这种中央和地方两级和县级以上多层次的立法体制，既能使地方立法从实际情况出发，适应各地区的实际需要，有利于当时国民经济获得恢复和发展，又能有效地维护和保障全国法制协调和统一，有利于加快法制建设进程。

"五四宪法"将立法权统一收归中央所有。但对地方立法权的认识并没有因此结束。1956 年 4 月，毛泽东主席在《论十大关系》中提出："中央与地方的关系也是一个矛盾。解决这个矛盾，目前要注意的是，应当在巩固中央统一领导的前提下，扩大一点地方的权力，给地方更多的独立性，让地方办更多的事情，这对我们建设强大的社会主义国家比较有利。我们的国家这样大，人口这样多，情况这样复杂，有中央和地方两个积极性，比只有一个积极性好得多。""我们的宪法规定，立法权集中在中央。但是在不违背中央方针的条件下，按照情况和工作需要，地方可以搞章程、条例、办法，宪法并没有约束。我们要统一，也要特殊。"然而，直到党的十一届三中全会以后，赋予地方立法权才真正起步与发展。

1978 年 12 月，党的十一届三中全会召开前夕，邓小平在《解放思想，实事求是，团结一致向前看》一文中指出："现在立法的工作量很大……有的法规地方可以先试搞，然后经过总结提高，制定全国通行的法律。"这是从当时国家法制建设的实际出发，再次肯定了地方立法的地位和作用。地方立法权也因此摆上了议事日程。

1979 年 7 月，五届全国人大二次会议审议通过的《地方各级人民代表大会和地方各级人民政府组织法》，第一次以法律形式明确规定，省级人大及其常委会"根据本行政区域的具体情况和实际需要，在和国家宪法、法律、政策、法令、政令不抵触的前提下，可以制定和颁布地方性法规"。这是地方立法权的第一次落地。主持修改地方组织法的彭真认为，将立法权完全掌握在中央，"一切都由中央制定、颁布，并且定得很死，全国一刀切，那就很难适应千差万别的具体情况，不是挂一漏万，就是主观主义，实践证明不行"。①

1982 年 12 月，五届全国人大五次会议通过的《宪法》（即"八二宪法"）第 100 条规定："省、直辖市的人民代表大会和它们的常务委员会，在不同宪法、法律、行政法规相抵触的前提下，可以制定地方性法规。"从而以国家根本大法的形式确认了省级国家权力机关的立法权。同时，全国人大通过修订地方组织法，赋予了省、自治区的人民政府所在地的市和经国务院批准的较大的市的人大常委会制定地方性法规的草案拟定权，提请省级人大常委会审议的职权；并规定省级政府以及上述城市的政府有制定规章的职权，以法律的形式确认了地方政府的规章制定权。

1986 年 12 月，对《地方组织法》重新修改，规定省级政府所在地的市和经国务院批准的较大的市的人大常委会有权制定地方性法规报省级人大常委会批准后施行。

2000 年 3 月九届全国人大审议通过的《立法法》，对地方立法权限作出了系统规定。其中第 64 条规定了地方性法规的权限事项有：为执行法律、行政法规的规定，需要根据本行政区域的实际情况作具体规定的事项；属于地方性事务需要制定地方性法规的事项，以及其他事项国家尚未制定法律或者行政法规的，省、自治区、直辖市和较大的市根据本地方的具体情况和实际需要，可以先制定地方性法规。第 73 条则规定了地方政府规章的权限事项：为执行法律、行政法规、地方性法规的规定需要制定规章的事项；属于本行政区域的具体行政管理事项。立法法的上述规定，意味着明确了三种类型的地方立法，即实施性立法、自主性立法和先行性立法。

---

① 《彭真文选》，人民出版社 1991 年版，第 387 页。

《立法法》第 65 条、66 条还分别对经济特区制定地方性法规、民族地区制定单行条例、自治条例作了授权立法的规定。允许自治条例、单行条例和经济特区的地方性法规对法律、行政法规、地方性法规作变通规定。

2014 年 10 月，党的十八届四中全会《决定》提出："明确地方立法权限和范围，依法赋予设区的市地方立法权。"据此，2015 年 3 月十二届全国人大第三次会议通过的《关于修改〈中华人民共和国立法法〉的决定》，第 72 条第 2 款规定："设区的市的人民代表大会及其常务委员会根据本市的具体情况和实际需要，在不同宪法、法律、行政法规和本省、自治区的地方性法规相抵触的前提下，可以对城乡建设与管理、环境保护、历史文化保护等方面的事项制定地方性法规，法律对设区的市制定地方性法规的事项另有规定的，从其规定。设区的市的地方性法规须报省、自治区的人民代表大会常务委员会批准后施行。"第 82 条第 3 款规定："设区的市、自治州的人民政府根据本条第一款、第二款制定地方政府规章，限于城乡建设与管理、环境保护、历史文化保护等方面的事项。已经制定的地方政府规章，涉及上述事项范围以外的，继续有效。"从而将四中全会决定中授予设区的市的立法权以法律的形式固定了下来。只是，其立法权限仅限于城乡建设与管理、环境保护和历史文化保护等三个领域。2023 年 3 月《立法法》再次修订后才扩大到城乡建设与管理、生态文明建设、历史文化保护、基层治理等四个领域。

回顾我国地方立法权的历史沿革，我们可以得出基本结论：赋予地方立法权，让其先行立法，既能弥补国家立法资源的不足，也可以为国家立法提供实践经验，同时也符合认识论的规律；扩大拥有地方立法权的主体，推动地方立法的快速发展，是适应我国经济和社会快速发展的现实需要的；将地方立法纳入中国特色社会主义法律体系，是国家对地方立法定位的科学判识。

（二）地方立法的总体定位

对于地方立法权应当如何行使，是立法实务部门较为纠结的一个现实问题。学界对此总体关注不多。笔者从实践中得到的体会，地方立法总体上可以定位为"四特"，即符合中国特色、体现时代特征、彰显地域特点、遵循地方特有。

1. 符合中国特色。地方立法离不开中国特定的国情这一最大的社会背景。中国是单一制法制国家，全国只有一个法律体系，即中国特色社会主义法律体系。地方法是在国家法制统一的前提下启动和进行的。地方立法的重要目标，是实施好、细化好国家的法律、行政法规，使这些法律、行政法规在地方能落地，真正实现有法可依、有法必依、执法必严、违法必究。地方立法的进步，离不开国家法律体系的健全和完备。所以，地方立法不能与国家的法律、行政法规相抵触、相冲突，这是一条底线。同时，地方立法也不能简单地照搬外国的法律制度和理念，要从中国的国情和省情、市情出发，立足于解决中国式的问题，发挥中国式的智慧。应该说，我国现代法治的发展过程，是以外国法律制度的移植为主要特征的，改革开放以来，经过了二十多年对外国法律制度的借鉴积累，走了一段"捷径"之后，转而进入了一个"瓶颈期"，即外来法律制度引进的"红利期"过了，一些外来法律制度开始出现水土不服的情形，如：听证制度、劳动合同制度、公司法人治理结构、企业破产制度等，在引入之后效果都不尽理想，从而证明了，外国的法律制度并不全部适用于中国的国情。目前，我们其实已经进入了一个法律制度本土化的"攻坚期"，在这一过程中，外国可供借鉴的东西已不多，中国传统的法律文化因为缺乏现代法治的基因①，也无法解决现实的问题，所以，今天，我们是进入了一个不得不"无中生有"的法律制度创造期，使命神圣而任务艰巨，正如北大的朱苏力教授所言："我们必须论证利用本土资源可以超越传统，而不是恢复中国的法律传统，可以建立与中国现代化相适应的法治。"②

2. 体现时代特征。法治是一个动态的概念，与时代的社会政治经济文化和生态文明的发展进步紧密相连。法律规范应当是一种"活"的法律，是能适应当下时代发展进步的制度规范。所以，地方立法需要紧跟时代的步伐，要紧密围绕国家和本行政区域经济建设、政治建设、文化建设、社会建设、生态文明建设五位一体的总体布局，坚持解放思想、实事求是、与时俱进、求真务实，为拓展生产发展、生活富裕、生态良好的文明发展保驾护航。地方立法要特别关注"真诚倾听群众呼声，真实反映群众愿望，真情关心群众疾苦"，找准改革发展开放稳定的突破口，为重要的民生事项提供法制保障。因此，立法工作中，仅就政府这一主体，就要体现政府与社会公众的合作型行政理念；要体现积极行政与消极行政相平衡的理念；要体现适度能动而不是陷于"法条主义"不能自拔的动态行政理念；要体现从人本型向生态型转

---

① 中国的传统法文化长期停留在刑法占主导地位的初级阶段，未能进化到民商法、行政法和社会法的阶段，中华法系就是德主刑辅法制文化的缩影，与现代法治国家有较大的隔阂与脱节。

② 苏力著：《法治及其本土资源》，中国政法大学出版社1996年版，第6页。

变的新行政法理念；要体现政府从社会管制到与社会力量共同治理的理念。这些都是时代对立法工作提出的新要求。

3. 彰显地域特点。国家的法制要在地方落地，一定离不开体现和融合地方的地域文化特点。城市和农村，对法治的需求就明显不同；沿海地区与内地，由于经济社会文化发展水平的差异，对立法也有不同的需求。所以，国家统一的法制原则，在不同的地方要落地，需要与本地域的需要和文化特征结合。这就是立法的"有特色"原则。以上海为例，立法一要融合"海派文化"，结合上海历史形成的"海纳百川、追求卓越、大气谦和、开明睿智"的城市精神和"开放、创新、包容"的城市品格特征，体现公正、包容、责任、诚信的价值取向；二要围绕强化全球资源配置功能、科技创新策源功能、高端产业引领功能、开放枢纽门户功能"四大功能"布局，以及国际经济中心、金融中心、贸易中心、航运中心、具有全球影响力的科创中心建设的特定使命，着眼这样的发展大局，创新制度和改善管理、服务能力，使城市的法治水平与其国际化大都市的定位相适应、相匹配；三要抓住国家授权的浦东综合配套改革、中国（上海）自由贸易区试验、科创中心建设、浦东打造社会主义现代化建设引领区等先行先试的难得机遇，在依法授权的前提下，大胆改革，突破阻挠发展进步的法制性障碍，推进法制、体制、机制的进步和完善。其他地区都面临与上海相类似的在立法中如何彰显本地特定的法律需求和文化特征的任务。

4. 遵循地方特有。这里所说的地方特有，并不是指地方享有专属立法权，因为我们是单一制的法制国家，遵循国家法制统一原则，国家拥有完整的立法权，也就是说，没有什么领域是国家不能立法，只有地方才能立法的。所以，在我国，并不存在地方专属立法权的领域。这里所说的"地方特有"，是指地方的自主立法权领域，如，城市管理的具体事务，是地方才遇到的问题，国家层面不直接面临城市管理的具体问题，所以，国家对于城市管理的立法一般都较为原则，具体由地方立法去细化和补充，因为城市规模大小，人口数量多少，历史渊源深浅，社会经济文化发展水平的差异，都会对城市管理提出不同的立法需求。而民族地区、经济特区、特别行政区，更是地方特有的，因此，国家赋予了其相对独立的立法权，可以对国家的法律作适当的变通规定。当然，这类地方独立的立法权不能违背宪法和法律，不能成为法制的"独立王国"。

六、人大主导立法工作的体制机制

人大主导立法，这既是一个传统的话题，也是一个崭新的重要命题。党的十八届四中全会《决定》明确指出：健全有立法权的人大主导立法工作的体制机制，发挥人大及其常委会在立法工作中的主导作用。

（一）对"主导"含义的不同理解

人大的主导立法，应当体现为明确立法的指导思想和价值取向，围绕经济社会发展的大局谋划和组织立法工作；体现为充分发挥人大常委会组成人员、人大代表的作用；体现为统筹协调立法中的各种关系，综合平衡各种利益诉求，有效防止部门利益和地方保护主义；体现为建立健全法规立项、起草、审议、清理、评估等工作机制，切实推进科学立法、民主立法、依法立法、公正立法。

当然，目前对人大主导立法有不同的认识。一种观点认为，人大主导立法就是人大的相关部门要直接组织起草重要的法律文本，而不能延续过去只审议而不直接起草法律文本的传统。主张这种观点的人还有相应的依据，即党的十八届四中全会《决定》中有明确表述：建立由全国人大相关专门委员会、全国人大常委会法制工作委员会组织有关部门参与起草综合性、全局性、基础性等重要法律草案制度。另一种观点则认为，人大主导立法并不意味着人大在立法工作中包打天下，什么都自己来干，尤其是自己直接组织起草文本，这是不现实的，也是不符合立法规律的。人大主导立法，主要是体现为人大对立法全过程的有效掌控，对科学立法、民主立法、依法立法等理念的坚守和在立法过程中的实现。

笔者认为，上述两种观点都有其道理，但无法彼此否定。人大主导立法应当体现为宏观和微观两个层次：宏观层次即对立法过程的整体性掌控和把握，这是传统的理念，也是被立法实践证明是正确的认识，应当坚守；微观层面则强调人大相关部门在必要的时候，如起草综合性、全局性、基础性的重要立法时，要直接组织相关单位起草立法文本，其主要目的是杜绝和避免业已存在的"部门立法"弊端，即起草文本的政府部门利用起草的机会将部门的利益合法化的问题，这也是党的十八届四中全会《决定》所强调的人大主导立法的题中应有之义。

（二）专门委员会的作用

注重发挥议会中设立的专门委员会的作用，是世界各国立法中一个共同的趋势。因为 20 世纪以来，随着科学技术的迅猛发展，社会日益多元化和专业化，各种新的社会关系和社会现象层出不穷，它们大多需要相应的立法调整，同时要求立法者对所调整的社会关系和社会现象有相当的了解和把握。相比之下，传统的议会只有若干民意代表，虽有民意基础，却无相应的专业知识，无法适应这种变化和需求。因此，为了重新强化立法权威，保持和加强立法的实质审议能力和立法机关对政府的监督和制衡，各国纷纷建立议会常设委员会制度和立法助理制度，使立法机关可以不必过分依赖行政机关就能对各项立法决策作出独立判断。以至于有无完整、系统的委员会制度和立法助理制度成为衡量国家议会制度是否完善的重要标志之一。[1]

我国在 1982 年宪法制定时，就在全国人大设立了专门委员会制度。但从民主法制建设和立法需求而言，我国各级人大的专门委员会还存在着数量过少、职权范围太窄、工作法律化和制度化程序低等问题，专门委员会的作用远未得到充分发挥。[2] 因此，需要建立和完善更强有力的委员会制度和立法支持体系，保证立法调研、论证、起草、协调、监督等工作的进行，这对提高人大立法的实质审议能力和监督能力，具有必要性和紧迫性。

从地方人大的实践需要来看，各专门委员会应当加强与政府及其有关部门的沟通协调，商议立法规划和年度计划编制工作，通报立法计划实施情况、协调跨年度立法项目，推动同级政府加强对政府各部门立法工作的统筹；做好有关法规草案起草、审查等工作；研究立法工作中的重大问题，及时沟通和有效处理立法中出现的问题；交流备案审查工作。必要时，直接组织起草重要的地方性法规，也是专门委员会实践人大主导立法的重要体现。

七、政府立法的体制机制

党的十八届四中全会《决定》明确要求：加强和改进政府立法制度建设，

---

① 参见王保民著：《现代国家政府立法角色研究》，法律出版社 2015 年版，第 148 页。
② 参见王保民著：《现代国家政府立法角色研究》，法律出版社 2015 年版，第 149 页。

完善行政法规、规章制定程序，完善公众参与政府立法机制。这其实也是一个既传统又崭新的命题。

（一）政府立法还是行政立法

政府立法还是行政立法？这不是一个概念上的差别，更不是在玩文字游戏，而是一种理念上的差异。政府有没有立法权？尤其是地方政府和国务院部门有没有立法权？该不该给予其立法权？这是个长期争论未休的问题。在进入新时期即改革开放的初期，主流观点认为，立法是人大的权力，政府不具有立法权，政府制定规章不是立法行为，不具有法律效力。因此，《行政诉讼法》也不把规章作为法院审判的依据，只是在尚未制定法律、法规，只有规章的情形下，法院才作为参考的依据。也因此，"政府立法"的提法也一直被质疑，很长一段时期内，基本不用政府立法的概念，而是用了"行政立法"的概念。学界对行政立法的含义也有不同的认知，刘莘概括了四种观点：一是，行政立法指行政性法律。如涉及全国人大立法的层面，如党的决议中"加强行政立法"以及人们常说的人民代表大会进行行政立法，这一概念强调的是其内容的行政性，是相对于刑事立法、民事立法、经济立法而言的。二是，行政立法指制定行政法，即指人民代表大会和行政机关制定行政管理的法律规范的活动。这一概念是从实质内容来界定的，其范围就是通常讲的行政法的渊源，即包括构成行政法渊源的所有法律文件在内，比第一种概念更广义。三是，行政立法指行政机关"立法"，这是从主体的角度来界定的，即所有行政机关制定的具有普遍约束力的规范性文件的活动，包括制定行政法规和规章，也包括非正式的行政立法形式——其他行政规范性文件的制定。四是，行政立法指行政法规和规章的制定，即排除了没有立法权的行政机关制定其他行政规范性文件的行为。这是最为狭义的行政立法定义。[①]

国务院的相关文件里，则用了另一个概念——"制度建设"，回避了政府立法和行政立法的提法，其内涵包括了制定行政法规、部门规章、政府规章，以及其他行政管理类规范性文件，其实质是以制度制定者的行政主体性为划分标准的，与刘莘所概括的第三种定义相似。

在《立法法》起草过程中，关于规章应不应该纳入《立法法》调整范围，也是个激烈争论和博弈的问题。最后，行政部门用数据证明，现实行政

---

① 参见刘莘主编：《行政立法原理与实务》，中国法制出版社 2014 年版，第 1—2 页。

管理主要是依据部门规章和政府规章，若不承认其立法性质和效力，将严重影响行政执法的现有秩序，从而证明了其纳入《立法法》的必要性，所以，最终，《立法法》还是将规章纳入了该法调整范围，并做了专门的规定。但是，对政府应不应该有立法权的理念之争并没有因此而结束。如，在 2011 年 3 月吴邦国委员长宣布形成中国特色社会主义法律体系的表述中，是由法律、行政法规、地方性法规三个层次的法律规范构成中国特色社会主义法律体系，而未提到规章；又如，新修订的《行政诉讼法》，仍然保留了规章作为审判的参考而不是依据的表述。这些都表明，对于政府的立法权问题，仍是个未形成共识的问题。

但是，党的十八届四中全会《决定》中，第一次明确提出了"政府立法"① 的概念，而且是在人大立法体制机制的相关部分中予以表述的。同时还赋予了设区的市人大和政府具有立法权。这应该被视为一次明显的进步，即承认政府具有一定的立法权。从学理的角度讲，是对功能主义解释立法权的一种肯定。

（二）政府立法权的世界考察

政府该不该有立法权？如果考察一下世界法制史，就不难发现，事实上，世界法制史的发展轨迹也证实，现代法治国家，尤其是成文法国家，都有一个从限制或者不承认政府立法权到大量授权政府立法的过程。在世界立法史上，从 19 世纪开始，一度经历了"议会至上"或"议会中心主义"阶段，议会享有高度的独立性，拥有极为广泛和强大的立法权和监督权。以致有人认为，除了不能使男人变成女人和使女人变成男人以外，议会无所不能。② 但进入 20 世纪特别是第二次世界大战以后，各国政坛逐渐产生"立法部门衰微""行政部门优越"的现象。③ "立法部门的名声和道德权威……正在大多数国家逐渐衰退"。这是曾对近代民主政治寄予期望并作出高度评价的詹姆斯·布赖斯（James Bryce）于 20 世纪初在其名著《现

---

① 《中共中央关于全面推进依法治国若干重大问题的决定》中提出："加强和改进政府立法制度建设，完善行政法规规章制定程序，完善公众参与政府立法机制。重要行政管理法律法规由政府法制机构组织起草。"
② ［英］埃弗尔·詹宁斯著，蓬勃译：《英国议会》，商务印书馆 1959 年版，第 2 页。
③ 参见［日］深濑忠一等著，许介鳞译：《议会立法过程之比较研究》，台北正中书局 1991 年版，第 353 页。

代民主政治》中对议会以及议会政治所表示的担忧。① 与之相反的是行政权力的扩张和行政机关主导议会立法的现象逐渐凸显。行政影响力不限于向立法者提出建议和接受来自立法机关的法案，它能够并且经常在立法过程中的各个阶段发挥作用。一个很重要的原因，是社会分工的细化和专业化，使得立法的技术性和专业性要求越来越高，议会立法机关的人力和能力都无法适应这种立法需求，需要行政部门完成前期的立法起草，或者授权给具有专业管理能力的政府及其部门进行立法。这种现象在各国十分普遍，使议会立法对政府的依赖有日益加深的趋势。从目前来看，一般法治国家，由政府立法的数量占了绝对多数，都在80%—90%。即使像美国这样的国家，国会的立法工作离开政府的前期准备也难以启动，50%—80%的法案是由行政机关起草并在总统的影响与领导下由国会通过的。在英国，立法长期由内阁主导，议会审议的法案四分之三是政府提出的公法案。在法国，"在法律和条例的关系上，条例是汪洋大海，法律是大海中的几个孤岛"。② 我国的立法现状也是与此一致的。可以说，政府不仅有立法权，还是立法数量的主要贡献者，这是法治国家的普遍规律。

通观世界上的法治国家，政府参与立法的途径和方法主要有：（1）政府拥有法定的立法参与权。在美国，实际上总统和国会分享了联邦的立法权，总统作为行使行政权的代表，拥有立法建议权，总统依据宪法第2条第3款规定，可以向国会提交国情咨文、国家预算咨文、年度经济报告等形式，行使立法建议的权力；拥有法案签署权及立法否决权，依此达到影响和制约立法决策，塑造政策的目的；拥有副总统的"承认权"和"最后表决权"；拥有国会特别会议的召集权。在英国，政府的立法参与权包括：立法提案权，内阁和部长可以向议会提出政府法案；控制议会审议法案的议程，英国下议院的立法议程由内阁成员充任的立法委员会负责编制，从而掌握了议会立法的时间表；拥有终止讨论或者限制讨论法案的动议权，政府经常利用此议程来抵制或者拖延议会的立法。在法国，按照宪法的规定，政府享有优先权的立法提案权；政府有直接控制议会立法议程的一系列权力；总统拥有将议会通过的法律提交复议，将重要的法律提交人民复决的权力；总统有将议会通过的法案交宪法委员会审查的权力；政府有采取紧急处分的权力等。（2）政府通

① 转引自王保民著：《现代国家政府立法角色研究》，法律出版社2015年版，第3页。
② 王名扬著：《法国行政法》，中国政法大学出版社1988年版，第142页。

过其执政或者参政的议会党团控制立法。议会党团的主要功能是把本党或联盟党的议员联合成一个整体，了解本党议员的动态，协调他们的立场和行动，决定在议会立法及有关活动中应采取的态度和投票事宜，以贯彻本党的纲领、路线和政策，维护本党的利益。执政党的议会党团的任务就是保证本党的政府地位的稳固和各项法案获得通过。（3）政府通过其技术信息优势影响立法。"由于行政官员们事实上垄断了设计实际政策方案所需的技术专长，也垄断了有关现行政策缺点的大部分情报，因而他们获得了拟定决策议事日程的主要的影响力。"[1] 于是议会立法对来自行政部门的技术官僚的依赖在各国都日益加深。（4）政府进行授权立法和制定行政规章，现代法治国家政府不仅接受授权立法，还在不同程度上享有制定行政规章或行政命令的权力。解释性的行政法规已经成为整个法律创制过程中的一环，不管授权与否，结果是"短法律长规章"（美国罗宾语，Edward L. Rubin）[2] 成了现代立法的真实写照。（5）政府或国家元首的紧急命令权，现代法治国家的宪法大都规定，在国家有非常紧急状态发生时，政府或国家元首享有发布具有法律效力的或者停止执行宪法条款的紧急命令权。（6）政治策略的运用。现代法治国家政府还利用其享有的非立法性权力和各种政治策略，如组阁任命权、政府游说、政治交易、操纵公众舆论等手段，影响议会立法。

（三）我国政府参与立法的主要途径

在我国，政府的立法参与权，与其他法治国家既有相似的地方，又有不同。具体有下列几种情况：（1）拥有法定的立法参与权，这种法定立法权在两种意义上存在：一是相对独立的立法权，如直接制定特定形式的法——行政法规、规章；二是非独立、附属性的立法权，如在制定法律、法规的过程中，通过行使提案权来实现其立法意图。在后一种情况下，政府仍可以通过多种途径和形式参与立法，如提出立法建议、参与制定立法规划和计划、起草草案、优先的立法提案权、就法案中的问题向立法机关作解释和说明、全过程参与立法的讨论和修改等。[3] （2）政府通过执政党和具有兼职人大代表身份的政府

---

① ［美］罗伯特·普特南：《高级文官的政治态度》。转引自 ［美］小 G. 宾厄姆·鲍威尔、加布里埃尔·A. 阿尔蒙德著，曹沛霖等译：《比较政治学：体系、过程和政策》，上海译文出版社 1987 年版，第 324 页。

② 转引自王保民著：《现代国家政府立法角色研究》，法律出版社 2015 年版，第 58 页。

③ 参见王爱声著：《立法过程：制度选择的进路》，中国人民大学出版社 2009 年版，第 106 页。

官员影响人大立法。此外，人大开会时，政府的许多负责人还有列席会议的传统，因而也能间接地影响人大立法的通过。(3) 政府及其部门通过信息和专业技术优势影响立法进程，这与各国的情况相似。(4) 向国务院和地方政府进行授权立法，参与超出其立法权限的领域的立法。(5) 行使法律的行政解释权，指国务院及其主管部门针对其依法行政过程中所遇到的不属于审判和检察工作中的具体应用问题所进行的法律解释。以致我国的法律解释权事实上主要流入政府主管部门的职权范围。(6) 行使行政法规和规章的解释权，这是制定机关的一种有权解释。

(四) 难点：如何防止部门利益合法化

立法中的部门利益协调与矫正，是立法实践中的难题。立法本身是一个权利和义务的配置过程。对于有立法参与权的团体和个人就有将自己利益合法化的机会，尤其是公权力部门。有一种流行的观点，认为现在存在着严重的"部门立法"或通过立法把"部门利益法制化"的倾向，笔者认为此种观点有失偏颇。仔细分析，行政部门参与立法有 5 种途径：参与法律起草、参与行政法规起草、向地方人大提交法规草案、制定国务院部门规章、制定地方政府规章。从立法程序机制来看，能直接形成部门利益法制化而不受制约的只有部门规章，其他 4 种途径都有相应的制约环节和机制，即人大的审议机制和政府常务会议，能对明显的部门利益进行矫正。所以，立法中的"部门利益法制化"有些被夸大了。但部门利益通过立法合法化的问题也是需要正视的客观现实。部门之间的利益和权力"打架"或扯皮会影响立法的进程。

对此，首先，要严格限制国务院部门制定规章的立法冲动。按照《立法法》第 91 条的规定，部门规章其实已没有自己的立法专属权，它已被严格限制在对法律和行政法规的实施性细化，只有在国务院明确授权（决定、命令）的情况下，才有在本部门的权限范围内的创制立法权，也正因为这样，已认可其有行政法规相似的效力。按此标准，目前国务院各部门制定的规章，很多是自我授权，是违反《立法法》的，这也成为地方行政部门之间"依法打架"的渊源。所以，依法限制部门规章的行政行为设定权，既有法理依据，也有现实需求。二是，在政府内部建立有效的立法协调机制，可借鉴法国的部际协调委员会制度，确保在部门之间的利益和矛盾未协调好之前，不予出台立法。三是，要改变以部门为单位立专门法的传统，多以管理领域为单位进行综合性立法。四是，要充分发挥法制机构履行合法性审查的功能，将合法性审查这一"应然"制度落地、做实。必要时，按照党的十八届四中全会《决定》所提出的要求：重要行政管理法规、规章由政府法制机构组织起草。

第四章　党对立法工作的领导

把坚持党的领导、人民当家作主和依法治国有机统一起来，是我国社会主义法治建设的一条基本经验。要实现建设中国特色社会主义法治体系，建设社会主义法治国家，坚持中国共产党的领导是基本前提。其实，现代政党制度与现代立法体制有着密切的关系，这是现代政治的普遍现象和共同的规律。

一、政党与立法的关系概述

美国政治学家塞缪尔·亨廷顿（Samuel P. Huntington）曾提出过一个重要命题："进行现代化的政治体系的稳定程度，取决于其政党的力量强弱。"① 德裔美国政治学家 S. 诺伊曼（Sigmund Neumann）也认为："政党是现代政治的生命线。"② 政党政治本就是近现代社会政治活动的产物。《美国百科全书》对政党的界定是："政党是由于人或团体为在某种政治制度内，通过控制政府或影响政策以期行使政治权力而建立起来的组织。"政党作为近代民主政治的产物，首先是议会制民主的产物。从历史上溯源，政党的出现是议会斗争发展的结果。1679 年，英国议会中代表资产阶级和新贵族的议员提出了反天主教的《排斥法案》，围绕这一法案，英国议会分裂成代表资产阶级和新贵族的辉格党和代表封建保皇势力的托利党。此为近代政党的起源，之后在欧美各国陆续得到推行和发展。③ 现代议会政治就是政党政治。德国《基本法》规

① ［美］塞缪尔·P. 亨廷顿著，张岱云等译：《变动社会的政治秩序》，上海译文出版社 1989 年版，第 440 页。
② 转引自王保民著：《现代国家政府立法角色研究》，法律出版社 2015 年版，第 251 页。
③ 参见陈俊著：《政党与立法问题研究——借鉴与超越》，人民出版社 2008 年版，第 33 页。

定："政党是反映人民意志的组织，是地方议会及国会的基本组成部分，政党代表各自的利益团体在议会和国会表达意见，影响各项政策的制订。"一方面，议会是西方政党产生的摇篮；另一方面，政党对议会立法产生作用，也是政治斗争发展的结果。通观全世界，在现代议会政治的舞台上，政党的形象日益活跃，并扮演着一种积极的"立法者"角色。在很大程度上，政党作为一种通过选举组织人们来决定政府构成的重要工具，是组成责任政府的关键和指导立法机关运作的主导力量。政党对立法过程的影响不仅是普遍存在的事实，而且这种影响有日益加强的趋势。

在代议制的政治体制下，议会是政党竞争的主要领域，是政党控制社会和公共权力的根本途径，政党的活动贯穿在议会活动的始终。立法过程在很大程度上就是政党政治纲领的法制化过程。议会审议和表决法案往往是由绝大多数具有政党身份和背景的议员来进行。议会立法实际上成了议会政党政治的产物，且经常是政党政治协商、妥协的产物。在有的国家，政党组织直接享有立法提案权；有的国家，执政党通过控制政府来实现立法提案权；有的国家则是执政党的党魁支配着立法过程。[①]

从世界各国的议会立法实践来看，政党主要是通过议会党团的组织形式，在立法过程中反映其利益主张，支持或阻挠法案的通过。议会党团是议会中同一政党或政党联盟的议员在议会内部形成的党派组织，是各政党或政党联盟在议会中的最高权力机构。政党主要通过议会党团来对议会活动施加影响和控制。议会党团作用于立法活动的主要方式是：（1）按照各议会党团的实力或议席的比例，推荐本党党员参加议会各委员会，从而为直接影响相关立法创造条件；（2）行使立法动议权，根据本党的利益和要求提出立法动议或提出议案；（3）通过对议事程序发表意见影响立法的进程；（4）要求成立并参加议会调查委员会，针对特定立法事项发挥影响和制约作用；（5）通过对政府提出不信任案或质询案，以及对政府的总政策提出赞成或否决意见，在野党或少数党可以阻挠或牵制执政党支持的相关法案的出台。[②] 可见，在国外，政党只能通过议会党团在议会中进行活动，在立法权运作过程中，政党通过积极公开的活动，通过议会立法，将自身利益与民主和民意糅合在一起，从而使其存在和活动获得了合法性基础。

---

① 参见王爱声著：《立法过程：制度选择的进路》，中国人民大学出版社 2009 年版，第 99—100 页。

② 参见李林著：《立法机关比较研究》，人民日报出版社 1991 年版，第 188 页。

虽然中外政党制度之间存在许多重大的差别，但是在政党对立法工作所产生的重大影响方面却几无二致。[1] 新中国成立 70 多年特别是改革开放 40 多年来，在党中央的领导下，我们成功走出一条具有中国特色的立法路子。我们坚持党的领导、人民当家作主、依法治国有机统一，紧紧围绕党和国家工作大局，以建设社会主义现代化强国为目标，深深植根于中国特色社会主义建设事业的伟大实践，深刻把握我国经济社会发展变化不同时期的阶段性特征，积极主动，有计划、有重点、有步骤地开展立法工作，仅仅用几十年时间就形成并不断发展完善了中国特色社会主义法律体系，为完善和发展中国特色社会主义制度、推进国家治理体系和治理能力现代化提供了有效的法律制度保障。[2]

二、中国历史回顾：党的重要会议为法治建设明确阶段性目标

历史已经证明，中国现代法治建设的每一次重要进步都是在党的领导下得到推进的，是党执政方式转变的具体体现。纵观我国改革开放后 40 多年的发展历程，每一次党的重要会议，都为我国的法治进程确立了阶段性的目标和方向。

（一）党的十一届三中全会，确立法制的基本方针

1978 年底，党的十一届三中全会召开，会议公报中明确指出："为了保障人民民主，必须加强社会主义法制，使民主制度化、法律化，使这种制度和法律具有稳定性、连续性和极大的权威性，做到依法可依、有法必依、执法必严、违法必究……要忠实于法律和制度，忠实于人民利益，忠实于事实真相；要保证人民在自己的法律面前人人平等，不允许任何人有超于法律之上的特权。"十一届三中全会公报，是对"文化大革命"期间否定法治极端做法的纠正。从此，重新确立了法律在社会管理和社会治理中的最高地位。1979年，全国人大常委会作出《关于中华人民共和国建国以来制定的法律、法令效力问题的决议》，规定"从 1949 年 10 月 1 日建国以来，前中央人民政府制

---

① 王保民著：《现代国家政府立法角色研究》，法律出版社 2015 年版，第 101 页。
② 《新中国成立 70 年立法的光辉历程和伟大实践》，源自中国人大网 http://www.npc.gov.cn/npc/c12434/dzlfxzgcl70nlflc/202108/t20210823_313206.html。

定、批准的法律、法令，除了同第五届全国人大制定的宪法、法律和第五届全国人大常委会制定、批准的法令相抵触的以外，继续有效"。这一《决议》的颁布，使一批法律、法令得以恢复执行，在一定程度上恢复了法制，使一些社会关系领域，包括行政管理领域有了一定的规则约束，给国家建设以初步的法律制度上的保障。

（二）党的十二大，重新定位党与法的关系

1982 年 9 月，党的十二大召开，通过了新的《中国共产党章程》，其中规定："党必须在宪法和法律的范围内活动。"十二大报告则指出："新党章关于'党必须在宪法和法律的范围内活动'的规定，是一项极其重要的原则。从中央到地方，一切党组织和党员的活动都不能同国家的宪法和法律相抵触。党是人民的一部分。党领导人民制定宪法和法律，一经国家权力机关通过，全党必须严格遵守。"党的十二大的重要意义在于，重新定位了党与法的关系，确立了宪法和法律在社会管理中的最高地位，明确党领导人民制定宪法和法律之后，要在宪法和法律的范围内活动，这是对过去"党大于法"错误思想的纠正。同时强调，党还要领导和推动各级国家政权机关和全体人民遵守、执行宪法和法律。之后，这一原则一直严格执行。同年修改的"八二宪法"中，党在宪法和法律的范围内活动的理念又得到了确立，使党的意志变成了法律意志、国家意志。

（三）党的十三大，明确了法制与改革的关系

1987 年 10 月，党的十三大召开，这次大会作出了"把政治体制改革提上全党工作日程的时机已经成熟"的判断，并提出了具体的改革部署。大会报告指出：经济体制改革的展开和深入，对政治体制改革提出了愈益紧迫的要求。发展社会主义商品经济的过程，应该是建设社会主义民主政治的过程。改革的长远目标，是建立高度民主、法制完备、富有效率、充满生机和活力的社会主义政治体制。改革的近期目标，是建立有利于提高效率、增强活力和调动各方面积极性的领导体制。大会报告强调："法制建设必须贯穿于改革的全过程。"从宏观上提出了加强社会主义法制建设的任务，并指出："国家的政治生活、经济生活和社会生活的各个方面，民主和专政各个环节，都应做到有法可依、有法必依、执法必严、违法必究"。十三大的重要意义是，厘清了改革与法制的关系，明确法制建设必须贯穿改革的全过程，为以后提出

的立法决策与改革决策相衔接奠定了理论和思想基础。这一理念一直贯穿到党的十八届三中全会决定和十八届四中全会决定之中。

（四）党的十四大，提出建立社会主义市场经济体制的目标和任务

1992 年 10 月，党的十四大召开，指出："我国经济体制改革的目标是建立社会主义市场经济体制，以利于进一步解放和发展生产力。"并提出，为了加速改革开放，推动经济发展和社会全面进步，就要积极推进政治体制改革，使社会主义民主和法制建设有一个较大的发展。要"高度重视法制建设，加强立法工作，特别是抓紧制订与完善保障改革开放、加强宏观经济管理、规范微观经济行为的法律和法规，这是建立社会主义市场经济体制的迫切要求"。与此相适应，党的十四大之后，我国法制建设即立法进入了快速发展的时期，《公司法》《审计法》《票据法》等与市场经济密切相关的法律纷纷制定通过。地方立法的速度也明显加快，如上海市地方立法在 1994 年达到高峰：全年制定地方性法规和政府规章达 96 件，为空前绝后。党的十四大的重要意义在于，确立了"市场经济就是法制经济"的理念。

（五）党的十五大，确立依法治国的基本方略

1997 年 9 月，党的十五大召开，提出了"依法治国，建设社会主义法治国家"的基本治国方略，标志着党和国家执政方式的转变。会议强调："依法治国，是党领导人民治理国家的基本方略，是发展社会主义市场经济的客观需要，是社会文明进步的重要标志，是国家长治久安的重要保障。"党的十五大报告高度概括了依法治国的基本内涵："依法治国，就是广大人民群众在党的领导下，依照宪法和法律规定，通过各种形式和途径管理国家事务、管理经济文化事业、管理社会事务，保证国家各项工作都依法进行，逐步实现社会主义民主的制度化、法律化，使这种制度和法律不因领导人的改变而改变，不因领导人看法和注意力的改变而改变。"1999 年，全国人大通过宪法修正案，"建设社会主义法治国家"和"依法治国"的基本方略被写入宪法，使党的意志变成了国家意志。由此，我国法治建设进入了实质法治阶段，也进入了法治建设的快通道。

（六）党的十六大，首次提出"全面建设社会主义小康社会"战略任务

2002 年 11 月，党的十六大召开，大会报告把依法治国列为社会主义民主

政治建设的重要内容和目标，指出："必须在坚持四项基本原则的前提下，继续积极稳妥地推进政治体制改革，扩大社会主义民主，健全社会主义法制，建设社会主义法治国家，巩固和发展民主团结、生动活泼、安定和谐的政治局面。"提出发展社会主义民主政治，最根本的是要把坚持党的领导、人民当家作主和依法治国有机统一起来。党的十六大还通过了部分修改的《中国共产党章程》，增写了"依法治国，建设社会主义法治国家"，"实行依法治国与以德治国相结合"的创新内容。党的十六大报告，首次提出了社会主义政治文明的概念，将政治文明与建设社会主义物质文明和精神文明一起，确立为社会主义现代化全面发展的三大基本目标。三项基本目标的提出，使依法治国、建设社会主义法治国家有了更明确的目标。而依法治国作为基本方略，也成为建设社会主义政治文明的重要内容和根本保障。党的十六大报告还第一次提出要提高依法执政的能力。

（七）党的十七大，首次提出"建设服务型政府"

2007年10月，党的十七大召开，报告回顾过去五年工作时指出："中国特色社会主义法律体系基本形成，依法治国基本方略切实贯彻。"进而提出，依法治国是社会主义民主政治的基本要求，强调要全面落实依法治国基本方略，加快建设社会主义法治国家。提出要"坚持科学立法、民主立法，完善中国特色社会主义法律体系"；要"加快行政管理体制改革，建设服务型政府"。建设服务型政府第一次出现在党的报告中，其意义在于，强调行政管理要改变过去管制行政、以强制手段为主的管理方式，向权责统一、分工合理、决策科学、执行顺畅、监督有力的行政管理体制转变。

（八）党的十八大，提出到2020年法治建设的新目标

2012年11月召开的党的十八大，明确把中国特色社会主义法律体系列为中国特色社会主义制度的五个组成部分之一，提出了到2020年"依法治国基本方略全面落实，法治政府基本建成，司法公信力不断提高，人权得到切实尊重和保障"的法治建设新目标。党的十八大报告中有关法治的内容十分丰富：

1. 围绕推进政治体制改革，强调"更注重发挥法治在国家治理和社会管理中的重要作用，维护国家法制统一、尊严，保证人民依法享有广泛权利和自由"；"要把制度建设摆在突出位置，充分发挥我国社会主义政治制度优越

性，积极借鉴人类政治文明有益成果"，同时强调绝不照搬西方政治制度模式。

2. 围绕全面推进依法治国，提出"法治是治国理政的基本方式"。明确了依法治国的内涵，即"科学立法、严格执法、公正司法、全民守法，坚持法律面前人人平等，保证有法必依、执法必严、违法必究"。其中的"科学立法、严格执法、公正司法、全民守法"被学界称为新的法治十六字方针，是对"有法可依、有法必依、执法必严、违法必究"法制十六字方针的升华和提高。报告还特别强调"提高领导干部运用法治思维和法治方式深化改革、推动发展、化解矛盾、维护稳定能力"。自此，法治思维和法治方式成为领导干部的一门必修课。

3. 围绕深化行政体制改革，提出了"要按照建立中国特色社会主义行政体制目标，深入推进政企分开、政资分开、政事分开、政社分开，建设职能科学、结构优化、廉洁高效、人民满意的服务型政府"。强调健全权力运行制约和监督体系，"坚持用制度管权管事管人，保障人民知情权、参与权、表达权、监督权"。强调科学决策、民主决策、依法决策，"凡是涉及群众切身利益的决策都要充分听取群众意见，凡是损害群众利益的做法都要坚决防止和纠正。"

4. 明确了社会主义核心价值体系，包括法治方面"倡导自由、平等、公正、法治"等等内容。提出了诚信体系建设的新内涵，即"加强政务诚信、商务诚信、社会诚信和司法公信建设"。

5. 围绕构建中国特色社会主义社会管理体系，提出"加快形成党委领导、政府负责、社会协同、公众参与、法治保障的社会管理体制，加快形成政府主导、覆盖城乡、可持续的基本公共服务体系，加快形成政社分开、权责明确、依法自治的现代社会组织体制，加快形成源头治理、动态管理、应急处置相结合的社会管理机制"。

6. 围绕社会管理创新，提出"必须加强社会管理法律、体制机制、能力、人才队伍和信息化建设"，并明确了社会管理创新的重点领域：改进政府提供公共服务方式，加强基层社会管理和服务主导的维护群众权益机制，完善信访制度，完善人民调解、行政调解、司法调解联动的工作体系；建立健全重大决策社会稳定风险评估机制；强化公共安全体系和企业安全生产基础建设；加强政法队伍建设；深化平安建设；完善国家安全战略和工作机制。

7. 围绕大力推进生态文明建设，第一次把生态文明建设与经济建设、政治建设、文化建设、社会建设并列为"五位一体"，并强调"把生态文明建设放在突出地位，融入经济建设、政治建设、文化建设、社会建设各方面和全过程，努力建设美丽中国，实现中华民族永续发展"。

从历史沿革考察来看，相比较以往，十八大报告里所体现出来的法治思想是最为充分、最为深刻、最为广泛的，可以说，通篇体现了中国特色社会主义法治理念。

（九）党的十九大，提出坚持全面依法治国的要求

十九大报告将"坚持全面依法治国"明确为新时代坚持和发展中国特色社会主义的基本方略之一。报告指出："全面依法治国是中国特色社会主义的本质要求和重要保障。必须把党的领导贯彻落实到依法治国全过程和各方面，坚定不移走中国特色社会主义法治道路，完善以宪法为核心的中国特色社会主义法律体系，建设中国特色社会主义法治体系，建设社会主义法治国家，发展中国特色社会主义法治理论，坚持依法治国、依法执政、依法行政共同推进，坚持法治国家、法治政府、法治社会一体建设，坚持依法治国和以德治国相结合，依法治国和依规治党有机统一，深化司法体制改革，提高全民族法治素养和道德素质。"报告还提出了"坚持以人民为中心"的新理念，成为习近平法治思想的重要内涵之一。同时，十九大报告中的一大亮点是决定"成立中央全面依法治国领导小组，加强对法治中国建设的统一领导"，这一决定有利于及时发现推进依法治国中出现的新情况，及时解决新问题，提出新举措，是党中央深化依法治国实践的关键举措，将进一步增强推进法治中国建设的合力。

（十）党的二十大，提出在法治轨道上全面建设社会主义现代化国家

党的二十大报告第一次用专门章节"坚持全面依法治国，推动法治中国建设"对全面依法治国作出部署。报告指出，我们要坚持走中国特色社会主义法治道路，建设中国特色社会主义法治体系、建设社会主义法治国家，围绕保障和促进社会公平正义，坚持依法治国、依法执政、依法行政共同推进，坚持法治国家、法治政府、法治社会一体建设，全面推进科学立法、严格执法、公正司法、全民守法，全面推进国家各方面工作法治化。报告强调未来五年法治建设的目标是，"全过程人民民主制度化、规范化、程序化水平进一步提高，中国特色社会主义法治体系更加完善"。主要任务是四项：完善以宪

法为核心的中国特色社会主义法律体系；扎实推进依法行政；严格公正司法；加快建设法治社会。实践证明，我国社会主义建设的顺利推进离不开法治保障，只有坚持在法治轨道上推进各项工作，才能确保新时代中国特色社会主义事业行稳致远。

三、重点解读：党的领导与依法治国的关系

习近平总书记在党的十八届四中全会《决定》的说明中，第一点就说明了"党的领导和依法治国的关系"，强调："党与法治的关系是法治建设的核心问题。全面推进依法治国这件大事能不能办好，最关键的是方向是不是正确、政治保证是不是坚强有力，具体讲就是要坚持党的领导，坚持中国特色社会制度，贯彻中国特色社会主义法治理论。"

（一）依法治国的总目标需要在党的领导下实现

党的十八届四中全会《决定》明确了"建设中国特色社会主义法治体系，建设社会主义法治国家"这一全面推进依法治国的总目标。具体的表述是：在中国共产党领导下，坚持中国特色社会主义制度，贯彻中国特色社会主义法治理论，形成完备的法律规范体系、高效的法治实施体系、严密的法治监督体系、有力的法治保障体系，形成完善的党内法规体系，坚持依法治国、依法执政、依法行政共同推进，坚持法治国家、法治政府、法治社会一体建设，实现科学立法、严格执法、公正司法、全民守法，促进国家治理体系和治理能力现代化。

这样一个总目标的实现，离不开一个前提，就是坚持中国共产党的领导。习近平总书记在《决定》的说明里，对提出这一总目标的目的作了说明：一是向国内外鲜明宣示我们将坚定不移走中国特色社会主义法治道路，其核心内涵就是坚持中国共产党的领导，因为这是社会主义法治建设成就和经验的集中体现，是建设社会主义法治国家的唯一正确道路，这是明确全面推进依法治国的性质和方向，以此统一全党全国各族人民认识和行动。二是明确全面推进依法治国的总抓手，就是建设中国特色社会主义法治体系，依法治国各项工作都要围绕这个总抓手来谋划、来推进。三是建设中国特色社会主义法律体系、建设社会主义法治国家是实现国家治理体系和治理能力现代化的

必然要求，也是全面深化改革的必然要求。

从中我们不难得出结论，要实现这一依法治国的总目标，首要的前提就是要坚持党的领导，宣示坚持走中国特色社会主义法治道路，决不照搬西方三权分立的法治模式。这既是历史的选择，也是现实的抉择。

（二）党的领导是社会主义法治最根本的保证

党的十八届四中全会《决定》强调："党的领导是中国特色社会主义最本质的特征，是社会主义法治最根本的保证。"因为"我国宪法确立了中国共产党的领导地位。坚持党的领导，是社会主义法治的根本要求，是党和国家的根本所在、命脉所在，是全国各族人民的利益所系、幸福所系，是全面推进依法治国的题中应有之义"。"只有在党的领导下依法治国、厉行法治，人民当家作主才能充分实现，国家和社会生活法治化才能有序推进。"上述内容，其实是分析了党的领导、人民当家作主和依法治国三者的辩证关系。

习近平总书记在《决定》说明中指出："把坚持党的领导、人民当家作主与依法治国有机统一起来是我国社会主义法治建设的一条基本经验。……对这一点，要理直气壮讲、大张旗鼓讲。要向干部群众讲清楚我国社会主义法治的本质特征，做到正本清源、以正视听。"总书记之所以把话说得那么重，是因为，对此，无论是社会上还是党内，都还存在着不同认识，有不同的声音。尤其是主张西方宪政的一些人更是发出了否定的声音，把党的领导与依法治国对立起来。这是值得警惕的，也是应当反思的。

（三）依法治国要求党提高依法执政的能力

党如何提高依法执政的能力？通过解读党的十八届四中全会《决定》，可以有以下几点基本结论：其一，依法执政，既要求党依据宪法法律治国理政，也要求党依据党内法规管党治党，而后者是四中全会新的提法，也是新的任务。其二，党在十八大提出的新的法治十六字方针中的定位是"领导立法、保证执法、支持司法、带头守法"，也因此，新的法治十六字方针时代，法治的主体有老的法制十六字方针时代政府一个主体变成了五个主体：立法机关、行政执法机关、司法机关、全民和执政党，其中，党的领导是核心和关键。其三，依法执政，必须实现"三统一"，即把依法治国基本方略同依法执政基本方式统一起来；把党总揽全局、协调各方同人大、政府、政协、审判机关、检察机关依法依章程履行职能、开展工作统一起来；把党领导人民制定和实施宪法法律同党坚持在宪法法律范围内活动统一起来。其四，依法执政，要切实做到"四善于"，即善于使党的主张通过法定程序成为国家意志，善于使党组织推荐的人选通过法定程序成为国家政权机关的领导人员，善于通过国家政权机关实施党对国家和社会的领导，善于运用民主集中制原则维护中央权威、维护全党全国团结统一。

四、实践课题：党委如何实现对立法工作的领导

"中国政治的核心是党的领导。几十年的立法主要是由党领导的，这特别表现为党是立法的实际或主要的决策者。中国立法的得失成败，也可说就是党领导立法的得失成败，解决未来中国立法的问题，实现中国立法的现代化，必须正确解决党与立法的关系问题。"① 党如何加强对立法工作的领导？这是个实践中长期探索，由党的十八届四中全会《决定》正式定位的新的实践课题。

（一）党的政策与国家法律的辩证关系

党的十八届四中全会《决定》提出：党要"加强对全面推进依法治国统一领导、统一部署、统筹协调。"并提出，党要"完善党委依法决策机制，发挥政策和法律的各自优势，促进党的政策和国家法律互联互动。"这里提出了一个新的命题，即党的政策与国家法律两者之间的辩证关系。党制定政策既与立法行为有区别，又有着密切的关系，需要实现优势互补和互联互通。有一个问题需要研究：是不是党的全部方针政策都要法制化，即党的意志是否都要成为法律意志？答案是否定的。党的方针政策，有基本的，有具体的；有战略性的，有策略性的；有较成熟的，有试验性的。一般来说，法律法规体现的党的方针政策应该是基本的、战略性的、较成熟的、需要较长时期执行，并且最终需要依靠国家强制力予以保证的。即便是需要转化为法律意志的党的方针、政策，实践中也要有个探索、论证的过程，而不能简单上马。凡是重大问题、重要改革，要制定法律法规的，一般需要先用政策来指导，经过群众参与的社会探索、试验，总结实践经验或者教训，研究、比较各种模式，

---

① 周旺生：《中国立法五十年》，载周旺生主编：《立法研究》（第1卷），法律出版社2000年版。

全面分析利弊后，从中权衡，是运用党的政策有效，还是通过立法更为有效，或者先制定党的政策，再通过立法变成法律意志。归根结底，政策与立法的选择标准，就是要使人民满意、拥护与赞成，使民众有更多的自由，更多的获得感。

（二）党委如何统揽全局、协调各方

党统揽全局、协调各方，是党的十六大以来总结和推行的一种新的工作方式，具体通过在需要协调的组织设立党组织，并依托该党组织体现和实现党委的意志。从大的方面来说，党所要协调的各方，包括人大、政府、政协、监察委、法院、检察院。而从党领导立法的角度看，也是要协调好上述六个方面的党组织，共同参与立法，完善"党委领导、人大主导、政府依托、各方参与"的科学立法工作格局，使立法工作更加科学民主合法。其中，人大和政府的党组织在立法工作中又处于十分重要的地位。

党对立法工作的领导，必须遵循下列基本原则：一是坚持主要实行政治领导。党通过确定立法工作方针、提出立法建议、明确立法工作中的重大问题、加强立法队伍建设等，确保立法工作充分体现党的主张，始终把握正确的政治方向。二是坚持民主决策集体领导。党委要坚持民主集中制，恪守以民为本、立法为民理念，抓住提高立法质量这个关键，善于统筹协调不同主张和利益关系，集体研究决定立法中的重大问题。三是坚持充分发挥立法机关作用。除政治方面立法和重大经济社会方面立法外，其他立法由立法机关根据法定权限组织开展起草审议活动。四是坚持依法依规开展工作。党领导立法工作必须在宪法法律范围内进行，不能随意干预甚至替代立法活动。做好党领导立法工作程序与立法程序的对接，不能以党内程序代替立法程序。

（三）如何把党的意志转化为法律意志

关于党加强对立法工作的领导，完善党对立法工作中重大问题决策的程序，党的十八届四中全会《决定》中明确了党中央的三个参与重大立法的程序：一是凡立法涉及重大体制和重大政策调整的，必须报党中央讨论决定；二是党中央向全国人大提出宪法修改建议，依照宪法规定的程序进行宪法修改；三是法律制定和修改的重大问题由中共全国人大常委会党组向党中央报告。

在地方立法工作的传统里，对党委提出立法议案是不予纳入立法立项和审议程序的，主要理由是，党委是人大的领导机关，人大不适合对领导机关

设置职权和职责，即权利和义务。所以，在以往，党的意志要转化为法律意志，其渠道并不畅通，一般是转化为其他主体提出立法提案。以上海为例，党委宣传部门下属的市精神文明建设委员会办公室曾提出制定《志愿者服务条例》的立法需要，但人大以党委部门提出立法案没有先例，也没有相关程序规定为由，没有接受其提案，之后是改为由政府的民政部门提出立法提案，文明办参与立法起草的"曲线救国"的方式予以解决的；另一案例，市委政法委提出要制定《社会治安综合治理条例》的立法需要，立法机关也认为党委部门提出立法提案没有先例，也因没有立法法上的相关依据而感到为难。后来还是经过反复说明和论证，社会治安综合治理并不是党委部门的工作，而是社会管理的重要内容，属于地方立法的权限范围。至于提案的主体，如果认为党委部门不合适，可以由人大相关专门委员会自行提出议案，最后还是由人大内司委作为提案人，完成了这一立法任务。

在党的十八届四中全会《决定》明确要"善于使党的主张通过法定程序成为国家意志"的要求之后，人大不审议党委部门提出的立法议案的做法自然已经不适应新的要求了，但地方党委如何将自己的意志通过法定程序变成法律意志？目前似乎还没有法定的程序规定，包括四中全会后于2015年修订的《立法法》也未对此作出具体的规定。2023年第二次修订的《立法法》第3条明确了"立法应当坚持中国共产党的领导"。但对党的意志如何转化为法律意志仍未有具体规定。实践中，值得肯定的做法有：一是，地方党委加强对本地区立法规划、立法计划编制活动的领导，党委常委会审议人大和政府的立法规划和年度立法计划，通过立法规划和计划将自己的立法需要纳入其中；二是，参照党中央的做法，凡立法涉及重大体制和重大政策调整的，必须报党委常委会讨论决定；三是，对于国家法律、行政法规需要立改废释，或者需要在本地区暂停或者调整实施的，省级地方党委可以向党中央提出建议；四是，通过人大党组和政府党组，将党委的立法需求和立法建议予以体现和转达；五是，对重大经济社会方面的立法事项，涉及主题重大、政治敏感、情况复杂、社会关注度高或者有原则性不同意见的，由人大或政府党组将草案或者草案中涉及的重大问题向党委常委会报告，经党委常委会会议讨论同意后，再按照法定程序提请审议。

（四）加强党内法规建设

党的十八届四中全会《决定》明确提出，要"形成完善的党内法规体系"。因为，党内法规既是管党治党的重要依据，也是建设社会主义法治国家的有力保障。党内法规是党的中央组织以及中央纪律检查委员会、中央各部门和省、自治区、直辖市党委制定的规范党组织的工作、活动和党员行为的党内规章制度的总称。

党的纪律是党内规矩。党规党纪严于国家法律。对此，习近平总书记在《决定》的说明中强调指出："在我们国家，法律是对全体公民的要求，党内法规制度是对全体党员的要求，而且很多地方比法律的要求更严格。我们党是先锋队，对党员的要求应该更严。全面推进依法治国，必须努力形成国家法律法规和党内法规制度相辅相成、相互促进、相互保障的格局。"

党内法规分为党章、准则、条例和规则（规定、办法、细则）四类。党章——是对党的性质和宗旨、路线和纲领、指导思想和奋斗目标、组织原则和组织机构、党员义务和权利以及党的纪律等作出根本规定。党章是最根本的党内法规，全党必须一体严格遵行。党章还是制定其他党内法规的基础和依据。准则——是对全党政治、组织生活和全体党员行为作出基本规定。如《中国共产党廉洁自律准则》、2016 年 10 月发布的《关于新形势下党内政治生活的若干准则》。条例——是对党的某一领域重要关系或者某一方面重要工作作出全面规定，如《中国共产党纪律处分条例》、2016 年 10 月修订的《中国共产党党内监督条例》。规则、规定、办法、细则——是对党的某一方面重要工作或者事项作出具体规定。由中纪委、中央各部门和省、自治区、直辖市党委制定的党内法规，如 2023 年 9 月修订的《专业技术类公务员管理规定》《行政执法类公务员管理规定》。

做好党内法规建设，有下列主要抓手：其一，完善党内法规制定的体制机制，加大党内法规备案审查和解释力度，形成配套完备的党内法规制度体系。其二，注重党内法规同国家法律的衔接和协调，提高党内法规执行力，运用党内法规从严治党，从而促进党员、干部带头遵守国家法律法规。其三，对违反党规党纪的行为严肃处理，对苗头性倾向性问题必须抓早抓小，防止小错酿成大错、违纪走向违法。其四，完善和严格执行领导干部政治、工作、生活待遇方面各项制度规定，着力整治各种特权行为。其五，严格落实党风廉政建设党委主体责任和纪委监督责任，对任何腐败行为和腐败分子，必须依纪依法予以坚决惩处，决不手软。

第五章 立法原则

立法原则是对立法规律的理性认知与归纳，又对以后的立法实践起着指引作用，也是检验立法是否具有合法性并具有质量的衡量标准。具体而言，国家立法与地方立法还应遵循不同的立法原则。

一、立法应遵循的基本原则

立法应当遵循哪些基本原则？目前并没有标准的答案，不同的学者根据各自的认识和体验，有不同的概括。这里也只是笔者根据自己多年立法实践的体会，概括出五个基本原则，供大家参考，即遵照宪法原则、法制统一原则、立法为民原则、公平公正公开原则、立改废释并举原则。

（一）遵照宪法原则

宪法是国家的根本大法，具有最高的法律效力，一切法律、法规、规章和其他规范性文件都不得同宪法相抵触。在法理学中将宪法称为母法，其他法律称作子法。在立法文本起草中，要充分体现宪法作为母法的统帅地位，在立法中使宪法的原则和精神得以适用和体现，还要善于从宪法中寻找立法政策和依据。所以，遵照宪法，不是一个立法的方法问题，而是一个重要的原则问题。

遵照宪法原则的实质是权利保护原则，因为宪法明确宣示保护公民的基本权利，强调国家权力的有限操作性和对公民权利的有限妨碍性。宪法保障公民享有的个体自主和法律上的自由权利，保障其直接参与国家管理的权利，保障其所保留的自然权利不被侵犯。违反宪法所赋予和保障的这些公民权利，都可能构成违宪立法，需要得到及时纠正。党的十八届四中全会《决定》指出："宪法是党和人民意志的集中体现，是通过科学民主程序形成的根本法。坚持依法治国首先要坚持依宪治国，坚持依法执政首先要坚持依宪执政。"并强调，"任何组织和个人都必须尊重宪法法律权威，都必须在宪法法律范围内活动，都必须依照宪法法律行使权力或权利、履行职责或义务，都不得有超越宪法法律的特权。"

对于遵照宪法的重要性，习近平总书记在十八届四中全会《决定》的说明中指出："法治权威能不能树立起来，首先看宪法有没有权威。必须把宣传和树立宪法权威作为全面推进依法治国的重大事项抓紧抓好，切实在宪法实施和监督上下功夫。"为此，《决定》提出了五项工作和机制：一是要完善全国人大及其常委会宪法监督制度。全国人大及其常委会是我国的宪法实施与监督机构，需要进一步履行其对宪法实施情况的监督职责。二是要健全宪法解释程序机制。从目前的情况看，立法解释机制虚置是个不争的事实，与此相应的宪法解释机制也未健全，也是不争的事实。三是加强对违宪立法和制定规则行为的监督，依法撤销和纠正违背宪法的立法事项和规范性文件。虽然我们没有明确"违宪审查"的提法，党的十九大报告中的提法是"合宪性审查"，但从现行《立法法》110 条、111 条的规定来看，是有违宪审查的机制的，其启动的主体可以是有立法建议权的相关主体，如国务院、中央军事委员会、国家监察委员会、最高人民法院、最高人民检察院和各省、自治区、直辖市的人民代表大会常务委员会，也可以是其他国家机关、社会团体、企业事业单位以及公民，其主体是非常宽泛的。这是我国社会主义民主与法治建设的又一体现。问题是如何将这一重要的纠错机制启动和运用起来。四是将每年 12 月 4 日定为国家宪法日，在全社会普遍开展宪法教育，弘扬宪法精神。五是建立宪法宣誓制度，凡经人大及其常委会选举或者决定任命的国家工作人员正式就职时公开向宪法宣誓，这也是世界大多数有成文宪法的国家普遍采用的一种制度。上述五项机制中，前三项都与立法工作有关。可见，立法不能违背宪法，应当遵循宪法精神和原则，是十分重要的一项原则。

（二）法制统一原则

中国特色社会主义的法律体系是中国特色社会主义制度的重要组成部分。党的十八大报告在政治体制改革部分明确提出，要"更加注重发挥法治在国家治理和社会管理中的重要作用，维护国家法制统一、尊严、权威，保证人民依法享有广泛权利和自由"。中国的根本政治制度是人民代表大会制度。宪法第 58 条规定，全国人大和常委会行使国家立法权。第 85 条规定，国务院即中央人民政府，是最高国家权力机关的执行机关，是最高国家行政机关。第 89 条规定，国务院根据宪法和法律，规定行政措施，制定行政法规，发布决定和命令；并统一领导各部委工作和全国性行政工作。表明中国是个单一制的法治国家。在中国，只有一个法律体系，地方不存在自己的"法律体系"。所以，维护国家的法制统一、尊严和权威是立法工作的基本前提。

法制统一性原则具有两个层次的含义：一是外部规范的统一，即法律体系的规则系统性。位阶低的法律规范不能与位阶高的法律规范相抵触、相冲突、相矛盾。在形式上，法律规范之间要相协调、和谐，在内容上，要符合、体现法律规范所要实现的价值和目的。二是政治责任的统一，即立法的内容要与立法部门作为一个政治责任主体的定位和职责相一致，要承担起国家发展使命的任务。

遵循法制统一原则，需要防止两种倾向：一是要在地方立法中防止地方保护主义；二是在行业或者部门立法中防止行业保护主义和部门保护主义。从历史的眼光看，在我国，地方保护主义有着深刻的历史根源，即 2 000 多年来封建社会地方割据留下的"诸侯经济"及其影响，以及"为官一任，造福一方"的传统政绩观带来的影响；也有体制原因，包括现行的财政、税收体制在一定程度上强化了"行政区经济"，激励市场分割行为的利益驱动功能。事权、财权与人事权的不同步、不匹配，也激发了地方保护主义的产生，出现了"上有政策，下有对策""看见红灯绕道走"等破坏法制统一的行为。对于部门保护主义和行业保护主义，在立法实践中也是经常面临的问题，一些部门利用其立法起草建议权，有意无意地把部门的利益通过立法变成法定权利，使部门利益合法化。党的十八届四中全会提出人大主导立法，提出要建立由全国人大相关专门委员会、全国人大常委会法制工作委员会组织有关部门参与起草综合性、全局性、基础性等重要法律草案制度，要求重要行政管理法律法规由政府法制机构组织起草，目的都是为了克服和防止部门利益法制化的弊端继续出现。

（三）立法为民原则

立法的根本目的就是为了解放和发展社会生产力，为了国强民富，为民造福，为实现人的全面发展创造条件。因此，立法要以人为本，立法为民，这是由我国政权性质和中国特色社会主义制度本质决定的。

　　人民是依法治国的主体和力量源泉。社会主义民主政治的本质要求是人民当家作主。社会主义法治的本质就是人民民主的制度化、法律化。我国的宪法和法律都应当是党的正确主张和人民共同意志的统一。因此，立法必须坚持全心全意为人民服务的宗旨，增强民主立法意识，把维护最广大人民群众的根本利益作为根本原则。党的十八届四中全会《决定》强调："要恪守以民为本、立法为民理念，贯彻社会主义核心价值观，使每一项立法都符合宪法精神、反映人民意志，得到人民拥护。""必须坚持法治建设为了人民、依靠人民、造福人民、保护人民，以保障人民根本权益为出发点和落脚点，保证人们依法享有广泛的权利和自由、承担应尽的义务，维护社会公平正义，促进共同富裕。"

　　立法以保障人的基本权利和人的自由为目的和价值，以人的权利为出发点和归宿。立法为民首先表现在通过立法确认和规定与特定社会发展阶段相适应的广泛的人的自由和权利。一般来讲，如果立法以保障人权和人的基本自由为取向（即体现"权利本位"），把权利保障放在优先位置来考虑和对待的，就是一种民主性的立法；反之则为非民主的立法。正如郭道晖先生所言："法律体系是一个门类齐全、纲目相济的有机的统一整体。其结构要件，不只体现在形式上有一大批法律法规，而在于其思想内容上能反映人民的共同意志与利益，体现民主、自由与法治精神。"①

　　立法强调以人为本，不能简单地等同于"以民为本"或者"以人民为本"，"民"是与"官"相对应的概念，"人民"更是一个政治概念，从法律上来讲，也是一个不确定的法律概念，美国学者乔·萨托利（Joe Sartori）认为，"人民"一词的含义至少可归纳为六种：（1）人民字面上的含义是每一个人；（2）人民意味着一个不确定的大部分人，一个庞大的许多人；（3）人民意味着较低的阶层；（4）人民是一个不可分割的整体；（5）人民是绝对多数原则所指的大多数人；（6）人民是有限多数原则的大多数人。② "人"则是与"物"相对应，其范围比民、人民都广，指的是所有的人，体现为法律面前人人平等，对每个自然人都要实行平等保护。如何实现这一立法原则？实践中的难点是如何正确处理好人民的全局利益与局部利益的关系，长远利益与眼前利益的关系，国家、集体和个人的利益关系。这三者关系在实际生活中都

---

　　①　王兆波著：《立法决策论》，北京大学出版社 2005 年版，序一（郭道晖），第 3 页。
　　②　参见［美］乔·萨托利著，冯克利、阎克文译：《民主新论》，东方出版社 1998 年版，第 25 页。

会有冲突，需要在立法博弈中实现平衡，做到兼顾。

立法为了人民，也要依靠人民，在立法活动中要坚持群众路线。在我国立法体制中，人民群众不应该只是法律法规的被动接受者，而首先应该是立法的有序参与者，立法不是有关公权力部门之间权力和利益的分配与再分配，而应该反映人民的共同意志和根本利益。法律规范从实践中来，就应该从群众中来，应该是群众实践经验的科学总结。所以，立法过程中，特别要注意倾听基层、社区群众的意见，开门立法的主要对象应该是基层群众，人大代表也应该倾听选民的意见，作为参与立法发表意见的民意基础。人大和政府在社区、居委会、村委会设立基层立法联系点，更是立法为民的具体制度体现。

（四）公平公正公开原则

党的十八届四中全会《决定》明确提出："要把公平、公正、公开原则贯穿立法全过程。"公平与正义，是人类社会的共同理想，是我国人民历来尊崇的重要社会生活理念，是社会主义国家制度建设的重要价值追求，是构架社会主义和谐社会的基石。公平与正义，是要尊重和保障人民的基本权利，在自由平等的条件下，为人们创造全面发展的机会。

公平即平等保护，是法的普遍价值，所谓"法律面前人人平等"是法治的核心理念之一。公平即平等原则最根本的意义是"恣意的禁止"，不得将与"事物本质"不相关的因素纳入考虑，作为差别对待的基准。从法律专业的视角看，公平原则是民法的一项基本原则，它要求当事人在民事活动中应以社会公平的观念指导自己的行为、平衡各方的利益，要求以社会正义、公平的观念来处理当事人之间的纠纷。立法中应当遵循公平原则确定各方的权利和义务。公平原则强调在市场经济中，对任何经营者都只能以市场交易规则为准则，享受公平合理的对待，既不享有任何特权，也不履行任何不公平的义务，权利与义务相一致。这就是法治中的"经济人"理性。立法中对公民、法人和其他组织基本权利与义务的设置，都应当遵循这一公平原则。公平即平等原则是当今商品经济规律的属性，在当代不同国家不同阶级属性的人类社会，固然其阶级性质有别，但在不同的民事法律制度上，相同的一点都是把平等原则作为立法的指导思想和调整社会关系的基本方针。

公正可以解读出两层含义，即公平与正义。公平是平等保护，正义则是倾斜保护。因此，从逻辑的严密性来说，公平与公正不应该在一个层面上并列表述，但基于约定俗成和已有的用语习惯，即所谓"三公"原则，笔者保留了公正的表述，但其内涵与正义相同。法律创制中的正义有两种形态：实体的正义和程序的正义。实体的正义体现在立法上，就是要一视同仁，没有偏私，公道正直，"同样情况同样处理"，既无特权也无歧视；对特殊的弱势群体则要倾斜保护，并通过"法律适用面前人人平等"的理念实现这种倾斜保护。具体则因立法领域的不同而有不同的内涵和外延。程序的正义则体现为立法过程中的一切形式方面。按照 W. 道格拉斯（W. Douglas）的权威性解释："公正程序乃是'正当过程'的首要含义。"① 每一个符合正义要求的立法结果的产生，都须经历一个复杂的过程，并通过一定的程序实现。公正的结果要求立法过程必须具有正当性，正当性的立法过程的核心是正当立法程序。有学者试图对正当立法程序的基本含义作出概括，表现为三个方面：一是相关主体应有的程序性权力或权利是否在立法程序制度上给予确认和保障；二是相关的法律程序或程序法对立法运作行为是否具有相应的控制力；三是程序的效率性机制是否建立在公平、合理的基础之上，以确保立法价值的实现。②

　　立法过程的公开则是立法民主的应有之义。"没有公开则无所谓正义。"③ 立法的公开性有两层含义：一是要求立法过程应有较高的公开化程度，向社会公众和利害关系人公开，包括信息公开、议事公开、听证公开、表决公开、结果公开等，实现公众的知情权；二是要求立法运作过程接受社会公众的监督，通过公开程序，允许旁听、报道和评论，由人民群众来判断立法者所实施的程序和行为是否符合正当性的要求。衡量一个立法过程是否符合正当性的一个指标是看其可参与性。可参与性要求立法者认真对待参与者的主体性，凡是接受程序结果的法律主体均有平等的参与权。这种参与权首先表现为知情权的满足，这就是立法公开性原则的逻辑起点。大体来说，立法过程中公众参与的基本途径有三种：（1）通过参与立法者的任选来参与立法，这是一种间接的参与方式；（2）通过提出一般建议的方式参与立法，即通过提出立法需求、立项请求的方式参与立法的启动；（3）通过法定途径直接参与立法的审议过程，陈述自己的看法，在这种场合，保障参与权就是保障他

---

① 转引自季卫东著：《法律程序的意义——对中国法制建设的另一种思考》，中国法制出版社2004年版，第10页。

② 参见王爱声著：《立法过程：制度选择的进路》，中国人民大学出版社2009年版，第158页。

③ ［美］伯尔曼著，梁治平译：《法律与宗教》，三联书店1990年版，第48页。

们在相同条件下获得相关信息并有相同的机会表达其利益主张和观点。在立法过程中，可参与性越强，立法的公正性就越值得信赖。

（五）立改废释并举原则

立法本应立足经济社会现实朝前看，使制定出的法律规范既具有可行性，又具有前瞻性。但立法的习惯思维方式总是朝后看，为的是要与以前制定的法律规定保持衔接和一致。这样的立法思维习惯往往制约和限制了立法的方向和格局，影响立法的功能实现，影响立法质量的提高。所以需要解放思想，认识和探索立法的内在规律和发展趋势，创新立法理念，不断丰富立法理论和实践。

制定法律与修改法律应当并重，即应放在同等重要的位置。这一原则的确立和实施，对我国法律制度建设具有重要的意义和实际作用。经过长期的探索和思考，我们终于找到立法活动中立改废整体联动的办法。2009年6月，吴邦国委员长在十一届全国人大常委会第九次会议闭幕会上强调指出："今后在制定和修改法律过程中，对可能出现与其他法律规定不一致、不衔接的问题，应当同时对相关法律规定一并作出修改，以保证法律体系的和谐统一。"①

当法律规范已不适应现实需要，出现适用主体变化、适用的条件已经改变、管理主体已经消失等情形，连修改都无必要时，应当及时废止。

法律解释也是非常重要的立法机制。对法律解释目前有两种制度：一种是中国的制度，即法律解释等同于立法解释。虽然从现实来看，目前国家的有关规定将法律解释分为立法解释、行政解释、司法解释。但若仔细分析，这三种解释都属于立法解释性质，即都是对抽象规则的解释。另一种是域外法治国家普遍运用的法律解释制度，除立法者有解释权外，还赋予了法律实施者，即行政执法者和法官以法律解释权。当然，其法律解释权不是立法解释，也不是应用性解释，而是一种建立在描述性解释基础上的裁量性解释，即在理解法律基础上的发现法律，从而实现两个功能：其一，是进一步明确成文法的内容，把粗线条的、操作性较差的法条编织成较为精密的法网；其二，是进一步完善和补充成文法律，避免法律之间的冲突。不管是立法解释还是裁量性的解释，都是立法机制的一部分。

---

① 《进一步加强和改进立法工作确保到2010年法律体系形成》，载2009年6月28日人民日报。

二、地方立法的三原则

在《立法法》确立了地方立法权后，对于地方立法应遵循什么原则，有过许多讨论和探索，各地经过积极的各有特色的实践和探索，最后，由全国人大总结出地方立法立足于"不抵触、有特色、可操作"的共识。① 其中，不抵触是前提，有特色是核心，可操作是关键。

（一）不抵触

地方立法的"不抵触"原则是指：制定地方性法规、政府规章要与宪法、法律、行政法规不相矛盾、不相冲突、不相违背。它是确立地方立法权限的基本原则，也是地方立法中讨论最多、最难把握的原则。② "不抵触"原则是由 1979 年的《地方组织法》确立的，③《立法法》再次予以明确和肯定。这表明，与中央立法相比较，地方立法既有合法性，其效力又低于中央立法。这是现行中国地方立法的主要特点，也是由我国单一制法制国家的特点决定的，体现了宪法规定的"中央与地方的国家机构职权的划分，遵循在中央的统一领导下，充分发挥地方的主动性、积极性的原则。"

全国人大常委会郭道晖认为，"不抵触"原则是维护法制统一的最低标准，不抵触既包括直接的不抵触，也包括间接的不抵触。具体标准主要是：（1）不作出与宪法、法律、行政法规基本精神、原则、具体规定相反或相违背的规定；（2）不超越法律、行政法规所赋予的有关设定行政处罚、收费、许可行为的权限；（3）不规定有关分割国内市场，搞地方保护主义的内容；（4）不规定国家的基本政治制度、经济制度、司法制度及其基本程序。④

对于不抵触原则，原上海市人大法制委主任谢天放认为可以分为三个层

---

① 参见谢天放等：《地方立法特色研究》，载于上海行政法制研究所编：《地方立法的理论与实务（2005—2006 年研究报告集）》，法律出版社 2007 年版，第 72 页。

② 参见谢天放等：《我国地方立法的演变与展望》，载于上海行政法制研究所编：《地方立法的理论与实务（2005—2006 年研究报告集）》，法律出版社 2007 年版，第 46 页。

③ 1979 年的《地方组织法》第 6 条规定："省、自治区、直辖市的人民代表大会根据本行政区域的具体情况和实际需要，在和国家宪法、法律、政策、法令、政令不抵触的前提下，可以制订和颁布地方性法规，并报全国人民代表大会常务委员会和国务院备案。"

④ 郭道晖主编：《当代中国立法》，中国民主法制出版社 1998 年版，第 951—952 页。

次理解：一是不得同宪法、法律、行政法规的具体条文的内容相抵触（法条不抵触）；二是不得同宪法、法律、行政法规的立法精神、基本原则相抵触（法意不抵触）；三是不能超越宪法、法律授予地方人大的立法权限（法权不抵触）。[①]

而作为权威解释部门的全国人大法制工作委员会对"抵触"情形是这么解释的：（1）上位法有明确规定，与上位法的规定相反的；（2）虽然不是与上位法的规定相反，但旨在抵消上位法的规定的，即搞"上有政策下有对策的"；（3）上位法没有明确规定，与上位法的立法目的和立法精神相反的；（4）违反了《立法法》关于立法权限的规定，越权立法的；（5）下位法超出上位法规定的处罚的种类和幅度的。[②]

地方立法如何遵循"不抵触"原则，笔者认为需把握以下几点：一是，地方立法要坚持国家法制统一的原则，即对《立法法》第11条所明确的法律保留的立法事项，地方立法不能涉及，或者不能作出与上位法相反的规定。二是，对于不明确属于法律保留的事项，也不明确属于地方性事务的，应认定为是中央与地方共有立法权的领域。在此领域，法律、行政法规已经作出规定的，地方立法可以进行实施性立法，结合本地实际，细化和补充国家规定，使之更具有操作性，但不能与中央立法的目的相违背、相冲突；法律、行政法规尚未作出明确规定的，地方可以先行立法予以规范，进行探索，但也不能违背上位法的立法目的和立法精神，而是要促进中央立法意图的实现。三是，对国家法律、行政法规的实体性的规定（涉及权限和职责），地方立法不能与之相抵触；但对于程序性规定，只要是有利于高效和便民的，可以作出不一致的变通规定，但不能作出不利于相对人的变通。四是，当国家法律、行政法规所规定的事项，在地方客观上难以实施的，地方立法中应当在坚持"法意不抵触"和"法权不抵触"的前提下，按照"可操作"的原则进行补充与完善，这时，简单地遵循"法条不抵触"原则会过于僵化而无法实现立法目标和价值，所以应当慎用"法条不抵触"原则。

如何正确认识"不抵触"原则，笔者认为需要划清几条界限：第一，不抵触并不意味着不能突破。不能理解为"在不超出宪法、法律、行政法规的规定范围的前提下"的意思。对上位法有漏洞或缺失的部分进行立法的补充

[①] 参见谢天放等：《地方立法特色研究》，载于上海行政法制研究所编：《地方立法的理论与实务（2005—2006年研究报告集）》，法律出版社2007年版，第76页。

[②] 张春生主编：《中华人民共和国立法法释义》，法律出版社2000年版，第249页。

就是突破，但只要其并不与法律、行政法规的立法原则、精神、价值相背离，就不构成相抵触。补充只是一种必要的扩张性立法，是地方立法应有的一部分空间。第二，不抵触也并不意味着下位法要与上位法完全保持一致，不能理解为"根据……"或者"与……相一致"的意思，否则就变成照抄上位法，没有地方立法任何空间了。如从地方实践的特殊需要，对上位法作必要的限缩性立法，虽然不一致，但也不构成抵触。第三，不抵触更不意味着不能细化，地方立法要完成将国家立法在本地落地的使命，理所当然地要结合本地实际进行细化，解决可操作性问题。

有学者提醒，如果对不抵触的理解过于严格，将很可能导致地方立法丧失"活性"，变成中央立法的"附庸"。所以，地方立法到底在什么范围构成或者不构成对中央立法的抵触，要从保持全国的统一性与地方的主动性、积极性两个层面来考虑。① 这种提醒无疑是中肯的，是具有积极价值的。

那么，怎么来判断地方立法与中央立法是否抵触呢？有学者设计出如下几个步骤：首先，明确地方立法对同一事实，作出了何种超出了中央立法的规定；其次，通过解释，明确相关中央立法的整体性的或者具体条款的立法目的。特别是要明确有关目的是否只涉及一个法益，还是体现为对具有内在张力的不同法益之间作出了一个平衡；最后，判断有关地方立法是否妨碍中央立法目的的实现。② 这不失为一个可行的方法。另一个可行的检验方法可以借鉴美国的做法：美国《宪法》第6条规定，当州法不能够和联邦法律同时得到遵守的时候，则适用联邦法律，州法无效。也就是说，当行为人遵守根据中央立法履行义务或者行使权力，必然违反地方立法所规定义务的，则有关地方立法构成与中央立法相抵触。

（二）有特色

"地方特色"的提法始于20世纪90年代初。1992年唐孝葵主编的《地方立法比较研究》中提出了地方立法要体现地方特色。③ 在此之前，对地方立法要体现地方特色的要求，更多是理论上的逻辑演绎：1979年7月，全国人

---

① 王锴：《论地方立法权》，载于中国政法大学中德法学院主编：《立法权限划分——中德比较》，中国政法大学出版社2015年版，第116页。

② 谢立斌：《地方立法与中央立法相抵触情形的认定》，载于中国政法大学中德法学院主编：《立法权限划分——中德比较》，中国政法大学出版社2015年版，第139页。

③ 唐孝葵主编：《地方立法比较研究》，中国民主法制出版社1992年版，第60页。

大主管立法工作的副委员长彭真指出，地方立法的根据是各地的具体情况和实际需要。① 其内涵是要求地方立法要从地方的实际出发，制定具有自己特色的地方性法规。在 80 年代和 90 年代，地方立法的主要使命是加快立法步伐，完备法制建设，但在立法步伐加快的发展过程中，立法数量激增，地方立法特色却失落了。针对 20 世纪 90 年代地方立法在快速发展中出现的一些无序和冲突现象，立法理论界认为，迫切需要解决的是中央和地方立法权限的合理分配问题，提出地方立法特色主要也是从地方立法权限的视角，将地方立法特色理解为地方立法特性的从属概念——与国家立法相对应的从属性、相对独立性。②

进入 21 世纪后，随着中国特色社会主义法律体系的逐步形成，在提高立法质量的大背景下，地方立法体现地方特色的需求得以再现，并成为评价地方立法质量的重要标准。2001 年，全国人大常务委员会委员长李鹏第一次提出了地方立法要体现"地方特色"的要求③；2002 年，全国人大常委会工作报告明确指出，"地方特色"就是"从本地的具体情况和实际需要出发，需要规定什么就规定什么，使地方性法规有针对性和可操作性，真正对地方的改革、发展、稳定工作起到促进和保障作用"。2003 年，吴邦国在全国人大常委会立法工作会议上的讲话，丰富了地方特色的内容，赋予了地方特色的时代性内涵。2004 年，王兆国在全国地方立法研讨会上的讲话中指出，地方特色是地方立法的基础，并将是否体现地方特色作为衡量一部地方性法规质量高低的重要标准。

目前，对地方立法特色的内涵的认识，有三种观点，即：创新论，主张在地方立法中强调制度设计的创新，通过创新制度的设计确立制度优势，把制度优势固化为地方特色；针对论，认为地方特色越突出，地方立法的针对性就越强，地方特色与针对性是成正相关的关系；地域论，即地方立法的本土化，主张从地域边界理解地方特色，在地方立法中排除非本地因素，主张内容的独有性，即"内容只有本地需要"。④

从内容而言，"地方特色"有三种不同的含义：一是本地化。在执行国家

---

① 《彭真文选》，人民出版社 1991 年版，第 387 页。

② 李步云、汪永清主编：《中国立法的基本理论和制度》，中国法制出版社 1997 年版，第 222 页。

③ 李鹏：《加强立法工作，建立有中国特色社会主义法律体系》，载辽宁省人大法制委员会编：《地方立法研究文选》（第 1 期）。

④ 参见谢天放等：《地方立法特色研究》，载于上海行政法制研究所编：《地方立法的理论与实务（2005—2006 年研究报告集）》，法律出版社 2007 年版，第 73—74 页。

法律、行政法规时，地方立法根据本地的实际情况作出具体规定。这种本地实际情况主要是各地的差异性状况。二是独有性。地方自主立法是对地方性事务的调整，地方性事务是指地方特有的事务，一般说来，不需要或者在可预见的时期内不需要由国家立法来统一规定的事务。三是时代精神。地方特色具有时代精神，处于改革的转轨时期和社会转型期的地方立法，在内容上必须反映时代特点。不同改革时期，不同发展阶段，地方立法所要调整的对象不一样，面临的问题不一样，制度安排应该是稳定和创新的协调。[1] 谢天放认为，正确认识地方立法的空间，是找准地方立法特色空间的基础。地方立法权限与地方立法需求的众多交集点，将是地方立法特色的空间。这给地方立法提出了更高的要求，要求改变以往完整性或体系性的立法思维，找准地方立法的针对性，制定出来的法规才能解决本地的实际问题。[2]

如何体现"地方特色"？周旺生强调：一是地方立法能充分反映本地经济、政治、法制、文化、风俗、民情等对立法调整的需求程度，适合本地实际情况；二是地方立法要有较强的、具体的针对性，注意解决并能解决本地突出的而中央立法权没有或不宜解决的问题，把制定地方规范性法律文件同解决本地实际问题结合起来。[3]

为了保证地方立法的特色，需要防止发生下列问题：一是防止地方保护主义或本位主义的毛病作祟，切忌把从实际出发原则变为本位主义的代名词。二是避免地方立法与国家立法的趋同性，片面追求与国家立法的配套和衔接，一味追求立法体例的完整，致使核心制度设计缺乏针对性。三是避免不必要的照抄、重复上位法，或者转抄其他地方的立法，看不出本地与异地在经济社会方面的差异。四是既不要抵触，又不要越权，不能强调体现地方特色而超越地方立法主体的职权范围。

（三）可操作

杨景宇把立法质量定义为："法律法规能够反映客观规律，并且具有可操作性，能够解决实际问题。"[4] 可操作性也就是立法的可行性，对于可行性，

---

① 参见谢天放等：《我国地方立法的演变与展望》，载于上海行政法制研究所编：《地方立法的理论与实务（2005—2006年研究报告集）》，法律出版社2007年版，第58页。

② 参见谢天放等：《地方立法特色研究》，载于上海行政法制研究所编：《地方立法的理论与实务（2005—2006年研究报告集）》，法律出版社2007年版，第77页。

③ 周旺生主编：《立法学》，法律出版社2000年版，第376页。

④ 杨景宇：《加强地方立法工作，重在提高立法质量》，载《法制日报》2005年3月10日版。

周旺生认为需要注意如下几点：一是所立之法要能为人所接受，法的规定，或所立所禁，能恰到好处或较为适当，不过分。二是所立之法要能为人所实行，要充分顾及所立之法有无能力、人力来较好地贯彻执行。三是所立之法要宽严适度，易于为人遵守。四是所立之法要与国情、地情、民情相吻合。[①]

地方立法在制度设计时，一般都注意到是否"可操作"即具有可行性。但是，从实践看，可操作有难操作与易操作之分，有操作成本高低之别。提高地方立法质量，一个聚焦点就是关注适应本地状况的可操作制度。可操作性作为制度设计实施上的考量，已被多数立法实务人员视为地方立法特色的内在构成要素。作为影响制度设计可操作性因素的社会认可度以及可执行力（本地的财力、执法队伍资源）等因素，也正是影响制度设计的内在变量。[②]

如何做到地方立法的可操作性，笔者认为有几个视角：一是实现立法工作的精细化。党的十八届四中全会《决定》也提出了"推进立法精细化"的新要求，这是对过往立法工作经验和教训的总结，是对立法规律最新的认识，也为地方立法的可操作性提供了法理依据。二是始终着眼于将国家统一的法律制度在本地落地。地方立法虽然有一部分纯粹的地方性事务，但总体而言是执行国家的统一立法，并结合本地实际加以细化和落地。可操作性从某种角度讲，就是将国家较为原则的立法规定进行细化，在本地实施中变得可操作。三是注重国际惯例的借鉴与扬弃。多年来的立法实践告诉我们，对国际惯例和做法，我们可以参照和借鉴，但全盘照抄的成功范例并不多。我们在立法中要知道同样事项国外是怎样的制度设计，其科学性如何，但并不能简单地照搬照抄，往往要完成一个本土化的转换才能成功。四是善待本地的"传统"与"习惯"，传统与习惯是当地自生自发的社会秩序，更容易为民众所认可和遵守。如苏力的观点："国家法律有国家强制力的支持，似乎容易得以有效贯彻；其实，真正能得到有效贯彻执行的法律，恰恰是那些与通行的习惯惯例相一致或相近的规定。"[③] 作为内生于社会的自发秩序，可以说它们是人们反复博弈后形成的在日常生活中已经自觉遵循的"定式"。任何正式制度的设计和安排，都不能不考虑这些非正式的制度。[④]

---

① 参见周旺生著：《立法论》，北京大学出版社 1994 年版，第 230—231 页。

② 参见谢天放等：《地方立法特色研究》，载于上海行政法制研究所编：《地方立法的理论与实务（2005—2006 年研究报告集）》，法律出版社 2007 年版，第 75 页。

③ 苏力：《变法：法治建设及其本土资源》，载《中国法学》1995 年第 3 期。

④ 参见谢天放等：《地方立法特色研究》，载于上海行政法制研究所编：《地方立法的理论与实务（2005—2006 年研究报告集）》，法律出版社 2007 年版，第 85 页。

第六章　立法主体与权限

我国"一元两级多层次"的立法体制，决定了国家立法权和地方立法权的不同立法权限。与此相对应的，是行使国家立法权的相应主体，即全国人大及其常委会、国务院、国务院部门；还有行使地方立法权的相应主体，即地方人大及其常委会、地方政府。它们各自都有着不同的立法权限。

一、关于立法权限的划分

在法制统一的前提下，中央与地方如何行使立法权以及行使立法权的格局与关系，是国家法律体系建构中无法回避的理论和实践问题。因为，"立法权的行使状况标志着政治的运行状况，立法权作用的充分发挥是政治昌明、法治发达的必然要求和重要体现"[①]。

从学理上来说，立法权的分立与法制统一原则并不矛盾。按照凯尔森的观点，集权与分权其实只是两种类型法律秩序的对应。"集权和分权问题，正如我们知道的，事实上就是关于法律规范的效力范围以及创造和适用这些规范的问题。"[②] 国家的法律秩序是一个不可分的整体，但在创造法律秩序的不同阶段上可以采用不同的模式。"分权的主要理由之一正好就是它提供了同一事项对不同地区加以不同规定的可能性……国家的领土越大，以及社会条件越不同，通过领土划分的分权也就越有必要。"[③] 同时，按政治属性与法律属性相对区分开的原则，国家权力的构成要素可以被分为本源性权力和过程性

---

① 孙中山：《孙中山全集》（第1卷），中华书局1981年版，第28页。

② ［奥］凯尔森著，沈宗灵译：《法与国家的一般理论》，中国大百科全书出版社2003年版，第335页。

③ 李步云，汪永清著：《中国立法的基本理论和制度》，中国法制出版社1998年版，第336页。

权力。"所谓本源性权力，是指相对而言处于原始形态的政治结合体从其自身的物质属性和组织结构中产生的一种权力，它属于政治权力而非法律权力。过程性权力，是指本源性权力的主体通过宪法和法律在国家机构体系内配置的、由不同国家机关和官员掌握和运用的权力。"① 正是在过程性权力这个层面上，立法权限在中央和地方之间出现了分流的问题。

分权是一种治理责任的合理分担，它具有激励制度创新与制度竞争的功能。只有把中央的原则规定与地方的实际情况结合起来，把要解决法律问题所需要的宏观性、全局性的知识与具体的地方性知识结合起来，才能使地方立法具有开拓性、创造性和实效性。分权意味着权力配置下的合作。国家权力在配置的过程中需要合作和沟通，合作是利益一致的关键。"这里的合作不仅指社会成员间的合作，而且包括国家机关之间的合作，各国家机关都享有相应的权力，它们间的权力分工是必要的。"② 但分工并不意味着分离，中央和地方立法权力的配置实际上是在法制统一的原则下分工合作。

据曾在全国人大工作，参与了《立法法》起草的刘松山回忆，在《立法法》起草过程中，对于划分专属立法权限的方法，曾经有过三种意见；一种意见认为，立法法应当对全国人民代表大会和它的常务委员会的立法权、国务院的立法权、地方各级人大及其常委会的立法权以具体列举的方式予以规定。第二种意见，立法法对立法权限的划分应当严格依据宪法的规定，不能作出进一步的划分。第三种意见认为，立法法应当尽可能以列举的方式划出一块由法律规定的专属立法权，在此基础上，对其他国家机关的立法权限作出原则性的规定。在论证过程中，立法机关认为，采取什么方法划分立法权限，必须根据两个重要原则：一是根据我国的政治制度。人民代表大会制度是我国的根本政治制度，全国人民代表大会是最高国家权力机关，全国人大常委会是它的常设机关，全国人大及其常委会行使国家立法权。国务院是全国人大及其常委会的执行机关，对它负责，受它监督。这是划分法律的权限与国务院行政法规权限的基本原则。这一原则决定了，在全国人大及其常委会与国务院之间，不可能划出一块只能制定行政法规而不能制定法律的权限。二是我国的国家结构形式。我国是单一制国家，不是联邦制，在中央与地方的关系上，国家权力由中央统一行使；同时，为调动地方的主动性和积极性，

① 张千帆著：《宪法学导论》，法律出版社 2003 年版，第 376—377 页。
② ［法］狄冀著，钱克新译：《宪法论》，商务印书馆 1962 年版，第 133 页。

中央又赋予地方适当的自主决策权。这一制度表现在法制上，就是要维护国家法制的统一和尊严，同时又要加强地方立法。这是划分中央与地方立法权限的基本原则。根据这一原则，也不能划出一块只能由地方立法而中央不得涉及的权限。根据这两条原则，立法法采纳了第三种意见。[①]

这一结论，也就确立了，在我国，只有法律拥有专属立法权，行政法规和地方立法都没有专属立法权；反之，法律可以在任何领域拥有立法权，必要时可以授权立法。这也是法制统一的逻辑必然。

二、国家立法权

国家立法权又称为中央立法权，是由最高国家立法机关，以整个国家的名义所行使的，用来调整最基本的、带全局性的社会关系的，在立法权体系中居于最高地位的一种立法权。[②]。我国是单一制法制国家，实行一元两级多层次的立法体制，其中的两级即中央与地方两级。国家立法权也是多层次的，包括立法机关和行政机关，立法机关分为全国人大的立法权和全国人大常委会的立法权；行政机关分为国务院制定行政法规的立法权和国务院部门制定部门规章的立法权。所有这些都属于中央立法范畴。

（一）全国人民代表大会的立法权

根据宪法和立法法规定，全国人民代表大会及其常委会行使国家立法权。全国人民代表大会行使的国家立法权有：

1. 修改宪法。我国宪法的性质和法律地位，决定了宪法的修改程序不同于一般法律修改程序。宪法第64条规定，提出宪法修正案只有两种途径：一是全国人大常委会提议；二是由五分之一以上的全国人民代表大会代表提议。宪法修正案经全国人民代表大会审议后，须经全国人民代表大会以全体代表的三分之二以上的多数通过。"八二宪法"制定以来，全国人大先后于1988年、1993年、1999年、2004年、2018年，根据国家发展情况和实际需要，五次依照法定程序对宪法以修正案的形式作了修改。

---

① 参见刘松山著：《中国立法问题研究》，知识产权出版社2016年版，第6—7页。
② 参见周旺生主编：《立法学》，法律出版社2000年版，第271页。

2. 制定基本法律。全国人大制定的法律分为基本法律和其他法律。国家基本法律的制定和修改，是全国人民代表大会行使立法权的重要内容。基本法律是把宪法确定的原则和精神正确体现出来，更有利于实施。1979 年以来，全国人民代表大会制定和修改了一系列刑事、民事、国家机构和其他的基本法律，包括：《全国人民代表大会和地方各级人民代表大会选举法》《全国人民代表大会和地方各级人民代表大会法》《地方各级人民代表大会和地方各级人民政府组织法》《人民法院组织法》《人民检察院组织法》《全国人民代表大会组织法》《国务院组织法》《民族区域自治法》《立法法》《民法通则》《物权法》《婚姻法》《继承法》《刑法》《刑事诉讼法》《民事诉讼法》《行政诉讼法》《行政处罚法》《行政复议法》《反分裂国家法》等数十部基本法律，其中有些基本法律根据需要还根据法定程序进行了必要的补充和修改，做了进一步完善。

3. 授权立法。根据《立法法》第 11 条规定，属于法律专属立法权的事项，尚未制定法律的，全国人民代表大会有权作出授权决定，被授权机关为国务院，其应当严格按照授权的目的和范围行使该项权力，制定行政法规。授权立法事项制定法律的条件成熟时，应当上升为法律。法律制定后，相应的立法事项的授权终止。

（二）全国人大常委会的立法权

同样根据宪法和立法法，全国人大常委会有下列国家立法权：

1. 制定、修改和废止基本法律以外的其他法律。根据宪法第 67 条和《立法法》第 10 条规定，全国人大常委会有权制定和修改除应当由全国人民代表大会制定的法律以外的其他法律。这里所说的"其他法律"是一个范围很广的概念，即除了"刑事、民事、国家机构和其他的基本法律"以外的法律，都属于"其他法律"的范畴，全国人大常委会可以根据具体情况和实际需要，按照法定职权和程序制定法律。改革开放以来，全国人大常委会适应时代的需求，制订和修改了大量法律，涉及国家政治、经济、文化、社会、教育、科技、环保、资源、军事、外交等各个方面。

2. 对全国人大制定的基本法律进行部分补充和修改。根据宪法第 67 条和《立法法》第 10 条的规定，全国人大常委会"在全国人民代表大会闭会期间，对全国人民代表大会制定的法律进行部分补充和修改，但是不得同该法的基本原则相抵触"。实践证明，在国家实行改革开放的年代里，我国社会主义事业发展很快，客观事物在迅速发展变化中，不可避免会遇到国家某些现行法律中的某些规定不相适应甚至抵触的情况，赋予全国人大常委会适时对基本法律进行补充和修改的权力，是适当的，也是必要的。

3. 解释宪法和法律。宪法第 67 条规定，全国人大常委会有权解释宪法和法律。《立法法》第 52 条规定，法律解释权属于全国人大常委会。法律有下列情况之一的，由全国人大常委会解释：（一）法律的规定需要进一步明确具体含义的；（二）法律制定后出现新的情况，需要明确适用法律依据的。依照立法法的规定，全国人大常委会作法律解释要遵循严格的法定程序。党的十八届四中全会《决定》要求完善宪法监督制度，健全宪法解释程序机制。法律解释也是一种立法行为，其解释权的效力与同级立法权同等。因此，全国人民代表大会常委会拥有宪法解释的权力和责任。只是实践中，全国人大常委会对于宪法法律解释机制的运用较少。这也是党的十八届四中全会《决定》提出健全宪法解释程序机制要求的客观背景。

4. 授权立法。根据《立法法》第 11 条规定，全国人大常委会也同全国人大一样拥有授权立法的权力。

（三）国务院的立法权

国务院的立法权主要有下列几项：

1. 制定行政法规。国务院可以制定行政法规，是 1982 年宪法在立法体制方面的一项重要改革。此后的国务院组织法和立法法都予以了明确。《立法法》第 72 条规定：国务院根据宪法和法律，制定行政法规。行政法规可以就下列事项作出规定：（一）为执行法律的规定需要制定行政法规的事项；（二）宪法第 89 条规定的国务院行政管理职权的事项。

对上述行政管理职权的事项，有两点需要明确：一是必须属于行政管理的事项，凡不属于行政管理职权的问题，如刑法、审判和检察制度诉讼程序方面的事项，行政法规不得规定。二是凡属于全国人大及其常委会专属立法权的事项，应当制定法律，不得制定行政法规。如需要制定行政法规，必须经全国人大或者常委会授权，即授权立法。这一点是对宪法原意的进一步明确。[①] 从实际情况看，除制定法律外，属于国务院行政管理权范围内的问题，有许多需要制定行政法规。

---

① 参见刘松山著：《中国立法问题研究》，知识产权出版社 2016 年版，第 9 页。

2. 提出法律议案权。宪法第 89 条规定：国务院有权"向全国人民代表大会或者全国人民代表大会常务委员会提出议案"。国务院依据宪法赋予的这项权力，根据国家政治、经济、文化和社会生活发展的实际需要和可能，拟定法律（草案），按照法定程序适时地向全国人大及其常委会提出法律议案，提请审议，是符合国情和实际需要的。当然，对于提案权是否属于立法权，可能会存在争议。但从广义的立法权而言，提案权应当是立法权范畴的概念。

3. 行政法规解释权。行政法规条文本身需要进一步明确界限或者作出补充规定的，由国务院解释。具体操作程序是，由国务院法制机构研究拟订行政法规解释草案，报国务院同意后，由国务院公布或者由国务院授权有关部门公布。

（四）国务院部门的规章制定权

《宪法》第 90 条第 2 款规定，国务院各部、各委员会根据法律和国务院的行政法规、决定、命令，在本部门的权限内，发布命令、指示和规章。

《立法法》第 91 条进一步明确，国务院各部、委员会、中国人民银行、审计署和具有行政管理职能的直属机构，可以根据法律和国务院的行政法规、决定、命令，在本部门的权限范围内，制定规章。习惯称为"部门规章"。

关于部门规章，需要注意以下几点：一是《立法法》将宪法赋予国务院部、委的立法权扩大到了中国人民银行、审计署和"具有行政管理职能的直属机构"，包括中国证监会、中国银监会、中国保监会、中国气象局、中国地震局等。这是在立法实践中很长一段时间内被争论的问题，《立法法》的规定可谓是定纷止争。二是部门规章的性质属于实施性立法，即部门规章制定的根据是法律和国务院的行政法规、决定和命令，其规定的事项应当属于执行法律或者国务院的行政法规、决定、命令的事项，言下之意，部门规章没有立法创制权。《立法法》在 2015 年修订时对此又作了强调，明确"没有法律或者国务院的行政法规、决定、命令的依据，部门规章不得设定减损公民、法人和其他组织权利或者增加其义务的规范，不得增加本部门的权力或者减少本部门的法定职责"。三是国务院部门可以制定联合规章，根据《立法法》第 92 条的规定，涉及两个以上国务院部门职权范围的事项，应当提请国务院制定行政法规或者由国务院有关部门联合制定规章。这是项特别的规定。实践中，各地都在探索区域间立法协作，如长三角地区、珠三角地区、环渤海地区、东北三省等，都已有区域立法协作的机制，也希望国家能赋予省级政府间有制定联合规章的权力，但《立法法》并未授权，只授权国务院部门之间可以联合制定规章。

三、地方立法权

地方立法权是相对于国家或者中央立法权而言的，因此，地方立法权只存在于中央与地方实行分权的国家。我国是属于这种性质的国家，即国家法制统一与适度放权地方的模式，具体表现为四种情形：地方人大制定地方性法规，包括省、自治区和直辖市的人大及其常委会，设区的市的人大及其常委会；民族自治地方的人大制定自治条例和单行条例；经济特区人大及其常委会制定地方性法规；与上述人大相应的地方政府制定政府规章。其中，民族自治地方立法和经济特区立法属于授权立法，在下一章会专门研究。这里只就各级人大及其常委会制定地方性法规和相应的各级政府制定政府规章进行分析。

（一）省级人大及其常委会的立法权限

《地方组织法》第10条规定："省、自治区、直辖市的人民代表大会根据本行政区域的具体情况和实际需要，在不同宪法、法律、行政法规相抵触的前提下，可以制定和颁布地方性法规，报全国人民代表大会常务委员会和国务院备案。"第49条规定："省、自治区、直辖市的人民代表大会常务委员会在本级人民代表大会闭会期间，根据本行政区域的具体情况和实际需要，在不同宪法、法律、行政法规相抵触的前提下，可以制定和颁布地方性法规，报全国人民代表大会常务委员会和国务院备案。"

关于省级人大及其常委会的立法权限，需要把握下列几个重点：一是地方性法规的立法权限，《立法法》第82条有明确规定："地方性法规可以就下列事项作出规定：（一）为执行法律、行政法规的规定，需要根据本行政区域的实际情况作具体规定的事项；（二）属于地方性事务需要制定地方性法规的事项。"这一立法权限不仅适用省级人大及其常委会，也适用设区的市、自治州的人大及其常委会的立法权限。当然，对于何谓"地方性事务"，到目前为止，无论是理论和实务层面上都还没有准确、统一的认知。全国人大法工委作了如下解释："地方性事务是与全国性的事务相对应的，地方性事务是指具有地方特色的事务，一般来说，不需要或在可预见的时期内不需要由全国制定法律、行政法规来作出统一规定。"① 并举风景名胜保护和烟花爆竹禁放为例，虽然如此，但这并未消除疑惑和歧见，需要在实践中进一步研究探讨，达成共识。二是人大与常委会的立法权限划分，《立法法》第 86 条规定："规定本行政区域特别重大事项的地方性法规，应当由人民代表大会通过。"但如何把握"特别重大事项"，实践中并没有统一的标准，各地的裁量权很大。三是属于中央专属立法权以外的其他事项国家尚未制定法律和行政法规的，省级人大及其常委会根据本地具体情况和实际需要，可以先行制定地方性法规。待国家的法律行政法规制定后，先行性立法的地方性法规可以根据实际废止或者修改。

（二）设区的市、自治州人大及其常委会的立法权限

《立法法》第 81 条规定："设区的市的人民代表大会及其常务委员会根据本市的具体情况和实际需要，在不同宪法、法律、行政法规和本省、自治区的地方性法规相抵触的前提下，可以对城乡建设与管理、生态文明建设、历史文化保护、基层治理等方面的事项制定地方性法规，法律对设区的市制定地方性法规的事项另有规定的，从其规定。设区的市的地方性法规须报省、自治区的人民代表大会常务委员会批准后施行。省、自治区的人民代表大会常务委员会对报请批准的地方性法规，应当对其合法性进行审查，同宪法、法律、行政法规和本省、自治区的地方性法规不抵触的，应当在四个月内予以批准。"自治州的人大及其常委会可以依照设区的市制定地方性法规。这是 2015 年新修定的《立法法》的新规定，2023 年 3 月修订《立法法》又作了完善。

对于设区的市、自治州的人大及其常委会的立法权限，需要把握下列几点：首先，最大的特点是立法权只限于城乡建设与管理、生态文明建设、历史文化保护、基层治理等四个领域。其次，其立法的启动时间，是由省、自治区的人大常委会综合考虑其人口数量、地域面积、经济社会发展情况以及立法需求、立法能力等因素确定，并报全国人大常委会和国务院备案。言下之意，设区的市的人大及其常委会的立法并不是一刀切或者统一部署的，而是根据实际由省级人大常委会决定的。其三，对于中央专属立法权以外的其他

---

① 张春生著：《中华人民共和国立法法释义》，法律出版社 2000 年版，第 195 页。

事项，国家尚未制定法律、行政法规的，其也和省级人大及其常委会一样，拥有先行立法权，待国家立法出台后，再视具体情况，决定是废止还是修改。其四，原来省会城市和较大的市的立法权缩小了。原来根据《地方组织法》第 7 条中规定："省、自治区的人民政府所在地的市和经国务院批准的较大的市的人民代表大会根据本市的具体情况和实际需要，在不同宪法、法律、行政法规和本省、自治区的地方性法规相抵触的前提下，可以制定地方性法规，报省、自治区的人民代表大会常务委员会批准后施行，并由省、自治区的人民代表大会常务委员会报全国人民代表大会常务委员会和国务院备案。"第 43 条中规定："省、自治区的人民政府所在地的市和经国务院批准的较大的市的人民代表大会常务委员会，在本级人民代表大会闭会期间，根据本市的具体情况和实际需要，在不同宪法、法律、行政法规和本省、自治区的地方性法规相抵触的前提下，可以制定地方性法规，报省、自治区的人民代表大会常务委员会批准后施行，并由省、自治区的人民代表大会常务委员会报全国人民代表大会常务委员会和国务院备案。"据此，省会城市和较大的市的人大及其常委会的立法权限与省级人大及其常委会基本一致；但根据新修订的《立法法》，省会城市和较大的市的立法权与设区的市保持了一致，也限于四个领域，只是明确了，以往已经制定的地方性法规，超出四个领域的，继续有效。这样的缩小省会城市和较大的市的人大及其常委会的立法权限，是否符合实际需要，还有待观察。

（三）省级政府的规章制定权

《立法法》第 93 条规定："省、自治区、直辖市和设区的市、自治州的人民政府，可以根据法律、行政法规和本省、自治区、直辖市的地方性法规，制定规章。"

地方政府规章可以就下列事项作出规定：（一）为执行法律、行政法规、地方性法规的规定需要制定规章的事项；（二）属于本行政区域的具体行政管理事项。与地方性法规的立法权限相比较，政府规章有两点不同：一是同为实施性立法，地方性法规可以对"需要根据本行政区域的实际情况作具体规定"，即有一定的自主立法空间，而政府规章实施性立法则没有任何创制性空间。二是地方性法规可以规定"地方性事务"，而政府规章只能规定"本行政区域的具体行政管理事项"，其自主立法权限小于地方性法规。当然，实践中，对于"地方性事务"与"具体行政管理事项"到底有哪些区别，并没有标准的答案，仍是见仁见智的。

2015 年修订后的《立法法》，赋予政府规章一个新的权限，即两年先行性立法权。《立法法》第 93 条第 4 款规定："应当制定地方性法规但条件尚不成熟的，因行政管理迫切需要，可以先制定地方政府规章。规章实施两年需要继续实施规章所规定的行政措施的，应当提请本届人民代表大会或者其常务委员会制定地方性法规。"实践中的问题是：先行性的规章的立法权限到底是适用地方性法规的立法权限还是限于政府规章的立法权限？若是后者，则这一授权没有实际意义；若是前者，那么视其为地方性法规的效力，其依据又何在？

实践中，关于政府规章还有没有自主立法空间，仍是个极具争议的话题。一种观点认为，按照《立法法》第 93 条第 2 款第 2 项的规定，对于属于本行政区域的具体行政管理事项，地方政府仍可以自主立法。而另一种观点则依据《立法法》第 93 条第 5 款的规定："没有法律、行政法规、地方性法规的依据，地方政府规章不得设定减损公民、法人和其他组织权利或者增加其义务的规范。"从而认定政府规章已没有自主立法空间，只能严格遵守实施性立法的界限，不得增减相对人的权利和义务。这两种观点，孰是孰非？目前尚不得而知。

（四）设区的市、自治州的政府规章制定权

根据 2023 年新修订的《立法法》，设区的市、自治州的政府同时得到授权，拥有了在城乡建设和管理、生态文明建设、历史文化保护、基层治理等四个领域的制定规章权；其起始时间与同级人大及其常委会确定的制定地方性法规的时间同步。也同样拥有先行制定两年政府规章，之后或者上升为地方性法规，或者自然失效。而省会城市、较大的市的政府也和同级人大及其常委会一样，从原来拥有与省级政府相同的立法权，缩小到也限于四个领域，只是认定原来已经制定的超出四个领域的政府规章继续有效。

四、行政行为设定权

基于现实立法中管理型、管制性的立法仍占有重要地位，所以对行政行为设定权的规范，也成为立法规制的重要内容。目前，三部行政行为法，分

别对行政处罚、行政许可、行政强制三种主要行政行为的设定权作出了明确规范。根据《行政处罚法》《行政许可法》《行政强制法》以及《突发事件应对法》，法律、行政法规、地方性法规、部门规章和政府规章有着完全不同的行政行为设定权。

（一）法律的行政行为设定权

简单地说，法律拥有所有的行政行为设定权。一是行政处罚设定权。从学理上来讲，行政处罚分为申诫罚、财产罚、行为罚、人身罚四类。按照《行政处罚法》的规定，行政处罚共有六种，即警告、通报批评；罚款、没收违法收入、没收非法财物；暂扣许可证件、降低资质等级、吊销许可证件；限制开展生产经营活动、责令停产停业、责令关闭、限制从业；行政拘留；法律、行政法规规定的其他行政处罚。法律可以设定所有六种行政处罚，其中，行政拘留的设定权是法律的专有立法权。此外，法律还可以设定其他行政处罚，如《外国人出入境法》设定的"驱逐出境"，也是一种行政处罚。这个设定权只有法律和行政法规拥有。二是行政许可设定权。从学理上讲，行政许可有三方面功能：一是控制风险，二是配置资源，三是证明或者提供某种信誉保证。据此，《行政许可法》规定了六种行政许可：保障安全的"普通许可"、合理配置公共资源的"特许"、信誉证明的"认可"、设备设施的"核准"、企业或者其他组织的"登记"、其他行政许可。法律可以设定上述全部六种行政许可。三是行政强制设定权。从学理上讲，行政强制可以分为行政即时强制、行政强制措施和行政强制执行三种，分别由《突发事件应对法》和《行政强制法》作出规范。即时强制又称"警察强制"，一般在突发事件和紧急状态下由警察来执行。行政强制措施分为人身强制和财产强制两类，《行政强制法》规定了四种强制措施：限制公民人身自由；查封场所、设施或者财产；扣押财物；冻结存款、汇款。行政强制执行分为直接强制执行和间接强制执行。《行政强制法》明确了五种行政强制执行：划拨存款、汇款；拍卖或者依法处理查封、扣押的场所、设施或者财务；排除妨碍、恢复原状；加处罚款或者滞纳金；代履行。法律可以设定所有的行政强制措施和行政强制执行种类；其中行政强制执行只有法律能够设定。

（二）行政法规的行政行为设定权

行政法规拥有除法律专属立法权以外的几乎所有的行政行为设定权。一是行政处罚的设定权。行政法规可以设定除限制人身自由以外的其他四种行政处罚；还与法律一样拥有设定其他种类行政处罚的权力。二是行政许可设定权。在尚未制定法律的情况下，行政法规可以设定所有六种行政许可；必要时，国务院可以采用发布决定的方式设定行政许可。三是行政强制设定权。尚未制定法律，且属于国务院行政管理职权事项的，行政法规可以设定除限制公民人身自由、冻结存款或汇款以外的所有行政强制措施，既可以设定查封场所、设施或者财务与扣押财物两类行政强制措施，还可以设定法律保留外的其他行政强制措施；但无权设定行政强制执行。

（三）地方性法规的行政行为设定权

基于地方立法权的限制，地方性法规的行政行为设定权有较多的限制。一是行政处罚的设定权。地方性法规有权设定行政拘留和吊销企业营业执照以外的所有行政处罚。之所以不让地方性法规拥有吊销营业执照的处罚权，是因为对企业的设立、登记、合并、停业和撤销等，在全国是执行统一的法律规定，有利于维护全国统一的大市场，防止地方保护主义的产生。二是行政许可的设定权。地方性法规只能设定普通许可、特许、核准三种许可，无权设定认可、登记两种许可。三是行政强制设定权。尚未制定法律、行政法规，且属于地方性事务的，地方性法规可以设定查封场所、设施或者财务与扣押财物两种行政强制措施。同样，也无权设定行政强制执行。

对于地方性法规的上述两项行政强制设定权，实务工作中存在着两种不同的理解：一种理解，在该领域没有制定法律、行政法规的前提下，地方性法规才可以设定查封和扣押两种强制措施，一旦该领域有了法律、行政法规，无论是否设定了查封、扣押的强制措施，地方性法规都不再有设定权；另一种理解是，没有制定法律、行政法规，是指国家立法中尚未设定查封、扣押的强制措施，只要地方立法中认为有必要设定的，就可以设定查封和扣押两种强制措施。两种观点孰是孰非？很难定论。笔者认为，如果纯粹从立法本意看，似乎第一种理解更接近一点，但按此理解，这种授权在实践中基本没有价值，因为在我国的法律体系已经形成的今天很少有用武之地。所以从地方立法的实际来看，第二种理解更有价值，也更符合实践需要。

（四）规章的行政行为设定权

概括地说，无论是部门规章还是政府规章，基本没有行政行为设定权。

根据《行政处罚法》和《行政许可法》的授权，规章仅有两项设定权：一是可以设定警告、通报批评和一定数额罚款的行政处罚，其中，国务院部门规章的罚款限额由国务院规定；地方政府规章的罚款限额由省级人大常委会规定。二是政府规章只能设定一年的临时许可，到期需要继续实施的，要提请本级人大常委会制定地方性法规。部门规章则不能设定任何行政许可，行政许可法颁布前部门规章已经创设的行政许可，可由国务院行政法规予以确认。其他的行政行为，规章均无权设定。

第七章 授权立法

授权立法亦称委托立法或委任立法，是指依法享有立法权的主体根据经济社会发展的具体情况和实际需要，在其权限范围内，通过一定的形式，授权给有关国家机关根据授权要求开展的立法活动。通俗地说，授权立法，是有权立法的主体将自己的立法权，通过授权的方式，赋予没有此立法权限的主体从事超出其立法权限的立法活动。

一、授权立法的不同模式

授权立法是许多法治国家采用的一种立法方式，但基于各国的不同国情和文化传统，授权立法的具体形式和内涵也有不同。

（一）英国

现代意义上的授权立法，是英国 19 世纪前半叶开始的社会和经济改革的产物。由于政府立法责任的加重，以及大量出现的问题不可能由议会立法作出决定，使英国议会不得不授出自己的立法权。1833 年通过的英国现代第一部工厂法作出授权，根据该法的规定，任命巡视员制定命令和规章，并且规定，违反就此制定的命令和规章者将被判处刑罚。19 世纪末的英国，将立法权授予中央政府部门及其他公共机构的现象有了巨大的增长，根据需要而零星授权的现象显著增加。1893 年的规章出版法试图控制中央政府部门的权力增殖，该法创造了一个种属概念——"成文法的规则和命令"，并要求公开出版这些规范性文件。此处的成文法的规则和命令，就是与议会的法律相对应的行政机关通过授权立法而形成的成文法律规范，属于与议会立法并列的两个成文法渊源之一。①

第一次世界大战爆发前后，又一次导致了立法权向政府的大量转移。国家处于紧急状态成为人们接受授权理论的主要原因。由于对立法授权问题没有作出令人满意的解释，因此在战后，人们对授权立法问题产生了敌视态度。当人们承认战争时期或紧急情况下的广泛授权时，他们对于和平时期的授权范围和数量提出了疑问。第二次世界大战爆发后，英国议会又一次广泛授予行政机关大量的立法权。战后，人们再次对授权立法提出了疑问，对议会宽泛授权的问题提出了强烈批评，要求议会加强对授权立法的监督控制。在这种情况下，议会于 1946 年制定了《法定条规法》，对法定条规的含义、出版公布、提交议会的程序等作出了规定。通过制度的完善，使授权立法存在的问题得以解决，并最大限度地发挥授权立法的作用。②

目前，英国的授权立法主要通过如下四种途径来实现：其一，行政立法性文件。在现代立法中，赋予大臣的权力主要是通过大臣或者部门条例以及法令来实现的，称之为行政立法性文件汇编。其二，枢密院令。有些特殊权力与宪法问题相关，它们特别重要，例如宣布进入紧急状态的权力，这是赋予枢密院会议的权力。实际上，这些权力属于枢密院的内阁成员通过枢密院令的方式行使。其三，地方权力机构的地方性法规。这些法规是由地方权力机构根据议会法的授权范围，在征得相关大臣同意之后制定的。其四，最高法院和郡法院规则。这些是由规则委员会制定的，规则委员会是根据法律规定而组建的，目的在于为法院实务和程序制定相应的规则。规则委员会由法官和资深法律职业人员组成。③

（二）美国

美国是典型的三权分立与制衡的国家，立法权只能由国会行使的观念长期居于统治地位。美国宪法也明确规定，立法权属于参议院和众议院组成的国会，行政权属于总统。在上述观念的支配下，美国要实行授权立法显得格外困难。从美国宪法中的语言来看，不能把授权理论看成是绝对的、无条件的原则。最高法院在 1904 年巴特菲尔德（Buttfield）诉斯特拉纳汉（Stranahan）

---

① 参见张越著：《英国行政法》，中国政法大学出版社 2004 年版，第 560—561 页。
② 参见陈伯礼著：《授权立法研究》，法律出版社 2000 年版，第 45—48 页。
③ 参见［英］丹尼斯·基南著，陈宇、刘坤轮译：《史密斯和基南英国法》（上），法律出版社 2008 年版，第 309 页。

中，第一次使用了这一现代授权理论。在 1928 年的一个案件中，最高法院把这一原则提炼为：许可的授权必须包含一个"行政机构应当遵守的明确的原则"。然而，美国早期的司法判决在解释授权理论时，表现出一种不妥协的观点。美国联邦最高法院最初主要是通过三个标准来审查国会授权的合法性：第一，确认事实。最高法院认为如果外国对美国产品征收关税，而国会授予总统提高关税的权力，这种授权只是授予行政机关确定议会立法生效对象的权力，只是确认事实而已，并非授予总统立法权。国会不得将立法权授予总统是美国宪法的基本原则。第二，决定标准。1904 年，联邦最高法院在巴特菲尔德诉斯特拉纳汉一案中认为，国会授权给财政部长建立进口茶叶的等级区分制度，这种行为只是决定标准而非授予立法权，因为国会已经确立了一个主要标准，要求行政机关依此标准而行之。第三，补充细节。在 1911 年的美国诉格里莫（Grimaud）一案中，联邦最高法院认为，国会授权农业部长制定规则，以保护国家森林，只是授权其去履行概括条款，以达到补充细节的目的，而非立法授权。① 但是事实上，在上述案件中，行政机关不只是发现事实或提供细节，而是行使了实质性的政策判断权。此后，司法审查的重点逐步转移到审查立法机关是否具体制定了充分标准，以限制行政部门的自由裁量权范围上。

纵观美国早期授权理论的发展可知，最高法院从来没有基于授权原因而判定议会批准向行政机构授权的行为无效。然而在 20 世纪 30 年代期间，美国出现了大量的行政独立机构，这些行政机构被授予宽泛的权力以管理经济。为解决严重的经济危机，有些管理型法律因此类授权而被拙劣地设计、起草、实施。

进入 20 世纪 70 年代以后，在美国，法院是否应当宣布宽泛授权违宪的问题再次引起人们的关注。1970 年《行业安全健康法》第 6 条第 2 款第 5 项授权劳工部长发布规则，要求雇主以"适宜的"方式保障工人的安全，以避免工作场所有毒物质对工人的伤害。劳工部长随后发布了一项规章，要求企业采用花费高昂的方法来减少工人接触苯的机会。在对 1980 年的一个案件的审理中，最高法院撤销了该规章。四名法官认为，该规章没达到法律要求的调查结果。另一名法官伦奎斯特（Rehnquist）则认为，《行业安全健康法》的授权违宪，因为法律中所谓要求采用"适宜的"方法的规定，只是一种幻

---

① 参见陈伯礼著：《授权立法研究》，法律出版社 2000 年版，第 50—52 页。

想。实质是议会不愿意以法律来对此问题作出规定，因此把这种困难问题交给了行政部门。而解决这种带有政治性分歧的政策问题，是立法机关的任务。美国一些评论家认为，伦奎斯特法官关于议会放弃立法权的看法，其实是议会的一种普遍做法，因此法院应当利用授权理论宣布某些规章无效。只有通过程序控制和实质控制，授权理论的基本目标才能够得以实现。①

（三）德国

1945 年德国无条件投降后，德国分别建立了联邦德国与民主德国。1949 年 5 月联邦德国制宪会议通过了《德意志联邦共和国基本法》，它是一部临时性的宪法。这部基本法是以魏玛宪法为蓝本起草的，可以说是魏玛宪法的修订人为吸取希特勒滥用魏玛宪法有关授权立法规定的教训，德国基本法对授权立法问题做了严格的规定。1990 年民主德国并入联邦德国，德国统一。德国授权立法具有下列特点：

第一，以无立法权力为前提。其他某些国家把授权立法等同于政府立法，但德国学者不接受这种观点。他们认为授权立法是相对于固有立法而言的。行政机关基于固有职权所做的立法，不属于授权立法。在德国，行政机关及其机构制定的两种规范不需要经过议会的授权：一是命令，它是指行政机关用来调控行政内部事务的规范；二是特别法规，它是指特定行政机关制定的与国防、中小学、大学和公共事业相连的规范。上述规定的制定不属于授权立法。只有议会授权行政机关等制定的法律才属于授权立法。

第二，明确区分将立法职权委托行政机关即政府部门行使与委托自治机构行使之间的不同。德国授权立法中的被授权机关不限于行政机关，还包括自治组织。授权给行政机关的立法所形成的文件称为"法规"；授权给自治组织的立法所形成的规范性文件称为"规章"，以区别于"法规"。

第三，授权立法权有基本法总设定，有法律具体实施。德国的行政立法权和授权自治立法权都来自 1949 年《基本法》的设定，《基本法》第 80 条第 1 项规定，联邦政府、联邦部长或州政府根据法律授权，有权颁布法规。但这并不是说，行政机关可以直接依据《基本法》实施授权立法。它们还有赖于具体法律的具体授权，即由具体法律说明授权立法的目的、内容、范围后，授权立法方能正式实施。这意味着，法规必须有法律基础。

---

① 参见陈伯礼著：《授权立法研究》，法律出版社 2000 年版，第 56 页。

第四，对授权立法的限制较为严格。德国在对授权立法的限制上，要求比英国更为严格。在英国，至少理论上还可以认为，立法机关无论在什么范围，都可以将自己的立法权授予行政机关行使。德国《基本法》没有将一切立法权力明确地赋予立法机关，相反地，却规定了对于立法机关可以授权的立法权的限制，除来自宪法的规定外，还表现在行政机关或自治组织行使授权立法时所受到的程序上的制约。此外，德国的授权立法还受到一定程度的司法控制。①

（四）我国的授权立法

根据"五四宪法"的规定："全国人民代表大会是行使国家立法权的唯一机关"，行使"修改宪法、制定法律、监督宪法的实施"等职权；全国人大常委会行使"解释法律、制定法令"等职权，但法令并不是法律。所以，广义的理解，立法权只有全国人大拥有，其他的主体所拥有的立法权都属于通过授权立法取得的，包括全国人大常委会的立法权。

"五四宪法"所确立的立法体制和立法权限，在实践中首先遇到了不适应社会需要的问题。因为全国人大每年只举行一次会议，而且会议主题一般都是讨论和决定国家经济社会建设事项，会期也短，其立法节奏难以适应经济社会发展的需要。所以，1955年7月，一届全国人大第二次会议作出《关于授权常务委员会制定单行法规的决议》，《决议》指出："随着社会主义建设和社会主义改造事业的进展，国家急需制定各项法律，以适应国家建设和国家工作的要求。在全国人民代表大会闭会期间，有些部分性质的法律，不可避免地急需常务委员会通过施行。为此，特依照中华人民共和国宪法第三十一条第十九项的规定，授权常务委员会依照宪法的精神、根据实际的需要，适时地制定部分性质的法律，即单行法规。"这被视为新中国成立后最高国家权力机关第一次授权立法。自此，全国人大常委会依照全国人大授权决定，获得了制定单行法规的权力，但仍无权修改全国人大制定的法律。1959年4月，二届全国人大第一次会议又通过决议，授权全国人大常委会在全国人大闭会期间，根据情况的发展和工作的需要，对现行法律中已经不适用的条文，适时地加以修改，作出新的规定。这意味着全国人大常委会拥有了修改法律的权力。当然也有学者认为，新中国建立之初出现的这种立法授权，是全国

---

① 参见陈伯礼著：《授权立法研究》，法律出版社2000年版，第61—63页。

人大对人大常委会的授权，只是一种内部授权，而非授权立法意义上的外部授权。①

现在所讲的授权立法，一般已排除全国人大常委会作为授权立法对象的情形，即是在狭义的意义上理解授权立法的，主要是指全国人大及其常委会授权国务院、地方人大及其常委会、地方人民政府，以及经济特区、民族地区、特别行政区超出其应有权限的立法权。这里，全国人大常委会已经成为一个授权主体。授权立法，还应包括国务院授权部委和地方政府制定实施细则、实施办法的行为；地方人大授权地方政府制定实施细则和实施办法的行为。

1984年9月，六届全国人大常委会第七次会议作出《关于授权国务院改革工商税制发布有关税收条例草案施行的决定》，《决定》指出："根据国务院的建议，决定授权国务院在实施国营企业利改税和改革工商税制的过程中，拟订有关税收条例，以草案形式发布施行，再根据施行的经验加以修订，提请全国人民代表大会常务委员会审议。国务院发布试行的以上税收条例草案，不适用于中外合资经营企业和外资企业。"1985年4月，六届全国人大第三次会议通过《关于授权国务院在经济体制改革和对外开放方面可以制定暂行的规定或者条例的决定》，《决定》指出："为了保障经济体制改革和对外开放工作的顺利进行，第六届全国人民代表大会第三次会议决定：授权国务院对于有关经济体制改革和对外开放方面的问题，必要时可以根据宪法，在同有关法律和全国人民代表大会及其常务委员会的有关决定的基本原则不相抵触的前提下，制定暂行的规定或者条例，颁布实施，并报全国人民代表大会常务委员会备案。经过实践检验，条件成熟时由全国人民代表大会或者全国人民代表大会常务委员会制定法律。"自此，开创了全国人大及其常委会授权国务院立法的先例。

为什么要授权国务院立法？时任全国人大常委会委员长彭真做了说明，相关提案的立法条件还不成熟，但不成熟就不立法也不利于开展改革和工作，"国务院是最高国家权力机关的执行机关，是最高国家行政机关，是管方针、政策的，特别是管方针、政策执行的，由它制定暂行的规定或者条例，比较好，可以使工作有章可循，有条不紊地进行"。②

---

① 参见刘莘主编：《行政立法原理与实务》，中国法制出版社2014年版，第108页。

② 彭真：《论新时期的社会主义民主与法制建设》，中央文献出版社1989年版，第265页。

2000 年的《立法法》则对授权立法作了系统全面的规范。其中既有对国务院的普遍授权规定，又有对经济特区、民族自治区域的特别授权立法规定。

二、授权立法的必要性

授权立法是现代法治国家普遍实施的一种立法制度，已成为现代议会之必须。也就是说，如果没有授权立法，国家就难以保证立法适应社会生活的需要，进而难以维持社会生活的有效运转。通观世界各国的授权立法，其原因主要有以下几个方面：

其一，议会会期的压力。如果议会想自己制定所有的法律，立法机器将会崩溃，除非对现行的审查议案的程序进行激烈的变革。将立法权授予某一执掌公共服务的政府部门自然就消除了产生立法修正案的必要。虽然许多成文法律文件都提交议会，但只有其中的一小部分需要议会花费非常小的比例的时间来加以考虑。事实上，议会对于提交到议会的法律性文件中的绝大多数是不进行实质性审查的，而只是保留审查的权力而已，而且即使是审查也只是花费非常有限的时间，仅占其会期的很少比例。

其二，立法涉及的实体问题的技术性。现代立法中，立法的核心问题或者说实体问题往往涉及复杂的技术性因素，面对这些技术性问题进行立法，需要先征求专家及利益群体的意见。将立法权授予行政部门将便于实施这种咨询活动。法律议案通常被视为秘密文件，其文本直到提交议会一读并讨论时才予以公开，而在准备授权立法时则不会因这种秘密的习惯而影响立法的进程。同时这也有助于避免成文法律文件中出现过于专业性的、只有相关方面的专家才容易理解的规定。

其三，立法灵活性的需要。当一项新的公共政策创立时，很难预见其运行过程中可能产生的操作上的困难，也不可能频繁地求助议会的立法修正案来满足某一项公共政策开始实施后所产生的调整和需要。授权立法则可以满足这种要求。以英国为例，当社会负担费或者说人头税根据 1988 年的地方政府财政法开始征收后，仅在 1989—1991 年间，有关政府部门至少制定了 47 项规章。尽管有如此大规模的授权立法的权力的行使，仍不能避免该法沦于失败。但授权立法，给了行政机关相当的时间审时度势以决定相关法律付诸实施的恰当时机，所以仍不失为非常实用的立法技术和行政管理手段。

其四，紧急状态。在国家处于紧急状态的时候，政府可能会需要采取快速行动并超出自己通常所享有的权利。许多国家的成文宪法都包括有关紧急状态时的规定，其中的重要内容之一就是暂时中止平时对于个人自由所设置的保障。如在英国，1920 年的紧急权力法，赋予了行政当局在某些紧急情势下进行立法，这种立法要接受议会的事后监督。①

三、授权立法的类型

授权立法类型是授权机关向被授权机关授出立法权力的种类。总结我国的立法实践，授权立法可以分为三种类型，即普遍授权、特别授权和专项授权。

（一）普遍授权

根据单行法律、法规所进行的授权立法，一般称为普遍授权立法。《立法法》明确的授权国务院对法律专属立法权的事项先于法律制定行政法规，便属于普遍授权。对此，在《立法法》起草过程中，有不同意见的讨论。一种意见认为，随着民主与法制的发展，现在应当由法律规定的事项，就要由全国人大及其常委会立法，不应授权国务院先行制定行政法规，为什么人大制定法律的条件不成熟，国务院制定行政法规的条件就成熟了？法律和行政法规都要在全国范围内实施，面对的情况是一样的，成熟或者不成熟的标准是什么？另一种意见认为，授权立法的存在是必要的，但必须对授权的条件、目的、范围作出规定。

立法机关经论证认为，改革开放以来，全国人大及其常委会的几次授权起到了积极作用。到 2011 年形成中国特色社会主义法律体系，任务很重，有些市场经济方面所急需的法律，立法条件尚不成熟，仍需要国务院先制定行政法规，待条件成熟后再上升为法律。因此，保留授权立法是必要的。但对授权立法制度需要加以完善。一是由全国人大及其常委会作出决定，授权国务院根据实际需要，就应当由法律规定的部分事项先制定行政法规；二是授权决定应当明确授权的目的和范围，被授权机关应当严格按照授权目的和范

---

① 参见张越著：《英国行政法》，中国政法大学出版社 2004 年版，第 562—563 页。

围行使该项权力；三是经过实践检验，制定法律条件成熟时应当及时制定法律，法律制定后，相应立法事项的授权终止；四是根据授权制定的行政法规，应当报授权机关备案，这样，随着法律的日臻完善，授权立法的范围会自然缩小。①

关于授权立法，另一个被关注的问题是：《立法法》为什么不对地方人大作普遍授权立法的规定，即将法律专属立法权的事项交由地方人大进行先行性立法？事实上，在《立法法》起草过程中，有些地方也确实提出过这类授权立法的需求。立法机关经过研究论证后没有采纳，主要理由是：其一，除全国人大及其常委会的专属立法权外的事项，没有制定法律、行政法规的，可以先制定地方性法规，这一问题已有规定；其二，只能制定法律的事项，可以授权国务院制定行政法规，由国务院规定有利于中央对改革的领导，也有利于法制的统一；其三，由于情况的发展，有些法律、法规的某些规定不适用了，应当对不适用的规定及时加以修改，而不是授权地方可以变通；其四，没有规定对地方的授权，并不是说就不存在对地方授权的问题，如果是因为个别地方特殊情况的需要，可以作为个案处理，但不能与对国务院和经济特区的授权那样，作为一项制度规定下来，这样有利于法制的统一。②

普遍授权，还有一种体现方式，是在基本法律中，对某项权限作出"团购"而不实行"零售"。如，《行政强制法》中规定的行政机关自行执行程序，就是一种普遍授权，即行政机关无须特别法的规定，直接依据《行政强制法》的规定就可以执行，其中分别规定了催告制度、中止执行程序和终结执行程序、执行回转制度、执行和解制度、人性化执行规定、金钱给付义务的执行、代履行等程序。这意味着，行政机关的自行执行程序，只要符合《行政强执法》规定的条件，就可以按照该法执行。这类普遍授权的价值是通过"团购"而减少了立法成本，提高了执法的效率。

（二）特别授权

根据最高权力机关专门的授权决定所进行的授权立法，称为特别授权立法。特别授权立法最初表现为授权主体经过法定程序，以决定或者决议的形式向授权主体进行的立法授权。前文所提到的 1984 年 9 月六届全国人大常委

---

① 参见刘松山著：《中国立法问题研究》，知识产权出版社 2016 年版，第 9 页。
② 参见刘松山著：《中国立法问题研究》，知识产权出版社 2016 年版，第 10 页。

会授权国务院改革工商税制发布有关税收试行条例、1985年4月六届全国人大授权国务院对于有关经济体制改革和对外开放方面制定暂行的规定或者条例的决定，均属于这类特别授权立法。

在《立法法》颁布之后，特别授权立法还表现为《立法法》中明确通过决定或决议授权特定立法主体可以对国家法律、法规和其他上位法作变通规定。

2000年制定的《立法法》第63条规定："经济特区所在地的省、市人民代表大会及其常务委员会根据全国人民代表大会的授权决定，制定法规，在经济特区范围内实施。"其实，对经济特区的授权立法，在《立法法》之前就已通过专门的决议和决定分别实施了。

1981年11月，五届全国人大常委会第12次会议通过决议，授权广东省、福建省人大及其常委会按照该省经济特区具体情况和实际需要，制定经济特区的各项单行经济法规，并报全国人大常委会和国务院备案。

1988年4月，七届全国人大第一次会议通过建立海南经济特区的决议，授权海南省人大及其常委会制定法规，在海南经济特区实施，并报全国人大常委会和国务院备案。

1992年7月，七届全国人大常委会第26次会议，根据七届全国人大第二次会议决定，授权深圳市人大及其常务委员会制定法规，在深圳经济特区实施，同时授权深圳市人民政府制定规章，在深圳市经济特区实施。

1994年3月，八届全国人大第二次会议通过决议，授权厦门市人大及其常委会制定法规，在厦门市经济特区实施，同时授权厦门市人民政府制定规章，在厦门市经济特区实施。

1996年3月，八届全国人大第四次会议通过决议，授权汕头市和珠海市人大及其常委会制定法规，在各自的经济特区实施，同时授权汕头市和珠海市人民政府制定规章，在各自的经济特区实施。

至此，五个经济特区都通过特别授权，拥有了制定地方性法规和政府规章的立法权。其中的变化是，深圳、厦门、汕头、珠海四个经济特区先是有省人大及其常委会制定单行法规，在经济特区实施；再到直接授权四个市的人大及其常委会和政府制定法规和规章；立法的范围也从单纯的经济法规到全部的地方有权立法领域。《立法法》只是把已经在实施的特别授权立法加以肯定和统一。

2023年3月修订的《立法法》又授权上海市人大及其常委会制定浦东新

区法规；授权海南省人大及其常委会制定海南自由贸易港法规。

据知情人介绍，在《立法法》起草过程中，对经济特区要不要授权立法，是有不同意见的，有主张取消经济特区立法权的；也有主张不仅不能取消，还要加强的，建议经济特区的法规可以变通法律、行政法规的规定。即便主张保留经济特区授权立法的，对经济特区的授权范围也有不同意见，一种主张应当限于对经济体制改革和对外开放方面的事项；另一种意见则认为这与全国人大及其常委会已有的授权不一致，缩小了范围，不妥当。立法机关经过论证，最后认为，根据实际情况，保留对经济特区的授权立法是必要的。至于特区法规是否可以对法律、行政法规作出变通，没有具体明确。这样，既能适应现在需要有些变通的情况，又为今后的发展变化留下了空间和余地。具体的办法，可以在授权决定中解决。①

民族区域的立法也是特别授权立法的另一种形式。《立法法》第85条规定："民族自治地方的人民代表大会有权依照当地民族的政治、经济和文化的特点，制定自治条例和单行条例。自治区的自治条例和单行条例，报全国人民代表大会常务委员会批准后生效。自治州、自治县的自治条例和单行条例，报省、自治区、直辖市的人民代表大会常务委员会批准后生效。"

民族自治区域的授权立法，有三个特点：一是明确了法规的名称或者形式，即制定自治条例或者单行条例；二是只授权给人大，不授权给人大常委会和政府；三是明确可以作出变通规定。《立法法》第85条第2款规定："自治条例和单行条例可以依照当地民族的特点，对法律和行政法规的规定作出变通规定，但不得违背法律或者行政法规的基本原则，不得对宪法和民族区域自治法的规定以及其他有关法律行政法规专门就民族自治地方所做的规定作出变通规定。"

此外，对特别行政区的立法授权（如香港特别行政区、澳门特别行政区）也应当视为一种特别授权立法。

（三）专项授权

专项授权，也被称为法条授权立法，是指立法机关在其制定的法律、法规中，运用其中某一条款，将某些立法权授予有关机关的立法制度。法条授权立法具有一定的灵活性，也是最为常见的一种授权立法方式。法条

---

① 参见刘松山著：《中国立法问题研究》，知识产权出版社2016年版，第10—11页。

授权立法，意味着在一部法律文本中，可以就某一事项设定法条，向某一被授权机关作出授权立法规定，也可以就多个事项，向一个或多个被授权主体作出授权立法的规定。例如：《税收征收管理法》第 93 条规定："国务院根据本法制定实施细则"，这是全国人大常委会授权国务院立法的情形。又如：《失业保险条例》第 32 条规定："省、自治区、直辖市人民政府根据当地实际情况，可以决定本条例适用于本行政区域内的社会团体及其专职人员、民办非企业单位及其职工、有雇工的城镇个体工商户及其雇工。"这是国务院授权地方人民政府立法的情形。还如：《上海市职业教育条例》第 26 条第 3 款规定："本市设立高等职业教育专项经费。专项经费的具体数额及使用办法，由市人民政府另行规定。"这是地方性法规授权同级人民政府立法的情形。

实践中，专项授权立法存在着几个值得关注的问题：一是授权立法是否需要有限制条件？对于在何种条件下立法主体才能将自己的立法权授予其他主体的问题，法律包括《立法法》并没有明确说明。刘莘主张，在下列情形下，才可以授权立法：立法尚且缺乏必要的经验积累，需要"试验田"进行试验立法；立法内容单一，并且需要专业知识的事项；立法主体时间不够，且授权其他主体立法并无不妥；非统一标准事项。① 二是对授权立法缺乏程序规范与控制，被授权主体完成立法的时间要求不够严格，较少专项授权立法中要求同步实施，使授权立法的实施与法律文本的实施并不同步，影响法制的统一性。而《立法法》第 66 条规定："法律规定明确要求有关国家机关对专门事项作出配套的具体规定的，有关国家机关应当自法律施行之日起一年内作出规定，法律对配套的具体规定制定期限另有规定的，从其规定。有关国家机关未能在期限内作出配套的具体规定的，应当向全国人民代表大会常务委员会说明情况。"其实是间接认可了法条授权立法可以不同步实施的现实。这给实践带来了不少问题。三是被授权主体经常是多个而不是一个，通常的表述是由某部门会同其他多个部门制定，造成部门之间依法扯皮，影响授权立法的及时出台。四是授权立法的法律文本层级不够明确，一般只表述"作出规定"或者"另行制定"，不明确是制定法规还是规章，实践中部门或政府经常通过制定行政规范性文件的方式，代替立法行为。而按照现在的相关规定，规范性文件一般不得增设权利或者义务，所以无法承担授权立法的使命。上

---

① 参见刘莘主编：《行政立法原理与实务》，中国法制出版社 2014 年版，第 112 页。

述这些问题都是需要认真研究并加以解决的。

四、授权立法的基本规范

从立法的操作层面，要掌握授权的基本特征，了解授权立法的限制条件，还要遵循授权立法的基本程序。

（一）授权立法的特征

其一，主体的特定性。也就是说，无论是授权主体还是被授权（受权）主体都具有特定性。授权立法的主体应当具备三个条件：一是授权主体应当是依法享有法定立法权的国家机关；二是授权主体在国家法律体系中的层级应当高于被授权主体的层级；三是授权主体向被授权机关授予的权力应当属于其法定职权立法事项范围内的权力。只有具备了这三个条件，才具备授权立法主体资格。与此相应的授权主体也具有特定性。授权主体应当具备两个条件：一是授权主体应当是具有完成授权立法项目能力的国家机关；二是授权主体必须是该立法项目完成后的组织实施或者监督机关。

其二，主体的转换性。在授权立法中，授权主体与授权主体是会角色转换的。除全国人大外，在不同的法律关系下，同一个国家机关，在此项授权立法中是授权主体，在另一项授权立法中可能会变成授权主体。如，国务院在与全国人大及其常委会的立法关系中，可能是个授权主体，而在地方政府的立法活动中，可能就是授权主体。当然，这种转换性并不意味着可以将被授权的立法权予以转授，而是将自己所拥有的立法权予以授权。

其三，性质的从属性。因为被授权立法的机关原本不享有行使该项立法权，使得其在获得该项立法权之后，必然要受到法定条件的约束和限制。但这种从属性并不否定其仍具有相对独立性，当被授权主体依法获得该项立法权后，可以以自己的名义行使立法权；在立法过程中可以根据具体实际情况独立自主地进行立法活动；立法的成果可以在其管辖范围内有效施行，不受非法干扰。

（二）对授权立法的限制

一是严格遵循授权目的。授权立法，根据不同的目的，可以分为三种：一类是先行性立法，即对面上立法条件不够成熟的事项，通过授权立法先行先试，普遍授权具有这类特点；另一类是变通性立法，即对特定区域授权可以对国家的法律、行政法规或者其他上位法作变通规定，经济特区、民族自治区域的特别授权立法便属此类；还有一类是实施性立法，即将上位法的某项制度作出具体的细化和补充规定，使之更具有操作性，专项授权立法大多属于这类性质。

二是不得超越授权范围。授权立法的范围，严格地说，已超出授权主体应有的立法权限，因此，一旦超越其授权范围进行立法，便会构成违法。所以，《立法法》第13条明确："授权决定应当明确授权的目的、事项、范围、期限以及被授权机关实施授权决定应当遵循的原则等。"

三是不得转授立法权。授权立法具有严肃性，授权主体即被授权机关应当严格按照授权决定行使被授予的权力。不能将该项立法权转授给其他机关来行使。

四是授权立法的及时终止。《立法法》第13条第2款规定："授权的期限不得超过五年，但是授权决定另有规定的除外。"第14条规定："授权立法事项，经过实践检验，制定法律的条件成熟时，由全国人民代表大会及其常务委员会及时制定法律。法律制定后，相应立法事项的授权终止。"可见，授权立法具有明显的时效性，是有期限的立法行为，要及时地上升法律文本的层级，并及时终止授权立法。

（三）授权立法的基本程序

1. 授权立法事项的提出。授权立法需求的启动主体有三个：一个是授权立法的国家机关，其根据立法的需求与成熟度、必要性，经过论证后，主动提出授权立法的动议；另一个是被授权主体即授权主体，在其立法过程中，发现授权立法的需求，依照法定程序提出请求，经授权主体论证后作出授权的决定或决议；第三种是法律实施部门根据执法的实际需要，向授权主体或者被授权主体提出授权立法的需求。

2. 授权立法事项的审议。授权立法的审议权只属于授权主体，经过审议，同意授权的，需要明确授权的目的、事项、范围、被授权主体、期限以及立法完成的期限等要素。

3. 授权决定的作出与公布。授权决定的形式有两种：一种是作出专门的决定或者决议，如特别授权应当就此作出专门的授权决定。另一种是在法律文本中一并作出决定，也一并公布，如普遍授权、专门法条授权都采用这种形式。

4. 立法文本的完成与备案。授权立法的最终完成形态是被授权主体相关法律文本的完成并公布。实践中，对于立法文本的完成时间是否要作出明确规定，存在不同意见，尤其是法律条文的专项授权立法，存在的争议更多：一是要不要明确与法律文本同步实施，即在授权立法决定作出，该法律文本正式施行前，要否完成授权立法并同步实施？实践中有此需要，但操作起来难度较大，尤其是授权主体被动要求配套立法的，难度就更大了。立法实践中，不少国家层面的立法例中，规定相关部门作出具体规定的，在该法律文本实施很长时间后仍未制定完成，使授权立法久久不能实现。如《政府信息公开条例》第55条明确规定："教育、卫生健康、供水、供电、供气、供热、环境保护、公共交通等与人民群众利益密切相关的公共企事业单位，公开在提供社会公共服务过程中制作、获取的信息，依照相关法律、法规和国务院有关主管部门或者机构的规定执行。"这既是一种专门授权立法，同时也是一种义务性规定。二是授权立法的实践中，对于所授予的是权力还是法定义务，还是既是权力又是法定义务，存在着很大的争议。通过分析可见，这类专项授权立法往往既是权力又是法定义务，所以要求同步实施，以体现法制统一；单纯属于授权的立法，即授权主体可以选择作出立法规定或者不作出立法规定的情形，并不多见。如：上海市人大常委会于2016年2月关于修改《上海市人口与计划生育条例》的决定，将第23条修改为："提倡一对夫妻生育两个子女。""符合下列条件之一的夫妻，可以要求安排再生育子女：（一）一方婚前未生育过子女，一方婚前已生育过一个子女，且双方婚后共同生育一个子女的；（二）双方婚前合计生育两个及以上子女，且没有共同生育子女的；（三）双方婚前均未生育过子女，婚后共同生育了两个子女，其中一个子女经区、县或者市病残儿医学鉴定机构鉴定为非遗传性残疾，不能成长为正常劳动力的。""除前款规定的条件外，因特殊情况可以再生育的条件，由市人民政府另行规定。"其中的第三款便属于单纯的授权立法，即政府可以自行决定是否要规定法规以外的再生育情形，而非必须要作出规定。

第八章　区域协同立法

　　我国的地方区域协同立法，是在省、自治区、直辖市或设区的市之间，在不违背法律、行政法规的前提下，从该区域法制现状和实际需要出发，在各自立法权限范围内，经过相互协商、约定，在不同行政区域之间按照共同的目标、原则，就同一管理领域的事项制定内容相同的地方性法规或政府规章的行为。虽然区域立法协作的法律地位不够明晰，但是在我国法治建设和整个国家、社会和公民生活中却起着越来越重要的作用。随着横向经济联系的日益密切，共同经济区域的出现已经超出了传统的行政区划，同时区域环境问题、社会保障、社会管理等领域也出现了许多跨行政区划的特征，凸显了以行政区划为单位立法的局限性，会因各行政区划对同一事项立法的不一致而导致市场分割、地方保护、跨地区性公共物品供给不足和公共事务治理失灵等诸多问题。2006年，黑龙江、吉林、辽宁三省首开区域行政立法协作的先河，签署了我国首部区域性立法协作框架协议，尝试在东北三省的范围内，实现政府法制资源共享，以便协调东北三省的政府规章，降低立法成本，提高立法质量。此后，由上海、江苏、浙江、安徽组成的长三角地区也签订了区域立法协作协议，长三角地区是我国最具活力与竞争力的经济区域，人流、物流、资金流、信息流都十分紧密，长三角经济一体化的市场环境要求地方人大和政府之间加强区域立法协作，培育协调和谐的区域法制环境。此后，环渤海的五省之间的立法协作也迈出了步伐；以广东省内城市之间的珠三角区域的立法协作则开创了一省之内多个城市间立法协作的新模式。

一、区域协同立法的基本定位

　　区域协同立法，是具有立法权的若干个地方人大和政府之间进行的横向立法协调，其并不仅表现为一种共同的立法行为，更多的是地方立法上的沟通与合作。区域协同立法，作为在坚持国家法制统一的前提下，一种在横向层次上发挥地方主动性、积极性、协作性的立法方式，是符合当前立法发展方向的。一方面，原《立法法》仅规定了如何解决法律规范的纵向冲突问题，对于不同行政区划之间的横向冲突如何解决，未作规定。而区域协同立法能从源头上解决区域内横向法律冲突和不协调的问题。另一方面，区域协同立法绝不是建立违背国家法制统一的法律独立王国，作为地方立法的一种形式，其也必须坚持国家法制统一原则，即必须在不同宪法、法律、行政法规相抵触的前提下进行区域协同立法。

（一）区域协同立法的法律地位

2023 年修订的《立法法》第 83 条新增了区域协同立法的内容："省、自治区、直辖市和设区的市、自治州的人民代表大会及其常务委员会根据区域协调发展的需要，可以协同制定地方性法规，在本行政区域或者有关区域内实施。""省、自治区、直辖市和设区的市、自治区可以建立区域协同立法工作机制。"从而使区域协同立法有了法律依据。区域协同立法仍是一种地方立法活动，从立法载体来看，仍是地方性法规或者政府规章。其与传统意义上的地方性法规和政府规章的差别就在于，就某一项立法事项，出现了多个地方人大或者政府共同作为立法主体。这是否会导致立法主体的混乱？可参照的是，《立法法》第 92 条赋予了国务院部门之间可以联合制定部门规章的权力，国务院多个部门联合发布规章，是否也会因为发文主体的多元化，而导致法律性文件的法律地位不清呢？笔者认为，区域协同立法与一般地方立法的差别仅在两者的适用范围上，前者是通行于相邻区域内多个行政区划的地方性法规或者政府规章，而后者只能在单个行政区划内施行。当然，由于区域协同立法是由各个省、市人大或政府共同协商制定的，如发生相抵触、相冲突的情形，应当考虑优先适用区域协同的立法。

（二）区域协同立法的实现途径

从可能性上讲，区域协同立法的实现途径可以有两种：一是地方人大协同立法，二是地方政府协同立法。两者有一定的区别：其一，从立法权限来看，地方性法规比政府规章的立法权限要大，涉及保障公民的人身权利、民主权利和其他权利的事项，一般应由人大制定地方性法规。政府立法一般是为保证上位法和本级人大及其常委会决议的执行而制定的行政措施和程序，具有从属性、执行性和具体性的特点，不涉及创设公民民事权利义务的有关社会公共秩序、公共事务的具体管理制度。但两者的区域协同立法空间仍相当大，同一区域的地方人大和政府，因为在经济社会、人员流动、文化交流等方面都有密切的联系，在诸多方面可以也有必要寻求立法合作。其二，从立法通过的程序来看，人大立法一般实行三审交付表决制，即地方性法规的最终通过必须取得地方人大代表的多数票。而政府立法只需政府常务会议审议通过。可见，如果通过地方人大之间进行协同立法，首要的问题就是如何使一部法规同时由若干个省、市人大常委会进行表决通过，一旦该部法规在某一个省、市人大未获通过，这将直接导致前期立法协作的努力化为泡影。相对而言，区域政府之间的协同立法因立法审议程序相对简单而更容易操作。

（三）区域协同立法的主体

基于上述两种区域协同立法的实现途径，区域协同立法可以有两种模式：模式一是设立专门的区域立法机构，独立承担区域间协同立法工作。对该机构的性质，有的认为应该是直属于国务院的一个区域协调部门，有的则认为是由区域内各省、市组建一个不隶属于任何一个地方人大和政府，也不隶属于国务院的区域特设机构。模式二是建立松散型的区域立法联席会议制度，即相关省、市的人大和政府定期或不定期地就区域立法事项进行沟通、协调与合作，具体的区域协同立法工作还是由具有立法权的某一个或者几个地方人大或政府承担。

就目前而言，如果选择模式一，设立一个跨越传统行政区划的立法机构，无论设立的主体是中央，还是区域内的地方人大和政府，在国家组织体制和立法体系上都存在障碍。况且，这种以行政的统一来实现法制统一的方案，排斥了地方人大和政府在区域立法协作中的主导地位，可能在立法时会节约一定的协调成本，但是，这种缺乏正当利益博弈的立法，其成果很难在区域内顺利实施。

相反，如果选择模式二，看似没有在体制上获得突破，仍然只是松散的、柔性的协调与合作。但是，区域协同立法本身就不是简单的统一法制，而是给相关联的一个区域内各个地方人大和政府一个法制协调的平台，通过沟通与协商，以求达到利益的平衡与合作。从另一方面来讲，也只有将各个地方纳入立法博弈的过程中来，区域协同立法方能为各方所接受，才不会影响最终的实施效果。所以，笔者主张采用第二种模式。

二、区域协同立法的形式

区域协同立法不是片面追求法制的统一，而是强调法制环境的和谐。如果区域协同立法把地方立法的差异性都抹杀掉，则可能会使各地方的利益和诉求得不到充分的实现，地方人大和政府的积极性得不到充分发挥，区域协同立法也不能达到预期的效果。所以，在统一规范区域共性问题的时候，更要注意不同地方的立法重点。笔者认为，区域协同立法的形式应当多样，不必力求每个合作立法事项都发布一个通行相关多个行政区划的立法文件。具体可以有以下三种形式：

（一）统一型协同立法

所谓统一型协同立法，是指该协同立法区域内相关立法部门共同立法，文本的全部内容一致。统一型立法能最大程度实现区域内的法制统一，但是，无法顾及地方差异，立法内容可能过于原则化，容易失去地方立法的可操作性特点。从立法内容上来说，对以下事项可以通过统一型立法形式进行区域协同立法：一是统一市场、消除地方保护壁垒的经济领域；二是规范政府行为，尤其是行政许可领域；三是跨行政区划的环境治理领域。

统一型协同立法，还有个技术性问题必须解决，即区域行政立法的签发文号如何确定。根据《立法法》的规定，地方性法规应由人大大会主席团或常务委员会发布公告予以公布；政府规章由省长或者自治区主席或者市长签署命令予以公布，那么，统一型区域协同立法，地方性法规应当由区域内人大大会主席团或者常委会共同发布，规章由地方政府首长共同签发。这时就出现立法文件的文号该按照哪个地方地方性法规或者规章的文号进行签发公布，还是由各个地方人大或政府按照自己的法规或规章文号进行签发的问题。笔者认为，这种情形其实与国务院部委联合发文相类似，完全可以另起一个专用于区域立法的地方性法规和政府规章的文号，以解决这一技术性问题。

（二）互补型协同立法

所谓互补型协同立法，是指该区域内的立法主体之间共同协商，其文本的内容既有统一条款，也可有所差异。互补型协同立法由地方人大或政府共同协商后，拟订立法文本的统一性章节或者条款，再由各个地方人大或政府分别制定适用于本行政区域内的个性化条款，当然，这些条款的形成也应当充分征求其他地方人大或政府的意见。最终形成若干个不同版本的立法文件，由各个地方人大或政府分别签发，在本行政区域内施行。

互补型协同立法的前提是尊重整个区域的共同利益，寻求区域合作，因此，立法文本中涉及立法协作所指向的条款内容必须保持一致，同时也要考虑到地区之间的差异，对所要规范的社会关系或者相对人的行为在不同行政区划呈现出的不同表现形式，分别制定不同的立法条款。这种立法条款的互补性，不仅让行政管理更为完整，也更具有实践操作性。比如，对非生产性废旧金属收购管理的立法，所要解决的非金属非法收购问题，在长三角地区，有的是非法非金属的流出地（如上海），有的则是流入地，就需要长三角地区三省一市，针对本行政区域内出现的违法行为的不同特点，制定有针对性的管理措施，使每个省市的管理措施成为整体管理不可或缺的一环，组成完整的行政管理链条。

（三）松散型协同立法

松散型协同立法，即由该区域内的地方人大或政府共同议定立法主题，但由于立法规范对象并不完全一致，或者立法调整手段差异较大，并不适宜采取统一型协同立法或者互补型协同立法，而由各个地方人大或政府在统一立法精神的前提下，由各地人大或政府分别予以立法，并不要求统一文本条款。比如，长三角地区地面沉降比较严重，必须由区域内各地共同治理，才能遏止沉降趋势，而在不同地区引起地面沉降的原因各不相同，有的是因为地下水开采过量，有的是因为高层建筑过于集中。这时，松散型协同立法就提供给各地相对自主的立法规范选择权，但是，立法的目的和基本精神还是保持一致的。

三、区域协同立法的基本程序

《立法法》对地方性法规和政府规章的制定程序已作了详细的规定，区域立法协作作为地方性法规或政府规章的一种，也应当参照相关程序制定。

但是，制定主体的多元性决定了区域协同立法程序也有其不同之处，需要特别规范：

（一）立项的协调

一方面，不同地方在公共治理过程中都有不同的路径选择、利益诉求和关注热点，因此，立项的提起权应当赋予区域内的所有立法主体，不仅仅是省级人大和政府，区域内享有地方性法规或规章制定权的设区的市、自治州都可以提出区域协同立法的立项建议。另一方面，选准协作的事项对于充分调动各个地方参与立法协调的积极性尤为重要，因此，立项申请应当在区域立法联席会议上进行审议，哪些项目适合区域共同立法，并采取何种形式立法，这应当在立项时给予充分论证，使立项更科学、合理，也使各方能对协同立法的事项达成共识。

（二）立法内容的协调

长期以来，协调难一直是影响立法工作的重要问题之一，区域协同立法中多元立法主体的特征，必定使协调工作的难度更大。因此，有必要形成一定的立法内容的协调机制，以达到规范沟通协商活动，保证立法高效有序进行，提高立法质量的目的。

为此，需要形成下列协调机制：第一，立法协调的内容实行分工协调、各负其责的原则。具体来讲，就是立项阶段的协调，由联席会议负责组织；起草、提请阶段的立法协调，由起草、提请的地方人大或政府负责组织；审议阶段的协调，由联席会议负责组织。这样有助于克服立法协调主体不明确，立法协调的责任难以落实的问题，奠定立法协调工作正常开展的基础。第二，确立争议解决机制。对统一型协同立法和互补型协同立法中统一章节或者条款存在分歧的，应当由立法联席会议予以协商解决。对互补型协同立法中的个性化条款，以及松散性协同立法的内容存在分歧的，可以由地方人大或政府多边或者双边协商解决，必要时，立法联席会议可以召开协调会予以协调。争议解决机制的确立，能为有效解决立法争议久调不决的弊端提供制度保障。第三，确立立法争议处理情况说明制度。对草案主要争议的处理情况，相关地方人大或政府应当及时向其他相关协作方的省、市说明，并且在立法审查报告中予以专门论证。立法争议处理情况说明制度的确立，有三个方面的积极效果：一是使立法协调工作公开化、透明化；二是有利于不同立法阶段进行的立法协调工作相互衔接，最大限度地避免重复协调；三是可以在一定程度上督促立法协调主体履行协调的职责。

（三）法律位阶的同一

由于各地立法基础不一样，就某一协同立法的领域，该区域内不同立法主体的立法权限也许不同，立法条件也可能不同，现有立法的情况也有差异，如有的地方已制定地方性法规，只需适当修订；有的可能只有政府规章，需要上升为地方性法规；有的则还未立法，甚至立法条件还不太成熟。但是，一旦被纳入区域协同立法的项目，则应当统一立法的位阶，若宜制定政府规章的，则统一制定政府规章；若已有制定地方性法规的，则宜都制定相应的地方性法规，因为将地方性法规降格为政府规章，一般不合适；再有，省级政府一般也不宜与设区的市进行立法协作，因为，省级地方性法规和政府规章与设区的市的法规和规章，其法律效力也有位阶的差异，不同位阶的立法主体之间的协作会出现法律适用的混乱。

（四）同步实施

无论区域协同立法采取何种形式，都应当同步实施。因为，同步实施方能体现区域协同立法的完整性。如果连同步实施都无法保证，协作性法制则无从谈起，而且，在这段时间差内，地区间的法治差异，会造成强烈的政策溢出效应，对管理相对人容易产生负面的指引作用。

第九章　立法与公共政策

公共政策与立法有着内在的关系。一般法治国家，在法律体系之外，都还有公共政策的运用，并作为对法律体系的有机补充和延伸。一方面，公共政策必须在国家法律的框架内行事，以法律为准绳；另一方面，公共政策又要善于面对变化了的新情况和新问题，适时地提出应对新形势的政策主张，为矫正和修改不合时宜的法律奠定基础。有的理论，则是将公共政策作为法律体系的有机组成部分。

一、公共政策的特点与定位

所谓公共政策，就是政府及其部门或行政机构，运用其职能来规范、引导经济法人实体、市场主体和个人行为，以及有效调动和利用社会经济资源，有利实现公平与效率目标的主张或决定。就性质而言，公共政策是一种政治决策，而不是法律规范。

（一）公共政策与立法的关系

这里有必要介绍一下美国法学家罗纳德·M. 德沃金（Ronald M. Dworkin）的"规则-原则-政策"理论。在他的思想中，法律体系中不单有规则，更有"原则"（Principles，也可译作原理）和"政策"（Policies）。德沃金指出："当法律工作者就法律权利和义务（特别是疑难案件中最棘手的权利和义务）问题进行推理或辩论时，他们使用的标准不是规则，而是原则、政策和其他。"[①] 在德沃金眼里，"原则"和"政策"相对于规则属于同一个层次，但

---

① 转引自张文显著：《二十世纪西方法哲学思潮研究》，法律出版社 1996 年版，第 381 页。

两者有着重要的区别。他所说的"原则"乃源于政治社会生活的道德向度，反映正义和公平的标准，更关乎个人和团体的权利。原则"应该得到遵守，并不是因为它将促进或者保证被认为合乎需要的经济、政治或者社会形式，而是因为它是公平、正义的要求，或者是其他道德层面的要求"。① "政策"则是涉及社会性、集体性的目标或目的的一种政治决定，"它们规定一个必须实现的目标，一般是关于社会的某些经济、政治或者社会问题的改善"。② 可见，德沃金所认知的公共政策与我们基于中国的实践所形成的认知并无二致。

而原则和政策两者的差别则十分明显：公共政策决策的政治性、目的的暂时性、功利性，与原则的法理性、长远性和普遍性，是一种明显的互补关系。原则要求一律，即要求同样情况适用的一致性，而公共政策更多的承认差别性，立足于解决现实发生的急需化解的矛盾和问题。当然，政策经过一段时间的推行，若被证明是适用的，可以通过立法变成规则，也可以被认定为一种新的原则。也就是说，政策与规则和原则三者在一定条件下是可以相互转换的。

对于公共政策在法律体系中的作用，不少法学家都有共识。最具时代感觉的美国法学家昂格尔（H. M. Unger）就认为：政策导向的法律推理以强调公正性和社会责任性的广义标准为特征。对法律形式主义的反叛似乎是不可避免的并且是有益的。③

（二）公共政策的国际考察

世界各国的历史表明，除了法律规范外，公共政策已成为调控市场经济和社会发展不可或缺的一个重要方面和关键性因素，而且社会经济发展程度愈高，国家宏观调控的重要性愈明显，公共政策的作用和影响就愈大。

非常著名的是 20 世纪 30 年代，面对"大萧条"而产生的经济社会问题，美国罗斯福总统制定出台的"罗斯福新政"，是公共政策制定与实施的成功典范。第二次世界大战后，西方各国在城市发展、住宅建设、科技、教育、就业、卫生等方面制定了大量的公共政策措施和计划，以适应战后社会经济高

---

① ［美］罗纳德·德沃金著，信春鹰、吴玉章译：《认真对待权利》，中国大百科全书出版社 1998 年版，第 41 页。

② ［美］罗纳德·德沃金著，信春鹰、吴玉章译：《认真对待权利》，中国大百科全书出版社 1998 年版，第 41 页。

③ 参见［美］哈罗德·J. 伯尔曼著，贺卫方、高鸿钧、张志铭、夏勇译：《法律与革命——西方法律传统的形成》，中国大百科全书出版社 1993 年版，第 47 页。

速发展的客观需要。到了 20 世纪 60—70 年代，发达国家为了解决当时各种严重的经济和社会问题，又实施了规模空前的公共政策干预，为了提高干预的有效性，还开展了公共政策评估。20 世纪 80 年代之后，发达国家开展了声势浩大的行政改革运动，其精髓是注重结果和产出、追求效率、实行绩效管理、增强公共部门的责任等，这些改革也都是以公共政策为载体的。

美国经济和社会发展的长期实践充分证明，经济体制类型与公共政策选择之间有着紧密的内在联系，在公共政策的制定和决策过程中必须切实处理好与立法、与市场经济、与社会发展的关系。在美国的市场经济中，一方面是日益成熟、发达的市场运作，另一方面则是日益扩展的政府活动与公共政策效应。这种"共生现象"的产生与发展，以及双向性或双关性，构成了美国制定公共政策的一大特点。

（三）公共政策制定需考量的因素

在公共政策的制定过程中，需要考虑与现有立法之间的关系，处理好政府的公共政策调控与市场调节的关系，需要平衡公共政策的效率与公平之间的关系，还要处理好公共政策的动态性与稳定性之间的冲突。

1. 与现有立法的关系。公共政策既不同于立法规范，从某种角度来说，总难免要突破现有法律规范，是对现行法律体系的一种必要的"反叛"（昂格尔语），但又不能与现行法律规范和立法精神明显抵触，需要守住法制统一原则的底线。这是公共政策制定中的一个难点，需要把握好分寸，平衡好与现行法律规范之间的关系，使公共政策在法律体系的总体框架内适度自主的运行。

2. 公共政策调节与市场调节的关系。公共政策制定中的一个重要方面，是以市场经济发展为基础制定公共政策，反过来，公众政策又为市场经济发展提供服务。成熟的市场经济国家，一般都是"市场机制+政府调控"的模式，即一方面把市场作为资源配置的基础或立足点，同时又因市场作用的局限而不缺乏政府的调控和适度干预，即所谓"看不见的手"和"看得见的手"两手抓。正因此，市场配置与政策调节的关系，成了决定一国经济运行状况和资源配置效率的一个关键性因素。一方面，政府有效、适度的宏观经济调控和公共政策选择，对于保持国家经济的可持续发展，形成较强的市场竞争能力都是必不可少的；另一方面，政策调节始终以弥补市场缺陷为出发点，以市场机制作用的正常、有效发挥为归宿。在现代市场经济条件下，市场始终是资源配置的基础，包括公共政策制定在内的政府活动，不能破坏这个基础，而只能促进、补充和有利于市场对资源配置作用的有效发挥。这意味着，公共政策是以市场机制作用的正常发挥为底线的，而不能代替市场效率的功能。

3. 效率与公平的关系。公共政策是以效率与公平为目标的。先看效率目标，在现代国家治理中，政府的公共政策对提高效率的作用和影响，从根本上来说，来自市场失灵所造成的效率干扰和效率损失。如，垄断企业可以通过调价格赚取高额利润；有的企业污染空气或者倾倒有害废物，致使其与其他同业企业的竞争中取得不当优势；由于社会公共产品、公共服务提供不充分，致使投资者缺乏必要的生产经营环境和基础性条件，等等。这些都将导致社会生产和消费的低效率。而矫正这些弊端的方式，只能发挥政府这只"看得见的手"的作用，用公共政策来调节。再来看公平目标，自由放任的市场经济，必然会伴随产生高度不平等的收入和消费差距。可见，市场机制主要解决效率问题，而政府行为则要侧重解决社会公平问题。社会公众对不公平的承受能力是有限的，否则就会造成严重的社会对立甚至秩序混乱，因此，在保持效率的同时促进公平，成了公共政策始终要追求的目标。前者是经济运行的基本问题，而后者是社会运行的基本问题，两者共同构成经济运行的环境系统，是融为一体的。党的二十大报告对此的表述为："坚持多劳多得，鼓励勤劳致富，促进机会公平。"

4. 公共政策稳定性与动态性的关系。完善而有效的公共政策必须保持政策的连续性、稳定性与动态性、可变性的统一。一方面，公共政策相对于法律而言，具有灵活性、动态性、针对性的特性，因而是"可变的"；但另一方面，公共政策也需要保持相对稳定，具有连续性，不能"朝令夕改"。因此公共政策主要是解决那些不能由市场或不宜由市场去解决的难题，立足于弥补、矫治市场缺陷乃至失灵的部分，从而实现市场资源配置与政府灵活调控的最佳结合。为此，在公共政策制定与实施过程中，面对新老政策过渡阶段的政策适用竞合时，需要遵循"信赖保护原则"，即新的公共政策出台对相对人不利的，应当遵循"法不溯及既往"的原则；当新政策对相对人有利的，应当遵循"法不溯及既往的例外"原则，作出对相对人有利的决定。这是公共政策稳定性、连续性的具体制度体现。

二、我国法律体系中的公共政策

在新中国成立以后相当长一个时期内，公共政策是主要的治国理政的方式和依据。直到党的十一届三中全会开启现代法治的进程后，公共政策才开始与法律规范相配套，成为治国理政的一种不可或缺的方式。

（一）我国公共政策的历史沿革

迈入现代法治阶段即构建中国特色社会主义法律体系的过程并不平坦。公共政策大致经历了五个阶段：

1. 主要的社会管理依据阶段（十一届三中全会以前）。从新中国成立到党的十一届三中全会之前，以红头文件为载体的公共政策是国家治理的主要依据。整个社会主要是依靠政策办事、依靠政策管理的。虽然其中有过立法行为，1954 年还制定过《宪法》，但直到"文化大革命"前，法律处于"有形无实"的状态，"文化大革命"的十年更是连法律形式都基本被废掉了。

2. 双轨制阶段（1978 年 12 月—1990 年《行政诉讼法》实施）。改革开放以后，尤其是 20 世纪 80 年代初，我国社会主义现代化建设进入新时期，要求"党的政策要经过国家的形式而成为国家的政策，并且要把实践中证明是正确的政策用法律的形式固定下来"，"从依靠政策办事，逐步过渡到不仅依靠政策，还要建立、健全法制，依法办事"。① 这是当时对政策与法律关系的最经典的解读。所谓双轨制，是指我们已开始依靠法制治国，但法律体系处于刚刚初建阶段，还不能成为治国理政的主要依据，所以需要经历一个从依靠政策办事，到既依靠政策办事、又依法办事的特殊阶段。这一阶段经过了十多年。

3. 配套性文件阶段（1990 年—2000 年《立法法》实施）。《行政诉讼法》的实施是我国依法行政的真正起点，因为"民告官"得以成为人民寻求自身权益保障的重要途径，政府开始确立守法的理念。但《行政诉讼法》并未承认规章的法律效力，只是在没有法律、法规的情况下才作为审判的参考依据。在此前提下，以规范性文件为载体的公共政策更不具有法律效力。也因此，公共政策开始降格或淡化，成为法律、法规和规章的配套性文件，只是对法律、法规和规章的实施性细化，公共政策不再具有独立性，不再有依靠政策办事的空间。

4. 严格控制阶段（2000 年—2006 年）。2000 年《立法法》的颁布，肯定

---

① "1984 年 3 月彭真同志在省、自治区、直辖市人大常委会负责同志座谈会上的讲话"，参见顾昂然著：《新中国民主法制建设》，法律出版社 2002 年版，第 143 页。

了规章作为立法范畴的地位，但也因此，规范性文件并不具有立法性质而失去了其制度创制的空间。这一阶段，在法制的框架内，基本不承认公共政策的合法地位。对公共政策的态度是严格控制，似乎要取消公共政策的存在空间，需要进入告别公共政策的时代了。

5. 分类规范阶段（2006年以后）。转折点是2006年，深圳在促进改革与创新的地方立法中，率先提出了规范性文件能否创制改革类举措的问题，他们经过论证，在地方立法中认定，在国家没有制定法律、法规的领域，可以制定规范性文件，将地方的改革举措加以固定。这是全国第一家重新提出制定改革类公共政策的地方实践。之后是上海市浦东新区，在国务院授权浦东新区进行综合配套改革之后，也提出了在授权改革领域能否突破现有法律规范，制定公共政策的问题。最终，各方形成共识：因改革需要而制定的公共政策具有合法性，可以突破现有的法律规范。自此，对公共政策和立法重新进入了分类规范的阶段。这是在否定之后的再否定，重新承认公共政策存在的必要性和不可替代性。

（二）我国公共政策的类型与特点

作为对法律规范的一种补充，公共政策在我国实际上还有很多的运用领域，有的是传统的领域，有的则是在依法治国、依法行政背景下新涉及的领域，概括起来有五类：

1. 调控类公共政策，具有市场型特点。现代市场经济条件下，政府主要是运用法律手段来管理社会经济生活，规范社会经济秩序。但由于法律所涉及的范围总是有限的，其条款也只能是原则性的，因而需要某种更为灵活同时又较为规范的方式来加以弥补或调节，这就为调控类公共经济政策提出了需求，奠定了基础。如控制房价无序上涨而出台的"国十条""国八条""国五条"等政策，就属于这类公共政策，其制定和实施，既解决了政府在某些无法可依情况下的被动与无奈，又能在变幻莫测的市场、经济变动和某些社会冲突中，大大增强政府的宏观经济调控能力。调控类公共政策涉及市场监管、资源利用与环境保护等事项，主要包括本行政区域内的经济布局、产业结构调整；市场准入条件、特种行业管理、政府定价和调整；土地、矿藏、水流、森林、山岭、荒地、滩涂、海域等自然资源开发利用和生态环境保护政策的制定与调整；产业发展、国企改革、国有资产处置等重大发展战略的确定和调整等。

2. 公共服务类政策，具有均等化特性。公共服务类政策涉及包括城市基本设施建设、住宅建设、交通设施等城乡建设事项；社会治安、基层民主法制建设、民政等社会管理事项；劳动就业、社会保障、教育卫生等基本公共服务政策；社会分配调节、居民住房、公共交通、旧城区改造、"菜篮子工程"等重大民生项目的确定和调整；科技教育、文化体育、人口计生等社会事业建设方案的确定和调整。这类公共政策决策直接涉及人民群众的切身利益，是社会普遍关注的热点和社会矛盾的焦点。

3. 改革类公共政策，具有创新性特点。大的包括制定国家或者一个行政区域的经济体制改革、行政管理体制改革、财政体制改革等重大政策；小的如高速公路节假日免费政策。改革类公共政策在法治的大背景下，需要以必要的授权为前提，因为，改革意味着在此阶段，该领域或者该地区有权暂时脱离法律体系，进行"先行先试"，所以拿到"尚方宝剑"是必要的前提。也就是说，我们已经从"自费改革"进入"授权改革"时代，其实质含义是改革要在法治的大框架内进行，而不能"天马行空"，随意往来。

4. 历史遗留类公共政策，具有历史性特点。这类公共政策主要是解决历史上遗留下来尚未彻底解决的问题。这类公共政策在我国一直未中断过，如私房落政、户籍落政等。之所以将其纳入公共政策范畴，是因为对这类落实政策的问题，从未纳入法治轨道，不属于行政复议和行政诉讼的救济范围，一直是按照"特事特办"的理念单独予以解决的。

5. 临时性公共政策，具有探索性特点。这类公共政策的"第一个吃螃蟹者"是北京市政府，在迎接 2008 年奥运会的过程中，他们面临行政执法手段不够的现实难题，单独为北京奥运而专门制定法律或行政法规不太可能，而地方性法规所拥有的立法权限又难以适应需求。在此背景下，经过专家论证，出台了一种临时性行政管理措施的公共政策，只在迎接和举办北京奥运会期间适用，而规定的内容则超出了地方性法规的立法权限。之后的上海迎接 2010 年的世博会、广州迎接亚运会等一系列国际性会展活动，都参照运用了北京的经验，采取临时性行政管理措施的公共政策。实践证明，这一探索是成功的。

（三）公共政策与规范性文件

公共政策与规范性文件其实是有很多交集的，在依法行政背景下，规范性文件是公共政策的主要载体。公共政策则是规范性文件中的一种类型，即政策类规范性文件，其他还有实施类规范性文件、解释类规范性文件等。

政策类的规范性文件因其拥有制度创新的空间而成为规范性文件中制定和审查难度最高的一种，也往往会是规范性文件不规范的"重灾区"。因此，对公共政策的合法性合理性论证和审查，其实是以对规范性文件的合法性合理性审查为依托的。从某种角度讲，两者是合二为一的。

三、公共政策的制定与评估

公共政策的制定有别于立法程序，有其自身特定的规律和路径依赖。在这过程中，需要考虑公众参与、专家论证、风险评估、合法性审查和民主决策等重要环节。

（一）公共政策的制定原则

公共政策的制定原则既与立法原则有相似之处，更有差别，因为公共政策往往是对法律法规的一种矫正和补充，其不但要遵循法律原则和精神，更要注重合理性和可操作性。

1. 合理性原则。即体现科学性。公共政策应当是必要的、可行的，具有可操作性的。如北京的公交低票价政策、上海的 70 岁以上老人免费乘公交政策，都被实践证明不具有科学、合理性，也难以可持续运作。

2. 公正性原则。即公共政策应当体现民主性、透明度，应当有较高的公众参与度。如广州亚运会期间的地铁免费政策，由于是领导拍脑袋决策的结果，未听取公众意见，难免脱离实际，也难逃"短命"的命运，实施不到一周即告废止。

3. 合法性原则。即公共政策的制定者应当依法享有相应的职权，符合法定权限，内容应当适当，程序应当合法。如杭州等地的旅游免费券的推出，违背了公共财政预算由人大审议并决定的程序规定，存在着超越权限和程序违法的问题。

4. 信赖保护原则。公共政策的制定始终要守住不损害和侵犯公民的合法权益，尤其是既得的利益。制定者应当遵循"比例原则"，检验公共政策对公民的利益受损和负面影响是否必须和不可避免。能避免的应当尽可能避免，使公众在公共政策中的获得感最大化。

5. 社会可接受度原则。即便是合法合理的公共政策，也要进行社会可接受度的评估，要进行社会稳定的风险评估，确保公共政策能够落实到位，得到社会公众的广泛认可和拥护。

（二）公共政策制定的基本程序

我国公共政策的制定有一个很好的基础，就是重大行政决策的程序规范。因为公共政策一般都属于重大行政决策范畴。关于重大行政决策程序，2010年10月国务院发布的《关于加强法治政府建设的意见》中规定了五个"必经程序"，即公众参与、专家论证、风险评估、合法性审查和集体决定。2015年中共中央、国务院印发的《法治政府建设实施纲要（2015—2020年）》将"必经程序"改为"法定程序"，参与起草的国务院法制办有关领导解释，五个程序其实并不都能做到必经，如公众参与、专家论证和风险评估都有其适用的局限性，这是在实际调研后得出的结论。这一修改是对行政决策程序认识的一种升华。在2019年4月制定的《重大行政决策程序暂行条例》中这五大程序再次得到肯定与细化。

1. 公众参与制度。

公众参与，就其本质而言，强调的是程序的改变而非问题的解决，以及对民主发展的推动和对权力的再分配。公众参与制度的功能主要体现在以下方面：一是汇集民智，通过公众参与，可以提供更多的优质信息，为行政机关的行政决策提供理性的选择，从而帮助行政机关作出科学正确的决策。二是寻求认同，人民群众参与行政决策的过程，其实也是决策为群众理解和接受的过程。对广大人民群众而言，实现了自己意愿的真实表达，将有助于进一步地了解决策内容，更增加了对决策事项的认同感。三是协调利益，重大事项的决策常常涉及各种利益关系的分配、协调甚至博弈，广泛的公众参与使决策能够在充分审查及广泛讨论的情况下，逐步协调各种不同主体的利益关系，使决策的内容为大多数人接受，从而实现社会正义。四是监督行政，民众的参与可以防止行政权的过度集中和滥用，培养行政管理领域内的适度自治，进而体现程序正义价值。五是民主教育，公众参与可以成为一种自我表达和进行辩论的制度，公民在辩论和参与中能够增强政治责任感和"公民美德"，培育公民在政治领域的"公民精神"。

在宪治国家，不论是在英美"法治"（rule of law）传统之下还是在德国"法治国"（Rechtsstaat）传统之下，公众参与作为实现行政民主化、正当化机制的意义都不断在凸显。需要指出的是，我国的公众参与行政决策与西方国家存在本质上的差异。在我国，公众参与公共政策决策的过程是在解放思想、加强民主的过程中派生的；而在西方国家，普遍存在民众对政治的厌倦，政府希望通过公众参与公共政策决策，拉近和民众的距离。

公众参与公共政策决策的形式具有多样性，听证、公共评论、建议、批评、游说等都是传统的公众参与形式。在广义上，公众参与甚至包括教育、资讯、复审、反馈、互动、对话等方式。主要有下列途径：

（1）书面征求意见。通过在相关媒体上公布公共政策方案草案的方式，征求社会公众的意见，是目前实践中使用频率最高的行政决策征求意见方式。书面征求意见有以下特点：受众面大，通过媒体的宣传可以让尽可能多的公民组织了解公共政策内容；关注度高，实践中对某些公共政策决策事项常常会收到数以万计的反馈意见，如国家发改委 2009 年《关于深化医药卫生体制改革的意见（征求意见稿）》一个月的时间内就收到 35 260 条反馈意见；适用范围广，所有的重点决策都可以采用这种公开征求意见的方式。基于以上特点，书面征求意见可以成为公共政策决策过程常规性的必经程序。

（2）社区、基层座谈会。公共政策决策过程中，要避免"精英主义"意识下的脱离实际、武断决策。深入基层、了解民意是公共政策决策中必须坚持的重要方面。决策承办部门深入乡镇、街道、社区或者基层组织，召开由利益相关人、居民代表等参加的社区、基层座谈会，正是贯彻以上要求的征求意见方式。通过比较，我们可以看到社区、基层座谈会的具体作用和价值：首先，与书面征求意见相比，社区、基层座谈会有更强的针对性和主动性，决策机关不是守株待兔式地坐等意见，而是主动到居民社区、田间地头，面对面地听取群众意见，从而填补了网络和传统媒体覆盖不到的范围。其次，与听证会相比，参加社区基层座谈会的民众不需要像听证会那样必须是遴选出的精英或者社会团体的代表，他们在表达意见时或许不是那么系统、完整，但更为实在、真实。第三，与专业论证相比，基层民众对现实情况的反应可以更为直接，提供更多的"一手"资料。第四，座谈会举行的形式具有随意性、实效性，承办部门的主要职责是倾听，创造相对轻松的环境，使基层群众和组织能够畅所欲言。

（3）听证会。行政决策的听证是现代民主政治的产物，近几十年来，受到世界各国的特别重视。听证制度最初只适用于司法领域，是司法审判活动的一项必经程序，谓之"司法听证"。随着司法听证的广泛应用和不断发展，听证逐步被应用到立法领域，形成了"立法听证"制度。20世纪后，随着行政权的不断扩张，行政机关拥有了更加广泛而实质性的权力，而又基于对行政权监督的需要，以防止日益膨胀的行政权对公众权利的不法侵害，英美等西方国家通过借鉴司法权的运作模式，将听证制度引入了行政领域，从而确立了"行政听证"制度。行政听证包括裁决性听证和决策性听证两个范畴，前者指行政主体在作出诸如行政处罚、行政许可等具体行政行为而这些行政行为又具有个案性时的听证活动。后者指行政主体在作出有关行政决策而这些行政决策并不具有个案性质的情形下进行的听证活动，决策性听证的功能定位在于科学性和民主性的结合，通过听证，使对立的观点充分展示，从中寻求最能被接受并得到有效实施的决策方案。

现阶段加强公共政策的决策听证，应当从能体现程序正义的规则入手，着力使听证会成为公共政策决策过程中常规化的规范程序。举行听证会的应当是那些具有利益关联性和观点差异性的决策事项，具体包括：（1）涉及重大公共利益、社会广泛关注的；（2）涉及人民群众切身利益、公众关注度高的；（3）涉及不同群体利益，对决策方案有重大分歧的；（4）可能影响社会稳定的。决策过程中的听证并不需要像裁决性听证那样，全部适用固定甚至僵化的"司法化"程序，而是应以保证每个听证参加人充分表达观点为主要的目标，采取多样化、多元性、柔性化的流程。听证会的意见是公共政策决策的重要参考依据。需要明确听证结果处理中的两大要件，即听证笔录和听证报告，以前者作为如实记录听证意见的证据，以后者作为梳理听证意见并记载采纳与否的相关建议和理由的决策过程文件。需要指出的是，目前实践中在听证会意见的是否采纳问题上，承办部门实际掌握了决定权，并没有纳入最终的决策程序中。因此，应当着重明确承办部门在意见处理中的收集者和建议者身份，最终决定是否采纳听证意见，应由政府首长通过集体决策制度作出。

（4）听取人大、政协意见。因人民代表大会及政治协商会议的特殊地位，在政府公共政策决策过程中听取人大及政协的意见具有独特的意义。听取人大及政协的意见，可以说是一种特殊的公众参与制度。人大在政府决策中的作用以其制度化程度为标准，可分为三个层次：一是根据宪法和法律的规定，对重大决策事项依法进行审查决定。宪法第104条规定："县级以上的地方各级人民代表大会常务委员会讨论、决定本行政区域内各方面工作的重大事项。"《地方组织法》第50条也明确规定："县级以上的地方各级人民代表大会常务委员会讨论、决定本行政区域内的政治、经济、教育、科学、文化、卫生、生态环境保护、自然资源、城乡建设、民政、社会保障、民族等工作的重大事项。"在这个层面，政府对公共政策决策事项仅有建议权，通常由政府拿出多项具体方案供选择参考，决定权则在人大常委会。二是对于非由人大常委会决定的公共政策事项，政府在决策过程中主动听取同级人大常委会意见。此种途径属于政府自我加压的行为，需要政府在决策过程中建立相应的启动程序，向同级人大常委会报告决策的有关事项，以进一步对决策形成保障。三是政府在决策过程中，听取人大代表的个人意见。此途径属于公众参与的范畴。

同样，政府公共政策决策过程中，也需要发挥人民政协的政治协商、民主监督、参政议政作用。由于人民政协在性质上不同于人民代表大会，其监督、参与决策的性质不能适用人民代表大会关于依法审查决定决策事项或者提出质询案的方式，但政府在决策过程中可以主动提请人民政协参政议政，或者通过公众参与的有关方式听取政协委员的意见。

此外，大众参与还有向社会公开征求意见、问卷调查、民意调查等多种方式。

2. 专家论证。

专家论证也称专业论证。实践中对一些专业性、技术性较强的公共政策，政府会聘请社会上的专家进行论证，也可能委托社会上的专业机构进行论证。专业论证的主要方式也由此形成了两种方式：专家论证会和专业机构的论证报告。

专家论证会在我国行政决策中已有较长的历史。但从决策的科学性、民主性角度来看，目前公共政策制定中的专家论证制度还存在着不规范之处，如专家选择上的"随意性"，即行政机关的主观性、裁量性比较大；二是"倾向性"，即行政机关通常会聘请比较熟悉或者知道其观点倾向的专家来论证，导致专家难以做到客观、理性和中立；三是专家论证缺乏实效检验机制，使专家论证的质量得不到检验，更难以问责。为此，专家论证会应当规范以下内容：其一，明确专家论证会的适用范围。在公共政策决策事项范围内，需要专家论证的主要是专业性较强或者有客观技术指标的事项，如生态环境保护等专业领域、各种技术指标的制定等，但并不是所有的公共政策都需要专家论证。其二，选择专家的随机机制。应当建立专家名录，决策论证时从专家库中随机抽取，使相关行政机关不能实现预知专家的意见，也使专家的观点更容易体现客观、中立、理性。其三，规范专家论证会的程序，主要包括五个步骤：专家的选择；举行专家论证会；专家出具书面意见书，并签名；承办部门对专家意见归纳整理；将专家意见及其采纳情况向社会予以公布。① 其四，明确专家论证会的效力。从性质上，专家意见仍属于建议性质，但决策者应当充分尊重，应当成为公共政策制定者最终决策的重要依据。其五，建立专家库与信用档案。为确保专家资源的丰富性、权威性，专家库应当由省级政府建立，在条件允许的情况下，应当与国家专家库联网。与之相配套，应当建立专家信用档案，主要记载专家的职业操守、专业能力、决策水平。为专家库的调整优化提供依据。

专业机构的论证，或者叫第三方机构的论证。对于公共政策，决策部门可以通过政府购买服务的方式，委托具有能力和资质的专业机构进行专业的论证。在选择专业机构时，应当考虑其在专业上的信誉和能力；对于专业机构出具的书面报告，决策部门应当有复核与检验其质量的方法和途径，以保证论证的质量和科学性。

3. 风险评估。

公共政策决策贯穿在行政管理的很多方面，不但关系到所管辖区域内经济的发展、社会的稳定，而且与人民群众的切身利益息息相关。因此，对于公共政策决策中可能存在的风险，决策机关有必要事先予以评估。从性质上来分析，专家和专业机构的论证，大多数是可行性的论证，而风险评估，则是属于不可行性的论证。2010年10月国务院发布的《关于加强法治政府建设的意见》明确指出，坚持依法科学民主决策，要完善行政决策风险评估机制，对有关经济社会发展和人民群众切身利益的重大政策、重大项目等决策事项，都要进行合法性、合理性、可行性和可控性评估，重点是进行社会稳定、环境、经济等方面的风险评估。要把风险评估结果作为决策的重要依据，未经风险评估的，一律不得作出决定。

一是公共财政的风险评估。对于公共政策牵涉到公共财政资金支出的，进行风险评估非常必要，以避免政府负债及可能造成的公共财政损失。公共财政的风险评估可以由各级政府发展改革部门和财政部门承担，这两个部门比其他行政部门更熟悉和了解公共财政的运作程序。公共财政要向全体社会成员提供公共产品和公共服务，提供均等化的基本公共服务，满足社会公共

---

① 参见《湖南省行政程序规定》。

需要。公共财政的用途大体可以分为三类：第一类是保障社会成员基本生活的投入。这部分投入是政府财政必须保证的，一般不存在风险问题；第二类是向全体社会成员提供公共产品和公共服务，这部分投入绝大多数是没有经济收益的，但会产生一定的社会效益，政府在投入时要根据本级政府的财政状况及社会需求程度量力而行。第三类是能够带来一定经济效益的公共财政投资。由于这类公共财政投入属于投资类的财政支出，为了减少因财政资金管理不善、使用效益不高、甚至造成重大经济损失情况，受委托的各级财政部门和发展改革部门应当根据财政资金投入的总额、出资时间的长短等，对这类公共财政投资进行风险评估。

二是社会稳定的风险评估。公共政策决策不当，很可能会影响到社会的稳定。因为公共政策决策失误很容易使社会上存在的一些不稳定因素从隐性转为显性，从而导致社会不稳定事件的发生。目前，影响我国社会稳定的指数主要由通胀、失业率、贫富差距、城乡贫困率等指标组成。可以说，这些指标既与经济发展有关，又事关民众安全和民生状况。同时，在人均收入提高以后，人们在教育、医疗、文化方面的公共需求会大幅度提高，对社会保障和就业的公共需求也会大幅度攀升。因此，行政决策机关一定要从可能影响社会稳定的几组指标，对公共政策决策是否会对相关利益群体的生存保障构成影响、是否会引起社会分配不公、是否影响到公众的社会心理感受等能够反映社会稳定的不同方面进行评估。社会稳定的风险评估与财政风险评估不同，其主要是对重大决策事项可能影响社会稳定的指标作定性分析。社会稳定的风险评估可以由各级综治办和信访办等部门来承担，也可以由相关行政管理部门来承担。在日常的行政管理中，这些部门掌握这方面的信息比较多。比如：信访部门在日常接待信访事件时，对行政决策涉及的某些敏感问题已经有所了解，而且通过长期的工作，在处理这类事件上，也会积累一定的经验。

三是环境生态风险评估。《环境影响评价法》第 5 条规定：国家鼓励有关单位、专家和公众以适当方式参与环境影响评价。所以，环境生态的风险评估是三个风险评估中唯一有法律依据的评估，而且是鼓励行政管理部门以外的有关单位、专家和公众参与评估。决策机关在对重大行政决策进行环境生态影响评估时，可以委托各级环境保护的行政管理部门进行，因为有些涉及环保风险的指标专业性比较强，只有环境保护行政管理部门才能够检测，比如：对大气、水等自然生态可能造成的影响；噪声、化学污染、辐射是否会对人产生不良影响等，以及采取的污染控制措施是否恰当等。但是，单独由环境保护行政部门进行环保的风险评估，具有一定的局限，出现部门利益保护的可能性比较大。

国务院《关于加强法治政府建设的意见》（国发〔2010〕33号）明确：建立完善部门论证、专家咨询、公众参与、专业机构测评相结合的风险评估工作机制，通过舆情跟踪、抽样调查、重点走访、会商分析等方式，对决策可能引发的各种风险进行科学预测、综合研判，确定风险等级并制定相应的化解处置预案。意见中指出的四种决策风险评估方式，在目前的行政管理实践中都有所运用，但是，在行政决策风险评估中有效地加以运用，还需要实践的探索和理论的总结。

4. 合法性审查。

合法性审查，是要通过审查保证公共政策决策符合现有法律的规定及其精神和原则。对于公共政策决策来说，合法性审查应当是底线，应当成为重大行政决策程序中不能缺少的程序。国务院《关于加强市县政府依法行政的决定》（国发〔2008〕17号）中明确："建立重大行政决策的合法性审查制度。市县政府及其部门作出重大行政决策前要交由法制机构或者组织有关专家进行合法性审查，未经合法性审查或者经审查不合格的，不得作出决策。"虽然合法性审查是从法律专业的角度对公共政策决策的内容进行审查，但是，不能用专业论证来代替合法性审查，而是应当将其作为行政决策程序中一个单独的、必经的程序。通过合法性审查，在对重大行政决策内容是否违法予以认定的同时，也可以从程序上进一步规范政府决策，防止决策的随意性，杜绝和减少决策的失误率。

合法性审查的责任部门，应当是各级政府的法制机构。因为，法制机构的工作职能主要就是政府依法行政方面的法律助手、参谋及顾问，工作职能决定了法制机构应该承担起对重大行政决策事项合法性的审查工作，而且法制机构更熟悉、了解法律，由法制机构对重大行政决策事项的合法性进行审查，审查效率会更高，审查把关会更专业、更准确。同时，由于法制机构不是单独的执法部门，在政府依法行政中的地位比较超脱，审查也会更客观。

各级政府法制机构对重大行政决策内容的合法性进行审查，一般会出现三种审查结果：一是重大行政决策没有法律依据或者违法；二是重大行政决策的部分内容于法无据或者违法；三是难以作出合法性定论。对于这三种审查结果，法制机构或决策机关在重大行政决策出台前都必须要有一个明确结论，不能悬而不决。因为重大行政决策出台与否决定着下一步应该怎么走的问题，没有结论是不行的。对三种审查结果，法制机构应当提出自己的处理意见，而不能只提出问题，而没有解决问题的方案。

5. 集体决定制度。

讨论重大行政决策集体决定制度的必要性，首先是要理清重大行政决策集体决定与行政首长负责制的关系。现代国家的行政管理大都实行行政首长负责制，我们国家的行政机关自 1982 年后也相继实行行政首长负责制。所谓行政首长负责制，是由行政首长全权负责本单位行政工作的领导责任制，其优点是责任明确、事权集中、分工合作、反应迅速、效率较高。行政首长负责制在本质上是以追求效率为主要目标的个人负责机制，因此，也被称为"效率机制"。而效率与民主是一对天然的矛盾。如何平衡好效率和民主的关系，在制度设计上形成对行政首长行使决策权的必要牵制，尽可能地规避行政首长负责制可能存在的制度风险，就变得尤其重要。

2004 年，国务院《政府工作报告》提出，要加快建立和完善重大问题集体决策制度，所有重大决策，都要由集体讨论决定。2008 年，国务院《关于加强市县政府依法行政的决定》进一步明确提出，要坚持重大行政决策集体决定制度，重大行政决策应当在深入调查研究、广泛听取意见和充分论证的基础上，经政府及其部门负责人集体讨论决定，杜绝擅权专断、滥用权力。从中不难看出，集体决定已经成为行政首长负责制背景下保障科学民主决策的重要制度选择，是对行政首长负责制的重要补充。

但是，集体决定制度的实行会不会使行政首长负责制实质上演变成为"集体决策、集体负责"的制度呢？这有赖于集体决定制度具体规则的设计。通过规则设计，可以在保证集体意见的影响力的同时，保证行政首长的最后决策权，从而不改变行政首长负责制的实质。

（1）议事前的规则要求。一是对公共政策决策草案的要求。对公共政策决策草案的要求实际上就是进入集体决定程序的门槛。一方面，提交会议讨论的公共政策决策草案应当经过征求公众意见和部门意见、合法性审查等必要程序，满足合法性的要求，具备较好的实施基础。二是对会议形式的要求。不同类型的会议，其会议的议题和任务不同，因此，不是所有有行政首长出席的会议都适合作出公共政策决策。作出公共政策决策的会议应当具备较高的规格。同时，由于公共政策决策需要经过集体讨论，因此，会议还应当具备组成人员均可以发表意见和进行讨论的功能。综合以上两方面考虑，公共政策决策草案应当提交政府常务会议、全体会议或者行政办公会议讨论决定。三是对会议出席人数的要求。出席人数是保证决策结果民主性的重要方面。只有少数成员出席的会议，不能全面反映会议组成人员的意见，在这个基础上作出的决策，就会失去集体决定的价值。因此，作出公共政策决策的会议出席人数应当满足一定比例。考虑到各项决策内容的复杂程度和重大程度不尽相同，在明确最低比例的同时，还要允许根据需要，适当提高会议出席人数的比例。因此，有关会议作出公共政策决策至少应当有半数以上组成人员出席方为有效，必要时，可以规定三分之二以上的组成人员出席方为有效。与会人员达不到规定人数的，应当暂缓审议决策事项。事实上，一些省市的政府议事规则中已有类似规定。①

（2）议事中的规则要求。一是承办部门作决策方案草案说明。科学决策的前提是了解决策内容以及与决策内容有关的背景和情况，尤其是公众、专家和相关部门对决策草案的意见，以及决策的法律风险、资金风险和社会风险。而承办部门是最全面地掌握这些情况的部门，因此，有必要在决策前由承办部门向会议组成人员介绍这些情况，这样，决策者和决策方案的起草者之间才会实现信息对称，以便于决策者综合分析和考虑各方面的情况并作出决策。对实践中尚存在不同看法的决策方案，承办部门应当客观反映各方面的意见，并对不同意见进行分析，制定相应的备选方案，在此基础上，再提出本部门的倾向意见，供会议集体讨论决定。二是必要时由相关部门作出补充说明。承办部门对有关部门意见的说明一般比较概括，在会议需要进一步了解相关问题的情况下，应当允许那些与决策内容关系密切的部门作出必要的说明。这一方面，有利于加深决策者对相关问题的认识，另一方面也有利于对承办部门形成必要的制约和平衡。当然，是否要让相关部门作出补充说明，决定权应该在行政首长。三是会议组成人员发表意见。首先，分管领导就其分管的工作对行政首长负责，因此，对决策草案的讨论，应当先由分管领导发表意见，阐明态度。其次，其他会议组成人员也应当各自对决策草案发表意见，这是集体决定制度的核心内容。实践中，往往是分管领导发表意见后，其他组成人员愿意发表意见才发表。这样一来，会议可能会只有"集体"之名而无"集体"之实。会议组成人员的意见，既是行政首长最终决策

---

① 《深圳市市管单位领导集体决策重大问题议事规则（试行）》第五条规定："凡研究决定重大问题的会议，须有半数以上领导集体成员到会方可举行，其中分管此项工作的领导集体成员必须到会。讨论干部问题时，应有三分之二以上领导集体成员到会方能举行。"

的重要参考和依据，同时，也会对行政首长行使最终决策权形成一定约束和牵制，防止行政首长任意决断，因此，有必要要求其他会议组成人员各自发表明确的意见。四是行政首长发表意见并作出决定。集体决定制度不改变行政首长负责制实质的关键，就在于最终决策仍由行政首长作出。那么，坚持这一点会不会使集体讨论成为"作秀"呢？为了防止这种情况发生，使集体意见成为行政首长行使最终决策权的有效制约，可以借鉴《湖南省行政程序规定》（2022 年修改）的有关规定，[①] 明确行政首长一般应当根据多数人的意见作出决定，如果与多数人的意见不一致的，应当在会上说明理由。

（3）议事后的规则要求。一是会议记录，即记录在案、完整存档制度。会议组成人员的意见应当有案可查，这是实行行政决策过错责任追究的一项必要的配套制度。会议组成人员的意见，尤其是分歧意见，以及行政首长否定多数人意见作出决定的理由，应当如实记录在案，存档备查，为决策责任的认定提供客观依据。二是会议纪要。会议纪要可以记录会议最后决定的内容和形成决定的依据、理由，明确落实决定的责任及实施监督的办法。形成会议纪要，对内可供相关行政部门作为实施公共政策决策的依据，对外作为相关决策信息发布的依据。三是决定的公布和报批。公众对公共政策决策的结果享有知情权，因此，决策机关应当在作出决定后的一定时间内，通过本机关的政府网站等途径，向社会公布公共政策决策结果。同时，对依法需要报批的公共政策决策事项，还应当履行相应的报批程序。

（三）公共政策的评估与立法

美国哈佛大学肯尼迪政府学院的史蒂文·凯尔曼教授（Steven Kelman）提出了公共政策评价的两个标准："一个标准是，政策制定过程是否趋向于产生良好的公共政策。另一个标准是，政策制定过程对于我们，作为人，怎样看自己以及怎样做人是否产生积极的影响。"[②] 前者是一个实体性的标准，即是否产生一个良好的结果，后者则是程序性的标准，即过程是否体现公正并具有良好的影响力。

1. 公共政策评估的域外考察。

公共政策评估作为一个专业领域和一项实际工作，是 20 世纪初随着现代

---

① 《湖南省行政程序规定》第 40 条第 4 款规定："行政首长的决定与会议组成人员多数人的意见不一致的，应当说明理由。"

② ［美］史蒂文·凯尔曼著，商正译：《制定公共政策》，商务印书馆 1990 年版，第 179 页。

科学方法的发展及其社会研究方法在政策研究中的广泛运用而诞生和发展起来的。二次大战后，伴随着发达国家公共政策的大量制定，评估的各种社会研究方法逐步发展成熟，提高了公共政策评估的有效性和可靠性。20世纪80年代后，随着计算机技术的应用，公共政策评估获得了更为迅速的发展。20世纪90年代以来，公共政策评估受到越来越多国家和国际组织的重视，联合国、世界银行、经济合作与发展组织（OECD）等国际组织都开展了公共政策评估工作。

美国在20世纪50年代实行绩效预算之后，受新公共管理运动和重塑政府运动影响，几乎每一届政府都在前任基础上提出新的政府绩效评估法案。如，尼克松总统在任时实行目标管理，并于1973年颁布《联邦政府生产率测定方案》；卡特总统则推行零基预算；里根与老布什时期倡导全面质量管理。到了20世纪90年代，克林顿政府于1993年出台《政府绩效与结果法案》。2002年，小布什政府颁布《项目评估定级工具》。2003年9月，颁布《政策规定绩效分析》文件，对实施公共政策绩效评估作了系统、全面的规定。2011年1月，奥巴马总统签署了《政府绩效与结果现代化法案》。美国的政策评估主要包括三方面内容：一是政策的必要性分析；二是政策的合法性；三是对公共政策执行效果的分析。主要的评估方法是成本效益分析，通过成本效益分析为决策者选择有效率的方案，即产生最大社会净收益的方案；对于不能以货币计算损益的情况，则进行定性分析。政策评估的整个过程充分体现公开透明的原则。

法国的公共政策评估分为中央部门和地方政府两种方式。中央部门的评估一般由国家级的评估机构组织和实施；地方政府的公共政策评估方式主要有：一是设评估专员，一般是5万人口以上的城市采用此方式；二是设评估处，省级政府采取此方式；三是设集体评估机构，主要对大区进行评估。法国的公共政策评估有明确的法律保障。1985年，法国政府颁布法令，规定国家级的计划、项目未经政策评估不能启动，从法律上确立了政策评估的地位。法国赋予了评估机构一定的权力，评估过程中，报告人如认为有必要，可以组织向新闻界开放的听证会，听证会的小结作为报告的附件，并体现在报告中。报告将直接用于公共政策的立法讨论和预算参考。评估人员都要接受资格认定，并承担评估的法律责任。2002年，法国成立了全国评估委员会，负责领导跨部门的评估工作。评估报告一旦确定，被评估机构必须根据评估报告的建议采取措施，并向政府主管部门报告。

日本政府的政策评估系统，是以部门的自评估为基础的。总务省主要是对各部门的自评估加以指导并对评估报告进行检查，同时还开展一些涉及广泛议题的跨部门评估活动。政策评估是日本行政改革的核心，也是政府绩效评估的主要内容。20 世纪 90 年代，日本的地方自治体率先引入政府评估制度。1997 年 12 月，桥本龙太郎在中央政府引入"再评估制度"，要求与公共事业有关的六省厅对全部公共事业进行评估。2001 年，日本颁布《政府政策评估法案》，规定了政策基本事项，主要包括：一是政府各部门必须适时把握所管辖政策的效果，从必要性、效率性和有效性等视角进行自我评估，并将评估结果反映到相应的政策上；二是在政府制定的关于政府总体政策评估的基本方针的基础上，各部门要制定中期基本计划和每年实施计划，对政策评估的结果要编制评估报告予以公布；三是为保证政策评估的统一性、综合性和更加严谨的客观性，总务省要对政府各部门政策进行评估。每年需向国会提交年度政策评估报告书，并向社会公布。目前，日本中央政府部门和地方政府都普遍开展政策评估。除自评估外，还根据需要委托第三方机构进行外部评估，目前很多地方都有这类外部评估机构提供评估服务。

韩国是较早开展公共政策评估的国家，并将公共政策评估纳入政府绩效评估。早的 20 世纪 60 年代早期，韩国政府就开始对政策和项目进行评估，当时主要集中在投入和产出的测量上。20 世纪 80—90 年代中期，政府绩效评估侧重于对政策和项目的效率和效益的测定。金大中上台后，改革传统政府绩效评估制度，发展了一种以公共政策绩效评估为重点的新评估体系。2001 年，韩国通过了《政策评估框架法案》，对政策评估原则、评估主体、评估类型、评估程序、评估结果的使用和公开等内容，都作了详细的规定，对于政策评估制度的广泛推行起到了极大的推动作用。政策评估的主要内容有三方面：一是政策评估；二是政策实施能力评估；三是公民、客户对政府提供的服务和政策实施的满意度调查。2006 年 4 月，韩国政府实施《政府业务评估基本法》，使原先分散、重复的各种评估制度综合为一体，从而确立了一体化的绩效评估制度。

2. 我国公共政策的评估制度。

客观地说，我国在建立健全科学民主决策机制的过程中，不同程度地存在着重事前、事中而轻事后的问题，公共政策决策执行的跟踪反馈机制相对薄弱。因此，国务院 2004 年《关于全面推进依法行政实施纲要》中提出要建立决策跟踪反馈制度，国务院 2008 年《关于加强市县政府依法行政的决定》

则进一步要求建立重大行政决策实施情况后评估制度，通过抽样检查、跟踪调查、评估等方式，及时发现并纠正决策存在的问题，减少决策失误造成的损失。对包括公共政策在内的政府重大行政决策实行后评估制度，已经成为保证行政决策质量和实施效果的重要措施。2019 年，国务院颁布《重大行政决策程序暂行条例》（国务院令第 713 号），专门规定了决策后评制度，其第 36 条规定："有下列情形之一的，决策机关可以组织决策后评估，并确定承担评估具体工作的单位：（一）重大行政决策实施后明显未达到预期效果；（二）公民、法人或者其他组织提出较多意见；（三）决策机关认为有必要。开展决策后评估，可以委托专业机构、社会组织等第三方进行，决策作出前承担主要论证评估工作的单位除外。开展决策后评估，应当注重听取社会公众的意见，吸收人大代表、政协委员、人民团体、基层组织、社会组织参与评估。决策后评估结果应当作为调整重大行政决策的重要依据。"

在公共政策评估时间的确定方面，由于不同决策事项的组织实施难度有所不同，实施效果的反映周期也有所不同，不宜对此作一刀切的规定。后评估的时间，可以在作出公共政策决策时一并确定，也可以在公共政策决策实施一段时间后，根据实际需要确定。

关于公共政策评估主体的确定，实施公共政策决策后评估的启动主体应当是决策机关，具体承担评估任务的机构，可以由决策机关根据实际情况在下列主体中进行选择：一是决策机关。由决策机关自行组织评估的优点在于：决策机关对决策本身有较透彻的认识，且对重大决策事项的执行往往有督办、指导、检查、协调的职能，比较有权威，信息反馈渠道也比较通畅，对决策提出调整和修正建议有比较便利的条件。缺点在于：对专业性问题可能了解不深，信息来源多依赖于行政部门，难免影响其客观公正性。二是负责内部监督的机关或者机构。由负责内部监督的机关或者机构组织评估的优点在于：监督机关一般有一套比较成熟的监督、评价系统，且立场比较客观公正。缺点在于：对决策的背景、目的、措施设定的考虑等可能了解不够深入；在专业知识上可能比较欠缺。三是决策执行机关。由决策执行机关组织评估的优点在于：执行机关对决策执行的真实情况最为熟悉和了解，评估成本较低，并能及时发现问题，提高评估效率。缺点在于：由于执行机关往往与决策事项存在一定利害关系，可能难以完全做到客观公正。四是社会专业评估机构。由社会专业评估机构组织评估的优点在于：具备成熟的评估技术，地位比较独立，可能更有利于客观反映实际情况。缺点在于：对决策的背景、目的、措施设定的考虑以及一些专业性问题和实际操作状况了解不够，可能影响评估的效果。鉴于各类评估机构均有其自身的优缺点，实践中，决策机关可以选择两个或者两个以上的评估机构协作开展评估，以发挥不同评估机构的综合优势。

为使公共政策评估的启动有机制保障，作为公共政策载体的行政规范性文件实行"有效期"制度即"日落条款"是个好的制度设计。目前大多数省级政府都对规范性文件实行的有效期制度，如上海将规范性文件的有效期分为三类：一般规范性文件不超过 5 年；实施类规范性文件最长不超过 10 年；试行、暂行的规范性文件不超过 2 年。

3. 公共政策上升为立法。

在我国现有制度框架下，公共政策并不是法律体系的有机组成部分，只是对法律体系在实践中的一种补充和优化。但从价值取向上，并不鼓励公共政策游离于法律体系和法律规则之外，而是要有机的联系与衔接。这种联系体现为两个方面：一是在法律体系相对稳定的基础上，公共政策着重体现其灵活性、调控性的功能，作为法律规则的补充。调控类、公共服务类、改革类的公共政策都具有这种性质；二是在实践一段时间，被证明为有效、可行的公共政策，通过立法上升为法律性规范，在面上推广，或将其固化。

第十章 立法专业化与立法工作者

立法是政治性、专业性、理论性、实践性都很强的一项复杂工作，需要高素质的立法专业人才作保障。所以党的十八届四中全会《决定》明确要求，推进包括立法工作者在内的法治专门队伍正规化、专业化、职业化，提高职业素养和专业水平。这是第一次把立法工作者纳入了法律职业共同体的范畴。

一、法律职业共同体

法律职业共同体概念的产生源于美国科学史和科学哲学家托马斯·S.库恩（Thomas Samuel Kuhn）关于"科学共同体"定义的提出。德国著名学者马克斯·韦伯将法律职业认为是一个"法律职业共同体"。根据他的这一学说，法律职业共同体是基于职业的特定内涵和特定要求而逐步形成的。法律职业共同体的特征具有同质性，职业道德的传承是其重要特征；法律职业共同体虽然附带地以法律职业谋生，但仍不失其公共服务的精神。

（一）法律职业共同体的特征

"法律职业共同体"与"法律共同体"是同义。实践中，法律共同体的成员常常自称为"法律人"。这一群体由于具有一致的法律知识背景、职业训练方法、思维习惯以及职业利益，从而使得群体成员形成其特有的职业思维模式、推理方式及辨析技术，通过共同的法律话语（进而形成法律文化）使他们彼此间得以沟通，通过共享共同体的意义和规范，成员间在职业伦理准则上达成共识。尽管个体成员在人格、价值观方面各不相同，但通过对法律事业的认同、参与、投入，这一群体成员终因目标、精神与情感的连带而形成法律职业共同体。

虽然各国的国情和文化背景不同，但作为法律职业共同体有下列共有的特质：

一是独立的身份。作为一个以法律事业为中心而凝聚起来的特殊群体结构，法律职业共同体所要从事的主要任务在于确定和解决法律关系问题（私权之间的关系、公权之间的关系、私权与公权之间的关系），它所面对的是两类对象——公权和私权，要对这两类对象予以解说和调整其彼此之间的关系，必然要求脱身于其外并保持共同体自身的中立性，这种中立即是指在不同的对象（或当事人）之间保持不偏不倚，也就是说，在定位上法律职业共同体乃是国家或政府与人民之间中立的仲裁者，它不偏向也不依赖于任何一方，只是对自己对于法律条文的意义和正义准则的理解负责。法律职业共同体捍卫权利，捍卫每个人的主体地位和意识，捍卫人与生俱来的自由，尊重每个人的创造力和对未来发展的可能贡献。

二是中介的角色。法律职业共同体也可以被理解为一种中介团体，它相对独立于公共权威或私人的生产和生活单位，它有能力采取集合行动保护或推进自己的愿望和利益，但并不企图代替国家机构或私人生产部门，也不承担社会整体管理及政策制订的责任；但是，法律职业共同体又实际上只能在社会预先建立的文明及制度体系内行动。正如"没有哪个人是一座孤岛"一样，没有哪一个共同体是能够单独存在的，他们都是在与相对方的关系中得以界定的，并且都存在于跨越其边界的社会关系的网络之中。

三是法律的思维。把法律职业共同体的成员联结在一起的一个重要纽带，是共同具有法律的职业思维能力。传统的法律观认为的"法律只有法律人能懂"，将这一纽带系得更紧。一方面，因为只有法律人能掌握法律这一"人为理性"，能熟练运用法律的形式理性，来判断人们行为的合法性、合理性以及所带来的法律后果，使这一特殊人群拥有了有别于其他群体的思维习惯和共同语言，使其思维和行为以及对对方的思维和行为的预判，都可以预期，彼此之间有某种默契，进而形成共同的职业伦理、共同的信仰，即对法律的敬畏和尊崇。另一方面，这一群体的特殊思维能力担当起了法律作为一个复杂的体系在社会中的整体运作，立法、执法、司法、守法等各个法律制度的环节，都是由承担着不同功能但具有同样思维的法律共同体成员分别来完成的。而如果法律人没有共同的法律思维能力，或者对同一法律现象没有同样的判断和预期，法律就无法运行了。

四是互涉的功能。作为国家或政府与社会之间的中介团体，法律职业共同体又表现为一种非单一的、混合的性质且具有双重自主性。一方面，作为共同体成员的身份体制，它给个体成员提供了资源、机会和位势，这不仅有利于维护和发展成员利益，也促进了共同体的利益，而且能够凭借团体的势力防止人们的独特个性被大众的规范化所淹没（防止普适规范的专横），是民主反对寡头政治的有力武器。同时，因其整体对法治目标或正义精神的倾向性而又对成员个人的行动予以限制或产生影响。所以，成员与共同体之间是互为反应的。另一方面，法律职业共同体的职责是为秩序和正义操心，它是更大的政治制度的一部分，因而使得法律人最容易接近也最容易参与政治。所以，它具有"公共属性"或"公共身份"。

（二）构建法律职业共同体的重要意义

美国著名比较法学家威格摩尔（John H. Wigmore）在《世界法系概览》一书中，经过对近 5 000 年世界各国法律发展中形成的 16 个法系的兴衰存亡，尤其是英美法系和大陆法系日益进步、不断繁荣的分析，得出"有否一个训练有素的法律职业家阶层"，是一个法系兴衰的原因的结论。[①] 此结论虽难免偏颇之处，但仍是切中关键的。

因为"法律只有法律人能懂"。通过观察就不难得出结论，一个国家的法律制度运行，主要不是靠政治家，也不是靠一般老百姓，而是靠一个懂得法律专业，也只有他们掌握法律这一"人为理性"的法律职业共同体。我们当然希望所有的老百姓都懂得法律，也能遵守法律，但这只是一种理想和期待。客观上，由于法律是一套人为制定的规则体系，人们在日常生活中很难直接地、系统地掌握，即人们所拥有的"自然理性"并不能掌握法律规则这一"人为理性"，因此需要借助法律职业共同体的服务来完成法律的运作。世界法制的发展历史也明白告诉我们，大陆法系和英美法系之所以长盛不衰、影响深入，一个重要的原因是有一个训练有素、拥有权威的法律职业共同体。否则，法律无法自行运作，也无法实现其规范和调整社会关系的功能。

（三）国内对法律职业共同体的认知

国内对法律职业共同体的研究开始于 20 世纪 90 年代，现在学界基本达

---

① 参见何勤华主编：《法律文明史》第 9 卷，何勤华、马贺、蔡迪等著：《大陆法系》（上卷），商务印书馆 2015 年版，第 54 页。

成共识：法律职业共同体的形成与发展是一个法治国家赖以存在的基础。正如强世功所说，法律只有成为一门稳定的专业化的知识体系，才能独立于大众感知的道德和变动不居的政治意识形态获得自主性，只有具备与众不同的思维逻辑和法律技艺，才能掌握在法律共同体的手中。同时，学者们对法律职业共同体仍有着不同释义，一般认为，它必须经过专门法律教育和职业训练，是具有统一的法律知识背景、模式化思维方式、共同法律语言的知识共同体；它以从事法律事务为本，是有着共同的职业利益和范围，并努力维护职业共同利益的利益共同体；其成员间通过长期对法治事业的参与和投入，达成了职业伦理共识，是精神上高度统一的信仰共同体。在我国，传统的观点是将法律职业共同体描述为指以法官、检察官、律师、法学家为核心的法律职业人员所组成的特殊的社会群体。也就是说，在很长一段时间内，只有法官、检察官和律师三类人员才算法律人，法学教育研究人员是否法律人则有争议。而立法工作者、政府法制工作者和广大的行政执法人员等都不算是法律职业共同体的成员。

2015 年 12 月，经中央深化改革领导小组审议通过，中共中央办公厅和国务院办公厅印发了《关于完善国家统一法律职业资格制度的意见》，其中明确了法律职业人员的范围：法律职业人员是指具有共同的政治素养、业务能力、职业伦理和从业资格要求，专门从事立法、执法、司法、法律服务和法律教育研究等工作的职业群体。并明确，担任法官、检察官、律师、公证员、法律顾问、仲裁员（法律类）及政府部门中从事行政处罚决定审核、行政复议行政裁决的人员，应当取得国家统一法律职业资格。同时，国家鼓励从事法律法规起草的立法工作者、其他行政执法人员、法学教育研究工作者，参加国家统一法律职业资格考试，取得职业资格。这标志着我国真正建立起法律职业共同体，且将法律职业共同体的范围作了扩大，使立法工作者、行政执法人员、政府法制工作人员第一次纳入法律职业共同体的范围。当然，对法律职业共同体的管理，也分成两个层次：一部分需要获得国家统一法律职业资格考试才能从事法律职业，另一部分则没有提出这一要求，立法工作者便属于第二类法律人。

将立法工作者纳入法律职业共同体是法治发展的逻辑必然。可以试想一下，法律的运作是以立法为起点的，如果法律职业共同体将立法工作者排除在外，就会使法律运作失去了逻辑的起点，这是明显的认知缺陷。

二、立法工作者的基本要求

作为法律职业共同体的一员，立法工作者既有一般法律人的特质和职业标准，也有立法工作对其提出的特定要求。在周旺生看来，立法者应当是精英人物，这种精英人物应当具备下列内涵：第一，他是作为国家和社会主人翁的人民的一员，也即以往思想家所说的主权者中的一员。第二，他能以对人民负责，努力实现人民的共同意志，为绝大多数人谋最大利益的精神和态度，从事立法活动。第三，他有好的素质、品质和才能，包括有相当的了解情况、洞察实质、解决难题、善于处理和协调种种关系等方面的才能。第四，他能认清并遵循事物发展的规律进行立法，同时又能积极发挥主观能动作用，能以立法的方式改造事物，而不至于仅仅成为呆板、消极、被动的实际生活的缮写者。第五，他能尊重、研究和汲取法学家特别是立法学家的理论，尊重、研究和汲取以往立法和法典中有益的东西。第六，立法者作为精英人物，还应当具备两个条件：（1）他是从适当的人员中挑选出来的，最好受过高等教育。（2）他受到国家、社会的重视、尊重，有职有权，有较好的待遇，从而能集中精力担负自己的立法工作。①

笔者总结自己20多年从事立法工作的实践心得和体会，将立法工作者的基本要求提炼为五种能力：

（一）具有"吃透两头、把握中间"的政治判断能力

立法工作者所从事的是一项上层建筑领域的工作，是把人民的意志和利益上升为国家意志和法律意志，把执政党和国家的方针政策具体化为法律规范的重要工作。因此，立法无疑是一种政治决策，对于立法工作者而言，需要有较强的政治判断能力，要做到这一点，还要靠我们的"传家宝"——吃透两头，把握中间。所谓"吃透两头"：一头，全面、准确地把握国家确定的路线、发展的大政方针和全局性政策，具有判断国家发展大局和社会发展大势的能力，做到与党和国家的意志保持一致，这种能力要靠深入学习、认真领会才能逐渐积累；另一头，全面、本质地把握实际情况，包括国情、省情、

---

① 周旺生著：《立法论》，北京大学出版社1994年版，第315—319页。

市情、民情，这要求立法工作者能深入基层和第一线调查研究，了解掌握现实法制真实运行状况，尤其是地方的立法需求。所谓"把握中间"，立法的过程往往是各种利益群体和代表博弈、协调、妥协的结果，立法最终应当体现大多数人群的正当权益和意志。所以，立法妥协，最终是向中间层次的妥协。这也是"理性立法、为民立法"思想的体现。立法中要防止的一种倾向就是过于理想化、道德化、极端化，最终无法实现，反而削弱了法律的权威和尊严。这种政治判断能力，说得简练点，立法工作要"把握大势、顺应民意、立足现实"。这就要求立法工作者能熟悉党和国家方针政策及其社会背景和走势，时时了解人民的意愿和利益，清楚个中不同社会阶层或集团间的利益冲突，能深刻领会这些意志和利益、方针和政策，并具有及时、准确地将其体现在立法工作中的能力。

（二）掌握立法工作内在规律的专业能力

立法工作者要对本国的法律体系和内在规律有清晰、准确的认识和把握。在我国，要把握我国属于单一制法制国家的属性，对中央立法与地方立法之间的关系有准确的认知。尤其是从事地方立法的工作者，要对《立法法》所界定的中央专属立法权领域、中央和地方共有立法权领域、地方特定的立法空间有准确的界定，对地方立法"不抵触、有特色、可操作"的原则有深刻的认识与把握，既要守住法制统一、地方立法不与国家法律、行政法规相抵触的底线，又要充分用足地方立法资源，解决地方遇到的特定问题。地方立法既不能天马行空，自我设权，超越中央专属立法权，背离法制统一的原则，也不能因循守旧，对完全滞后、不具有操作性的上位法也不敢越雷池一步，使地方立法完全成为中央立法的"附庸"。这种平衡国家立法与地方立法权限的能力是一种高要求的立法工作者的专业能力。同时，立法工作者要有理论联系实际的能力，将理论学说科学地、创造性地应用到立法实践中去，做到既不脱离理论的指导又不固守理论的教条，具有很强的发现、分析和解决立法问题的能力。

（三）善于平衡各种利益博弈的协调能力

立法工作者的综合协调能力是不言而喻的。因为立法就是一个各种利益依法理性博弈的过程，而立法工作者在其中是一个十分重要的角色，即平衡者的角色。立法工作者要善于协调与平衡各方面的利益和要求，并将其公正合理地体现在将制定的法规范中，能在立法中避免顾此失彼，使法有失公正或者成为矛盾的交汇点。而各种利益的代言最终是在立法工作者的环节汇总起来，实现协商、妥协、平衡、调整、确定的，这个角色在人大是法制委、法工委和各专门委员会，在政府就是法制机构。利益协调的能力，首先是要守住合法性的底线，这是个前提条件。而立法协调主要面对的都是各种利益群体正当权益，但彼此之间会产生不同程度的冲突和背离，需要通过协商达成妥协，从而兼顾各方利益一定程度的实现。在行政管制类立法中，立法部门还需要与行政执法部门进行有效的协调，有的情形是法律文本中有行政部门私利存在，需要坚持原则，拒绝将部门利益合法化；有的情形是行政执法迫切需要，但上位法存在着一定的法律障碍，需要地方立法充分运用智慧，避开与上位法明显抵触，寻找到解决之道；还有的是要对行政部门的权力与社会公众利益之间不平衡进行协调，对行政机关的权力过度行使，有可能损害相对人权益或者过多限制相对人自由的条文进行协调、调整，以实现公权力与私权利之间的平衡。

（四）具有法的不同价值的衡量能力

立法离不开相关立法目的的实现，也就是法的价值的实现。法所具有的自由、公平、正义、秩序、效率、和平等价值，在不同的法律文本中具有不同的地位，并不能都完全实现。或者说，不同性质的立法实现着不同的法的价值。一般而言，管制型立法是以公共利益和公共秩序为立法目的的，对相对人来说是以义务为本的，行政机关具有较多的权力；而社会性立法即给付行政的立法，则是以满足相对人的利益需要为主，公共产品和公共服务的提供为目的，对相对人来说是以权利为主的，行政机关则是以义务文本的。这两种不同的立法类型就需要以不同的法的价值为实现目标。上述法的价值之间还经常是有冲突和矛盾存在的，如自由与公平的冲突、公平与正义的矛盾、公平与效率的冲突、公平与秩序的关系、公平与和平的关系等。在立法中如何衡量这些相互冲突和矛盾的法的价值轻重，需要掌握和运用法的价值判断与价值平衡的特定能力，这是检验立法工作者能力的很重要的内容。

（五）娴熟掌握立法技术的职业能力

立法工作者是一个职业的、特定的语言文字工作者。所谓职业的，通俗地说，立法工作者是"吃文字饭的"，语言文字是他（她）从事职业的基本功和看家本领；所谓特定的，是说立法工作者的语言文字功夫不同于语文老师或中文教师，而是需要掌握独特的语言文字规律，即立法技术规范。作为一个立法工作者，需要熟练地掌握语法学、修辞学，正确地运用主、谓、宾语法，准确地运用相关词和词组，用词要准确，句法成分要搭配得当；需要掌握形式逻辑学，严格遵循概念的排他性、程序的周延性、列举的规范性、指代含义的确定性等原理；需要掌握法律文本的结构，熟练运用立法的"三要素"，即条件-行为模式-法律后果；需要知道法律条文的构成要素，即概念、规则和原则，以及三者之间的内在逻辑关系；需要掌握法律文本的立法形式，正确运用实施性立法和创制性立法两种立法范式，运用好自主性立法和先行性立法两种创制性立法范式；需要掌握立法的基本规范，包括立法例名称的表述、基本体例、文本的基本结构（总则、分则、法律责任、附则、附件）、通用条文的表述规范（正确使用编、章、节、条、款、项、目）；需要掌握立法语言的规范，遵循立法语言的准确、精炼、平易、明确、严谨和中性等基本要求；需要了解和运用好常用句式的规范，如"的"字结构、但书、列举和指示代词等；需要遵循惯用词和字的使用规范，运用好以双音节构词的常用字，选用好近义词，数字使用要规范，标点符号的使用也要规范；需要掌握立法修改与废止的技术规范，正确运用局部修改（修正案）和整体修改（修订案）两种模式，掌握立法文本应予废止的各种情形，正确运用废止的格式。[1]

立法工作者如果不具备上述能力，就无法胜任立法这项专业化的工作。

三、实现由"技术专业化"向"实体专业化"的转变

英国近代自由主义的代表人物约翰·密尔（John Stuart Mill）认为，法律文本的起草"需要不仅是有经验和受过训练，而且通过长期而辛勤的研究训练有素的人去做……一个具有决定意义的理由是，法律的每个条款，必须在准确而富有远见地洞察到它对所有其他条款的效果的情况下制定，凡制定的

---

① 上述立法技术的内容，在本书下篇：《立法技术规范》中有详细的阐述和分析。

法律必须能和以前存在的法律构成首尾一贯的整体。"① 而要做到这一点，在现代社会条件下，就是立法起草者的职业化、专业化的引入。职业化、专业化的法案起草人可将立法主体的政治性语言成功而有效地转换为法言法语，将公共政策技术化地转换成法律草案，这就在立法决策的政治性、民意性与法案起草的技术性、专业性之间架起了一座桥梁。

立法的专业化包括立法人员的专业化及技术规范的专业化。从趋势来看，立法人员的专业化将更多地趋向技术层面的要求，而不单从立法民主性这一角度来考虑。因为立法的专业性、技术性的特征意味着需要专门的知识，需要有经验的受过专门培训的技术人员从事。周旺生就认为，立法工作者应当具备通才型的知识结构，即在精通立法学和其他有关法学知识的同时，还应当掌握一定的政治学、经济学、行政管理学、社会学等社会科学知识和相应的自然科学知识。② 谢天放则进一步认为，现在对地方人大工作部门中具体承担立法任务的工作人员的专业化已经形成共识，但对专业化的具体探讨并没有深入地展开。一般认为，地方立法工作人员的专业化更多地趋向技术层面的要求，包括熟悉立法程序和技术规范，这是较低层次的要求，只有程序价值的意义。地方立法的性质要求地方立法工作人员要"吃透两头"，既要准确理解国家的法律，又要深入了解当地的具体问题和实际情况，即要求地方立法工作者应是实体法意义上的专业化，才能找准地方立法的针对性，探索地方法规中最优的制度设计，体现地方立法特色。③

为此，需要创新立法人才培养和任用机制，注重从实务部门、有基层实践经验的干部和律师、专家学者中选取贤才，使立法工作者都真正成为能"吃透两头"的，具有实体专业化素养的法律人。

---

① ［英］约翰·密尔著，汪瑄译：《代议制政府》，商务印书馆1984年版，第76页。
② 周旺生主编：《立法学教程》，法律出版社1995年版，第103页。
③ 参见谢天放等：《地方立法特色研究》，载于上海行政法制研究所编：《地方立法的理论与实务（2005—2006年研究报告集）》，法律出版社2007年版，第88页。

中篇

立法规则与程序

第十一章 科学立法

科学立法，就是立法工作要尊重实际、反映规律。法律作为一门学科，有其自身的发展规律、发展历史和逻辑体系，立法应当尊重和反映这些客观规律。刘松山研究认为，"科学立法"是中国立法活动中一个具有鲜明特色的提法。西方国家的立法制度与我国存在根本性差异，一般不使用"科学立法"这一用语。[1]

一、科学立法的总体把握

如何把握科学立法，是每一个立法工作者都要学好的一门功课。科学立法要求立法工作者要尊重立法自身的规律。笔者将这种自身规律概括为三个方面，即正确认识立法所调整的社会关系发展的客观规律；遵循一国法律体系的内在规律；掌握立法的工作规律。

（一）正确认识立法所调整的社会关系发展的客观规律

法是社会关系的反映，立法活动是对社会关系作出规范的活动。立法者要对社会关系作出规范，其前提是要善于准确认识、把握和反映社会关系的客观规律，这是马克思主义认识论的基本要求。正是基于这样的前提，《立法法》第7条明确要求："立法应当从实际出发，适应经济社会发展和全面深化改革的要求，科学合理地规定公民、法人和其他组织的权利与义务、国家机关的权力与责任。"

杨景宇指出："归根结底，实际是母亲，法律是子女，正如恩格斯所说

---

① 参见刘松山著：《中国立法问题研究》，知识产权出版社 2016 年版，第 135 页。

的，是'经济关系反映为法原则'。生产力发展了，生产关系发展了，社会发展了，实际发展了，法也要发展，法的原则、法律体系也要发展。"① 因为实践是没有止境的，所以法律体系也必须与时俱进，不断创新。法律体系不是静止的、封闭的、固定的，而是动态的、开放的、发展的，是"活"的法律，而不是一堆僵化、凝固的法律概念的堆积。这是人类法制发展历史得出的基本规律，正如美国社会法学派创始人罗斯科·庞德所言："法律必须稳定，但又不能静止不变。因此，所有的法律思想都力图协调稳定必要性与变化必要性这两种彼此冲突的要求。"② 尤其在我国，社会主义初级阶段的基本国情，决定了整个国家还处在改革、转型时期，中国特色社会主义制度还处于发展与完善的过程中，社会主义市场经济体制也还处在发展和完善的过程中，都还没有定型，因此，作为反映这种经济社会发展需求的体制、机制的法律规范、法律体系，就更加明显地具有稳定性与变动性相统一、阶段性与前瞻性相统一的特点。

立法者不能以自己的主观愿望取代社会、经济、文化、政治、生态文明等客观事物的发展规律。正如马克思所言："立法者应该把自己看作一个自然科学家。他不是制造法律，不是在发明法律，而仅仅是在表述法律，他把精神关系的内在规律表现在有意识的现行法律之中。如果一个立法者用自己的臆想来代替事物的本质，那么我们就应该责备他极端任性。同样，当私人想违反事物的本质任意妄为时，立法者也有权利把这种情况看作是极端任性。"③ 所以，立法者一定要实事求是，尊重事实，尊重规律，正确认识和反映规律，这样，制定出来的法才能经得起社会实践的检验，才能在经济社会生活中发挥规范引导和促进保障作用，达到立法的目的和效果。原国务院法制局副局长李培传在这方面有他的心得："国家法律制度的健全和完善程度以及法的适用范围宽窄和调整力度的大小，取决于国家生产力发展水平和经济实力。立法必须与国家生产力发展水平和经济实力相适应，这是立法实践中必须遵循不得违背的铁的法则。否则，法律法规条文写得再漂亮，也解决不了经济社会中的实际问题，达不到立法的目的和效果。因为，任何一项法律法规的实施，都需要有相应的人、财、物的支持和保障。有了物质条件作后

---

① 杨景宇：《我国的立法体制、法律体系和立法原则》，载上海市行政法制研究所编：《依法行政与法治政府》，法律出版社 2006 年版，第 5 页。
② ［美］罗斯科·庞德著，邓正来译：《法律史解释》，中国法制出版社 2002 年版，第 2 页。
③ 《马克思恩格斯全集》，第 1 卷，第 183 页。

盾，制定出的法律法规才能有效实施，才能解决经济社会生活中的实际问题，达到立法的目的和效果，彰显出法的权威和尊严。"①

社会关系存在和发展的客观规律，既包括全局性的规律，也包括局部性的规律。全国性的立法所反映的主要是某一领域全局性的规律，其复杂性、困难性都要高于对局部性规律的认识把握和尊重反映。地方立法一般属于对局部性规律的把握，而局部性规律的把握也并不容易，要在具有全局观、大局观、战略观的基础上，认真研究把握局部性规律的特殊性，并要准确拿捏和处理好局部与全局的关系，在坚持法制统一的前提下，按照"不抵触、有特色、可操作"的原则完成地方立法的目标和任务。

（二）遵循一国法律体系的内在规律

彭真指出："在人类历史上，法律一旦产生，便逐渐形成了自己的体系，并且追求更多的独立性。"② 法是一门学科，有自身的逻辑体系，有自身的运行规律。立法，不能不考虑自身的逻辑体系，不能对性质相同的问题，这个法这么规定，那个法那么规定，产生相互矛盾。

法律体系的构建是由经济基础决定的，这是马克思主义的基本常识：法属于上层建筑范畴，它的产生和发展都是由经济基础决定的。如恩格斯所言："每一时代的社会经济结构形成现实基础，每一个历史时期由法律设施和政治设施以及宗教的、哲学的和其他的观点所构成的全部上层建筑，归根到底都是应由这个基础来说明的。"③ 法不仅要随着经济基础的改变而发展变化，而且即使在同一生产关系下，也要适应不同历史时期经济社会发展的新变化而不断地随之发展变化。

概括地说，法律体系的内在规律，核心是体现在立法中的符合本国国情的规律。正是在这意义上，2023 年修订的《立法法》增加了坚持中国共产党的领导；坚持以经济建设为中心，坚持改革开放，贯彻新发展理念，保障以中国式现代化全面推进中华民族伟大复兴；坚持和发展全过程人民民主；倡导和弘扬社会主义核心价值观，坚持依法治国与以德治国相结合，铸牢中华民族共同体意识；适应改革需要，坚持在法治下推进改革和在改革中完善法治相统一等体现"国情"的新内容。这里的"国情"是个泛指的概念，其包

---

① 李培传著：《论立法》中国法制出版社 2013 年版，第 157 页。
② 彭真：《论新中国的政法工作》，中央文献出版社 1992 年版，第 297 页。
③ 《马克思恩格斯选集》第 3 卷，第 66 页。

含着一国的国情，也包括一省、一市的特定实际情况，还可指向民族特点、时代特征、地域特性，更离不开了解和反映真实的社情民意，尊重习俗习惯。法律体系受一个国家历史文化传统和民族特点的影响，这是其他上层建筑对法律体系的影响的体现。法律制度要不要尊重传统习俗、民族习惯，是个有争议的问题，或者说是个在实际工作中有不同认识的问题。彭真曾指出："对群众中的风俗习惯和传统不要小看，要很好地调查研究，忽略了，就很难行得通，特别是在农村。当然，对风俗习惯要站在无产阶级立场，最大多数人民最大利益的立场具体分析，抛弃其中封建的落后的东西，吸收好的、有用的东西。"① 立法实践中，最典型的就是关于"烟、狗、炮"（禁止吸烟、限制养犬、禁止燃放烟花爆竹）的立法难题，对于个人或者民众的习俗，对他人造成一定负面影响的，如何在尊重习俗习惯和公共利益、他人利益之间寻找到平衡点，很考验立法者的智慧和能力。

法律体系由不同的法律部门组成，不同法律部门之间是彼此衔接相互协调的，不同法律的位阶是不同的，所以必须划分好立法权限，尤其要处理好中央或者国家立法权与地方立法权的关系，即遵循全国的法制统一，又能够适当地调动地方的立法积极性和能动性。七个法律部门中，许多是地方无立法权的，属于国家法律的专属立法权范畴，如宪法相关法、民法、刑法、诉讼及程序法等，地方立法只在行政法、社会法及其微观经济法领域有立法权，更多的是对法律、行政法规的实施性立法。

法律体系构建还要尊重"硬法"与"软法"的差异。所谓"硬法"一般是指管制型立法，一般按照"三要素"论，即"条件-行为模式-法律后果"的标准，给相对人设定义务，给行政机关设定权力的立法类型，对这类立法，经过前40多年的立法积累已有相对成熟的经验。而对所谓的"软法"，即给付性、社会性、促进型的立法，对其规律的认识还有不少模糊之处，其一般也不遵循"三要素"论的立法规律，而是采用"行为模式-法律后果"的"两要素"论的立法形式。"硬法"和"软法"共同构成了法律体系，是不能偏废的。

（三）掌握立法的工作规律

总体而言，立法工作取决于国家和地区经济社会发展的客观需要，立法

---

① 彭真：《论新时期的社会主义民主与法制建设》，中央文献出版社1989年版，第96—97页。

是紧紧伴随着一国一地经济社会发展和需要而开展的，而且往往针对经济社会发展的重大领域、事项和矛盾的焦点提出立法需求，即所谓"需求导向"和"问题导向"。彭真说："法是在矛盾的焦点上划杠杠。"① 就是在划一个合理界限作为解决矛盾的准则。作为一个合格的"划杠杠"的人，应当懂得和掌握下列立法工作的自身规律：

1. 把握好立法需求与实现可能的关系。周旺生称之为"立法时机的选择性与立法超前性的关系"。② 立法需求总是理想化的、具有前瞻性，而立法的实现则十分现实，甚至滞后，是以社会中的最落后人群为参照系的。经常面临的现实问题是，立法目标很"丰满"，但客观现实即可行性却很"骨感"。因此，在立法前瞻与立法实现之间要寻找到平衡点。老一辈立法工作者将立法规律概括为"踮起脚尖够得着"，是十分形象的，其含义是，立法要适度超前，但不能完全脱离实际。最多我们可以发展到"跳起来够得着"的要求，否则就是空中楼阁，不可能实现。需要说明的是，从实际出发把握立法时机并不意味着立法应当适当滞后，立法同样可以超前，但立法的超前性必须建立在科学选择立法时机的基础上。

2. 把握好立法目的与实现手段的关系。尤其是管制型立法，《立法法》已赋予了地方立法相应的行政措施权，如行政许可、行政处罚、行政强制、行政检查等，但如何运用好这些法律资源，需要遵循比例原则，即最小的利益侵害原则。立法在考量实现立法目的的同时，要对可能对相对人的正当权益与自由构成限制甚至侵害的手段保持应有的谦抑和理性，要体现目的与手段的平衡性，对限制甚至有侵犯相对人正当权益之嫌的立法措施要论证其必要性，使法律措施仅限于"必要之恶"的范围内，只能是为了自由而限制自由，而不是"无所不用其极"，构成对相对人自由的不必要限制。

3. 把握好长远目标与眼前目标的关系。立法是需要立即实施并见到实效的，所以要遵循有限目标。1981 年，彭真在听取民事诉讼法起草小组汇报时就说："法律定了是要执行的，只能把成熟了的写进去，不成熟的暂不定成法。轻率地定成法，制定了又行不通，就不好了。"③ 以成熟的经验为基础开展立法，彭真提出的这一重要思想，比较有效地保障了法律与实际的契合，保障了法律较强的稳定性和权威性，值得我们学习与思考。

---

① 彭真：《论新中国的政法工作》，中央文献出版社 1992 年版，第 298 页。
② 周旺生主编：《立法学教程》，法律出版社 1995 年版，第 58 页。
③ 《彭真文选》，人民出版社 1991 年版，第 403 页。

4. 处理好法的稳定性与发展性的关系。法应当是稳定的，不能朝令夕改，否则会损害法的严肃性和权威性。但法的稳定性又不是绝对的，法是在稳定中不断变化发展的。随着社会客观情势的变化，法也要随之变化和发展，这就是我们说的"立、改、废、释"并举的逻辑基础。制定新法也罢、修订旧法也好，都是法的发展性的具体体现和要求。但要尽可能地保持法的稳定性，以法的稳定性为基本、前提，只在确有必要的情况下才修订法律，使其与变化了的社会状态相适应、相匹配。

5. 处理好"粗"与"细"的关系。立法宜粗还是宜细？我国的现代法治与改革开放同时起步于党的十一届三中全会，在国家立法的初级阶段，经验不足，改革又带有很大的探索性、试验性，立法需要为改革留下空间。因此，立法内容偏向于原则和粗疏，更多的具体措施依赖于配套法规作出规定。经过 40 多年的实践，人们已经认识到，法律内容的过于原则和粗疏不仅损害法律的可操作性，也损害法律的权威和法制统一。因此十二届全国人大常委会推出的十分重要的改革举措就是在立法的精细化上下功夫，推动立法向具体化、精细化方向发展。张德江委员长提出："要科学严密地设计法律规范，能具体就尽量具体，能明确就尽量明确，努力使制定和修改的法律立得住、行得通、切实管用。"[①] 有学者认为，这是立法策略的一个重大转变，符合立法活动的基本规律。[②] 党的十八届四中全会《决定》也明确提出，要"推进立法精细化"。2021 年中共中央国务院印发的《法治政府建设实施纲要（2021—2025 年）》指出，要"聚焦实践问题和立法需求，提高立法精细化精准化水平"。地方立法是对上位法的细化、补充或者对地方性事务的具体规定，更应当在精细化上下功夫。但在强调立法精细化的同时，面对我国各地经济社会文化发展不平衡的现状，中央立法如何给各地根据地域差异进行细化留下立法空间，避免简单"一刀切"带来的无法适用国家法律、行政法规，也是需要关注和研究的问题。

6. 处理好法律专业与业务专业的关系。立法需要的专业可以概括为两类：一类是法律专业知识，另一类则是相关专业的业务知识。就现状而言，很少有既懂法律专业又懂相关专业的人才。理论上推理，相关政府部门的法制机构人员，应该是兼具这两种知识的立法人才，而实际情况并非如此。所以，

---

① 张德江：2014 年《全国人大常委会工作报告》。
② 参见刘松山著：《中国立法问题研究》，知识产权出版社 2016 年版，第 153 页。

在立法过程中，作为立法工作者，一般有法律专业方面的专长，但对于相当广泛的专业领域，仍是不具备专业能力的。所以，在立法过程中，如何发挥相关业务专业领域专家的作用，让他们在立法中把好相关专业关，掌握好制度设计的科学性、合理性，是立法工作者需要掌握的又一工作规律。

二、科学立法应正确处理的几对关系

要实现科学立法，需要研究许多专业的问题，处理好许多立法过程中较难处理的关系。至于涉及哪些关系？可以见仁见智。笔者根据自己的实践体会，概括出下列几对重要的关系，是科学立法无法回避的难题，即，权利与义务的关系、立法决策与改革决策的关系、法律规则与市场规则的关系、法治与共治的关系、法治与德治的关系。

（一）权利与义务

权利与义务是立法中需要调整的一对主要范畴。法律的核心就是调整权利与义务。法治是一种权利本位的组织结构形式，是以承认或尊重个人权利为其存在的基础和来源。权利本位意味着权利义务在主体范围内的同一，在对象内容中的相互关联和对应；意味着消除特权，把权利关系明确地、平等地赋予全部社会成员。[①]

"没有无义务的权利，也没有无权利的义务。"这就是权利义务一致性的原理，也是为学界和社会普遍认同的法的理念和法学主张，其基本观点是：（1）权利与义务是相互对应的，一定的权利总是与一定义务并存，一定的义务也与一定的权利同在；（2）权利与义务是相辅相成的，权利是义务的前提，义务是权利的保障，义务以权利为根据，是权利实现的条件，权利以义务为要求，是义务履行的目的；（3）权利与义务是彼此并重的，既不应该片面强调权利也不应该片面强调义务，法在赋予权利时应要求义务，在要求义务时应赋予权利；（4）法在实施过程中，各法律关系主体都应该在享有权利时自觉履行义务，在履行义务时依法享有权利。对于政府与管理相对人而言，相对人的权利便是政府的职责（义务），如社会秩序与公共安全的维护，又如大

---

① 参见王人博、程燎原著：《法治论》，山东人民出版社 1998 年版，第 102 页。

多数的行政许可和行政确认行为。反之，对政府的职权（权利），对行政相对人就是义务，如大多数的管理类行政行为、行政执法行为。

另一方面，权利与义务又具有天然的不对等性。权利与义务的一致性是从社会整体结构而言的。就个体的视角，结论却大相径庭。人的趋利避害的自然本性，使得每个人都有追求权利而回避义务的倾向，这是由权利与义务的不同属性决定的：其一，权利本身就具有直接满足人的需要的属性，而义务本身却没有这种属性，而需要通过权利来实现需要；其二，各种权利都能直接成为满足权利主体相应需要的现实，而各种义务却不能；其三，权利可以直接成为人的需要的客体、人的自然本性的需要物，而义务却不能。所以，权利比义务更能调动人的积极性和能动性。保障权利的法比明确义务的法更能得到人们的遵守和执行。

从法的价值而言，遵循"权利本位论"。法的价值目标只有权利而绝非义务。从世界法治的发展轨迹来看，是一个从义务本位向权利本位演化的过程。而我国传统文化里，则一直延续着义务本位的思想和观念。从现代法治的价值目标而言，结论是明确无误的：法的价值目标只是权利而绝非义务。法为人的权利而存在，义务为权利而存在，义务从属于权利，并与权利一起服务于人。

而从立法规范而言，则遵循"义务本位论"。在立法中，权利本位论会受到根本性的挑战。因为权利在很大程度上不需要法律去规定，人的自然本性会驱使他们行使权利，而且权利是个开放的体系，会随着社会发展而不断扩展。用法律去规定权利不是法的应有功能，而恰恰是对权利行使中的阻力和障碍，法应该去为之清除，即当义务不能自觉履行时，法律要发声音。英国的威廉·葛德文（William Godwin）就认为："权利是个人对他人的应得利益的要求，这种利益是从别人尽了他们的各项义务的过程中产生的。"[①] 所以，从立法规范的角度看，权利实现应当以义务性规则为重心，即认同"义务本位论"。

权利以法的义务规范为保障，其实是个浅显的道理。只有通过法律规定，强制性地让相关个人和法人履行法定的义务，相关权利人的权利才能实现。而没有法律规定的义务，只是道德范畴去调整的，具有不确定性。当然，立法设定的义务，鉴于其违背人的自然倾向和本能选择，应当以必要、适当和

①　［英］威廉·葛德文著，何慕李译：《政治正义论》，商务印书馆1982年版，第12页。

可行为准则。法定义务不是越多越好，这会无谓造成实现的难度。那些法律没有规范的权利，按照"法不禁止即为权利"的原则，公民、法人和其他组织可以正常地去行使和扩展。

（二）立法决策与改革决策

立法决策与改革决策有机结合，是中国在党的十一届三中全会开始现代法治进程时就确立的一条法治路径。因为中国法治的起步同时也是改革开放的起步，这是历史所作的选择，而不是法学家们可以自主作出的选择。所以，中国的法治从某种意义上来说，是有人为推进的强制因素。

从哲学的角度来考察，立法决策与改革决策的关系，其实是一个"破"与"立"的辩证与平衡关系。立法是遵循稳定的逻辑，是将现有的或认为是好的秩序固定下来；而改革是遵循变化的逻辑，是将现有的秩序废除或者改变，即改革是"破"，立法是"立"。这一破一立两种相反的张力如何实现结合与平衡？中外学者专家都有相应的研究成果。博登海默关注的是法律稳定与变化的辩证关系："法律中的许多变化都是缓慢而又渐进发生的。这些变化往往局限于法律制度的一些特殊方面，或局限于一个特定框架中的具体问题。法律秩序中受到影响的部分会在某种程度上发生变化。而其原有结构的大部分则仍保持不变。大多数法律改革都具有非整体的或不完全的性质，而这恰恰解释了下述事实，即稳定与变化在法律生活中趋于互相连接和互相渗透。"① 杨景宇是这样来理解法律的"定"和"变"的关系的：法律法规的特点是"定"，是在矛盾的焦点上画杠杠，一旦规定下来，全社会都要一体遵守。改革的特点是"变"，是突破原有的体制和规则。特点是"定"的法律法规去适应特点是"变"的改革要求，难度是很大的。总结实践经验，正确的态度是：（1）立法要体现中央关于改革、发展、稳定的决策。（2）立法要着重把实践证明是正确的改革成果、改革经验肯定下来；改革经验尚不充分的，如果迫切需要立法，那就先把改革的原则确定下来，并为进一步改革留下余地。（3）如果实践证明现行法律法规的有些规定已经不能适应形势的变化，成为改革的障碍，那就及时经过法定程序予以修改或者废止。②

---

① ［美］E. 博登海默著，邓正来译：《法理学——法律哲学与法律方法》，中国政法大学出版社1999年版，第326页。

② 杨景宇：《我国的立法体制、法律体系和立法原则》，载上海市行政法制研究所编：《依法行政与法治政府》，法律出版社2006年版，第12页。

中国确实用了 40 多年完成了西方法治国家用 300 多年走完的路程。这一进程是仓促了点，快捷了点，难免付出法治基础不够牢固、法律文化根基不够扎实等代价，但这又是不可避免的，从某种角度讲是必须付出的代价。与所获得的收获相比，还是得大于失。即便在今天，我们在推进法治的进程中，仍不能放弃改革的大旗，仍不能放弃立法决策与改革决策相结合这一既定原则。

当然，与 40 多年前的法治与改革相比，今天的改革已有新的时代的"枷锁"，用一句通俗的话说，我们已从 40 多年前的"自费改革"转向今天的授权改革时代。以上海浦东为例，在中央作出浦东开发开放决定之初期，即 1992 年，曾"自费改革"，一年内就推动制定了 7 部规章，其中 4 部为地方政府规章，3 部为国务院部门规章。① 这样的快速立法，在今天已经是再不可能"重现辉煌"了。今天的改革应该拿到"尚方宝剑"即授权改革，自主性改革的权限已有很大限制。

改革的难度既来自改革领域本身的复杂性和艰巨性，也来自法律本身惰性的弊端：滞后性及法律的"时滞"（timelag）、僵化性。究其原因：一是法律所具有的守成取向，这种倾向根植于法律的性质之中，即法律是一种不可朝令夕改的规则体系。所以，社会变化，从典型意义上说，要比法律变化快；二是源于形式结构中固有的刚性因素即法律规范框架中所固有的某种僵化性；三是与其控制功能相关的限度，即如果法律制度中的制衡原则过于严厉和僵化，那么一些颇具助益的拓展和尝试也会因此而遭到扼杀。②

党的十八届四中全会《决定》对立法决策与改革决策的关系，有新的阐述："实现立法和改革决策相衔接，做到重大改革于法有据、立法主动适应改革和经济社会发展需要。实践证明行之有效的，要及时上升为法律。实践条件还不成熟、需要先行先试的，要按照法定程序作出授权。对不适应改革要求的法律法规，要及时修改和废止。"从中透出的新的信息是，改革要在法治的大框架内进行，不能天马行空，独往独来。我们理解，今天的改革要在法治的大框架内进行，不能游离于法治的大格局外。面对改革的社会需求，立

---

① 4 部政府规章是：《上海市浦东新区土地管理规定》《关于上海浦东新区规划建设管理若干规定》《上海市鼓励外商投资浦东新区的若干规定》《关于上海市浦东新区外商投资企业审批办法》；3 部部门规章是：《关于设立中外合资对外贸易公司试点暂行办法》《上海市浦东外贸金融机构经营人民币业务试点暂行管理办法》《在华外资银行设立分支机构暂行办法》。

② 参见［美］E. 博登海默著，邓正来译：《法理学——法律哲学与法律方法》，中国政法大学出版社 1999 年版，第 402—404 页。

法需要在三方面下功夫：一是，要排除现有法律规范成为改革的"法制性障碍"，即对已经取得改革授权的地区和单位，可以允许对现有的法律规定中不相适应的部分作变通处理，以适应改革事业的特殊需要。二是，作为改革试点单位应该用足授权得来的"改革政策红利"，而不要浪费了改革的制度资源，即要有改革的勇气和智慧，保持改革的激情。但是，这种突破、变通是有限度的，不能随心所欲，不能对整体的法律秩序构成颠覆和破坏。三是，对经过先行先试的改革，被实践证明是正确的、可行的新制度，要及时通过立法将其固定；对不适应社会发展需要的原有法律规范，及时修改和废止，使这一管理领域从改革状态重新回到法制的轨道。

（三）法律规则与市场规则

法律规则是市场运作的根基。1992 年党的十四大把建立"社会主义市场经济体制"确立为中国经济改革的总目标。国内经济学界和法学界因此共同提出了一个有深远意义的论点："市场经济就是法制经济。"郭道晖回忆："这是为了强调市场行为是法律行为，必须用法律加以规范、引导和制约，以维护市场经济秩序的正常运行。"① 因而提出了应从速建立适应社会主义市场经济体制需要的法律体系，推动了立法步伐的大大加快。党的十五大之后，随着"依法治国，建设社会主义法治国家"基本方略的确立，"市场经济就是法制经济"的提法也随之调整为"市场经济就是法治经济"。对于"法治经济"的提法，郭道晖是这么认为的："法治经济"不仅要求以合乎市场经济规律的法制来为市场经济主体导航护航，而且要以制度规范行政权力在市场经济中的地位与作用，应当以市场经济主体的权利为本位，促进行政权力为市场经济主体的权利服务，制约行政权力对它的不法或不当干预，特别是要防止"人治底下的法制"的幽灵再现。②

在马克思主义看来，法律正是以生产和交换的经济活动为起源的。恩格斯就指出："在社会发展某个很早的阶段，产生了这样的一种需要，把每天重复的生产、分配和交换产品的行为用一个共同规则概括起来，设法使个人服从生产和交换的一般条件。这个规则首先表现为习惯，后来便成了法律。随着法律的产生，就必须产生出以维护法律为职责的机关——公共

---

① 郭道晖著：《法的时代精神》，湖南出版社 1997 年版，第 29 页。
② 郭道晖著：《法的时代精神》，湖南出版社 1997 年版，第 29—30 页。

权力，即国家。在社会进一步发展的过程中，法律便发展成或多或少广泛的立法。"①

为什么市场经济一定要是法治经济？因为法律保障着市场中两个最重要的元素：市场预期和财产权自由支配。马克斯·韦伯认为，现代法的自主性特点，使它能满足经济发展的需要：一是"由于现代法的'理性'特征，它的运作有很高的可预测性、可计算性，所以它能提供一个稳定、安全的环境，让人们安心地生产财富，进行各式各样的商业活动，并就自己长远的经济利益作出精心的规划和打算。"二是"经济发展中的情况是不断变化的，对于新的法律的需求也不断产生。由于现代法有其自主性，并且是专家们以理性思维刻意创建的，所以它有很大的灵活性，可以迅速发展以适应环境变迁的需要"。反之，市场规则对法律实施也起着促进作用，韦伯认为："从纯理论的角度看，市场的完全竞争恰恰是在技术上有利于促进法律对这部分经济的控制。"②

以亚当·斯密（Adam Smith）和大卫·李嘉图（David Ricardo）为代表的古典经济学家是最早主张以"看不见的自由市场之手"来设计社会和经济秩序的。他们从人的物欲和自私推论出法治秩序天然和谐的思想。这个理论在19世纪曾盛极一时。他们认为，只要权力能保证个别经济活动的重要条件，如产权保障、货币稳定，而又不限制人们按照自己自私的欲望去谋取利益的自由，那就会自然而然地形成好的经济秩序，社会所需要的多数产品就会生产出来而不需要强迫任何人这样做，生产者也会得到购买者的公平报酬。另一方面，那些不能或不愿满足社会需要的人则会失去市场、受到市场惩罚。这样，良好的秩序就会按照经济法则诞生，其中只需加上少许的权力即可。这种过于迷信"看不见的手"的思想未免流于盲目和幼稚，但他们对市场功能和价值的发现，对于今天的我们仍不无警示和启迪。如，我们今天特别强调政府之手不要过多干预"微观市场经济行为"，监督好不必要的市场准入行政审批以活跃市场，其理由是从当今中国实践的现实中总结出来的，但结论与古典经济学家的观点不谋而合。

在看到"看不见的手"的市场理性的同时，也应看到市场也有失灵的时候，这也就是政府这只"看得见的手"介入的缘由。所谓"市场失灵"是指

---

① 《马克思恩格斯选集》第2卷，第538—539页。
② 参见陈弘毅著：《法治、启蒙与现代法的精神》，中国政法大学出版社1998年版，第5页。

市场机制不能或难以实现资源的有效配置，从而给经济和社会生活带来不利影响，包括效率和公平两个方面的减损。经济学理论认为，市场经济应当由市场在资源配置中起基础性乃至决定性作用，只有在"市场失灵"时，行政权才可介入，因为此时资源由行政权调节比由市场调节能够产生更大的效益。"政府作为公共利益的保证人，其作用是弥补市场经济的不足，并使各经济人员所作决策的社会效应比国家干预之前更高。"①

　　基于这样的认知，我们就不难理解，为什么党的十八届三中全会《决定》会强调发挥市场在资源配置中的决定性作用与更好地发挥政府作用。这里需要强调，不能误读三中全会精神，只说发挥市场在资源配置中的决定性作用，而不说另外半句话：更好地发挥政府作用。今天我们对市场与政府的关系，或者法律规则与市场规则的关系，即"看不见的手"与"看得见的手"的认识更为清醒、理智和自信了。现实社会既会产生"政府失灵"，如计划经济时代的僵化生产与供给模式，也会产生"市场失灵"，如市场机制因无利可图而造成公共产品的短缺现象，需要政府予以提供。

　　政府与市场的关系，主要有四项职能：一是宏观经济调控。宏观经济政策调节，主要是中央政府的职权和职责。中国在从计划经济向市场经济转轨过程中，既认识到了市场在资源配置中的决定性作用，也看到了市场在某些领域某些时期也有失灵的时候，所以政府这只"看得见的手"仍要更好地发挥作用，发挥其宏观调控的功能。这是中国对市场经济客观、理性的认知后所给予的准确定位。二是微观市场监管。政府要减少对微观市场行为的干预，降低市场准入门槛，但这并不意味着政府在微观市场领域就全身而退了，在维护市场公平竞争方面，政府承担着控制市场垄断的出现，保护每个参与者的机会公平；在产品安全方面，政府更是责无旁贷，尤其在关系到人民生命安全和健康的领域，政府更要承担监管者的角色。三是环境生态保护。这是市场的利益驱动机制所无法有效控制的领域，所以需要政府进行监督和保障。环境保护还有跨行政区域的特点，需要不同行政区域之间建立立法与执法的协调与合作机制。四是劳动者权益保障。劳动者的权益，市场机制并不能给予切实的保障，只能仰赖政府这只"看得见的手"来发挥保护者的作用。而这些职能的实现，都需要法治予以保障。

---

　　① ［美］理查德·A. 波斯纳著，蒋兆康等译：《法律的经济分析》，中国大百科全书出版社 1997年版，第 129 页。

（四）法治与共治

法治与共治的关系主要体现在政府与社会的关系上。实际上，政府与社会的关系往往取决于社会发展的现状与需要。片面地强调社会自主性，以市民社会反抗政府或者国家，或者片面地强调政府自主性，以政府或者国家自主性，以公权力去压制社会自主性和创造力，都会陷入理论和实践的误区。就中国的国情与现实而言，政府需要处理好与社会的关系，党的十八届三中全会《决定》提出了一个新的命题，即"社会治理"，这是对原来"社会管理"提法的一种升华。党的十九大报告指出，要加强和创新社会治理，维护社会和谐稳定。党的二十大报告进一步提出，要推进多层次多领域依法治理，提升社会治理法治化水平。目前，围绕社会治理，有三篇重要的文章要做：

一是行业自律，如何克服其行政化倾向，避免其成为"二政府"。这一直是个尚未完全解决的问题。行业协会的行政化色彩过浓，缺乏应有的民间性、自治性、自愿性和自主性，就违背了行业自治组织的应有属性。而政府如果只是把行业自治组织当作自然延伸的一个管理部门，承担起政府在行政审批制度改革中被去掉但内心舍不得的一些职能，则客观上强化了其"二政府"的功能。其实，政府可以指导行业组织发挥其自治功能，同时又可以让其参与一些政府的决策，分担一些政府的功能，如参与政府的立法决策；参与行业规划的制定；参与政府的重大决策；承担政府委托的行业管理任务；建立行业诚信名录；建立行业信用等级制度；加强行业自我管理，维护行业成员的合法权益等等。这里，政府如何体现指导而不领导，委托相关事项而不授权管理，避免使行业协会成为"二政府"，重要的途径是通过立法制定行业协会的自治规则、权限、基本程序，使行业协会"在一个大笼子里自主飞翔"。这方面的立法实践还显得苍白，亟须探索。

二是社区自治，如何遵循"三分之二绝对多数规则"。社区自治的主要方式是通过小区章程和业主公约形成规则，并自觉遵守。那么，小区章程和业主公约按照什么规则形成？小区章程和业主公约能规定些什么内容？小区章程和业主公约一旦达成，若有业主违反，该如何救济或者纠正？这些问题，在我国的实践中并未破题。所谓"三分之二绝对多数规则"，是国际上在处理社区居民群体利益冲突时普遍采用的一种自治决策方式。当一种意见获得三分之二以上的居民同意时，便获得了实施的正当性，不同意的少数人应当无条件遵守。实践中，这一比例不尽相同，有的高达90%以上，但三分之二是底线，体现民意达到绝对多数。这一规则在我国《物权法》中第一次得到了体现，其第 76 条规定，在涉及筹集和使用建筑物及其附属设施的维修资金，改建和重建建筑物及其附属设施时，应当经专有部分占建筑物总面积三分之二以上的业主且占人数三分之二以上的业主同意。在旧区改造中，这一规则也得到了运用，如上海"平改坡"实事项目、广州旧楼加装电梯工程，都以三分之二以上居民同意为决策依据。但目前，"三分之二绝对多数规则"并未成为社区自治中普遍遵循的决策规则，即我们现在在社区自治中并未形成制度化自治决策规则。对此也未形成社会共识。上海中远两湾城曾探索过通过业主大会三分之二以上业主同意，授权物业公司对乱停车在小区通行道上的机动车实行锁车，并对车主进行罚款 50 元的处理。媒体因此产生争议，业主大会是否有设定处罚的权利？是否构成违法？有律师在媒体上认为其违法，理由是业主大会不是行政执法单位，没有行政强制权和行政处罚权。这位律师是将社区自治的行为认定行政行为了。说明即便是法律专业人员，也未对社区自治有基本的认知。当社区自治形成公约，少数居民不遵守怎么办？国际上普遍的做法是由法院依据社区公约强制执行。而在我国，目前法院并未将社区自治公约作为司法强制执行的依据。可见，我国的社区自治并未完成法治化的任务，立法基本还是空缺。

三是基层民主协商，如何变"为民做主"为"让民做主"。基层民主协商，是党的十八大提出的目标和任务，是我国民主协商制度的重要组成部分，也成为社会共治的一个新亮点。其核心是如何改变政府传统的"为民做主"的习惯，取而代之的是"让民做主"的新机制、新理念。上海在基层民主协商方面，有成功的探索，即旧区改造中的"两次征询意见制度"。这一制度，是在旧区改造的两个不同阶段，征收者与被征收者以及被征收者之间协商、沟通，达成一致意见的机制。第一次意见征询，是对居民"是否接受旧区改造和房屋征收"的意见征询，只有同意搬迁的户数超过 85 以上的比例，才能办理该地块房屋征收的前期手续；达不到比例的，旧区改造暂缓。第二次征询意见，是在第一次征询意见赞成户数超过规定比例（85%）之后，对征收补偿安置方案的意见征询。此次征询同意者将签订"附生效条件补偿安置协议"，而规定期限内签订"附生效条件补偿安置协议"的户数达到居民总户数的三分之二以上的，所有签订的协议才会生效，旧区改造项目才能够真正进入实施阶段。"二次征询意见制度"中的民主协商是以信息全部公开透明为基础的。在此过程中，意见征询过程及情况、居民及房屋的基本情况、补偿安置方案、签约动态情况、补偿安置结果实行"五公开"，使居民不仅对自己，也对所有其他居民的信息了如指掌，不再有"黑箱操作"和"糊涂账"。这一制度唤醒了居民的自我维权意识和自治意识，大大减少了居民与政府的对立情绪，纠纷也因此大大减少。但这一成果范例的复制和在其他领域的推广还显得薄弱。

如果说，社会管理是建立在有一套管制型法制基础之上的话，社会治理更需要一套社会法或者称为"软法"来保障。无论是行业自律、还是社区自治，或者基层民主协商，都需要一套自治规则来明确社会权利的边界、自治的强制效力。从过去40多年的我国法制实践来看，对于管制型立法即立"硬法"，还稍有些心得，对于社会性立法即立"软法"，则还未掌握其规律。

（五）法治与德治

法治与德治的关系是基于法律与道德的辩证关系。在法学家眼里，法律与道德的关系是贯穿于整个法哲学的全局性问题。如，道德观念影响法律制度和受法律制度影响的途径和方式？道德概念和原则是否进入一个适当的法律定义中？法律中是否需要道德批判？批评法律制度的道德理性原则和我们默许法律制度的道德基础是什么关系？等等。

道德由美德、原则和规则所组成，人们有义务培养美德并将其付诸实践，有义务依原则行事，有义务遵守规则。而"义务"是根本性的道德概念。[①] 法律与道德，是这样一种关系：两者的区别是很明显的：（1）法律调整人们的外部关系，道德则支配人们内心生活和动机，即调整内在行为；（2）法律基于"性恶论"的哲学依据，道德基于"性善论"的哲学依据；（3）法律是一种强制其"遵守"的他律机制，道德则是一种希望得到"尊重"的自律机制；（4）法律是一种管制的强制秩序，道德则是一种共治的社会秩序；（5）法律具有统一的、普遍适用的一元性特征，道德则具有具体的、不确定的、多样性、分层次和群体的多元性特征；（6）法律是一种实在法，道德则是一种自然法。[②] 但是，另一方面，法律与道德存在着不可分离性："法律与道德代表着不同的规范性命令，然而它们控制的领域却在部分上是重叠的。从另一个角度来看，道德中有些领域是位于法律管辖范围之外的，而法律中也有些部门在很大程度上是不受道德判断影响的。但是，实质性的法律规范制度仍然是

---

① 参见［英］A. J. M. 米尔恩著，夏勇、张志铭译，《人的权利与人的多样性——人权哲学》，中国大百科全书出版社1995年版，第38页。

② 参见刘平：《法治与法治思维》，上海人民出版社2015年版，第388—390页。

存在的，其目的就在于强化明确使人们对一个健全社会所必不可少的道德规则的遵守。"①

法治与德治的结合，正是源于法律与道德之间的不可分离性。这种不可分离性表现在以下几方面：其一，法律与道德的渊源是相同的，均来源于习惯和有意识地禁止某种行为；有些法律规则直接源于道德规范，如惩治欺诈、盗窃、虐待、诽谤的法律规则等；其二，内部行为与外部行为是不可分离的；其三，法律是"最低限度的道德"，即法律是守道德的底线；其四，制度系于道德，即法律秩序要靠道德的遵守来维系，不然，会出现"法不责众"的秩序崩溃；其五，法具有"内在道德"，如法必须公布于众、法不溯及既往、法应当明确无误不矛盾、法应当可为人遵守、法应当稳定，等等；其六，法的效力就是其道德效力，法应当与社会现实一致，而社会现实是一个成功的社会所持有的道德态度、原则、理想、价值和行为的复合。上述这些理念，正是立法中所应当遵循或者追求的。

三、立法中的成本与效益分析

法律经济学和制度经济学的研究都表明，如果某一立法所引起的支出大于其收益则该领域进行立法便缺乏合理的依据；如果某一具体立法的收益大于其成本则立法的合理性便毋庸置疑。对制度设计进行成本收益分析，在一些国家已被广泛运用。美国卡特总统曾签署总统行政命令，要求政府在制定规制政策时进行成本收益分析，只有在一项规制政策的潜在收益大于潜在成本时，规制才可以实施。②

经济分析法学作为经济学和法学的交叉学科，其方法论的优势得到了学界的广泛关注，在政府系统也宣扬过一个概念：成本效益分析。2004 年国务院颁布《全面推进依法行政实施纲要》，在我国第一次完整地规定了立法的成本效益分析原则，即："积极探索对政府立法项目尤其是经济立法项目的成本效益分析制度。政府立法不仅要考虑立法过程成本，还要研究其实施后的执法成本和社会成本。"

① ［美］E. 博登海默著，邓正来译：《法理学——法律哲学与法律方法》，中国政法大学出版社1999 年版，第 379 页。

② 朱新力：《现代行政法与政府规制》，载 www.legaldaily.com.cn.

但遗憾的是，法的成本效益分析这一制度，目前在我国仍停留在学界的理论研究层面，未曾落地，在实践中也未能予以推行，近年来还有日渐式微的趋势。但笔者认为，法经济学在立法、执法领域仍有积极的价值，值得借鉴和应用。

（一）立法中的"效益"原理

起源于 20 世纪 60 年代的"经济学法学"学派，主张将经济学中的成本效益分析运用于法律领域，形成一门独立的学科。其主要观点是：当代社会的弊端主要是由国家干预过多造成的。要想使社会恢复活力，需要实行新的自由放任政策，充分利用市场机制。其在法律领域的核心思想是："效益"，即以价值得以极大化的方式分配和使用资源，或者说财富极大化，是法的宗旨。波斯纳指出："从最近的法律经济学研究中获得的一个重要成果是，法本身——它的规范、程序和制度——极大地注重于促进经济效益。"在他们看来，法律的根本宗旨在于以价值极大化和方式分配和使用资源，或者通过法律的参与使社会财富达到极大化的效益目标，因此，效益原则既然是法律得以建立的基础，那么法律制度的构建也应当以此为出发点和归宿。在他们看来，效益或效率才是法律的最主要价值。正如波斯纳所说："正义的第二种含义——也许是最普遍的含义——是效率。"①

效益原理对于立法有两个作用：其一，效益原理决定着立法者是否运用法律手段干预经济生活（交换），即国家是否提供经济运行的制度形式，取决于它带来的产值增加量是否超过交易费用。只有制度能够较少交易费用时，它的出现才是合理的。其二，权利的保护应当根据效益原理来确定。法律有三种保护权利的方法：一是财产规则，能够使所有者禁止他人侵扰，除非其愿意以相互都可以接受的代价放弃权利；二是责任规则，其允许无权者以客观上确定的价格，按照损害补偿的原则，去购买他人所拥有的部分或全部权利。三是不可剥夺规则，即当一个权利是由不可剥夺的规则保护时，权利的任何转让都是被禁止的，如自由权和选举权等。也就是说，当交易费用很高时，财产规则很可能是无效益的，这会使对权利交易估价较低者享有权利，这时责任规则就可以取代财产规则，使权利估价较高者获得权利，也使市场交换

---

① ［美］理查德·A. 波斯纳著：《法律的经济分析》，转引自尹晋华主编：《法律的真谛——写给执法者的书》，中国检察出版社 2006 年版，第 56 页。

过程的效益加倍。

（二）立法中的"科斯定理"运用

科斯定理是经济分析法学的理论基础和基本框架。科斯定理的第一律是：如果交易费用为零，不管怎样选择法律规则，配置权利，有效益的结果都会出现。换言之，当交易费用为零，并且个人是合作行动时，法律权利的任何分配都是有效益的。科斯定理的第二律是：如果存在现实的交易费用，有效益的结果就不可能在每个法律规则、每种利益配置方式下发生。换言之，在交易费用为正的情况下，不同的权利界定和分配则会带来不同效益的资源配置。有效的权利界定和分配是能使交易费用的效应减至最低的界定和分配。科斯定理提供了根据效益原理理解法律制度的一把钥匙，也为朝着实现最大效益的方向进行立法规制提供了理论依据。

"交易费用"是现代经济学中最丰富的概念之一。交易费用指生产以外的所有费用，包括信息费用（发现交易对象、产品质量、交易价格、市场行情等的费用），测量、界定和保护产权的费用（即提供交易条件或者交易前提的费用），时间费用（包括讨价还价、订立合同的费用），执行合同的费用，监督违约行为并对之实行制裁、用以维护交易秩序的费用，以及风险的费用。交易通常与制度相连，这里的制度是指多个遵循同一规则的交易的集合，是经过交易多次重复形成的人与人之间的行为规范。经济分析法学强调，制度（包括法律制度）的存在是以交易费用的存在为前提的。只有存在交易费用，制度才是需要的，因为制度就是为了使经济运行的交易成本最小化。立法即制度构建中，对交易费用的关注，不仅运用于经济制度设计之中，也包括社会制度乃至政府管理行为之中。因此，科斯定理在立法中的运用途径和领域是十分广泛的。

（三）立法中对行政预期保值与增值的选择

行政预期的保值，是指行政法具有必要的行政效益；行政预期的增值，则是指行政法实现了可能的行政效益。实现了行政法所确认的行政预期，便是实现了行政预期的保值；合法地实现了法定预期之外的行政预期，便是行政预期的增值。[①] 这是立法中必须弄明白并且加以区分的两种价值。

行政法对行政预期的保值功能，主要是通过"消极行政"实现的，即明

---

① 参见宋功德著：《行政法哲学》，法律出版社 2000 年版，第 67 页。

确界定行政权与相对方权利，行政主体只能严格地依法行政，既不能违反行政组织法与行政行为法的明确规定，也不能在没有法律明确授权时实施行政行为；行政相对方也只能被动地接受行政法的调整，消极地接受行政管理。这样，使得每个相对方都能平等地依法拥有为自己的利益进行选择的自由，使行政预期实现保值。立法中涉及的行政审批制度改革、经济领域实行的"负面清单"制度，都属于保值功能的实现。

行政法对行政预期的增值功能，则是通过"积极行政"来实现的，即通过行政法的激励机制、行政主体的积极作为、相对人的积极参与，实现可能的行政效益。因为行政法可以明确地支持增值的意思表示，由于在特定社会中，社会资源总是稀缺有限的，理性的行政法可以有助于所有的社会资源得到最大限度的利用，可以通过激励、引导超过平均能力水平的特定主体对超过平均利用水平的社会"剩余"资源进行充分、合理的利用，从而实现行政预期的增值。立法中社会保障制度、公共产品的提供、给付行政的设定，都属于增值功能的实现。

（四）立法中的违法成本与守法成本比较

波斯纳发现，法律规则与市场机制有着惊人的相似之处：像市场一样，法律利用与机会成本相等的价格引导人们把效益极大化。如在补偿赔偿金用于违反法义务的补救的地方，责任的影响不是去强迫服从法律而是强迫违法者支付与违法的机会成本相等的价格。如果那个价格低于他从非法行为中得到的价值，其违法能得到极大化的效益，那么法律制度就是在鼓励违法；如果价格高于他从非法行为中得到的价值，效益促使他不去违法，赔偿性补救提供了矫正违法行为的刺激。

事实上，相对人对违法还是守法的选择，是根据其能否获得效益为衡量标准的，当违法的成本高于其守法的成本时他会选择守法。作为立法者，在制度设计时，要对违法成本与守法成本孰高孰低作出分析，从制度上避免违法者从错误的行为中获利。以货车超载的执法为例，如果不像目前执法的方式，以收费或者罚款使之违法行为合法化，一路可以通行无阻，而是严格实施对超载部分卸载规定，一旦发现有超载行为，强制性地进行卸载，使其符合法定的重量，即便不罚款或者收费，其违法成本仍会高于守法成本，因其超载部分还得通过其他运输工具完成运输，成本不会比正常的运输低，这样的话，超载现象自然会减少乃至消亡。

第十二章　民主立法

民主立法是与科学立法相伴而行的另一个重要概念。民主立法的核心在于为了人民、依靠人民。① 相对而言，民主立法比科学立法具有更为悠久的历史渊源。

一、代议制民主与立法

代议制是指公民通过选举代表，组成议会行使立法权的制度，是间接民主的形式。现代国家普遍实行代议制。民主国家的代议机关是议会，所以代议制又称议会制。中国的人民代表大会是代议制，人民选举代表组成人民代表大会统一行使国家权力。如果说人民主权的理念为现代国家提供了合法性的依据，解决了现代国家的权力来源的问题，那么代议制民主则为现代国家实现其合法性提供了制度安排，解决了现代国家的权力运用问题。② 美国开国时期的著名政治哲学家托马斯·潘恩（Thomas Paine）认为代议制是共和政府的最好形式，因为"代议制集中了社会各部分和整体的利益所必需的知识。它使政府始终处于成熟的状态。"③

对于代议制民主而言，议会是其基本的核心设施。议会的主要功能就是立法与监督。④ 议会作为立法机关，由于其组织形式是合议制，又是社会利益的汇聚点，决策内容本来就是以协调、妥协与竞争为主，目的是凸显政策背

---

① 习近平：《关于〈中共中央关于全面推进依法治国若干重大问题的决定〉的说明》。
② 参见王保民著：《现代国家政府立法角色研究》，法律出版社 2015 年版，第 1 页。
③ ［美］托马斯·潘恩著，马清槐译：《潘恩选集》，商务印书馆 1981 年版，第 246—247 页。这里所说的"政府"应作广义的理解，应是一个行使公权力部门的集合体。
④ 参见吴大英、任允正、李林著：《比较立法制度》，群众出版社 1992 年版，第 126 页。

后的各种声音，以达成民主政治中的充分讨论，因而成为宪治运作的重心。①

（一）代议制民主的历史脉络

代议制的雏形产生于古希腊的城邦共和制国家。公元前 8 世纪至公元前 4 世纪，希腊地区出现了以城市为中心的诸多奴隶制小国的政权组织形式和统治方式，国家设立执政官、贵族会议和公民大会等机构，在人类历史上初步形成了民主政治形式，这就是代议制的民主政治雏形。但准确地说，古希腊的城邦共和制国家都是直议制国家，因为所有公民都可直接参政，所有符合条件的公民都可以直接进入公民大会。

现代代议制思想的一些基本要素是在中世纪漫长的历史过程中逐渐孕育形成的。它的基本内容包括：代议制是政治权力的最终；王权源于人民权力的转让，但人民仍保留着对它的所有权和终极控制权；公共权力的使用应以社会共同体的同意为基础，关涉大家的事需得到大家的同意，应成为立法、建立政府及其他代议制的基本原则；由各等级或社会团体选派的代表组成的机构能够行使共同体的政治权力，特别是立法权和征税权。13 世纪英国出现著名的"大会议"和"模范会议"的代议制形式，中世纪一些欧洲封建城市共和国相继采取的代议制的内容和形式，如法国的"三级会议"，德国的"帝国议会"，但是这些代议制形式重于内容，本质上还是封建专制，不能称为真正意义上的代议制度，或者说，并不是资产阶级的代议制。

在中世纪代议民主制度产生和发展的过程中，政治推理和观念创新经常起到先导的作用，所以，代议制民主思想在中世纪有着悠久的历史和复杂的发展过程。如当代民主理论家 R. 达尔（Robert Alan Dahl）所说的，现代民主思想属于一种"混合物"。它们有的是对古典时代和日耳曼先人直接民主思想的继承，但大部分是中世纪的创新，是在中世纪特定的历史条件下，由一些具有不同的思想因素经过生长、转换、蜕变、更新以及相互融汇的复杂过程而形成的。在中世纪结束的时候，它已经初具轮廓，为近代代议民主思想准备了充沛的思想资源。当 17—18 世纪近代民主产生的时候，它采取了间接民主即代议制民主的形式，在这种制度下，公民不是直接参与政治决策过程，而是通过他们的代表，公民的政治权利主要体现在选举代表的权利上。近代意义上的代议制度起源于英国，1688 年"光荣革命"后产生的封建等级代表

---

① 参见王爱声著：《立法过程：制度选择的进路》，中国人民大学出版社 2009 年版，第 109 页。

会议，与内阁制相结合而正式确立，进而形成了凌驾于国王之上的最高立法机关。这种议会制被其他国家认可且迅速传播和效仿。

如果说 17—18 世纪政治学的使命主要是在彻底批判专制及其政治学说的基础上阐述民主制度的政治思想和政治原则，那么，从 19 世纪以来，随着革命的完成，政治学的主要任务之一就是探索国家应当采取什么样的政府形式，才能更有利于政治管理。显然，这个问题的回答不能纯粹依靠以往那些抽象的理念如社会契约、天赋人权等原则，而必须创立一些新的更具体的政治理论，用来指导民主国家的政治实践。现代代议制理论就是在这种背景下产生的。

社会主义国家的代议制思想源于马克思、恩格斯的科学社会主义学说。恩格斯认为社会主义国家只能实行民主共和制。列宁在肯定和批判了以往的代议制的同时，也创造性地发展了社会主义代议制理论，他说："民主共和制是资本主义所采用的最好政治外壳。"并提出："摆脱议会制的出路，当然不在于取消代表机构和选举制，而在于把代表机构由清谈馆变成'工作'机构。"在列宁的心目中，理想的代议制应是巴黎公社式的议行合一的模式，"在公社代替资产阶级社会贪污腐败的议会的那些机构中，发表意见和讨论的自由不会流为骗局，因为议员必须亲自工作，亲自执行自己通过的法律，亲自检查实际执行的结果，亲自对自己的选民直接负责。代表机构仍然存在，然而议会制这种特殊的制度，这种立法和行政的分工，这种议员们享有的特权地位，在这里是不存在的。"[①]

毛泽东在抗战时期，为适应国共合作的形势，提出了"三三制"（共产党员、进步分子、中间分子各占三分之一）边区政府参议会制度理论。1940 年，毛泽东在《新民主主义论》中分析中国革命的前途时提出了人民代表大会制度理论，他说："中国现在可以采取全国人民代表大会、省人民代表大会、县人民代表大会、区人民代表大会直到乡人民代表大会的系统，并由各级代表大会选举政府。但必须实行无男女、信仰、财产、教育等差别的真正普遍平等的选举制。"[②] 这是建立人民代表大会制度的理论依据。从早期的工农兵代表大会到抗战时期对于国民大会的主张直到后来的人民代表大会。这些都是中国特色的代议制——人民代表大会制度的理论基础。

中华人民共和国实行的人民代表大会制度也是代议制的一种形式，但与

---

① 《列宁全集》第 31 卷，《国家与革命》第 3 章。
② 《毛泽东选集》第 2 卷，第 677 页。

西方国家的议会制有本质的不同，它是一种新型的代议制。根据《中华人民共和国宪法》规定，国家的一切权力属于人民，人民通过人民代表大会行使国家权力。全国人民代表大会是国家最高权力机关，统一行使国家权力，不仅直接行使立法权，而且由它产生国家行政、审判、检察等机关。这些机关都向人民代表大会负责，并受其监督，从而保证了人民真正行使国家权力。人民代表大会与行政、司法机关之间，虽然在职权上有所分工，但不是三权分立的关系，而是实行民主集中制。

（二）代议制民主的法理溯源

英国的约翰·密尔认为："理想上最好的政府形式就是主权或作为最后手段的最高支配权力属于社会整个集体的那种政府；每个公民不仅对该最终的主权的行使有发言权，而且，至少是有时，被要求实际上参加政府，亲自担任某种地方的或一般的公共职务。"① 这就是我们理解的直接民主方式。但是，由于现代国家疆域广袤、人口众多等客观条件的局限，实际上不可能每个人都亲自担任公共职务，正如萨贝因所指出的："由聚合在一起的全体人民实行的直接民主制，与其说是一种政体，不如说是一种政治神化。"② 所以，密尔认为："一个完善政府的理想类型一定是代议制政府了。"③

从法理上确认政治权力源于和属于社会共同体，是代议制民主思想的前提。在这一点上，它与直接民主有着共同的基础。在中世纪的欧洲，这一思想的主要源头是日耳曼人的部落民主传统，同时汇合了古希腊城邦民主传统和古罗马共和传统。中世纪史研究大家沃尔特·乌尔曼（Walter Ullmann）曾指出，关于政府权力，中世纪主要并存着两种理论传统：一种是"下源理论"，意为政府权力的流向是自下而上，亦称"民授理论"。这种理论将政府权力追溯至人民或共同体，政府只是受人民或共同体的委托行使权力。这就是塔西佗（Tacitus）所记载的日耳曼人的传统。第二种是"上源理论"，意为政府权力的流向是自上而下的，亦称"神授理论"。这种理论将政府权力归结到世界的至高存在或上帝，除了上帝，没有别的权力。权力结构如同一座金字塔，权力自上而下流动，处于其顶端的是上帝。政府只是代表上帝行使权

---

① ［英］约翰·密尔著，汪瑄译：《代议制政府》，商务印书馆1984年版，第43页。

② ［美］乔治·萨贝因著，托马斯·索尔森修订，邓正来译：《政治学说史》（上卷），上海人民出版社2008年版，第34页。

③ ［英］约翰·密尔著，汪瑄译：《代议制政府》，商务印书馆1984年版，第55页。

力。这种理论源于基督教，完全属于"拉丁-罗马"的气质。乌尔曼认为，中世纪政治学说史在很大程度上是这两种政府理论的冲突史。

在中世纪前期，由于基督教的绝对优势的影响，日耳曼人采取了基督教的"神授理论"，"民授理论"被逐入地下，直到 13 世纪末才浮现出来，恢复其理论地位。从那时起，"神授理论"越来越退隐到后面，"民授理论"成为主流。日耳曼人的"民授理论"以两种方式确认社会共同体是政治权力的最终。首先，日耳曼人以部落大会或民众大会为部落的最高权力机构。国王虽然地位显赫，但是按日耳曼人的一般观念，他只是"大于个人"，却"小于整体"。其次，日耳曼人认为，共同体的最高权威是法律，而法律的权威源于共同体的习俗。根据日耳曼人独特的观念，法律源于共同体的习俗，是远古即已存在的共同体习俗的记录。所以法律是"被发现的"而不是被制定的。由于习俗是社会成员在长期的共同生活和交往中自然形成的稳定的观念、规范、礼仪和生活方式，得到了共同体成员的默许或认可，因而源自习俗的法律被视为经过了社会成员的同意，得到共同体权威的支持。

作为古希腊城邦公民文化的忠实表达者，亚里士多德将城邦理解为公民共同体，而公民的特征在于参与城邦的立法和司法事务。13 世纪以后，亚里士多德对城邦民主精神的诠释便融入欧洲思想界的主流传统，并为其进一步深化提供了理论支持。到 13 世纪，"关涉大家的事需得到大家的同意"这一原则已经广泛流行。G. 波斯特（Gaines Post）经过仔细研究后指出，13 世纪法学家借用和融合了三个概念，将"关涉大家的事需得到大家的同意"这一本属私法程序上的狭义的同意原则运用到共同体的政府上。这三个概念是：第一，即使有少数不同意，多数仍有对共同体事务的决定权；第二，继承古典的程序原则，将所有利益相关的人的同意作为适当程序的本质特征；第三，使各个人或多数人的同意隶属于团体或共同体的意见，或公共福利，人们认为，统治者是其唯一的监护者或裁判者。"关涉大家的事需得到大家的同意"这一原则运用于政治权力结构，便体现为中世纪后期政治思想家对混合政体的普遍认同。然而，"大家的同意"以何种方式表达出来或怎样才能获知"大家"的意愿呢？中世纪早期的人们所能够想象的仍然是城邦时代的直接民主模式，"民主权力只能由公民亲自和直接地去行使，不知道将投票箱送到各地，或把各地的代表选送到首都的民主操作方法"。那时仍残留的日耳曼人的民众大会也属于直接民主。当这种直接民主在地域广大的国家已经无法操作的时候，必须发明出一种行使社会共同体权力的新方式，这就是代议制度。

代议制度的发明在思想观念上需要解决这样几个关键性的问题：第一，代表观念的形成，即一个人、若干人或一个团体能够选举他们的代表，授权他来表达自己的意志，行使自己的权力，代表所表达的意志就被视为他们自己的意志；第二，代议机构的概念，即由选自全国各个等级和团体的代表组成的代议机构作出的决定就被视为整个共同体的决定；第三，对代议机构的议事规则的确认，其中主要是作出决定需遵循数量原则，即多数的意见就被视为整体的意见。罗马时代就有社会共同体将权力转让给皇帝的概念，这样，皇帝便被视为整个帝国的代表。在中世纪，人们将君主视为共同体的代表，但这里代表的意思仅仅是以寓言譬喻的方式将君主视为共同体的人格化象征，而共同体被视为抽象的整体，这与代议民主制度中的代表概念完全不同。中世纪的人还不熟悉作为个人集合体的政治共同体概念，在他们的观念中，政治共同体是若干次级共同体的有机组合，而代表也是这些次级共同体的代表。不过，中世纪这种观念却构成近代代表思想的先驱。

根据亚瑟·莫纳汉（A. P. Monahan）在《同意、强制和限制——议会民主的中世纪起源》一书中的说法，有两个源于罗马的概念促成了"代表"观念的形成：其一是法人概念，即作为集合的或团体的实体自身就可以被看作是一个人；其二是代理人概念，即代理人作为个体可以体现、代表另一个人或团体并能以另一人或团体的身份作出行为。当两个概念充分展开后，代表的含义就建立在政治社会所有成员的个人权利的基础上了。选举产生的代表拥有立法权的现代议会民主理论才告形成。代表的概念与"关涉大家的事需得到大家的同意"这一原则相结合，为议会的合法性及其权力提供了最有力的理论根据。议会因其成员代表了社会不同的群体和等级，所以被认为代表着社会共同体的政治权威。

代议制背景下的现代议会，作为民意的代表机关，代表选民行使国家权力，它以法定程序为保障，最大限度地反映民情，汇集民意，以体现民主的价值追求。议会的立法权作为一种创制权，对这种民主的价值追求，决定了其在结构和运作方式上的一般特征，即立法机关都是集体合议性、代表性、公开性和非专业性的，这恰恰区别于行政机关的一般特征，即等级性、次代表性、秘密性和专业性的。

（三）代议制民主的局限与公民直接民主的回归

在经历了"议会至上"的黄金时代，进入 20 世纪之后，世界各国的议会代议制的决策模式与日益复杂的社会经济事务管理之间越来越缺乏相容性，越来越难以适应现代社会对立法数量、立法技术、立法时效和灵活性的要求，从而影响了议会在立法中传统主导地位的保持，这是当代议会政治面临的严峻挑战。代议制民主的局限表现为[①]：

1. 代议制缺乏协调与领导决策的能力。各国议会通常由数量不等的议员组成，每位议员有平等发言与表决权，议会组织的扁平化，导致缺乏命令与服从的指挥系统。"总统只会发出一种声音，而议会却有许多种。国会被分成许多委员会和附属委员会——其主席力图争取传媒的注意力——而这拖延且常常阻止了一致意见的形成。国会期望甚至要求总统的领导，而常常在争议和讨论后给予总统所想要的东西。"[②] 这种平等与分化的特质，常使议会群龙无首，缺乏展开协调与领导决策的能力，因而影响立法效率。

2. 议会工作时间有限，工作程序烦琐、冗长。为保证所议事项能得到充分考虑，各阶层的利益得到充分表达，议会需要遵守严格的议事程序。一般的立法程序多须经过"三读"方能通过，耗时费力，效率低下。对于一些社会急需的立法事项，尤其是国家处于危机时的立法事项，该种议事程序很难适应需求。

3. 政党对议会的控制降低了议员的自主性和议会的重要性。19世纪末以来，世界的趋势是政党结构由松散趋于纪律严明，议员根据良知判断，代表选民的角色削弱。政党取代议会成为代表民意的主要代理者，议会应当具有的辩论殿堂的功能，因议员对政党的忠诚及政党能支配议员的投票而下降。"欧洲的议会确实比美国国会更理性、更有效率，但同样它们的权力也更少且更缺乏趣味性。效率导致了衰弱。"[③] 议会的重要性逐渐失去，而政党和政府逐渐受到重视。

4. 议会的非专业性。现代立法中的许多问题触及专业性、技术性领域，缺乏专业技术知识便无法胜任立法。而议会中的议员的知识结构广泛而不精深，虽可掌握政策方向，但一接触技术性问题便显得捉襟见肘，能力有限了。为了解决此种问题，有些国家一方面加强议会常设委员会建设，另一方面强

---

① 参见王保民著：《现代国家政府立法角色研究》，法律出版社2015年版，第121—124页。

② ［美］迈克尔·罗斯金等著，王浦劬、林震等译：《政治科学》，华夏出版社2001年版，第296页。

③ ［美］迈克尔·罗斯金等著，王浦劬、林震等译：《政治科学》，华夏出版社2001年版，第296页。

化议会独立的立法调研和技术评估能力建设。但仍无法根本改变非专业性的局限，因此，"凡技术问题采取委任立法，这已成为一项行政法通则"。①

5. 政策选择的困难。现代社会的立法很多涉及政策选择问题，对这些敏感问题表现出较为明确的态度，有时并非明智的选择。为了回避这些尖锐问题以逃避政治责任，议会也会授出立法权力，避免在利益派别林立中政治内耗所带来的消极影响。

上述议会自身结构及其运作方式上的局限与20世纪以来社会发展的立法需求之间产生了一系列矛盾，包括：现代社会的立法需求的急剧增加与议会会期时间有限并且运作低效的矛盾；社会问题的复杂化、专业化和技术化与议会的非专业性之间的矛盾；现代社会的社会关系更大的流动性以及社会问题的突发性和紧迫性与议会缺乏领导的协调能力并且运作程序僵硬之间的矛盾。难怪有西方学者断言："代议民主制的历史作用已经完成了。"②

美国未来学家约翰·奈斯比特（John Naisbitt）曾预言，民主政治从低到高需依次经过代议民主、参与式民主和自治民主三种不同形态。其中的参与式民主是允许公民更加广泛地参与公共事务，保障他们进行有效参与的各种经济和社会条件，并在社会和政治生活中为公民社会腾出更多的自治空间。所以，参与式民主（Participatory Democracy）也称为半直接民主，是向完全的公民自治过渡中的一种政制形态，是对间接代议制民主缺陷和不足的有益补充和优化，是向直接民主的一种合理回归。

作为对代议制立法的一种补充和优化，以公众参与为特征的立法程序民主化被广泛运用，主要有两个途径：一是公民和社会团体等能够直接、充分参与、影响和监督立法过程；二是要求立法主体有民主化的立法活动程序，立法活动有更多的公开性，以此实现体现人民意志，保护人民利益的立法目标。

（四）我国公众参与立法的途径

从地方立法民主的内容和形式看，我国主要是沿着两条主线发展的：一是人民代表大会及其常委会内部在制定法规中的民主制度，包括提案制度、审议制度、表决制度等，保证立法机关内部有充分的民主程序；二是面向人民、

---

① 龚祥瑞著：《比较宪法与行政法》，法律出版社1985年版，第439页。
② ［美］约翰·奈斯比特著，姚琮编译：《大趋势》，科学普及出版社1984年版，第60页。

面向社会，广泛采纳民意、反映民情、集中民智的各种制度与形式，使地方立法活动成为公民有序参与国家管理的形式和载体。①

从国家层面来看，向社会公布立法草案，广泛征求社会各界意见，是我国民主立法的一项重要举措。党的十七大报告指出："制定与群众利益密切相关的法律法规和公共政策原则上要公开听取意见。"据全国人大常委会法工委负责人介绍，此后公布法律草案主要有两种形式：一是提请全国人大常委会审议的法律草案，经常委会初次审议后，一般都要在中国人大网站上予以公布；二是对关系改革发展稳定大局，关系人民群众切身利益，社会普遍关注的重要法律草案，经委员长会议决定，同时在中央主要新闻媒体和中国人大网站上公布。② 以广泛听取社会各界对国家立法的意见、建议和需求。

从 2008 年开始，国务院为推行公众参与立法的程序，明确行政法规草案除涉及国家机密、国家安全的以外，全部向社会公布，广泛征求意见。这被誉为汇万民之智，集百家之言的"开门立法"，得到社会各界的普遍关注和支持，成为我国立法民主进程中的一座里程碑。

需要说明的是，参与权（政治权利的一种），并不是决定权，公众参与立法活动并没有替代代议制民主的立法制度，只是对代议制民主的一种补充和优化。

在我国，对于提高立法民主性，有三个环节需要完善：一是，需要做好对公众意见采纳情况的反馈并说明理由，这是我们目前尚未做或做得不到位的，需要加以完善，以保障这一民主制度不流于形式而式微。党的十八届四中全会《决定》中也对此明确提出了要求。③ 二是，要特别重视群体利益代表组织如行业协会、居民自治组织、消费者保护组织、律师协会等的参与。参照域外的立法实践，立法中的利益表达主要不是通过公民个体参与，而是由利益代表的社会团体和组织来实现的。这样的立法成本更低，利益代表性也更全面。三是，要探索目前世界上比较盛行的"协商式民主"、城市论坛等公众辩论式的参与立法新机制。还要发挥民主党派、工商联、无党派人士、人民团体的民主协商在立法程序中的作用。

---

① 参见谢天放等：《我国地方立法的演变与展望》，载于上海行政法制研究所编：《地方立法的理论与实务（2005—2006 年研究报告集）》，法律出版社 2007 年版，第 58 页。
② 参见《法律草案公开实现常态化》，载 2009 年 2 月 25 日人民日报。
③ 《中共中央关于全面推进依法治国若干重大问题的决定》第二部分："拓宽公民有序参与立法途径，健全法律法规章草案公开征求意见和公众意见采纳情况反馈机制，广泛凝聚社会共识。"

二、民主立法中的几个法理问题

立法走群众路线，坚持民主立法，是我国法律制度的必然要求。在我国，立法为民、立法便民，立法就是为民造福，是立法工作者的座右铭。所以，立法过程中，要问计于民，要了解民情、反映民意、吸取民智，这是我国立法的政治优势和优良传统。《立法法》第5条明确规定："立法应当体现人民的意志，发扬社会主义民主，坚持立法公开，保障人民通过多种途径参与立法活动。"但在实践中，难以避免地会面对以下几个法理问题：

（一）人民的诉求如何在立法中体现

梁启超在《论立法权》一文中指出："夫立法，则政治之本原也。故国民之能得幸福与否，得之者为多数人与否，皆不可不于立法决定之……然而是一人操其权，则所立之法必利一人；使众人操其权，则所立之法必利众人。""故今日各文明国，皆以立法权属于多数之国民。"[①] 既然一国的一切权力属于人民，立法权也自然地属于一国的国民，这是逻辑的必然。

其实，全民参与立法是马克思主义法律观题中应有之义。马克思说："应当使法律成为人民意志的自觉表现"，"它应当同人民的意志一起产生并由人民的意志所创立。"[②] 列宁则进一步指出，立法要依靠人民群众，"意味着使每一个群众代表、每一个公民都能参加国家法律的讨论。"[③]

为何要在立法中重视人民的利益诉求？英国的约翰·密尔有一个著名的观点："每个人是他自己的权利和利益的唯一可靠保卫者。"[④] 公民的利益表达机制可以发挥以下四种价值[⑤]：（1）促进沟通。如果各种利益能够得到充分的表达，在国家和公民之间形成有效的沟通，就容易形成上下合意，有利于为良法的产生和法的顺利实施消除潜在的障碍。（2）形成制约。立法体系不

① 梁启超：《论立法权》，载范中信选编：《梁启超法学文集》，中国政法大学出版社2000年版，第14—15页。

② 《马克思恩格斯全集》第1卷，第184页。

③ 《列宁全集》，第34卷，第143页。

④ ［英］J. S. 密尔著，汪瑄译：《代议制政府》，商务印书馆1984年版，第44页。

⑤ 参见王爱声著：《立法过程：制度选择的进路》，中国人民大学出版社2009年版，第178—180页。

能仅仅是一个制度化的精英参政的通道。利益表达一方面有助于在精英与民众之间产生相互的制约，另一方面也是"以权利制衡权力""以社会权力制衡国家权力"的一种重要形式，有利于遏制立法中的部门利益。(3) 体现公平。"公平必须公开地，在毫无疑问地被人们所能够看见的情况下实现。"① 只有在公开机制下，参与者的表达才能形成有效的制约力，才能避免立法由于形式不足、过程不足而成为少数人和个别利益集团的保护伞，或成为少数精英的"独占物"。(4) 缓和矛盾。一方面，当立法中发生利害冲突的时候，利益表达可以使反对者感觉受到尊重，并能了解其他不同意见，在此基础上加以折中调和，有利于减少政治冲突；另一方面，主张不同利益的个人或团体在表达其要求、质疑的同时，也可以宣泄他们的怨愤，这有助于缓和社会紧张情绪。② 有利于社会的稳定和团结。

目前我国立法中体现人民意志，拓宽公民有序参与立法、实现公民利益表达的途径主要有：一是，下基层立法调研，通过座谈会、论证会等形式直接听取基层各方面对立法内容的意见，体现立法"从群众中来"；二是，设立"基层立法联系点"，这是党的十八届四中全会以来所确立的一项新制度，通过基层立法联系点，使各项立法活动听取基层民众意见有了固定的途径，体现立法"到群众中去"；三是，将法案文本草案通过媒体公布，公开征求民众和社会各界的意见，这一制度，在国家法律、行政法规的立法过程中早已制度化，典型的一个立法案《婚姻法》于 2001 年修订时，共收到 51 多万条意见和建议，为世界难得一见。党的十八届四中全会《决定》还要求建立公开征求意见和意见采纳情况反馈机制，以此凝聚社会共识，这是对公众有序参与立法提出了更高的制度要求。四是，举行立法听证会，这是一种具有普遍价值的民意表达形式，是反映诉求、充分讨论、沟通协商、征求意见、满足权利的有效途径。当然，上述这些途径是否已经满足人民群众在立法中表达自己利益诉求的需要，还是值得评估和继续研究的。

（二）人大代表如何在立法中代表人民利益

人民选出其代表后，那位代表在立法权力机关究竟是代表选民的利益，

---

① ［英］彼得·斯坦、约翰·香得著，王献平译：《西方社会的法律价值》，中国人民公安大学出版社 1990 年版，第 97 页。

② 参见［美］小 G. 宾厄姆·鲍威尔、加布里埃尔·A. 阿尔蒙德著，曹沛霖等译：《比较政治学：体系、过程和政策》，上海译文出版社 1987 年版，第 202 页。

还是代表全体人民的利益？这的确是个古老而又棘手的话题。[1]

在代议制下，代表是一种政治参与者的身份，并因这种身份而享有立法权及相关权力。俄罗斯学者认为，立法权是代表权，是在选举的基础上，人们把自己的权力转交给自己的代表，并以这样的方式授权代表机构实施国家政权。即是说，立法权是人们授予自己代表的国家权力，它通过颁布立法法令以及主要在行政领域中对行政机关的观察和监督来集体行使。立法权是最高的权力，但不是立法机关无限的权力，对立法权也有实质上的和政治法律上的限制。俄罗斯学者关于立法权的理解，更接近于现代民主宪法体制中立法权的本质，强调了人民与立法权的内在联系，使立法权更具有民主的合法性。[2]

有学者主张，我国的人民代表在如何反映人民利益的问题上，是肩负双重职责的，即既要代表原选区或单位选民的利益，又要代表全体人民的利益，两者不可偏废。[3] 但在实践中，其实人民利益和选民利益是很难两者兼顾的，因为人民是个很抽象的集合概念，人民的利益其实已经多元化为各种群体利益了，即便选民也不一定拥有统一的意志和利益需求。但无论如何，人大代表在立法中应当代表选民或人民的利益而不是仅仅代表自己个人的利益或想法，应是一种普遍的共识。《代表法》第 4 条因此规定："代表应当与原选区选民或者原选举单位和人民群众保持密切联系，听取和反映他们的意见和要求，努力为人民服务。"

法律应当是所有人大代表对各自收集民意总和的归纳、总结和提炼。立法决策的科学化和民主化程度首先取决于决策参与者的广泛性和代表性，在立法机关中，全体组成人员的共同参与是保证立法决策达到最佳效果的唯一途径。法律既然是绝大多数人意志和利益的体现，就应当让绝大多数人的代表去参与立法，在法律中表达自己的愿望。对此，党的十八届四中全会《决定》立足于问题导向和需求导向，提出了如下新的建议：一是，健全向下级人大征询立法意见机制，一般而言，这里提的下级人大是没有立法权的下级人大，如上海市人大及其常委会有立法权，而区人大则没有立法权，所以市人大及其常委会应当将地方性法规草案发给区人大，征询其立法意见；二是，健全法律、法规和规章起草征求同级人大代表意见的制度，使人大代表有直

---

① 参见刘松山著：《中国立法问题研究》，知识产权出版社 2016 年版，第 340 页。

② 参见李林：《立法权与立法的民主化》，载中国法学网：http://www.iolaw.org.cn/showar-ticle.asp?id=1326

③ 参见刘松山著：《中国立法问题研究》，知识产权出版社 2016 年版，第 341 页。

接表达对法案草案意见的机会；三是，增加人大代表列席人大常委会会议的人数，更多发挥人大代表参与起草和修改法律文本的作用；四是，重要法案由人民代表大会直接审议表决，这是《立法法》强调的一项制度。目前，这项制度已经开始在各地落地。以上海为例，2016 年 2 月市人民代表大会审议并表决通过了《上海市老年人保护条例》的修订案，这是市人代会全体代表通过的第一个地方性法规。此后，2017 年上海市第十四届人民代表大会第五次会议表决通过了《上海市食品安全条例》；2019 年上海市第十五届人民代表大会第二次会议表决通过了《上海市生活垃圾条例》，在人代会上审议表决法规在上海已成为常态化工作。

人大代表在立法过程中需要处理好全体利益与局部利益的辩证关系，单纯强调代表要反映全体人民利益甚至要求克服局部利益的观点是不切实际的，因为没有局部的个性就不会有全局的共性，没有地方利益和局部利益就不会有全国的整体利益，所以，代表行使职权，应当从尊重和体现局部利益开始；另一方面，强调代表主张局部利益，绝不意味着整体利益不重要，绝不意味着局部利益可以凌驾于整体利益、国家利益之上，也不意味着权力机关可以成为各种局部利益、地方利益的争夺之地，而是需要在立法中着眼于整体利益和长远利益，处理好其与局部利益、眼前利益的平衡。

另一方面，有学者认为，在我国，目前人大代表的作用发挥具有相当大的局限性，主要有如下原因：一是制度性障碍。例如，会期制度的限制使代表充分行使权力在时间上不被允许；对大部分代表来说，根本没有足够的精力来保证履职；由于责任制度的缺失，使得作为政治代理人的代表和他们的委托人（选民）之间责任不对等。二是资源性障碍。缺乏足够的能够为代表提供咨询服务的配套辅助力量；代表的职务活动也缺乏经费保障。三是结构性缺陷。主要涉及代表构成，关系到代表素质、履职能力的问题。总体而言，代表构成的突出特点是：普遍存在"三多三少"的现象和"两多两少"的趋势：即党员代表多，非党员代表少；干部代表多，工农代表少；党政领导干部多，一般干部少；富裕阶层越来越多，社会弱势群体越来越少；经营管理者越来越多，普通职工越来越少。造成了"委托人"和"代理人"之间的基本立场和利益分歧拉大距离，产生分化。① 这些问题是需要正视的。

---

① 参见王爱声著：《立法过程：制度选择的进路》，中国人民大学出版社 2009 年版，第 115—118 页。

（三）表决者应当表达谁的意志

从代议制政体产生后，人们就在讨论：议员们究竟应该是表达选民意见的代表，还是表达他自己意见的代表？他们应该是选民派往议会的使节或者代理人，还是有权作出自己独立判断的专职代表？至今似乎也没有得出一个完美的答案。[①]

虽然早在 1987 年，六届全国人大常委会第 21 次会议就讨论通过了《关于全国人大常委会加强同代表联系的几点意见》，对联系代表的原则、内容和方式都作了较为详尽的规定。各地方人大常委会也先后对联系代表制度作出规定。但在立法过程中，人大常委会与代表的联系制度基本上处于虚置状态，使得立法活动严重脱离广大代表。[②]

有表决权的人大常委们在表决的时候应该代表谁的意志？是代表自己个人的意志？还是代表人民的意志？还是体现人民代表的意志？说实话，在国内宪法学上是没有答案的。我们全国"两会"的时候，不是有些大企业家为企业界代言了几句话，就有人质疑，你是全国人大代表，你怎么不代表人民说话，而代表企业家说话？然后媒体反思，这有什么错呢？人民代表大会就是不同的利益界别一块来参政议政，你说每个人都代表全体人民说话，能代表吗？全体人民是个什么样的概念？你代表得了吗？这种争论的背后，是说明我们并没有清晰的理念，明确人民代表在开会时，或者人大常委在立法表决时表达谁的意志。实际上，更多的情况下，有表决权的人大常委们只代表自己，而且只代表自己当时当地的即时想法。所以这个立法表决权的机制并没解决好，在法理上也有待进一步理顺和明确。

三、立法民主协商制度

立法民主协商的最终目标是实现立法的理性。正如季卫东所言："民主的真正价值不是取决于多数人的偏好，而是取决于多数人的理性。在众口难调的状况下，程序可以实现和保障理性。"[③] 对此，美国早期联邦党人是这样分析的："在立法机构中，仓促决议往往有害而无利。立法机构中意见的不同、

---

① 参见刘松山著：《中国立法问题研究》，知识产权出版社 2016 年版，第 340 页。
② 参见刘松山著：《中国立法问题研究》，知识产权出版社 2016 年版，第 127 页。
③ 季卫东著：《法治秩序的建构》，中国政法大学出版社 1999 年版，第 51 页。

朋党的倾轧，虽然有时可能妨碍通过有益的计划，却常可以促进审慎周密的研究，而有助于制止多数人的过分的行为。"① 立法审议，正是为各种利益群体的"代言人"表达和维护自己的群体利益提供了一个理性博弈的平台。

（一）关于协商民主制度

哈贝马斯有一个著名观点："对法的程序主义理解，强调民主的意见形成和意志形成过程的程序条件和交往前提是唯一的合法性源泉。"② 这种程序主义在现实中的重要载体就是协商民主制度。

协商民主（Consociational Democracy）或称"协商（和）式民主""结盟民主"，其基本含义是指公民通过自由和平等的公共协商进行决策。

荷兰学者李帕特（Arend Lijphart）分析奥地利、比利时、瑞士和荷兰政治系统，归纳出协商民主理论。协商民主理论积极倡导公民直接的政治参与，并相信协商民主是民主政治的发展方向，是当代民主的核心所在。协商民主理论认为，代议民主的要素已经与现代公民的要求及社会的发展不相适应，公民与官员之间就共同相关的政策问题进行直接面对面的对话与讨论，是政治民主最基本的要素之一，也是任何其他方式所不可取代的。协商民主理论源自并超越了自由民主和批评理论，它强调在多元社会现实的背景下，通过普通的公民参与，就决策和立法达成共识，其核心要素是协商与共识。协商民主有助于矫正自由主义的不足，同时也有助于不同层面的政治共同体的政治实践。自 20 世纪 90 年代以来，协商民主异军突起，在罗尔斯、哈贝马斯等著名政治哲学家的推动下，协商民主逐渐赢得了越来越多的承认，成为当代西方民主理论研究的热点问题。在多元文化主义的步步紧逼下，人们发现：协商民主是一种具有巨大潜能的民主类型，它能够有效地回应不同文化间对话和多元文化的社会认知的某些核心问题。

协商民主对于欧美来讲，是正在讨论和研究的一种新的民主形式。20 世纪 80—90 年代西方关注并提出协商民主理论，主要是为了破解选举（票决）民主的困境，弥补选举（票决）民主的缺陷。因为西方的传统是以选举（票决）为民主的主要形式，自古希腊、古罗马以来，这种选举形式在西方的历史传统中早已形成。而协商民主，对他们来讲则是新事物。

---

① ［美］汉密尔顿等著，程逢如等译：《联邦党人文集》，商务印书馆 1980 年版，第 359 页。

② ［德］哈贝马斯著，童世骏译：《在事实与规范之间》，生活·读书·新知三联书店 2003 年版，第 686 页。

　　与之相反，中国人学会选举（票决）民主是近代以来的事情，而且目前还不是很成熟，还在继续完善。对中国人而言，协商民主是有悠久传统的。就以我们党来说，早在新中国成立初期就形成了中国共产党领导的多党合作和政治协商制度，人民政协是我国实行协商民主的主要渠道之一。在政协这个平台上，各个党派、各个阶层、各个界别、各个民族、各个宗教的政协委员，都能够按照政治协商、民主监督、参政议政的要求，为国家的建设和发展献计献策。西方协商民主还主要停留在学者层面上，还是一种民主理想，而我国的协商民主早已经通过政治协商会议这种组织形式在实施，而且还在积极探索新的协商民主形式，如浙江温岭、河北邯郸的民主恳谈会，北京和义街道的社区会商会等，都是有益的探索。

　　"协商民主是中国社会主义民主政治中独特的、独有的、独到的民主形式。"① 习近平总书记着眼源远流长的中华优秀政治文化，着眼我国革命、建设、改革的实践和创造，深刻揭示了协商民主的丰富内涵，为我们更好发挥协商民主的独特优势提供了基本遵循。在我国，协商民主的实质，就是要实现和推进公民有序的政治参与。在中国共产党的领导下，把协商民主与选举（票决）民主结合起来的过程中，始终要体现"公民有序的政治参与"这一现代民主精神，并把它作为民主和法治的重要内容，引导群众以理性合法的形式表达利益要求、解决利益矛盾，共同来构建社会主义和谐社会。

　　竞争、对抗性的民主机制并不是实现民主的唯一方式，协商、合作性的民主机制同样可以成为发展中国家的民主政治模式，这是中国对人类民主政治文明发展的重大贡献。同西方竞争式的民主相比，我国的协商民主既关注决策的结果，又关注决策的过程，从而拓宽了民主的深度；协商民主既关注多数人的意见，又关注少数人的意见，从而拓宽了民主的广度。

　　中国特色协商民主的成功实践主要得益于几方面重要条件：其一，党的领导为协商民主健康发展提供了根本保障。中国共产党没有自己特殊的利益，以实现、维护和发展好最广大人民的根本利益为宗旨；其二，中国的民主制度为协商民主的发展创造了制度前提。我国的民主制度及其基础，决定了社会成员尽管也存在具体利益的差异，但其根本利益却是一致的；其三，以人为本的理念为协商民主的发展赋予了丰富的内涵。

---

① 习近平：《在庆祝中国人民政治协商会议成立 65 周年大会上的讲话》，2014 年 9 月 21 日。

（二）协商民主制度在立法中的运用

《代议制政府》的作者密尔认为："具有生命力的、作为制度体制而存在的议会政治必须在人民参与和有效决策之间寻找某种平衡。"[①] 在我国，这种平衡的一个重要途径就是立法民主协商。党的十八届四中全会通过的《中共中央关于全面推进依法治国若干重大问题的决定》指出："开展立法协商，充分发挥政协委员、民主党派、工商联、无党派人士、人民团体、社会组织在立法协商中的作用。"

就立法民主协商的内容而言，按照党的十八届四中全会精神，以经济社会发展重大问题和涉及群众切身利益的实际问题为内容的法规、规章，应优先纳入立法协商的范围。例如食品安全、环境治理、劳动者权益、医疗改革、安全生产等领域的立法。通过加强重点领域立法，加快完善体现权利公平、机会公平、规则公平的法律制度，保障公民人身权、财产权、基本政治权利等各项权利不受侵犯，保障公民经济、文化、社会等各方面权利得到落实。这一过程，离不开社会各界别、各阶层代表的积极有序参与。

就立法民主协商的途径，立法调研是其中的途径之一。它是立法机关或者其委托的机构围绕其立法项目开展的调查研究的一系列活动，是提高立法的科学性和民主性的重要立法准备活动。人大因其人员或者受专业限制，或者因其立法任务繁重，难以独立完成立法调研的，可以委托专家学者代为调研，也可以委托政协、人民团体、社会组织等进行调研，如依托政协组织，具有权威性，能达到更好的效果。具体操作中，可以考虑依据立法规划建立政协或者政协专门委员会的专题调研工作机制，也可考虑建立政协专门委员会与人大专门委员会的联合调研机制。通过立法调研，可以很好地把政协的界别优势发挥出来，提出对人大立法具有重要参考价值的立法建议。

确立正式的立法听证制度，也是立法民主协商的一个有效途径。立法听证制度是立法主体作出立法决定前，将草案内容通告相对人，并告知听证权利，相对人随之向立法机关表达意见，提供事实进行辩论，以及立法主体听取意见，根据听证的记录提出立法建议的一系列程序总和。公民有参与立法的权利，是其负有守法之义务所然。对立法协商听证程序的使用条件、听证程序的参加人的选择等问题应当作出明确的规定，以保证听取意见的全面性；同时还要对听证的步骤、时限、听证记录的审核、听证后立法建议的提出等

---

① 转引自［日］岩井奉信著，李薇译：《立法过程》，经济日报出版社1990年版，第16页。

加以明确的规定。

政协是立法民主协商中一个重要的主体。由于各项法规、规章涉及面广、专业性强，只有整合政协内部的力量，充分发挥政协委员的主体作用和政协人才密集、位置超脱的优势，才能确保立法协商的质量和水平。在政协内部，需要加强各专委会之间的协调和配合。具体而言，在收到人大和政府年度立法计划后，可以根据具体的协商项目和内容，按专业对口的原则，在组织立法协商小组征求意见的同时，再由相关专委会在相应的单位和界别委员中征求意见。立法过程中，可以对立法草案或者其中某一事项，由相关政协委员提出修改意见和建议；或者通过召开座谈会协商，由政协或者其专门委员会提出修改意见和建议，供立法机关和政府在立法决策时参考。

（三）重大利益调整论证咨询机制

如何探索建立有关国家机关、社会团体、专家学者等对立法中涉及的重大利益调整论证咨询机制？是党的十八届四中全会《决定》提出的一个新命题。在市场经济背景下，利益呈现多元化趋势，利益冲突和矛盾在所难免。立法的功能，正是通过对利益的调整来协调社会关系。因此，当立法涉及重大利益调整时，有必要深入开展论证咨询，广泛听取各方意见，尽可能地使立法能够统筹兼顾最广大人民群众的根本利益、现阶段人民群众的共同利益、不同群体的特殊利益。只有这样，制定出来的法律、法规、规章才能真正体现公平公正，得到更好的遵守和执行。

目前，立法中的重大利益调整论证咨询机制虽有探索，但总体还未成熟，还存在着下列问题：一是对哪些重大利益调整事项需要开展论证咨询还缺乏明确界定。"重大利益"是一个不确定法律概念，也是个动态的、抽象的概念。现行宪法和地方组织法、立法法等法律并没有对重大利益作出明确的规定，全国人大也没有对此作出明确解释，这就使得立法主体在实践中对哪些利益调整事项属于重大利益调整难以把握，因而在开展立法重大利益调整论证咨询工作时缺乏针对性和操作性，随意性较大。二是论证咨询不够充分，常常流于形式。在目前立法实践中，立法主体尤其是立法起草单位只是将论证咨询作为立法活动中一个环节，作为一种集思广益、征求意见的渠道，往往走走过场，过过套路，对提高立法质量并无太大帮助。其参加主体大多以专家学者为主。专家学者参与立法活动，可以发挥其专业优势，有助于提高立法质量。但是专家学者提出的意见往往只是其个人的意见，其利益代表性明显不足。有关的利益群体却没有充分表达意见的机会，特别是弱势群体较少有机会表达其利益诉求。三是论证咨询结果对立法决策产生的影响程度不一。立法过程中论证咨询的情况一般都不予公开，论证咨询的结果是否会对立法决策产生实质影响因而不得而知。事实上，参加论证咨询活动的群体，他们提出的意见采纳与否，要取决于听取者的判断和态度。实践中可能往往是一些程序外的其他因素对立法决策产生更为实质性的影响，比如起草者的立法初衷、立法事项所涉及的重要政府部门的意见、领导同志个人倾向，等等。

　　探索建立重大利益调整论证咨询这一立法机制，需要厘清几个概念：其一，论证咨询所指向的是重大利益的"调整"，而不是指向初步建立或者形成重大利益，意味着是在立法过程中对已有的重大利益作出调整的行为，调整就意味着增加或者减少，或者部分人增加部分人减少。一个公共政策决策的常识是，利益只能做加法，不能做减法。因此，对重大利益作出调整，是一种高难度、高风险的决策行为。其二，决策的方法是"论证"和"咨询"，所谓论证，即探讨、分析所调整的政策的可行性或者不可行性。就方法论而言，论证既属于科学决策的范畴，也属于民主决策的范畴。所谓咨询，一般指向专业人员提供的专业意见和建议，这仅限于科学决策范畴。其三，参与重大利益调整论证咨询的对象包括国家机关、社会团体、专家学者三大主体。这三者在重大利益调整中所处的角色是不一样的。这里的国家机关应该主要指向行政机关，其是提供政策方案的主体，或者是重大利益调整政策需求的一方，其需要说明为何要提出政策调整，以说服各方接受调整的政策方案。这里的社会团体则是与国家机关博弈的另一方，即重大政策的利益方，或受益方，但不同的利益团体代表着不同的利益，这些社会团体之间的利益也可能是冲突的、对立的。所以，这些社会团体在立法中，既可能与国家机关有博弈，也可能相互之间存在着博弈。立法的调整结果是追求不同社会团体利益之间的基本平衡。专家学者则是重大利益调整的第三方，代表着社会的理性和良知，其提供的是专业的"咨询"意见。其四，需要建立的是一种机制，即方法途径。论证的方式可以采取座谈会、论证会、听证会、立法协商等多种形式；向专家学者咨询的方式可以采取书面咨询、电话咨询、当面咨询、网上咨询等，可以分别向单个的专家学者咨询，也可以让专家学者集中在一起相互碰撞式的咨询，还可以委托第三方专业机构提供专业咨询意见。

　　立法中重大利益调整论证咨询机制是我国民主立法的重要特色之一。论证咨询需要形成结论，对重大利益调整提出可行与否的结论，必要时提出相应的建议。论证咨询应当形成书面报告，报送立法机关。立法机关应当公开论证咨询结论并且说明是否采纳了这些结论；对不予采纳的还要说明理由。同时，立法论证咨询报告应当作为参阅文件印发人大常委会主任会议和人大常委会会议，供立法审议决策时参考。

第十三章　立法公正

相比于科学立法、民主立法、依法立法，立法公正似乎是个新的命题。何谓立法公正？就是在立法过程中，要考虑、兼顾、平衡不同利益群体的正当合法权益，通过理性、正当的博弈和协调，使得各个群体的利益能够在立法中实现大致的平衡，不致出现"多数人的暴政"；对一般人的基本权利则实现同等保护，使法的各种不同的价值实现平衡，得到充分的发挥。

一、立法中的价值平衡

立法应当注重法的价值的判断与平衡。这在世界法制史上可以找到参照系。德国《民法典》从 1900 年 1 月 1 日起施行，起初盛行的是滥觞于 19 世纪的概念法学，其特别重视互不抵触的规范之毫无漏洞的体系以及逻辑的、形式上的法律适用。但到 20 世纪 20 年代，取而代之占主导地位的是利益法学[1]，其把每一条法律规范看成对利益冲突所作出的决定，从而把对争执双方的利益分析特别地纳入法律适用。近几十年，利益法学又发展成为评价法学[2]，按照评价法学的观点，立法者和法律适用者的活动终归是未然的发展过程，处于中心地位的应当是各条法律规范和法律适用中表现出来的价值判断。[3]

法具有多种价值。前文已经阐述到，法的终极价值是自由，法的普遍价

---

[1]　利益法学派的代表人物是鲁道夫·冯·耶林（Rudolf von Jhering）、菲利普·黑克（Philipp Heck）、鲁道夫·米勒-埃茨巴赫（Rudolf Muller-Erzbach）。

[2]　评价法学的代表人物是卡尔·拉伦茨（Karl Larenz）、约瑟夫·埃塞尔（Josef Esser）、克劳斯-威廉·卡纳里斯（Claus-Wilhelm Canaris）、卡斯滕·施密特（Karsten Schmidt）。

[3]　米夏埃尔·马丁内克：《德国民法典于中国对它的继受——陈卫佐的德国民法典新译本导言》，参见陈卫佐译注《德国民法典》（第 3 版），法律出版社 2010 年版，第 12—13 页。

值是公平，法的内在价值是正义，法的基础价值是秩序，法的经济价值是效率，法的社会价值是和平。这些法的价值在实际运用中常常面临冲突，需要立法和执法者在冲突的法律价值中作出判断、选择与平衡，如自由与公平之间、公平与正义之间、效率与公平之间，秩序与自由之间、公平与和平之间，何者更重要？哪种价值具有优先地位？都是法理学上长期争论而难有统一定论的难题。正因为这些价值属于不同质的东西，所以它们之间很难分出绝对的优劣高下，需要在立法和执法中作出具体的分析和选择。

（一）个人自由与社会公平的平衡

个人自由与社会公平是有矛盾和冲突的。这一直是西方法理学关注的一个难题。英国哲学家伯特兰·罗素（Bertrand Russell）曾有断言："社会控制与个人创造性的矛盾，是贯穿人类始终并推动人类社会嬗变的力量源泉。"他亦在社会构成的路径中将该矛盾表述成："代表社会性的权威与代表创造性的个人之间的矛盾。"① 在静态上，由于自由和平等都是抽象的理想，因而它们是兼容的与和谐的。但从动态看，由于人们之间自然力量（智力和体力）的天然不平等，更由于人为的或社会的不平等，自由活动的结果是更大的不平等，这就出现了自由和平等的矛盾和冲突。

当个人自由和社会公平产生冲突时，何者优先？是一个见仁见智、没有定论的问题。绝对的自由和绝对的公平都是不可能成为现实的幻想。早在20世纪初，英国哲学家索利（William Sorley）就指出，自由与平等很容易发生对立，因为自由的扩大并不一定会促进人类平等。一个把不干预私人生活确定为政府政策之主要原则的社会制度，可能会产生出高度不平等的社会形式。另一方面，绝对地强调平等，则可能抹杀促进人的才华的那些因素，而这种才华对于人类文明进步是大有裨益的。所以，必须建立能够使自由的理想与平等的理想协调起来的社会政策。② 立法，常常是要在个人自由与社会公平之间实现一种动态的平衡。

美国哲学家约翰·罗尔斯注意到了这种冲突，他将自由和平等（公平的主要内涵）结合起来，认为平等的正义观是由两个基本原则构成：其一，每个人都将具有这样一种平等权利，即和他人的同样的自由并存的最广泛的基

---

① ［英］伯特兰·罗素著，肖巍译：《权威与个人》，中国社会科学出版社1990年版，第73、90页。

② 参见张文显著：《二十世纪西方法哲学思潮研究》，法律出版社1996年版，第536—537页。

本自由；其二，社会和经济的不平等将安排得使人们能够合理地期望它们对每个人都有利，并使它们所依附的地位与公职对所有人开放。第一个原则为"最大的均等自由原则"，第二个原则为"差异原则"。两者的次序是，第一个原则优先于第二个原则。概括起来说，前者就是"无差别"的平等保护，是一种绝对的平等；后者则是"按比例"的倾斜保护，是一种相对平等。只有在自由的基本权利实现的情况下，才能考虑经济社会权利的平等问题。最终目标是实现真正的公平。米尔恩评价，约翰·罗尔斯的正义理论以"作为公平的正义"为标题作了概括，但并没有对"公平"作出系统考察。米尔恩把公平概括为"比例平等"原则，其内容是：（1）某种待遇在一种特定的场合是恰当的，那么在与这种待遇相关的特定方面是相等的所有情况，必须受到平等的对待；（2）在与这种待遇相关的特定方面是不相等的所有情况，必须受到不平等的对待；（3）待遇的相对不平等必须与情况的相对不同成比例。这一"比例平等"原则适用于分配、裁判、评论和竞争四种场合。[①]

　　一方面，要把实现个人自由作为立法的终极目标认真对待，让每个个人在法律下实现越来越多的自由，但在实现路径上，要防止为了实现个人自由而牺牲对他人的公平和保护，如立法中，既要保护吸烟者选择生活方式的权利，但更要防止因此而让不吸烟者受到被动吸烟的危害。有一句话，值得立法者很好地去品味：自由只有因为自由本身的缘故才能被限制。立法中，只有为了更多人的自由才能去限制一部分人的自由，而不能为了公职人员管理的方便或者执法的方便去限制百姓的自由。立法始终需要把握的最终目标，是实现每个人应当得到的最大程度的自由和平等。

（二）平等保护与倾斜保护的平衡

　　平等保护与倾斜保护的平衡，在法理学上的概念就是公平与正义的关系。公平就是一种平等保护的法的价值实现方式，而正义则是一种倾斜保护的法的价值实现方式。美国哲学家艾德勒（Mortimer J. Adler）认为："对平等地位的人平等对待，对地位不平等的人根据他们的不平等给予不平等待遇，这是正义。使一些政治和经济物质的拥有者在不同的程度上占有的多些，另一些人占有的少些，这也合乎正义。"

---

　　① 参见［英］A. J. M. 米尔恩著，夏勇、张志铭译：《人的权利与人的多样性——人权哲学》，中国大百科全书出版社 1995 年版，第 59 页。

　　平等保护与倾斜保护，都是以维护每一个人所应有的"人类尊严"为目标和衡量标准的。按照联合国于 1959 年 1 月通过的《德里宣言》所确立的"法治"三原则，第一条原则便是：立法机关的职能就在于创设和维护使每个人保持"人类尊严"的各种条件。

　　平等保护与倾斜保护，从某种意义上说，是概括了地方立法的主要内容。作为行政法的立法来说，主要是通过立法制定各种行为规范，实现对每一个人合法权益的平等保护，没有特权，也没有歧视，即"一视同仁"；而就社会法的立法而言，主要是对社会弱势群体给予特定待遇与福利的倾斜保护。概而言之，如果说公平注重的是平等保护的话，正义则与之相配合，更注重对个人特殊利益的倾斜保护。而公平和正义相结合，则构成对公民具体利益的全方位保护。艾德勒认为，自由、平等、正义是人们据以指导行动的三大观念。对这三者关系，他主张正义是独立的、至上的。因为在这三者之中，只有正义是无限制的好事，而自由和平等尽管都是好事，但都不是无限制的。[①]

　　在立法实践中，平等保护的立法表现为管制型立法模式，即"三段论"模式，也被称为"硬法"；倾斜保护则表现为服务型、保障型立法，被称为"软法"。这两种不同性质的立法其实遵循着不同的立法理念。管制型的立法需要遵循"法无授权不可为"的依法行政理念，立法就是为其授权，即在立法中需要明确行政执法者的职权和职责的边界，成为衡量其是依法行政还是枉法违法的依据和标准，因此，这样的立法要尽可能详尽，对实体和程序都需作出具体规范，并针对实践中确实需要的权力，包括行政许可、行政处罚、行政强制、行政命令、行政检查等负担性行政权力。而保障型立法，则遵循着"法定职责必须为"的服务政府理念，行政给付作为一种授益性行政行为，属于为百姓"做好事"的行为，并不遵循"法无授权不可为"的原则，即使没有法律规定，只要是政府职责范围内的事项，公共财政又有能力的，都可以实施，而无须法律授权。但是如果通过保障型立法将这些制度法定化之后，就变成了法定职责，若不履行就构成行政不作为的违法。

（三）效率与公平的平衡

　　效率与公平之间有一种天然的紧张关系，甚至会产生冲突。如何平衡公平与效率或效益，一直是一个重大的法理学课题。实践中经常出现为了效率

---

　　① 参见李瑜青等著：《人文精神与法治文明关系研究》，法律出版社 2007 年版，第 177 页。

牺牲公平，如大规模旧区改造过程中的房屋动拆迁，为了追求动迁速度而客观上通过政府作出强制动迁决定而部分牺牲了动迁居民的合理利益；另一种情形则是为了公平而牺牲效率的，在我国特有的信访工作中，这种倾向是比较明显的，一些老信访户可以几十年如一日就同一件事情进行反复信访，或者连带着申请政府信息公开、行政复议和行政诉讼。而实际上这些事项都已无改变的可能性，因而成为解不开的"死结"。

美国的经济分析法学家波兰斯基（M. Polinsky）用假定的例子说明公平与效率的一致和不一致情形：假定一个团体的人们要分配一块蛋糕。这一分配有公平标准和效率标准两个目标。如果蛋糕按照任何合意的方式分割，就不存在公平与效率的冲突，因为蛋糕越大，每个人所得份额就越大。但如果为了制作一张较大的蛋糕必须采用分配给有制作能力和经营方法的人较大的份额的不平等方法，效率和公平之间就会出现冲突。[1]

效率与公平的不平衡甚至冲突问题，在我国也是一直长期困扰着人们。在改革开放前的30年里，公平一直占据着主导地位，导致长期的平均主义盛行，导致效率低下和社会个人的普遍贫穷。进入改革开放和现代法治建设进程之后，以经济建设为中心的社会主流价值的趋势，开始确立"效率优先，兼顾公平"的理念，并成为有广泛社会共识的响亮口号。在这样的理念指导下，经济和社会发展的速度明显加快，但也带来了为了效率而部分牺牲公平的现象，如在城市旧区改造过程中，为了动拆迁的速度而未兼顾好被动迁居民的利益的现象是客观存在的。所以，当我国人均 GDP 达到 1 000 美元，党的十六大提出全面建设小康社会的新目标，进而提出要让全体人民分享改革发展的成果之后，"效率优先，兼顾公平"的口号开始受到质疑，大家普遍的心态是，不能为了效率而继续牺牲公平。所以党的十八大报告中明确指出："初次分配和再分配都要兼顾效率和公平，再分配更加注重公平。"党的二十大报告进一步指出：构建初次分配、再分配、第三次分配协调配套的制度体系。坚持多劳多得，鼓励勤劳致富，促进机会公平。

（四）公共秩序与个人权益的平衡

公共秩序与个人权益的平衡，在法理概念上也就是自由与秩序的关系。自由即个人的自由，是法规范要实现的终极价值；秩序即社会安宁，是法规

---

[1]　参见张文显著：《二十世纪西方法哲学思潮研究》，法律出版社 1996 年版，第 603 页。

范的基础价值。法在一定意义上说，本身就是为建立和维护某种秩序而建立起来的。法能为社会秩序提供预想模式、调节机制和强制保证。所以，博登海默会说：法律是秩序与正义的综合体。[①]

法律秩序是一种安宁、和平、有序的社会合法状态。法律能实现一种安全的社会状态。因为，立法在许多方面都践行着一种重要的安全功能：（1）法律力图保护人的生命和肢体，预防家庭关系遭到来自外部的摧毁性破坏；（2）法律对侵犯人民财产权规定了救济手段；（3）法律在创立防止国内混乱的措施和预防外国入侵的措施方面发挥着重要作用；（4）法律有助于构造一种社会群体所认同的文化框架，使个人能从中发现有益于其精神健康所必要的内在稳定性；（5）法律所支撑的社会保障制度，使工业时代后的人们能避免公害、老龄、疾病、事故、失业等带来的风险和恐惧。

从上述的表述中可见，其实，法律秩序的维护与个人权益的保护并不是对立的，而是一致的，法律秩序所保护的最终都是个人的自由和权益。但从具体法律制度来看，两者还是会产生矛盾和冲突，因为法律秩序是以限制甚至剥夺一部分人的自由和权益为代价来实现的。就如卢梭（Jean Jacques Rousseau）的名言所揭示的："人生而平等，但又无往不在枷锁之中。"罗尔斯也认为："自由可以因公共安全和秩序而得到限制，因为公共秩序的维持是实施任何自由所不可缺少的先决条件。"[②] 法的价值是一种权利本位论，但在立法中则是一种义务本位论。这样的差异，使法的秩序价值成为法的价值中较为特别的一种价值，其他法的价值主要体现为人民的权利，而秩序价值对人民来说更多的是一种义务，一种不妨碍公共秩序和他人自由的义务，一种个人自由的限制甚至剥夺，即所谓"必要之恶"。

另一方面，法的秩序价值都是通过法对社会的控制得以实现，它是一个社会、国家、社会群体等对偏离法律规范的越轨行为所采取的法的限制措施以及限制过程。这种限制具有强制性，因此也容易对个人自由和权益造成不必要的过渡干预。对此，需要在立法中遵循"比例原则"，或称"最小利益侵害原则"。比例原则被称为公法中的"帝王条款"，它可追溯到1215年的英国《大宪章》中"人民不得因轻罪而受到重罚"的规定。在近代，比例原则首

---

① ［美］E. 博登海默著，邓正来译：《法理学——法律哲学与法律方法》，中国政法大学出版社1999年版，第318页。

② 转引自［美］E. 博登海默著，邓正来译：《法理学——法律哲学与法律方法》，中国政法大学出版社1999年版，第178页。

先体现在 19 世纪的德国《联邦警察法》内，其认为警察权的行使唯有在"必要时"才能限制公民的权利，旨在强调国家在进行管制行政时，不得为达目的而不择手段。比例原则又称为"禁止过分"原则，要求对公民权利的限制和不利影响，只有在公共利益所必要的范围内，方得为之。

宪法意义上的比例原则，主要强调对人民的权利限制只有在公共利益所必需的范围内才能实施，包括不能侵犯公民个人所拥有的不可剥夺的人权，即生命权、自由权、财产权、参与权和追求幸福的权利。而行政法意义上的比例原则，是指政府实施行政权的手段与行政目的之间应存在适度的比例关系，即"手段-目的"的平衡性，具体包括三层含义：一是妥当性，又称合目的性，即所采取的措施可以实现所追求的目的，行政权力的行使应当以达成立法目的为边界，包括防止妨害他人自由的行为；避免紧急危难的行为；维持社会秩序的行为；增进公共利益的行为。二是必要性，即一个行政行为只要能达到行政目的就足够了，不可过度侵犯人民权利，使人民的权利尽可能遭受最小的侵害。三是相称性，又称均衡性，指一个行政权力的行使虽是达成行政目的所必要的，但是不可给予人民超过行政目的和价值的侵害，即采取的必要措施与其追求的结果之间不能不成比例，只有在确定所要实现的利益绝对大于造成权利损失时，才能运用这一手段侵害权利，即"杀鸡不必用牛刀"。

比例原则要求我们在管制行政的立法中禁止过度干预；在给付行政中禁止过多；在倾斜保护中禁止不足。

（五）惩戒功能与引领功能的平衡

法律规范是确定社会活动的准则，对那些严重损害国家的、社会的、集体的利益和他人合法权益等违法行为，法律规范理所应当规定惩罚手段、制裁措施，并且所规定的惩罚手段、制裁措施能够罚当其过（即错罚相当）、制裁得力，真正达到惩罚的目的，维护法律规范的权威，保障法律规范的实施。同时，不能把惩罚作为立法的主要目的和手段，而是要通过立法，发挥法的引领功能、预警功能、教育功能、示范功能和指导功能，实现惩戒功能与引领功能的平衡。

在立法实践中，往往有一种"要罚他个倾家荡产""叫违法者寸步难行"的惩罚冲动，希望通过法律责任的罚则设定，达到严格惩罚违法者的目的。这样的民意可以理解，但立法要遵循其自身的规律。法律的功能更多是通过引领、示范、指导功能的发挥，实现全社会依法行事和依法办事的守法意识逐渐确立。这是个漫长的养成过程，惩罚只是一种促进公民守法的外力干预方式，其实质是另一种教育、示范、预警功能的实现。所以，我国《行政处罚法》就确立了教育与处罚相结合的原则，强调既不能"以教代罚"，也不能"以罚代教"，而是两者有机统一和结合，实现惩罚与引导的平衡。

二、立法中的利益博弈模式

马克思有名言："人们奋斗所争取的一切，都同他们的利益有关。"[①] 当某个集团或个人提出一项政治要求时，政治过程就开始了，这种提出要求的过程称为利益表达。在一个复杂的政治体系中，必须要有一个专门的利益表达机制。因为每个利益集团都面临着来自其他利益方的竞争，包括新的或旧的、现行的或潜在的利益。[②] 在利益多元、利益分化的社会条件下，这些利益之间的冲突必然不断加剧，而"社会利益关系越复杂，冲突与整合问题就越突出"[③]，于是，调和这些不同的错综复杂的利益就成为现代立法的主要任务。[④] 立法者的真正使命，是要"了解共同体的真正利益是什么"，并"找到实现这一利益的手段"[⑤]。

在立法过程中，如何实现理性、公正、有效的利益博弈，有一个制度模式的选择问题。各国由于政治、经济、文化、传统的差异，对此有不同的路径选择，概括起来有四种模式：

（一）利益集团-游说型

利益集团参与并影响政治过程，在法治国家中是十分普遍的现象，利益集团在立法和公共政策的选择过程中经常扮演着重要角色。多元利益集团间

---

① 《马克思恩格斯全集》第1卷，第82页。

② 参见［美］小 G. 宾厄姆·鲍威尔、加布里埃尔·A. 阿尔蒙德著，曹沛霖等译：《比较政治学：体系、过程和政策》，上海译文出版社1987年版，第199页。

③ ［美］L. 科基著，孙立平等译：《社会冲突的功能》，华夏出版社1989年版，第110页。

④ 参见［美］汉密尔顿、杰伊、麦迪逊著，程逢如等译：《联邦党人文集》，商务印书馆1980年版，第47页。

⑤ ［英］吉米·边沁著，李贵方等译：《立法理论》，中国人民公安大学出版社2004年版，第1页。

的平衡具有重要的政治价值。美国是利益集团高度发展的国家，这种模式也以美国为典型，或可称为"美国模式"。

在当今美国，利益集团极其多元，主要包括：企业集团、劳工集团、农业集团、专业集团、种族和民族集团、妇女集团、代表其他各方利益的集团、公共利益集团和单一利益集团等。[①] 不同利益集团对同一个政策常存在着相互矛盾的理解和追求，因此政府和国会有必要从相互冲突的利益中进行选择。这一模式下，集团成了个人与政府和立法机关之间发生联系的纽带，集团间的互动是政治生活中的基本特征，其行为特征就是游说行为。作为一种政治行为，游说行为体现了个人愿望与利益集团间的互动性，将不断地影响政府和立法机关的立法和公共政策的制定的倾向。任何一个利益集团都会对政府和立法机关施加影响，并在相互竞争中逐步实现平衡。平衡的结果集中反映了各利益集团之间的相对影响力，一旦这种影响力发生变化，立法和公共政策也随之发生变化。法国的托克维尔（Alexis-Charles-Henri Clérel de Tocqueville）在19世纪对美国进行考察后，得出结论：一个政体的民主性是由多元社团的存在及其作用的发挥来保障的。在任何形式的政治过程中，多元的、自主的、自愿的和足够强大的社团的参与，不仅可以起到制衡国家权力的作用，而且有助于培养人们的民主意识、民主习惯和民主的生活方式。

同时，美国国会是一种"转换型立法机关"，在公共政策制定中享有独立自主的地位，且能够随时发挥其独立的能力，使一切需要立法的问题规范化并变换为法律，因而拥有强大的立法和政策形成能力，抗拒或修改政府提案的能力较强。由于它是以议员的自由行为为前提的，其立法过程中常常掺和进许多议员的个人意志。由于外部力量容易渗透，从而使利益集团和选民的意见在议会立法中起到很大的作用。因为只有议员立法才能作为审议的对象，所以决策的中心仍在国会，这使得利益集团必然将施加压力的矛头指向国会。[②]

听证会是美国议会和政府经常使用的决策方式。所以，越来越多的利益集团在听证会期间试图影响政府，尤其是影响立法机关。力量较强的集团往往会同支持自己的议员建立临时立法联盟，就法案的审议制定议会斗争的战略和策略。

---

① 参见李寿祺著：《利益集团与美国政治》，中国社会科学出版社1988年版，第25—50页。
② 参见［日］岩井奉信著，李薇译：《立法过程》，经济日报出版社1990年版，第13页。

游说的基本原则在美国也已经构成一项日常的制度。游说活动和立法一样的古老，而利益集团也和政治一样的古老。[1] 利益集团为了加强对议员的影响和压力，会根据不同情况的需要，通过广播、电视、报刊等媒体进行宣传，发动集团成员或选民以电话、访问、书信等方式对议员提出要求；利用选票诱逼立法人员；利益集团对选民进行游说，利用选民的力量对立法人员施压；提供政治捐款；利益团体以示威、抗议的方式向立法人员施加压力；利益集团之间建立游说联盟，共同向立法人员进行游说等一切被认为是有效的手段，形成一种特殊的、有压力的甚至狂热的政治空气。利益集团对美国政府决策包括立法的这种影响，被称为"宪政体制下的第三种分权"。

利益集团对于美国的多元民主政治，既有积极的作用，也有消极的影响。积极作用是：利益集团参与和影响政治过程，有利于兼顾各方利益，扩大公民参与的范围，促进政府决策的科学与民主；利益集团之间的竞争和博弈，有利于多元利益集团形成平衡，并在平衡的基础上对政府和议会构成社会制衡；有利于政治的沟通和利益的表达；能起到缓解社会冲突的"安全阀"的作用。消极影响是：容易导致政治腐败，加剧社会不公平；削弱政府权威，导致政府效率低下，损害国家利益和公共利益。[2] 有鉴于此，美国政府意识到对利益集团的活动加以规制的必要性，1995 年《院外活动公开法》的颁布，宣告了秘密院外活动时代在美国的结束。那些在华盛顿暗中操作立法并从中牟利的特殊群体从此大为收敛。

（二）全民公决-自治型

一些国家的法案以全民公决的直接民主方式来实现，全民公决的民主形式，最初是在 1777 年美国的佐治亚州宪法规定了全民公决的制度，为近现代意义上的全民公决制度的起源，后来美国其他各州和英国、瑞士等国家纷纷效仿。从 19 世纪后期开始，全民公决制度由最初只限于宪法逐步扩大到普通法律。[3] 其理论基础是人民主权的学说，即立法权保留于人民，人民有权直接作出选择或者由人民的代议机构代表人民作出选择。议会是政治权威的源泉，

---

[1] 参见孙大雄著：《宪政体制下的第三种分权——利益集团对美国政府决策的影响》，中国社会科学出版社 2005 年版，第 16 页。

[2] 参见孙大雄著：《宪政体制下的第三种分权——利益集团对美国政府决策的影响》，中国社会科学出版社 2005 年版，第 217—233 页。

[3] 参见吴大英等著：《比较立法学》，法律出版社 1985 年版，第 193 页。

但是其权力受到人民的制约。全民公决通常被看作是一种实现人民主权的手段。属于这种类型的国家，包括英国、意大利、瑞士、丹麦、奥地利等，所以也可称为"英国模式"。

在英国，法案主要向平民院（下院）提出。实践中，通常政府掌握着立法的主动权，如有的学者所说，现代英国议会的立法不过是对政府提案予以"审议、批评、批准"而已。但在法律上和形式上，英国议会集三权于一身，议会通过立法权体现自己的地位，其职能主要是审议和通过议案。[①] 而全民公决就像是对某个特定的法案进行第三读投票。全民公决是对议会制约政府的一种额外补充，并被看成是选民制约政府的一个工具。自从戴西（Albert Venn Dicey）最早提出举行全民公决的建议以来，这种方式一直主要被用于否决不受欢迎的立法，如地方自治、关税改革、上议院改革、加入欧盟以及权力下放等。英国是民主制国家中几乎唯一一个没有成文宪法来限制政府权力的国家，因而以全民公决的方式来阻止人们不想要的法律生效是恰当的。其他国家主要是通过成文宪法来实现这种保障。全民公决作为一种保护性的制度设计，对于政府在受到全民公决所保护的特定领域进行立法构成了障碍，并有效地保护了宪法中的特定部分不受议会多数派的任意修改。通过这种"安全阀"的作用，保证了那些违背选民意志的立法不会被通过，因而它成为保证多数人意志的一种手段。虽然全民公决制度的使用频率极低，但不能因此而否定它的功能和意义。

究其根源，这种形式的利益博弈机制和西方社会传统上的自由、平等观念有关，也和欧洲的契约文化密切关联。没有自由观念则没有自愿的契约观念，而没有平等则无法达成契约，也最终不存在自由。[②] 一方面，根据卢梭的社会契约思想，任何合法性只能来自人民。法律有效性和合法性的前提是个人与政府之间通过订立契约的方式让渡自然权利，把有关的事项交由社会、政府和立法机关来处理。个人让渡的自然权利形成了政府权力，国家的合理性及统治的合法性由此产生。在此基础上，来实现个体对立法的充分参与与民意的真正表达。另一方面，按照洛克的观点，"立法机关不能把立法权让渡给其他任何个人或者实体，因为立法机关仅仅是代表人民行使立法权，他们无权转让这种权力。这一思想为议会权力的让渡提供了清晰的、原则性的依

---

① 参见刘建飞等编著：《英国议会》，华夏出版社 2002 年版，第 69—70 页。
② 参见胡叔宝著：《契约政府的契约规则》，中国社会科学出版社 2004 年版，第 174 页。

据。因为按照让渡议会权力的提议设计体制，选民把立法权委托给他们的代理人——下院议员，但是选民们并没有授权下议院让渡这一权力，所以不论任何时候，只要让渡议会权力的提议被提出，就必然伴随着举行全民公决的要求。因此，英国立法中的全民公决始终是围绕让渡议会权力是否合法这一问题进行的"①。

（三）穿梭审议-制衡型

"穿梭审议"是指以两院制为基础，并规定两院在法案审议和表决方面基本一致的作用和程序，从而形成两院之间对一项法案的"穿梭审议"的制衡机制。这种形式以法国为代表，所以也可称为"法国模式"。

法国的立法体制是单一制+制衡型。法国建立的是平等的两院制议会。按照法国的第五共和国宪法第 45 条第 1 款的规定："一切法案都应在议会两院之间依次审议，以通过一项一致的文本。"这意味着就同一立法项目需要两院分别审议通过，才能生效。当两院无法达成一致意见时，由混合对等委员会就该法案或有关条款提出一个新的妥协文本，再送两院分别表决。这种制度设计是为了防止出现严重分歧时立法过程被阻断，是两院协商、协调、讨价还价、达成妥协的一种重要机制。法国这种模式在立法过程中还引入了宪法监督机制。立法过程是政府与议会之间、议会内部多数党与少数党之间以及个别情况下政府与议会多数党之间不同立法观点交锋的过程。这个过程是以国家的宪政为基础的。法律议案被最终通过后，立法程序在议会的阶段就结束，下一个阶段是法律的颁布。可是，依据法国宪法，在共和国总统统一颁布法律之前，可能出现两种补充性程序：一是总统行使宪法第 10 条赋予的"重新审查请求权"。该权力具体是指，在法定的法律颁布期限届满之前，总统可以要求议会就该法律或该法律的某些条文重新审议，议会不得拒绝此项要求。这被看作是法国国家元首长期以来在立法方面一直享有的一项特权。也使政府实际上起到主导、甚至是指挥议会立法活动的作用。二是宪法委员会对即将颁布的法律实施合宪性审查。同以往的立法程序相比，这也是法国第五共和国的一个重要创新之处。依据其宪法第 61 条第 2 款的规定，总统、总理、议会两院议长、60 名国民议会议员或 60 名参议员有权在法律颁布前提

---

① 参见 [英] 弗农·伯格丹尔著，节大磊译：《英国政治中的全民公决与选举改革》，载蔡定剑主编：《国外公众参与立法》，法律出版社 2005 年版，第 611—621 页。

请宪法委员会对其实施合宪性审查。宪法委员会从实体和程序两方面进行审查，一般应在一个月内作出裁决。宪法委员会进行合宪性审查期间，法律颁布程序暂时中止。凡宪法委员会宣布违宪的法案不得被颁布。①

（四）民主集中-协商型

这是对中国立法博弈模式的概括。"协商"是中国立法过程中使用频率最高的词汇之一。它不是一个一般意义上的名词或动词，而是一个含义丰富的政治话语。协商是中国的政治运作有别于西方国家政治运作方式的一个基本特色，是中国政治文化的写照。"协商"以及"由协商而集中"的观念和相关的政治原则也成为指导立法和决策的观念、原则和基本方式。②

中国目前的立法实践中，任何重大的抉择和争议都以协商为基础，未经协商而作出重大决定的情况甚为少见。许多立法的关键、要害和玄机都体现在协商过程中。协商贯穿于立法的全过程，在立法过程的各个阶段，都有大量的协商工作要做。而正式立法阶段的协商尤为重要，因为这个阶段是凸显矛盾和解决矛盾的决定性阶段。协商可以在不同层次上展开，但一般情况下，有效的协商应当在决策主体的范围内进行。

对于立法中不同利益群体的正当理性的博弈，我们需要正视，并积极予以协商、协调、平衡。但实践中还需防止两种倾向：一种是不允许有代表群体利益者的极"左"观念。有种较为普遍的看法："立法者不能仅仅代表一部分既得利益者的利益，而要代表广大人民群众的利益。"如在人大和政协会议上已经出现过有代表帮老总或有资产者说话，就群起而攻击之，质疑其"立场问题"，为何帮有钱人说话而不帮"人民"说话？其实，在利益已经多元化的现阶段，除公权力外，已不可能有代表抽象的"人民"利益的具体个人，这既是客观存在，也是符合社会发展规律的。国外的法治国家，是公开承认议会的议员可以代表不同的利益群体（包括不同地区的利益）而无须代表全体人民，而我们在观念上，目前还不敢正视立法中有不同利益群体的代言人。现在是走出这一误区的时候了。应该让各种不同利益群体，不管其社会地位、经济水平、文化程度，都有其代言人，使立法真正成为不同利益群体之间正当的、公开的、理性的博弈平台，通过这种博弈，达到利益的平衡，使出台

---

① 参见张莉：《法国议会立法程序》，载蔡定剑主编：《国外公众参与立法》，法律出版社2005年版，第251—253页。

② 参见王爱声著：《立法过程：制度选择的进路》，中国人民大学出版社2009年版，第133页。

的法律规范的利益表达不会失去基本的公平和正义。

另一种是想简单引入西方的"院外游说集团"机制。在美国等主要资本主义国家，院外游说是利益集团在选举日以外的大部分时间里进行的政治参与活动，其往往通过各种途径影响政府主要官员和法官的任命，借以扩大本集团的影响力。应该说，在许多法治国家，院外游说集团在遵守了一些基本底线后（如不能行贿、不能威胁和人身攻击等），是正当的，允许存在的。而基于我国法治还不够成熟，以及熟人社会的传统，这种机制的引入一定会走样和异化。解决的方法是，要把不同群体的利益（包括利益集团）在院内（而不是院外）得到体现，建立让人大代表有效代表选举出他（她）的那部分选民的诉求，成为他们的代言人。这种从全体人民利益的代表到具体群体利益的代表的改变，是遵循立法客观规律的逻辑必然。

三、立法中的权衡与妥协

"立法是妥协的产物"，这已成为一种常识。所谓立法中的妥协，指的是立法过程中将各种意见摆上桌面、相互讨论、相互沟通、相互说服、相互理解的过程；立法结果是相关利益各方在知己知彼的基础上最终达成让步和妥协的结果。[①] 但立法过程中的妥协，并不是一种无原则、无底线、无准则的妥协。妥协的，往往是一些非原则性的问题，是可以有多种选择方案的事项，立法通过兼听则明，在各方观点表达充分的基础上，遵循社会经济发展的客观规律、遵循法律体系的内在规律、遵循立法工作的自身规律，通过协调、沟通、对比、权衡、妥协，达成最大公约数，实现各种利益的良性平衡。所以，立法妥协不是向部门利益和强势群体妥协，不是弱势部门向强势部门妥协，不是弱势群体向强势群体妥协，不是相对人向国家权力妥协。

（一）防止立法对社会生活的过度干预

立法中最重要的权衡与妥协，就是公权力与私权利之间的权衡与妥协，即公权力与私权利之间应当相互制约，使之都不能超出法律规范而滥用。庞德认为：一个法律制度之所以成功，乃是因为它成功地在专断权利之一端与受

①　参见刘松山著：《中国立法问题研究》，知识产权出版社2016年版，第344页。

限权力之另一端间达到了平衡并维续了这种平衡。这种平衡不可能永远维续下去。文明的进步会不断地使法律制度失去平衡；而通过把理性适用于经验之上，这种平衡又会得到恢复，而且也只有凭靠这种方式，政治组织社会才能使自己得以永久地存在下去。① 博登海默指出："法律对权利来讲是一种稳定器，而对失控的权力来讲则是一种抑制器。"② 庞德通过对世界法制史的考察，得出这样的结论：19 世纪的法律历史，在很大程度上是一部有关日趋承认个人权利——这些权利常常被视为"自然"的（或天赋的）和绝对的权利——的纪录。在 20 世纪，应该用更加广泛地承认人的需要、要求和社会利益这方面的发展来重写法律历史。③ 这无疑是对公权力与私权利关系之间历史的、动态的描述。

在立法活动中，特别是涉及行政法、经济法、社会法等地方立法领域，不可避免地会涉及行政权力同自然人、法人和非法人组织的权利的关系，即"权力与权利"的关系。按照通行法学理念，行政权力属于"公权"，自然人、法人和其他组织的权利属于"私权"。在两者的关系上，原则上讲，权利是本源，权力是由其派生的。我国现行宪法第 2 条明确规定："中华人民共和国的一切权力属于人民。"行政权力是由人民通过法定程序授予的。但是，行政机关一旦取得行政权力并对管理相对人行使这种权力时，它就居于"强者"地位。因此，正确处理权力与权利的关系，主要的方面应该是对权力加以规范、制约、监督。一般情况下，"公权"不宜介入、干预"私权"的行使。当然，"私权"的行使也是有条件、有规范的。如果行使"私权"损害国家的、社会的、集体的利益和他人的合法权益，"公权"就应该介入、干预，实施监督，予以处理。④

为了实现这种立法权衡与妥协，法律规范在赋予有关行政机关必要的权力的同时，应当规定其相应的责任，规范、制约、监督行政权力的行使。立法中应当坚持权力与责任紧密挂钩（有权必有责）、权力与利益彻底脱钩（公权力不得营利）的原则。另一方面，法律规范在规定自然人、法人和非法人

---

① 转引自 ［美］E. 博登海默著，邓正来译：《法理学——法律哲学与法律方法》，中国政法大学出版社 1999 年版，第 149 页。

② ［美］E. 博登海默著，邓正来译：《法理学——法律哲学与法律方法》，中国政法大学出版社 1999 年版，第 293 页。

③ 参见 ［美］E. 博登海默著，邓正来译：《法理学——法律哲学与法律方法》，中国政法大学出版社 1999 年版，第 147 页。

④ 参见杨景宇：《我国的立法体制、法律体系和立法原则》，载上海市行政法制研究所编：《依法行政与法治政府》，法律出版社 2006 年版，第 13 页。

组织应当履行义务的同时，应当明确规定其应当享有的权利，并为保证其权利的实现规定相应的途径和措施。

总之，法是很管用的东西，但是，我们不要让法去压抑和窒息了丰富鲜活的社会生活，不要让法去管自己不该管也管不好的东西。法对社会生活的介入和干预，应当是谦抑适度的，应当止于社会生活的自治之界，并以规范和引导社会生活的自治为己任。①

（二）防止法律道德化与道德法律化

在立法中，要正确处理好法律与道德的关系。一个很重要的方面，是要防止陷入"法律道德化"和"道德法律化"两种误区。

关于"道德法律化"的实践案例并不少见。在国外，最有名的就是美国在 20 世纪 30 年代实施的全国性"禁酒令"，这被事实证明是一场脱离社会实际的"道德理想主义"的失败探索。在国内，如四川曾有律师上书全国人大，呼吁为"孝"立法，认为"孝"道是具有中国道德传统的文化，而现在在年轻人身上似乎有失传的忧虑，但如何立法对此予以强制性规范？似乎难以下手。杭州人大曾有议案，要求为邻里关系立法，认为现在邻里之间关系过于冷漠，需要通过立法恢复"热络"的邻里关系。但论证下来，似乎也不是立法所能解决的。最有影响的立法案是全国人大为"常回家看看"立法。2012年 12 月，全国人大常委会通过了《老年人权益保障法（修订案）》，新增的内容有："与老年人分开居住的家庭成员，应当经常看望或问候老年人。用人单位应当按有关规定保障赡养人探亲休假的权利。"无论是在立法过程中，还是完成立法后，都引起了媒体和社会的广泛争议和讨论。赞成者高兴，认为通过立法可以约束子女；反对者强调，孝心无须法律约束。法学专家认为，这样的法律条文无法强制执行，只能是倡导性条款。但也有法官认为，以后如果老人再起诉要求子女常回家看看，法院可以依法判决。律师则称，入法容易实施很难。媒体则质疑：这原本应该属于道德范畴的行为，真的能被法律"约束"吗？从到目前为止的实施效果来看，并没有达到立法的预期。这种将"道德法律化"的结果一定是无法实施，事与愿违的。

关于"法律道德化"的典型案例，当数我国交通责任事故认定的法律规定。我国在法律上一直对机动车事故责任实行过错责任原则，最早见于 1960

---

① 参见刘松山著：《中国立法问题研究》，知识产权出版社 2016 年版，第 352—353 页。

年 2 月国务院批准、公安部发布的《机动车管理办法》，之后有 1988 年 3 月国务院发布的《道路交通管理条例》，1991 年 9 月国务院发布的《道路交通事故处理办法》，都遵循着过错责任原则。但在实际工作中，这一过错责任原则并没有被严格执行。一般情况下，机动车造成行人死亡或受重伤等，都要承担一定的补偿或者赔偿责任。这样的情况，在 20 世纪 90 年代私家车流行后，公安交警部门逐渐难以为继，因为要认定无责任的机动车驾驶员承担经济补偿或者赔偿，公安交警部门没有法律依据说服当事人。所以，20 世纪末，国务院修订《道路交通管理条例》时，有地方公安交警部门曾提出建议，回到法律本意上来，实行过错责任原则。媒体将此建议概括为"撞了白撞"，激起舆论的强烈反弹和广泛争论，最终立法也未敢碰触这一难题。但实践中这一问题有愈演愈烈之势，所以在《道路交通管理条例》于 2003 年 10 月上升为《道路交通安全法》时，这一问题再次被提起，最后还是被处于"道德高地"的"撞了白撞"论所否定。于是，机动车驾驶员仍要承担严格责任和无过错责任。[①] 依法律常识，严格责任和无过错责任一般适用双方都无过错的情形，而机动车责任认定是驾驶人无责任而对方承担全责，在此情形下，是否适用严格责任和无过错责任？值得探讨。而关键是，这种法律责任的设定是在舆论压力下形成的"法律道德化"的产物，难免有失理性、客观和公正。所以，该条款在实施中引发广泛争议。全国人大不得不在 2007 年 12 月专门就此条款作出修改："机动车发生交通事故造成人身伤亡、财产损失的，由保险公司在机动车第三者责任强制保险责任限额范围内予以赔偿；不足的部分，按照下列规定承担赔偿责任……（二）机动车与非机动车驾驶人、行人之间发生交通事故，非机动车驾驶人、行人没有过错的，由机动车一方承担赔偿责任。有证据证明非机动车驾驶人、行人有过错的，根据过错程度适当减轻机动车一方的赔偿责任；机动车一方没有过错的，承担不超过百分之十的赔偿责任。交通事故的损失是由非机动车驾驶人、行人故意碰撞机动车造成的，机动车一方不承担赔偿责任。"这样的修改，使无过错驾驶员的赔偿责任限制在 10% 以下，但从本质上来说，仍未改变承担无过错责任的性质，仍可探讨。

---

① 《道路交通安全法》第 76 条规定："机动车发生交通事故造成人身伤亡、财产损失的，由保险公司的机动车第三者责任强制保险责任限额范围内予以赔偿。超过责任限额的部分，按照下列方式承担赔偿责任：……（二）机动车与非机动车驾驶人、行人之间发生交通事故的，由机动车一方承担责任；但是，有证据证明非机动车驾驶人、行人违反道路交通安全法律、法规，机动车驾驶人已经采取必要处置措施的，减轻机动车一方的责任。交通事故的损失是由非机动车驾驶人、行人故意造成的，机动车一方不承担责任。"

第十四章　立法的前期准备

立法的前期准备，一般指正式提出立法提案之前所进行的与立法相关的活动，这一阶段也被称为前立法阶段。立法准备作为整个立法活动过程中一个不可或缺的阶段，具有相当的重要性。因为立法准备就其主要倾向看，具有决策性，大多数立法案的名称、体例等命运，其实在立法准备阶段就已决定了。

基于笔者的经历与知识的局限，也基于本书的写作目的，本编所涉及的具体立法程序规则，主要是对地方性法规和政府规章进行分析与阐述。

一、立法预测与规划编制

立法预测与立法规划，是立法前期准备阶段的两项重要工作。虽然从工作性质上看，一虚（立法预测）一实（立法规划），但都是立法决策必不可少的重要环节。

（一）立法预测

立法预测，指运用特定的方法和技术，对立法的发展趋势和未来状况进行考察和推测，从而预先认识和把握所需立法事项的质和量的方法和过程。立法预测作为一种科学的方法，是新兴学科未来学、预测学运用于立法实践的产物，它在 20 世纪初应运而生，并在 20 世纪 50 年代得以长足发展。[①] 目前，世界上许多国家在立法实践中已自觉地进行立法预测。

---

① 孙潮、王敏慧：《立法前期准备研究》，载上海市行政法制研究所编：《依法行政与法治政府》，法律出版社 2006 年版，第 16 页。

　　立法预测的基本目标：一是，在对各种信息和材料具体分析后，科学地预测立法的发展规律，包括整体立法的发展趋势，各个具体的法律部门的发展趋势，各项具体的法律制度的发展趋势，形成对立法需求的总体趋势把握。二是，研究分析现行立法，预测立法的某一个部门或某一项立法案达到其预期的社会效果的程度，以及今后需要进一步修改、补充或进一步完善的各种相关问题，对修法和废法的可行性和必要性作出预测。三是，发现现阶段和今后一段时期内必须通过立法手段加以调整的社会关系的范围和程度，从而确定需要制定新的立法案的必要性，以及可行的出台时机。四是，预测法律调整方法和手段可能发生的变化，以及不同法律部门可能出现的新的立法原则，确定对社会关系进行法律调整的最有发展前途的方法和技术。五是考察和测算由于社会的发展和社会关系的变化可能促使立法理论、立法技术、立法制度发生哪些变化，立法者如何使立法适应这些变化，跟上时代发展的步伐。

　　立法预测的主要程序是：（1）确定立法预测要实现的基本目标。立法预测的目标应当由立法决策者根据社会需要，综合有关信息和材料，对社会政治、经济、文化、社会和生态治理对立法的需要，对人民群众的不同利益诉求对立法的需求，不同社会关系和社会群体的关系变化对立法的需要，都有准确地把握，从而确定立法预测的主题和范围。（2）确定立法预测的时间段，即不仅明确立法预测工作的起止时间，而且明确立法预测所指向的期间。(3)确定并运用立法预测的方法，包括调查座谈、统计分析、资料收集、专家论证、文献研究、国际比较分析等传统方法，也可以使用趋势判断技术、综合判断技术、基本因素分析、经验分析法、比拟预测法、因果预测法等预测学和其他交叉学科的技术和方法。（4）对初步预测结果进行科学校正，需要分析立法预测的误差，检验预测结果的准确度，并对初步的立法预测作出评估，从而选定最佳的预测方案。

（二）立法规划的编制

　　立法规划是关于立法活动和相关工作的全面的长远的发展设想和部署，它是立法工作的重要内容，也是提高立法质量，使立法活动的安排更加合理、更加有序的重要方法。立法规划的运用使立法决策成为一种有计划、可预期的国家法律行为，同时也成为一种被相对严格限制的法律行为。由于立法规划是由有权主体制定的关于未来立法活动的规范性文件，其实施因而需要一定的主观与客观、可能与现实等条件的配合，而这些条件也在一定程度上保障与约束着立法决策行为的发展。①

立法规划作为联结现在与未来、可能与现实之间的桥梁，完全可成为个人意志与全社会意志之间共同认同与接受的一般性规划或一般性程序。在我国，正式的立法规划，是 20 世纪 80 年代初才开始出现的事物，但其一出现，就同这一时期整个立法实践一样，得到较快发展。现在，享有不同程度立法权或参与立法活动的主体，大都注意开展编制和实施立法规划的工作。

立法规划的运用，使立法决策者由被动转为主动。之所以如此，就在于立法规划作为立法决策的内容与方法，具有使立法臻于科学化的功能。主要表现在：一是，通过立法规划，可以使立法决策者站在全局的角度，将一定时期和范围的立法目标、任务、方向、战略和战役确定下来，并将这样做的必要性和可行性揭示出来，从而为一定时期和范围的立法指出一条清楚、明确的道路。二是，通过立法规划，可以使立法决策者明确在一定时期和范围应立什么法、不应立什么法，既满足社会发展对立法调整的需要，又限制不必要的立法活动，把注意力集中到如何以立法调整、应以立法调整并有立法调整可能的具有重要意义的社会关系上。三是，通过立法规划，可以使立法决策者合理、适当、科学地调整整个立法进程，既注重全局又突出重点，既注重当前又顾及长远，既明确眼下立法工作的重点、紧迫点和难点所在，又明确随后应做什么。四是，通过立法规划，可以使立法决策主体、立法工作机构、立法工作人员和其他有关方面各自明确自己在一定时期、一定范围的立法中的具体任务或职权，从而各行其权、各负其责，有的放矢地安排和组织力量，有准备地从事或参与立法活动，从而提高立法质量和立法效率。五是，通过立法规划，可以使不同立法决策主体和各有关方面互通信息、互相配合，从而使各方面立法工作协调一致，合理取舍立法项目、确定立法指标，即消除立法工作中的重复劳动、分散精力、浪费人力物力的弊端，还可以帮助处理立法中的错综复杂的关系，抑制只顾本部门、本地区、本领域利益的本位主义倾向。②

在我国，立法规划可以分为中长期立法规划、专项立法规划和年度立法计划三种形式。

---

① 参见于兆波著：《立法决策论》，北京大学出版社 2005 年版，第 103 页。
② 参见周旺生：《关于立法规划的几个理论问题》，载《北京大学学报》（哲学社会科学版）1993 年第 3 期。

1. 中长期立法规划。

立法的中长期规划一般以五年为期限，所以也被称为五年立法规划。主要包括：需要明确立法规划的指导思想，明确立法规划的时间范围和目标；根据经济社会发展需要，提出具体的立法项目；论证分析具体立法项目的"立项"必要性和可行性；按照突出重点、照顾一般、分档有序、协调统一的原则编制立法项目的次序；作出有关编制说明；附相关背景材料和论证材料。

就地方立法而言，五年立法规划在实践中主要有两种模式：一种是与国民经济和社会发展五年规划相同步，制定配套的五年立法规划，如与一个地区的国民经济和社会发展"十三五"规划相配合，人大和政府制定"十三五"立法规划；另一种是以人大的届数为划分，制定五年立法规划，这一划分的主要原因是地方人大的换届与国民经济和社会发展的五年规划并不同步，由上一届人大为下届人大制定立法规划被认为不太合适，所以，有些地方选择按照届数，自己为自己制定五年立法规划。

中长期立法规划在我国已经制度化、常态化。无论是中央还是各地有立法权的机关，都已形成五年立法规划或者相类似的中长期立法规划，并在立法工作中起着重要的指导和督促作用。当然，实践中，中长期立法规划的实现率是个被经常讨论和思考的问题。因为由于各种原因，立法规划并未能实现百分之百的实现率，有的立法规划的实现率过低，从而引起人大、政府以及学者的讨论、思考，甚至引发对中长期立法规划必要性的质疑。其实，立法规划的定位应该不同于城乡规划的刚性，将其定位为指导性更合适，没必要对其不能实现百分之百的实现率而纠结，因为社会经济的发展总是快于人们的预期。

2. 专项立法规划。

这是实践中已经得到运用的一种较为特别的立法规划形式。它不以时间为标准来制定立法规划，而是以立法内容或领域为标准进行立法规划，其立法规划的时间范围往往超过 5 年，要延续到 10 年甚至 20 年。

笔者在立法实践中，曾经先后参与过三项专项立法规划。一次是于 2004 年参与上海市科教兴市专项立法规划，该项研究是以"科教兴市"为主题，对与此相关的地方立法项目进行规划论证，笔者承担了其中知识产权部分的立法规划研究，提出了有 6 部地方法规、12 部政府规章应该纳入未来 5 年上海市知识产权的立法框架之中的建议，其中地方法规制定 4 部，修改 2 部，政府规章 12 部均为新制定，做到既与国家上位法相呼应，又能够解决上海市面临的实际需求。另一次是于 2005 年围绕"构建社会主义和谐社会"的主题进行政府规章立法专项立法规划的研究，被列入调查研究范围的立法项目共 332 部，包括正在实施的 62 部法律、81 部行政法规、55 部部门规章、45 部上海市地方性法规和 89 部本市政府规章。课题组按照社会主义和谐社会的六大特征——民主法治、公平正义、诚信友爱、充满活力、安定有序、人与自然和谐相处，对这 332 个立法项目进行了归类整理。统计数据表明，民主法治方面立法项目 35 项，公平正义方面立法项目 46 项，诚信友爱方面立法项目 3 项，充满活力方面立法项目 65 项，安定有序方面立法项目 122 项，人与自然和谐相处方面立法项目 61 项。在分析研究基础上提出了 41 项政府规章立法调研建议项目，作为之后五年上海市构建社会主义和谐社会方面政府立法工作的重点。这 41 项建议项目中，需新制定的 33 部，修订的 8 部，其中属于创制性立法 21 部，实施性立法 20 部。第三次是于 2009 年参与"地方民生立法框架"的专项立法规划，课题报告从民生立法的含义、民生立法的性质、民生立法的范围界定及民生立法的分类四个方面分析了民生立法的定位。将民生立法分为七大类：教育文化体育类；公共卫生类；公共服务类；社会保障类；劳动保障类；人口综合管理类；特殊群体保护类。还对七大领域中涉及民生的法律、行政法规、部门规章、地方性法规和地方政府规章的数量进行了梳理统计，截止到 2009 年 5 月底，我国现行有效的法律共 231 部，涉及民生的法律有 49 部，约占 21.2%；现行有效的行政法规共 679 部，涉及民生的行政法规有 67 部，约占 9.9%。最后提出了 19 项立法建议，其中，教育文化体育类 4 项；公共卫生类 6 项；公共服务类 3 项；社会保障类 4 项；劳动保障类 3 项；人口综合管理类 1 件；特殊群体保护类 2 件。

专项立法规划在《立法法》中并没有明确规定，但实践中被较为广泛地运用，主要在于其具有较高的实用价值，能作为五年立法规划的一种有效的补充。专项立法规划还适应了某一时期对某一领域立法的特别需求，是需求导向的一种立法规划形式，其效果是十分正面的、肯定的。

3. 年度立法计划。

年度立法计划和中长期立法规划一样都是立法决策的重要方法。如果说立法规划还较为模糊，只列立法之名目，那么年度立法计划则要清晰得多，包括立法目的、立法原则、立法模式等内容。年度立法计划基本是急需的、现在的、定期的、指令性的、条件成熟的。

年度立法计划应该是对立法规划的具体落实。理想状态的立法规划与立法计划的关系，应当是将五年立法规划的项目有计划地分解为每年的立法计划项目，并按此分解计划逐步实施。但实际工作中的情况并不那么理想。往往有些项目并没有列入五年立法规划，但之后客观情况的变化，要求增加进年度立法计划，如国家立法项目的出台要求地方制定或者修订实施性或配套性的立法，如，国家《食品安全法》出台后，要求各地无论是否有过相应内容的地方立法，都要制定或者重新修订地方性法规，作为国家法律的实施性细化和补充；某些突发性的事件要求及时制定或者修订立法项目，如上海在2014年12月31日发生外滩踩踏事件后，要求政府及时对原有的《大型活动安全管理规定》作出修订，增加对没有组织者的大型活动的安全制定新规范；某些国家的重大战略决策也会要求国家或者地方制定出台相应的立法，如，国务院授权上海浦东进行国家自贸区改革试验的决定一出台，上海地方人大和政府立即制定出台一系列相应的地方性法规和政府规章，予以立法保障。而上述所列举的立法项目，在五年立法规划中都是没有的。

所有立法规划的编制，都要经过向社会和相关部门征询立法项目、拟制立法规划草案、征求各界对立法规划草案的意见和建议并修订立法规划、经有权部门批准等程序。立法规划经批准后，即可颁布实施。

二、立项与论证

立项是将立法项目纳入年度立法计划的一个工作程序，完成立项意味着立法项目的真正启动。立项的意义：一是为了确保立法的计划性，增加立法的可预期性，有利于立法工作的顺利开展；二是便于立法主体、参与立法的各方机构、社会组织、专家学者等更好地做准备、展开研究，配合立法工作的逐步推进；三是为了确保立法作为整体的系统性和协调性，避免力量分散和重复，降低立法成本，确保立法的科学性和高质量。

（一）立项权
立项权是立法权的启动，因此，立项权是有权立法机关的一项法定权力。其他部门、机构和单位需要立法的，应当向立法机关报请立项。[①] 按照科学立

---

① 《规章制定程序条例》第10条规定："国务院部门内设机构或者其他机构认为需要制定部门规章的，应当向该部门报请立项。""省、自治区、直辖市和设区的市、自治州的人民政府所属工作部门或者下级人民政府认为需要制定地方政府规章的，应当向该省、自治区、直辖市或者设区的市、自治州的人民政府报请立项。"

法、民主立法的原则，立项权的行使不仅应当有内部程序，还应当有外部程序，如增加公众参与、专家论证等，以避免"部门立法"、闭门造车等问题的产生。但这不能被看作社会主体有了立法的立项权，这是一种误解。因为代议制民主下的立法是一种间接民主性质，所以立项权只能由有权立法主体，包括全国人大及其常委会、国务院及其部门、地方人大及其常委会、地方人民政府等所拥有。

有立法权的机关需要把握立项主导权，具体要通过年度计划的编制、公布和督促落实，统筹立项工作安排，将立法决策与改革决策相衔接，以提高立法的及时性、针对性、有效性，发挥立法的引领和推动经济社会发展的作用。

（二）立项标准与类型

关于立项标准，并没有统一的规范，各地可以从实际出发加以确定。总的方向是：立法项目应当服务于本地区改革和经济社会发展的需要，应当落实党委对本地区中心工作的要求，应当回应人大代表、人民群众的关切，还应当遵循地方立法或者行政立法的原则和规律。

立法实践中，立项主要分为三类，即正式项目、预备项目和调研项目。正式项目，是经过审查、论证，认为已经具备提交立法机关审议的条件，且具有立法的迫切性，需要在本年度内完成立法的项目。预备项目，一般被论定为具有立法的必要性，已基本完成立法调研，但立法调研还不够充分，立法审议的条件还没有完全具备，需要进行补充立法调研，完善立法草案的文本，或者对立法的紧迫性还需进一步认证的立法项目。调研项目，则是已经纳入立法规划，具有立法的必要性，但还没有完成立法调研，应当启动立法调研的项目。

在立法规划中，一般不区分正式项目、预备项目与调研项目，似乎也无此区分的必要。但在年度立法计划中，则有区分这三类立项的必要，可以分清轻重缓急，作出立法的排序。

立法实践中，还常常启动立项的调整程序，即所谓"预转正"程序，也就是将原来计划中的预备项目或者调研项目，通过必要的程序，转为正式项目。启动"预转正"一般出于两种情况：一种是客观的情势变化，对立法提出了紧迫性的要求，希望能尽快完成立法任务，这是因外部条件的变化而启动的。另一种是立法项目的补充调研和论证及时完成了，立法的条件已经具备，无须等到下一年度，可以提前完成立法任务，这是因内部因素的变化而启动的。①

（三）立项论证

立法项目能否列入年度立法计划，需要立法建议单位先行开展立项论证。立项论证重点是围绕立法的必要性和可行性展开。围绕立法的必要性，应当明确关键要解决的问题、立法的现实紧迫性、与上位法的关系、需要确立的主要制度、拟采用的法律文本体例等内容。围绕立法的可行性，应当论证立法的实践基础、社会承受度等社会条件是否具备、立法的出台时机是否适当、立法技术的储备情况、国内外立法比较研究情况、立法的预期效果等。2016年北京市人民政府制定的《北京市人民政府规章制定办法》（已失效）对立项论证提出了"三度"的标准，即事物的成熟度、人的认知度和社会共识的契合度，对我们不无启发，值得借鉴。立项论证需要形成书面论证报告，同时需要提交法律文本草案的建议稿。

（四）地方性法规的立项程序

总体而言，立项程序属于立法工作机构的内部程序，并没有过于刚性的统一规定。从上海市人大常委会的立法实践来看，一般经过下列程序：

1. 地方性法规年度立项申报与征集。实践中，立项申报单位一般为立法的需要单位，即立法的执行部门，立项申报时需要提交立项论证书面报告、法规草案建议稿、立项说明和立法调研计划。另一个立项启动机制是可"开门立法"的新机制，即向社会公众征集立法项目，一般通过网络和媒体向不特定的社会公众发出信息，赋予他们可以向立法机关提出立法建议的权利，一般需要说明立法项目需要解决的主要问题、必要性和可能性。

2. 联合论证。地方性法规的年度立项，由人大常委会的法工委负责组织联合论证，人大法制工作委员会、有关专门委员会和同级政府法制办共同参与，俗称"四堂会审"。重点就建议立法项目是否符合相关项目的立项标准提出书面审查意见，各自列出立法计划正式项目、预备项目和调研项目的建议清单，并进行共同研究协商。

---

① 《规章制定程序条例》第13条第3款规定："年度规章制定工作计划在执行中，可以根据实际情况予以调整，对拟增加的规章项目应当进行补充论证。"

对申报立法计划正式项目的各方意见不一致的建议立法项目，可以组织立项联合论证会，联合论证会由人大常委会法工委主持，人大法制委、相关专门委员会、政府法制机构的代表，人大代表和立法相关专业领域的专家参与进行联合论证。立法项目联合论证会由主持人说明论证规则及有关事项，先有立法项目建议单位负责人进行陈述，再由论证组成人员就建议立法项目进行提问，并就该建议项目是否符合立法标准、是否需要列入年度立法计划进行讨论，并提出论证意见。

3. 提出地方性法规年度立法计划草案。人大常委会法工委应当综合人大法制委、有关专门委员会、政府法制办的立项审查意见，常委会组成人员、人大代表以及下级人大常委会的意见和联合论证的意见，提出立法年度计划草案。

4. 年度立法计划的批准。地方性法规年度立法计划应当由常委会主任会议通过。通常情况下，年度立法计划还需经常委会党组会议讨论后向同级党委报告，经同级党委批准。

5. 年度立法计划的公布。地方性法规年度立法计划由常委会主任会议通过后，向社会公布。对年度立法计划中的正式项目，人大常委会法工委应当制作立项通知书，明确法规名称、起草单位和完成时间，以及在法规起草时需要重点研究的问题。

6. 立法起草指令。立法起草指令并不是我国《立法法》中明确的程序，但域外立法实践中较多运用，国内一些地方也在应用，如上海市人大对年度正式立法项目，会向法规草案起草部门发一个指令性通知，告知其启动文本起草的基本要求。立法起草指令具有明确的指向性，是法案起草主体都必须做到的具体要求，是起草法案时所应遵循的标准，通常包含立法决策中最为主要的内容，如立法目的、背景材料、法规范所要调整的对象、该领域内的问题及解决方式、基本权利义务的分配模式等内容。这样，文本起草者就获得了基本的指导，成为一种被规范了的、并且可以加以预测的过程。台湾的罗传贤认为，文本起草人要"彻底、完全地了解决策之构想、立法目的、立法背景、立法原则及相关之法令、司法判解、各种先例、问题之症结，即当前事实上所遭遇之困难，等等。为了达到此项目的，起草人必须有充分的时间与耐心，并慎重与圆融地遵循：（1）了解起草指令；（2）背景研究；（3）征询决策者等三步骤"。①

---

① 罗传贤著：《立法程序》，台湾龙文出版社 1993 年版，第 67 页。

（五）政府规章的立项程序

相对而言，政府规章的立项程序要比人大的地方性法规立项程序简捷一些。

1. 规章立法需求征集。政府立法项目即规章的立项启动，与人大地方性法规的立项启动有共同之处，主要也是通过由有立法需求的行政部门提出申报和向社会公众征集两种方式实现。此外，对于规范政府共同行为的立法需求，一般由政府法制机构直接提出。

2. 立项的内部论证与审核。对于立项申报和社会公众提出的立项建议，政府内部也有一个立项论证的过程，这一论证由政府法制机构主导，邀请相关行政机关的法规处、业务处人员和法学专家、政府法律顾问等体制外人员共同参与，再通过政府法制机构的审核会议进行审核，最终形成立项审核意见。论证与审核可以围绕下列内容展开：（1）是否属于规章立法权限的事项；（2）需要立法解决的主要问题和矛盾是否清晰、准确；（3）是否有解决问题的制度和措施；（4）主要制度和措施是否符合实际；（5）制度和措施是否考虑了执法成本和社会成本，并做成本效益分析；（6）社会各方面对解决问题和矛盾是否已形成共识；（7）与上位法的关系是否协调。

3. 提出年度规章制定工作计划草案。年度规章制定工作计划草案由政府法制机构提出，并再次征询相关行政部门的意见，得到确认。如果相关行政部门有不同意见的话，则要进行内部协商，达成一致；如果政府法制机构与相关行政部门不能达成一致意见的话，一般需要提请相关分管省（市）长进行决策拍板。根据《规章制定程序条例》第12条规定："年度规章制定工作计划应当明确规章的名称、起草单位、完成时间等。"

4. 年度规章制定工作计划的确定。政府法制机构提出的年度规章制定工作计划草案需要提请政府常务会议批准后执行。之后，还需向同级党委常委会报告。

5. 年度规章立法计划的公开。鉴于规章立法主要是政府内部操作的程序，所以目前，年度规章立法计划一般只在行政机关内部公开，并没有向社会公布。从发展趋势和社会需求看，这无疑是应当去努力实现的目标。

三、立法调研与文本起草

立法调研和文本起草是立法准备阶段的一项重要任务。检验立法前期准备工作有没有完成的最主要指标，就是看相关单位有没有完成立法调研并初步形成立法文本。如果没有的话，则一般不会进入立法的正式阶段。

（一）立法调研

立法调研是立法决策前期准备程序中的重要一步，意味着立法的正式启动。所谓"没有调查就没有发言权"，这是我们党和政府的优良传统。需要强调的是，这里所说的立法调研已是个法律概念，具有严格的法律规则意义，是立法决策前的法定程序，是不得违反，需要严格遵循的。不具有立法权的主体，即便实施了立法调研的形式，也不是法律意义上的立法调研行为。也就是说，立法调研的主体是特定的、有限制的，即只有有权立法的机关才能行使，其他组织和个人都无此权利。其他主体所做的调研都不是法律程序和效力意义上的立法调研。

立法调研也是世界上许多国家都采用的一种立法方式。一般国家都以设立委员会的方式进行。早在 1688 年英国议会就设立了调查委员会，拥有调查权，其中包括立法调研权。之后随着议会制度的发展，像德国、奥地利等国都有调研委员会。当然仔细分析的话，调查委员会与调研委员会是有区别的，前者是为了调查问题而设，偏重于"人和事"，系针对政府部门的工作弊端或公务员的过失的追究；而后者是为了实现立法功能而设，偏重的是立法"课题"，是为了做好立法决策的相关资料准备。

立法调研的价值和意义，是由立法决策的民主与科学的价值取向所决定的。因为，了解民意、反映民意、整合民意，是现代民主决策的题中应有之义。通过立法调研，实现与民众、利益集团、新闻媒体、社会组织等的沟通，能够听取社会上的利益相关人、专家学者、政府部门等各方的意见，从而汇集、掌握社会对立法的总体看法、意见和建议，为民主决策提供最接近真相的信息。而充分又真实的信息资料，又有利于以客观的、实事求是的态度，科学地作出立法决策，从而实现立法的可行性论证。

立法调研的现实目标是让有权立法的部门领导、工作人员和有表决权的代表们通过形式多样的调查研究，掌握社情民意的第一手资料，了解立法中可能面临的基本情况、立法要解决的主要问题、立法难点、分歧意见甚至争议焦点等，提前思考和寻找对策和出路。当然，也不排除对立法是否必要、是否条件已经成熟等基本状况的判断与思考。

（二）确定文本起草主体

立法文本的起草原则上由有权立法的机关组织起草。《规章制定程序规定》第 14 条第 2 款规定："国务院部门可以确定规章由其一个或者几个内设机构或者其他机构具体负责起草工作，也可以确定由其法制机构起草或者组织起草。""省、自治区、直辖市和设区的市、自治州的人民政府可以确定规章由其一个部门或者几个部门具体负责起草工作，也可以确定由其法制机构起草或者组织起草。"第 15 条第 3 款规定："起草专业性较强的规章，可以吸收相关领域的专家参与起草工作，或者委托有关专家、教学科研单位、社会组织起草。"

随着我国立法程序的不断完善，科学立法、民主立法要求的不断提高，"开门立法"机制的不断探索，目前立法文本起草的主体越来越多元化。过去，立法文本的起草者、审核者与审议者往往是分离的，文本的起草一般由立法执行部门来完成，政府法制机构或人大常委会的法工委承担审核的职能，即对起草部门提交的文本进行审核、优化和合法性把关，政府常务会议或人大常委会则是立法文本的审议表决者。党的十八届四中全会之后，立法文本的起草者已不局限于立法需要单位，对重要的地方性法规，要求人大法工委和专门委员会直接组织相关部门起草文本；重要的政府规章要求政府法制机构直接组织起草，也就是说，原来的审核者开始直接成为文本起草者。另一个变化是，以往由政府作为提案人的地方性法规，在政府起草阶段，人大的相关部门一般不介入，尊重政府的提案权，现在，在人大主导立法的新背景下，这一程序性的分阶被淡化了，人大和政府常常是合作的关系，上海实践中，还出现了"双组长制"，即地方性法规的起草阶段，就由人大和政府各出一位副职领导担任组长，组成联合的起草班子，共同承担文本草案的起草。这种新的机制，在实践中取得了良好效果，但也产生了一些法理上的讨论。

实践中，还有一种新的探索，就是委托第三方起草文本。党的十八届四中全会《决定》也对此作了肯定。从法理上来说，法律文本起草权是一种可委托之权，在于法案起草人的非法定性，即"起草法律草案也不是法律确定的特定的机关或个人所进行的工作，而是任何公民、团体或机关都可以进行的工作"[①]。对此，需要从两个方面来评价，一方面要看到其积极的价值：一是有助于防止对法案起草权的垄断，特别是立法机关辅助机构和行政机构对法案起草权的事实上的垄断；二是有助于立法决策者对法案起草活动的监督，使法案起草更好地服务于立法决策；三是有助于立法决策者和法案起草人各

---

① 周旺生著：《立法学》，北京大学出版社 1988 年版，第 342 页。

归其位、各尽其职，做好各自的本职工作。另一方面，根据笔者对多年来立法实践的观察，认为对此的探索不能抱以太高的期待。因为法律文本的起草毕竟有很高的专业和技术要求，让一些很少参与甚至从未参与过立法文本起草的机构和专家来起草文本，其专业性可能值得期待，但立法技术方面的起点并不高，作为第三方机构没有太多优势。笔者也与全国人大相关人员和国务院法制办的人员作过交流，他们在多年的立法实践中，也经常委托一些高校和研究机构起草法律法规的草案文本，他们的体会是，对于专家的立法建议稿，其中的一些理念具有参考价值，但从立法技术的角度而言，参考价值并不高。

（三）起草文本

有学者认为，文本起草是立法最为关键的部分之一，其标志着立法从计划向实质形态的转化。① 起草文本，并不是相关起草部门一家的事情，需要动员多方面的资源才能较好地完成起草工作，包括需要依靠专家学者的"外脑"，有关机构和社会组织的有序参与，相关行政机关也要听取意见，对执法与管理有交叉或争议的领域还要完成协商和职责界定。

立法文本的起草，有几个基本的步骤：（1）全面收集并研究相关资料，包括作为立法依据的上位法资料（文本、说明、审议报告、参考资料等）；国内的相关立法资料，主要是兄弟省市的立法资料；域外同领域的立法经验（文本、研究论文、专著等）。（2）讨论草案框架，包括文本的基本结构、章节的布局、主要内容的取舍、文本的内在逻辑等。最后能确定一种或者两种方案的框架结构，供详细论证时参考。（3）确定每一章节下的具体内容，并用法律语言进行表述，重点要确立基本概念的定义、适用范围及其排除、管理部门的职责及其分工、立法的基本原则、工作的基本体制与机制、法律责任的设定等。（4）重点问题的专题论证，涉及专业性的技术问题，邀请相关专家来进行专家论证；涉及部门之间职责分工协调的，组织相关部门进行协调沟通，必要时请政府分管领导决策拍板。《规章制定程序条例》第 17 条第 2 款规定："起草地方政府规章，涉及本级人民政府其他部门的职责或者与其他部门关系紧密的，起草单位应当充分征求其他部门的意见。起草单位与其他部门有不同意见的，应当充分协商；经过充分协商不能取得一致意见的，起草

---

① 参见刘莘主编：《行政立法原理与实务》，中国法制出版社 2014 年版，第 126 页。

单位应当在上报规章草案送审稿（以下简称规章送审稿）时说明情况和理由"。(5) 书面征求相关行政机关和社会组织、团体的意见，并对反馈的意见和建议进行研究，决定是否采纳。(6) 形成文本草案，并起草草案说明。(7) 经过起草单位内部审核与批准程序后，书面报告负责文本审核的政府法制机构或者人大专门委员会、法制工作委员会。

（四）立法提案的起草与报告

立法前期准备的最后一个动作，就是完成立法提案的起草，并向有权立法机关书面报告。立法提案报告一般由正文和附件两部分组成。正文包括立法草案说明、文本草案两部分；附件则是参考资料。草案说明需要阐述立法背景和必要性，立法拟解决的主要问题；立法文本起草与审核的基本过程；有关方面的意见，包括征求社会公众的意见及其采纳情况；立法的指导原则和框架体例；文本草案规定的主要措施；主要问题说明；需要特别说明的问题。参考资料一般包括汇总的各方意见；立法调研、座谈、问卷调查等资料；立法听证会笔录；修订文本与原文本的对照表；上位法及相关法；兄弟省市同一领域的立法文本；域外同一领域的立法情况，等等。

地方性法规的立法提案向人大常委会书面提出，标志着立法前期准备工作的完成。政府规章的立法提案，则需要向有规章制定权的政府提出书面报告，才算完成立法准备工作。

第十五章　立法的正式程序

立法的正式程序是指由提出法案到对法律文本作出审议结果的过程。它是立法主体通过法定程序产生法规范的阶段，因而在立法活动中占据突出的、最重要的位置。

一、地方人大立法的主要程序

2023 年新修正的《立法法》对全国人大及其常委会制定法律的相关程序，作出了明确、详尽的规定，但对于地方人大及其常委会的立法程序，则没有展示。只在第 87 条说明，"地方性法规、自治条例和单行条例案的提出、审议和表决程序，根据中华人民共和国地方各级人民代表大会和地方各级人民政府组织法，参照本法第二章第二节、第三节、第五节的规定，由本级人民代表大会规定。"而《立法法》第二章的第二节第三节和第五节，分别规定了全国人大立法程序、全国人大常委会立法程序和其他立法规定。也就意味着，全国人大及其常委会的立法程序，地方人大常委会是可以参照执行的。实践中，各地的人大及其常委会制定地方性法规的立法程序也大多参照了《立法法》中的相关规定。

（一）立法案的提出

地方性法规立法案向有权立法部门即人大常委会书面提出，就标志着正式立法程序的启动。地方性法规提案一般由草案说明、文本草案以及参考资料三部分组成。相关材料是由起草者和审核者合作完成的。如果是政府作为地方性法规提案人的，提案还需要经过政府常务会议审议同意。

（二）三审制

目前，地方人大常委会的立法程序都参照全国人大常委会的立法程序，[①] 实行"三审制"，亦称"三读"，[②] 即地方性法规一般应当经三次常务委员会会议审议后再交付表决。常委会会议第一次审议法规草案，在全体会议上听取提案人的说明或者解读，并听取专门委员会的审议报告，由分组会议进行初步审议；第二次审议法规草案，在全体会议上听取法制委员会关于法规草案修改情况和主要问题的汇报，在对法案进行充分调研后，围绕法案的重点、难点和分歧意见，由分组会议进一步审议；第三次审议法规草案，在全体会议上听取法制委员会关于法规草案审议结果的报告，由分组会议对法规草案修改稿进行审议后，即付表决。在《立法法》实施前，地方人大一般实行两次审议制，在《立法法》实施后相当一段时间内，各地仍保留着两次审议制为主的程序。但近年来，随着对立法质量要求的不断提高，地方立法机关纷纷调整了审议程序，参照全国人大常委会的立法程序，开始实施三审制。这是对立法自身规律的一种新的认识，无疑是一种进步。

当然，《立法法》第 33 条也规定了不适用三审制的特别情形："列入常务委员会会议议程的法律案，各方面意见比较一致的，可以经两次常务委员会会议审议后交付表决；调整事项较为单一或者部分修改的法律案，各方面的意见比较一致的，也可以经一次常务委员会会议审议即交付表决。"这两种特殊表决制度也适用于地方立法程序。落到具体的法规草案，到底是不是需要采用二审制或者一审制的特别程序，需要地方人大常委会根据实际需要作出选择。

（三）审议方式

审议方式是地方人大立法中的最重要程序，它是保证立法科学、民主与立法质量的重要制度保障。也因此，各地在遵循《立法法》规定的基础上，按照党的十八届四中全会《决定》等新的要求，从实际出发，对审议方式作了积极的探索。

---

① 《立法法》第 32 条规定。

② 一般认为，立法的"三读"程序起源于英国议会，"一读"是指提出议案时在全院会议中宣读标题，介绍法案的一般原则，有时亦简化为列入议会记录即算"一读"；"二读"是指在全院大会提交讨论，然后交议会委员会按大会讨论的原则审查法案，最后向全院大会交付审查报告；"三读"是指全面审查法案，并考虑对法案进行表决。参见于兆波著：《立法决策论》，北京大学出版社 2005 年版，第 7 页注②。

　　立法是各方利益博弈与妥协的产物，是集体智慧的结晶。审议程序是立法中利益博弈的主要平台，也是平衡和矫正各种不同群体利益的重要环节。在政府是由常务会议审议；在人大是常委会的审议（付诸人民代表大会审议的法规很少）。应当使审议环节成为不同利益群体博弈的正式场合，也成为不同政府部门分歧协调解决的正式途径。

　　对于政府部门的利益，如引入不同部门对自身利益（权利）入法的说明理由制度、对不正当部门利益的质询机制等，使人大审议和政府常务会议成为制约部门利益膨胀的外部监督机制。

　　1. 常委会解读法规草案。《立法法》仅规定了在常委会全体会议第一次审议时，法规起草部门应当对草案进行说明。而现在则提出了更高的要求：对草案进行详细的解读。在报告人作出解读之后，相关部门的领导要现场回答常委会委员们的提问。委员有权指定相关部门作出回答。回答的内容可以包括立法原则、立法背景、相关条文的含义、现实情况的分析、立法目标的实现度预测、对立法建议的回应等多方面。这种互动环节的安排，明显提高了法规审议的深度和广度，加深了对立法文本的总体了解，为分组会议的讨论奠定了较为扎实的基础。

　　2. 分组审议。这是个法定程序，也是个必经程序，每一次审议都要进行分组审议。分组审议时，要求提案人应当派人听取意见，回答询问；还可以根据小组的特别要求，有关机关、组织应当派人介绍相关情况，供立法决策参考。

　　3. 重点条款协调。这也可以说是一种特别程序。当立法审议过程中发现，对一些重点条款出现不同意见，产生争议，甚至尖锐对立等情形时，需要进行必要的协调，以达成妥协，形成共识。重点条款争议的产生，可能是作为立法提案人的政府的议案与作为立法审议人的人大常委会委员们之间存在不同意见而产生，也可能人大常委会的立法工作部门，如专门委员会、法工委、法制委等，与常委会委员的意见不一致，还可能是人大或政府的意见与作为领导部门的党委的意见存在差异，由此出现了不同主体之间的重点条款协调情形，其程序也会因此而各异，并没有统一标准的协调程序。条款协调既可以直接在当事方之间进行，如人大与政府之间，人大相关委员会与常委会委员之间，也可以通过外围组织、人员的第三方参与进行协调，如听取管理相关人、相关组织、协会的意见，乃至通过民意调查、人大代表意见征询等间接方式，为开展协调提供客观依据。过去这类重点条款协调机制运用得并不多，而随着民主立法、科学立法的不断完善，各方利益的博弈日益正常化，这类特别协调机制会越来越有用武之地。

4. 引入辩论环节。对于人大立法审议制度，原上海市人大法制委员会主任委员谢天放提出，审议方式中，可引入辩论环节。辩论制度是一般法治国家立法机关的常设制度之一。因为立法决策的过程就是一个各种观点均得以公开发表和观点自由交锋，互相批判、争论和竞争的过程。从政治学的角度看来，议会（Parliament）究其辞源，就是以说服为活动的基本原则，以和平辩论的方式商议国家大事的机关或地方。在密尔看来，在议会里，"每个人都可以指望由某个人把他想要说的话说出来，和他自己说的一样好或者比他自己说得更好——不是专对朋友和同党的人说，而是当着反对者的面经受相反意见的考验。"① 因此，"最终表决所体现的议事民主的程度有多高，往往要看最终表决之前，法案所经受的全部辩论与修正有多充分。"② 可以说，没有辩论和争论，就没有立法的发展。谢天放因此建议，可以试点先在分组会议上逐条审议，再将提出的问题经过综合在联组会议上审议，经过辩论，最后将重要问题及不同观点提交全体会议审议。③ 根据世界各国的通例，立法辩论的基本准则有以下几条：一是辩论必须与议题关联；二是发言者应有公正、简明及注意礼貌之修养；三是出席者应有尊重主席裁决即注意静听的义务；四是每次发言不得超过限制时间，或者发言有次数限制；五是议题经相当辩论后得停止辩论；六是议事妨碍应在规则所允许值范围内。④

（四）立法案的撤回、搁置与终止

《立法法》第43条规定了立法案的撤回情形，即"列入常务委员会会议议程的法律案，在交付表决前，提案人要求撤回的，应当说明理由，经委员长会议同意，并向常务委员会报告，对该法律案的审议即行终止。"这种情况在实践中较少出现。从法理上来说，撤回权是提案人应有的权力。而实践中，提案人成了义务人，需严格按照人大常委会的要求准时提交法规草案。从工作层面上来说，这种刚性的机制安排有其合理性，但从立法制度的法理来说，将提案人的权力变成一种义务，不能不说是一种异化，值得反思和研究。

① ［英］约翰·密尔著，汪瑄译：《代议制政府》，商务印书馆1982年版，第80—81页。
② 蒋劲松著：《美国国会史》，湖南出版社1992年版，第333页。
③ 参见谢天放等：《我国地方立法的流变与展望》，载于上海市行政法制研究所编：《地方立法的理论与实务（2005—2006年研究报告集）》，法律出版社2007年版，第64—65页。
④ 参见罗传贤著：《立法程序》，台湾龙文出版社1993年版，第384页。

《立法法》第 45 条则规定了法案搁置审议的情形："列入常务委员会会议审议的法律案，因各方面对制定该法律的必要性、可行性等重大问题存在较大意见分歧搁置审议满两年的，或者因暂时不复表决经过两年没有再次列入常务委员会会议议程审议的，由委员长会议向常务委员会报告，该法律案终止审议。"在实践中，这种情况也很少出现。搁置权其实是与提案人的撤回权相对应的，是人大及其常委会的权力。但在实践中，法规制定或者修订一旦列入年度计划，便变成了刚性的任务，似乎不按时出台就有没做好立法工作之嫌。这种心理和观念其实是值得反思的，从某种角度说，是没有对立法的内在规律有理性的、正确的认知。为了实现科学立法、理性立法，提案人的撤回权和审议人的搁置权，都应当得到尊重。

（五）公众参与

根据《立法法》第 39 条规定，人大审议的立法案，相关专门委员会应当听取各方面意见。听取意见可以采取座谈会、论证会、听证会等多种方式进行。实践中，立法中的公众参与方式其实不止这三种。笔者通过对上海市人大常委会的相关实践进行梳理，概括出 10 种公众参与立法的方式：

1. 草案公开征求意见。这是公众参与立法的一个重要途径。党的十八届四中全会《决定》中就明确要求："拓宽公民有序参与立法途径，健全法律法规规章草案公开征求意见和公众意见采纳情况反馈机制，广泛凝聚社会共识。"据此，法规草案经人大常委会第一次审议后，应当及时向社会公开征求意见。草案应当在当地主流媒体全文公布，还可选择与法规内容密切相关受众面较广的新型媒体公布，有针对性地听取利益相关方的意见。在公布草案文本的同时，还应当公布有关事项的说明、介绍立法背景、主要制度、关键条款以及相关问题。公开征求意见的时间一般不得少于 15 日（《立法法》第 40 条规定的法律草案向社会公布征求意见的时间是不少于 30 日）。涉及改革发展稳定大局和人民群众切身利益的重要法规草案，可以在人大常委会审议后再次向社会公开征求意见。接受意见的方式应当按照便民原则，采纳多种方式，如来信、来电、传真、电子邮件、微信等，在截止日后，应当将收集到的意见和建议予以整理，并通过人大的网站和微信公众号向社会公开，并反馈公众意见采纳情况。

2. 立法座谈会。立法座谈会是最为常见的立法听取意见方式。人大有关专门委员会可以组织立法座谈会，围绕整部法规草案或者法规草案的主要制度、关键条款以及分歧意见较大的问题，听取社会各方的意见和建议。立法座谈会的参加对象，应当根据法规草案规范的不同行业、领域和内容以及常委会审议情况确定，对已经参加过有关座谈会的单位和个人，一般不重复邀请其参加。由于立法座谈会的程序和形式无法作统一规定，需要从实际和需求出发，因此在选择参加者时，应当尽可能扩大范围。对涉及民生领域的，要注意选取有代表性的地区或者行业，直接听取基层单位或社区群众的意见和建议。每次座谈会的参加人数也不宜太多，议题也应当集中，不宜过散。为了提高立法座谈会质量，应当事先向参加者提供立法材料、文本或者条文的草案。座谈会的发言要进行记录、整理，供起草、审议、修改法规草案时参考。

3. 立法论证会。与立法座谈会相比，立法论证会更倾向于专业问题。参照《立法法》第 39 条第 2 款的规定，立法论证会由人大有关专门委员会组织，围绕法规草案中法律性、专业性、技术性较强的问题进行论证。立法论证会的参加对象应当是法规草案涉及的有关领域专家、部门代表和人大代表、政协委员等。主要围绕论证议题，从科学性、合法性、可行性、合理性等角度发表论证和评价意见。因此，立法论证会的参加对象，应当选择不同观点和见解的代表，避免只邀请与起草部门意见一致的专家而没有持不同意见和观点的专家。起草部门也不能预先不当地干预和影响各位专家按照起草部门的意愿发表观点，从而失去专家论证的理性、科学和公正的属性。立法论证会的组织方应当做好记录，并进行整理，形成论证报告，向人大常委会报告，供起草、审议、修改法规草案时参考。

4. 立法听证会。立法听证会的核心是给公众提供直接参与立法的机会，特别是给立法利害关系人陈述意见和抗辩的机会。《立法法》第 39 条第 3 款规定："法律案有关问题存在重大意见分歧或者涉及利益关系重大调整，需要进行听证的，应当召开听证会，听取有关基层和群体代表、部门、人民团体、专家、全国人民代表大会代表和社会各有关方面的意见。听证情况应当向常务委员会报告。"地方立法是参照此执行的。立法听证会是地方立法公众参与中较为正式的形式。从上海市人大常委会的实践来看，立法听证会涉及的情形和范围要比法律案听证范围广：（1）涉及本地经济社会发展重大问题；（2）拟设定行政许可、行政处罚、行政强制措施等规定，对公民、法人或者其他组织的权益有较大影响；（3）涉及不同群体利益，且不同群体之间有明显利益冲突；（4）对法规草案的主要制度、关键条款有较大争议。立法听证会可由人大常委会组织举行，经常委会主任会议决定；也可由人大各专门委员会组织，由各委员会决定。参加立法听证会的人员可以是有关基层群众代表、行政部门代表、人民团体代表、行业协会代表、专家、人大代表、政协委员、社会有关方面人员。听证会应当在举行的十日前向社会发布公告，内容包括听证会的目的、听证事项；听证会的时间、地点；立法听证会的参加报名办法等。听证陈述人由听证组织者在不同观点的报名人中遴选。听证会参加者由听证人、听证陈述人、法规草案提案人代表和旁听人员组成。听证会过程中，听证陈述人可以根据约定在规定时间内陈述观点和意见、提供信息，也可以向提案人代表提问；听证人可以向听证陈述人、提案人代表提问；提案人代表应当就有关问题作出说明和回答。听证会应当制作听证记录，听证记录可以采用书面、录音、录像等多种方式。听证会结束后，听证组织者应当研究整理听证意见，提出书面听证报告，作为起草、审议、修改法规草案的重要参考，并通过一定途径向社会公布。有条件的地方也可以对立法听证会进行广播或电视的现场直播，上海市人大常委会已有这方面的探索实践。

5. 书面征求意见。人大专门委员会可以根据需要，将法规草案送人大代表、同级政协、人民团体、律师协会和消费者保护协会等协会、有关社会组织，并发出书面征求意见，较为正式地反映各方面对法规草案的意见和建议。虽说这是种较为传统的做法，但其仍有积极的意义和正面的价值。

6. 市民旁听。即组织公民旁听人大常委会审议法规草案。旁听公民可以在会议审议结束之后，向人大常委会书面提交对法规草案的意见和建议。这是对旁听制度的一种升华，体现公民不仅是立法的一个"旁听者"，更是一个参与者、建议者。

7. 调查问卷。这是新型的立法公众参与方式。人大专门委员会可以根据需要，采取抽样问卷、网上民意调查、向全体人大代表发放调查问卷等方式，了解社会各方的意见和建议，并做好调查数据的统计、分析工作，供法规审议、修改参考。上海市人大内务司法委近几年先后对烟花爆竹立法和道路交通立法修订等敏感立法项目，向全体市人大代表发放立法调查问卷，所采集到的数据对于立法决策起到了十分积极的作用，成为解民意的一种很好的途径。其实，全国人大审议法律案，《立法法》是规定应当通过多种形式征求全国人民代表大会代表的意见，并将有关情况予以反馈；专门委员会和常务委员会工作机构进行立法调研，可以邀请有关的全国人民代表大会代表参加。① 也就是说，在发

————————

① 《立法法》第19条第2款。

挥人大代表作用参与立法方面，全国人大比地方人大做得更好。

8. 第三方评估。对于法规草案的内容部门之间争议较大的，人大专门委员会可以视情况，引入第三方开展评估，充分借用外脑，由第三方专业机构在听取有关专家、单位、社会组织等意见后，作出独立的评估意见，向常委会报告。

9. 基层立法联系点制度。建立基层立法联系点，推进立法精细化，是党的十八届四中全会《决定》就提出的要求。党的二十大报告进一步提出，健全吸纳民意、汇集民智工作机制，建设好基层立法联系点。基层立法联系点的设立与运行，为立法听取基层组织和群体的利益，提供了机制保障，也是为了弥补立法过程人民群众无法直接参与这样的间接民主制度的天然缺陷，是一种半直接民主的方式，值得积极探索。

10. 立法专家顾问制度。这也是党在十八届四中全会《决定》就提出的要求，意味着有立法权的各级地方人大常委会的专门委员会、工作委员会应当建立立法专家顾问制度。为此，首先需要建立健全立法专家顾问的遴选、聘任办法，并依法依规聘任。立法专家顾问制度是立法借用外脑、集中民智的一种必要方法，是弥补目前立法工作者专业化素养不足、人才短缺的一种有效手段。

（六）立法表决与通过

立法案的表决是立法决策中最为核心的程序，往往表征着立法合意的达成与否，标志着立法目的能否最终实现。

通观各国立法，有不同的表决程序，基本可分为公开表决和秘密表决两种。公开表决主要有：（1）举手表决，这是较为常见的表决方式；（2）起立表决，即由赞成、反对、弃权者依次起立，获多数一方的态度为表决的结果；（3）口头表决，即用口头呼喊对法案赞成与否来表示对法案的态度，喊声高的一方的态度为表决的结果；（4）行进表决，即由对法案采取不同态度的表决者依次列队行进，分别从指定的门或通道通过，获多数一方的态度为表决的结果；（5）唱名表决，即由会议组织者逐一点名，被点到名的逐一回答自己是赞成、反对或弃权，获多数一方的态度为表决的结果；（6）记名投票表决，即表决者根据自己对法案的态度，把印有自己姓名的表决票投入赞成、反对或弃权的票箱，获多数一方的态度为表决结果。（7）计牌表决，即表决者从染有不同色彩的表决牌中，取出能表示自己态度的那种色彩的表决牌交给大会，多数一方的态度为表决结果。有的国家采用其中几种方式进行表决。秘密表决的主要方式是实行无记名投票或者使用电子仪器投票。

我国《立法法》第44条规定："法律草案修改稿经常务委员会会议审议，由法律委员会根据常务委员会组成人员的审议意见进行修改，提出法律草案表决稿，由委员长会议提请常务委员会全体会议表决，由常务委员会全体组成人员的过半数通过。"具体方式是采取无记名投票或者使用电子仪器的方式，即秘密表决方式进行。在这过程中，有几项特别的制度需要说明：

1. 重要条款单独表决制度。从制度安排来看，立法案的表决，可以是一次性的整案表决，也可以采用一部分一部分的部分表决。整案表决的效率高，但合意性差；部分表决的合意性高，但效率却常常令立法机关难以容忍。因此，出现了将上述两种表决方式相结合的表决方式，即对争议条款先行部分表决，再对其他条款一次性表决。这种表决方式在我国也已经法制化，《立法法》第44条第2款规定了："法律草案表决稿交付常务委员会会议表决前，委员长会议根据常务委员会会议审议的情况，可以决定将个别意见分歧较大的重要条款提请常务委员会会议单独表决。""单独表决的条款经常务委员会会议表决后，委员长会议根据表决的情况，可以决定将法律草案表决稿交付表决，也可以决定暂不交付表决，交法律委员会和有关的专门委员会进一步审议。"这是根据党的十八届四中全会《决定》中"完善法律草案表决程序，对重要条款可以单独表决"的要求作的具体细化。但从目前来看，这一特别的制度安排，在实践中运用并不多。其实，立法实践中，这种单独表决的需求还是有的。立法审议中经常面临对某一个或几个关键条款产生较为严重的意见分歧，其他部分则已形成共识的情况。目前的实际操作是在法制委员会甚至法工委的层面上研究、协调予以解决，并没有发挥常委会全体委员的作用，其民主立法的程度比常委会单独表决显然要低。所以，对于法定的单独表决制度，还应当在实践中多加运用。

2. 批量表决制度。《立法法》第46条规定："对多部法律中涉及同类事项的个别条款进行修改，一并提出法律案的，经委员长会议决定，可以合并表决，也可以分别表决。"这一合并表决制度尤其适用于法规清理后的批量修改情形。从实践情况看，随着法律法规规章清理制度的经常化、定期化，对清理结果的批量修改也成为一种立法常态。

3. 立法前评估制度。《立法法》第42条规定："拟提请常务委员会会议审议通过的法律案，在法律委员会提出审议结果报告前，常务委员会工作机构可以对法律草案中主要制度规范的可行性、法律出台时机、法律实施的社会效果和可能出现的问题等进行评估。评估情况由法律委员会在审议结果报告中予以说明。"上述条款被称为前评估制度，即在立法表决前，对立法文本的可行性、出台时机是否成熟、实施中可能会出现的问题作出预测。这是提高立法质量、注重立法实效的一项新的制度安排，从实践需求来看，有其必要性。这项新的立法程序由人大法工委具体承担，但需要相关行政执行部门积极做好配合工作。

（七）法规的公布与生效

根据《立法法》第 88 条的规定，地方性法规的发布有不同的主体。其中，省、自治区、直辖市的人民代表大会制定的地方性法规，由大会主席团发布公告予以公布；省、自治区、直辖市的人大常委会制定的地方性法规，由常务委员会发布公告予以公布。设区的市、自治州的人民代表大会及其常委会制定的地方性法规报经批准后，由设区的市、自治州的人民代表大会常委会发布公告予以公布。自治条例、单行条例报经批准后，分别由自治区、自治州、自治县的人民代表大会常委会发布公告予以公布。

同时，根据《立法法》第 89 条的规定，地方性法规、自治区的自治条例和单行条例公布后，及时在本级人民代表大会常务委员会公报和中国人大网、本地方人大网站以及在本行政区域范围内发行的报纸上刊载。其中，在常务委员会公报上刊登的地方性法规、自治条例和单行条例文本为标准文本。

法规文本的公布并不意味着生效，其生效的日期为文本中确定的"施行日期"。施行日期应当考虑执行部门必要的准备时间，从公布到施行及生效之间的期间，为法规实施的准备期。客观上，每一部法规的实施条件和要求的不同，所以其准备期有长有短，但应当有一定的准备时间是底线，一般不能短于一个月。因此，除特别情形外，法规文本不能以公布之日为施行日期。对于修正案而不是废旧立新的修改，可以适当缩短施行的准备期，但应当杜绝"自颁布之日起施行"这类无准备期的规定。

二、规章制定的主要程序

2017 年国务院修订的《规章制定程序条例》，对国务院部门规章和地方政府规章的制定程序作了原则规定，也是规章制定的主要程序性依据。

（一）规章立法提案

规章的立法提案，一般是由文本的起草部门或者机构向有立法权的国务院部门或者地方政府书面提出，名称为送审稿，提出时需要提交规章文本草案、草案说明，以及相关参考资料。

（二）对规章草案的审核

立法文本完成起草后，在提交审议前，一般有一个审核程序，这个程序由政府法制机构承担。法制机构对规章草案的审核具有实质性权力。

一是可以对文本草案作全面的审核，包括立法原则、立法目的、文本名称、体例结构、主要内容、法律关系等，《规章制定程序条例》第 19 条规定："法制机构主要从以下方面对送审稿进行审查：（一）是否符合本条例第三条、第四条、第五条、第六条的规定①；（二）是否符合社会主义核心价值观的要求；（三）是否与有关规章协调、衔接；（四）是否正确处理有关机关、组织和公民对规章送审稿主要问题的意见；（五）是否符合立法技术要求；（六）需要审查的其他内容。"

二是对重点问题也可以重新进行专题论证，还会独立征求相关部门和单位的书面意见。对文本草案中的意见有不同或者分歧的，还需要启动专门的协调程序，必要时需要报请政府分管领导决策拍板。也就是说，立法文本起草过程中一些已经走过的程序，在审核阶段仍可能要重复走一遍，以论证相关部门的意见是否真实、成熟、一致。因为，在立法实践中，由于各个部门和单位对立法的重视程序不尽相同，所以前后提出的意见经常是不一致的，有时甚至是相反的，这在现实中并不鲜见，所以，法律文本的审核部门需要

---

① 《规章制定程序条例》第 3 条："制定规章，应当贯彻落实党的路线方针政策和决策部署，遵循立法法确定的立法原则，符合宪法、法律、行政法规和其他上位法的规定。"第 4 条："制定政治方面法律的规章，应当按照有关规定及时报告党中央或者同级党委（党组）""制定重大经济活动方面的规章，应当按照有关规定及时报告同级党委（党组）。"第 5 条："制定规章，应当切实保障公民、法人和其他组织的合法权益，在规定其应当履行的义务的同时，应当规定其相应的权利和保障权利实现的途径。""制定规章，应当体现行政机关的职权与责任相统一的原则，在赋予有关行政机关必要的职权的同时，应当规定其行使职权的条件、程序和应承担的责任。"第 6 条："制定规章，应当体现全面深化改革精神，科学规范行政行为，促进政府职能向宏观调控、市场监管、社会管理、公共服务环境保护等方面转变。""制定规章，应当符合精简、统一、效能的原则，相同或者相近的职能应当规定由一个行政机关承担，简化行政管理手续。"

独立地征求相关部门和单位意见，以确认其真实的想法和观点，并加以固定。《规章制定程序条例》第 24 条规定："有关机构或者部门对规章送审稿涉及的主要措施、管理体制、权限分工等问题有不同意见的，法制机构应当进行协调，力求达成一致意见"。"经过充分协调不能达成一致意见的，应当将主要问题、有关机构或者部门的意见和法制机构的意见上报本部门或者本级人民政府领导协调，或者报部门或者本级人民政府决定。"

三是对关系群众切身利益且有重大分歧意见的，需要向社会公开征求意见。《规章制定程序条例》第 23 条规定："规章送审稿涉及重大利益调整或者存在重大意见分歧，对公民、法人或者其他组织的权利义务有较大影响，人民群众普遍关注，起草单位在起草过程中未举行听证会的，法制机构经本部门或者本级人民政府批准，可以举行听证会。"

四是法制机构应当认真研究各方面的意见，与起草单位协商后，对规章送审稿进行修改，形成规章草案和对草案的说明。说明应当包括制定规章拟解决的主要问题、确立的主要措施以及与有关部门的协调情况等①。

（三）规章审议与表决

立法的审议与表决，是立法形式法治的重要一环，也是矫正和平衡各种利益的最后一道防线。根据《规章制定程序条例》第 27 条规定："部门规章应当经部务会议或者委员会会议决定。地方政府规章应当经政府常务会议或者全体会议决定。"目前的实践中，政府常务会议存在的问题是简略审议和表决环节，基本不实施表决（即以不表态就是无意见的默示表决法），所有争议都在事前协调完成，这样的立法审议程序有走过场和形式主义的明显缺陷。要改变这种状况，政府需要完善立法审议和表决程序，把博弈机制公开化、透明化，把争议和矛盾放到桌面上来，在程序内予以解决，这是克服利益调整暗箱操作弊端的有效途径。应当变默示为明示的表决，有表决权者应当认真对待自己的参与权，投出庄严的一票。

（四）规章的签署与公布

部务会议或者政府常务会议审议通过规章草案之后，法制机构应当根据有关会议审议意见对规章草案进行修改，形成草案修改稿，报请本部门首长

---

① 《规章制定程序条例》第 25 条。

或者省长、自治区主席、市长签署命令予以公布。公布规章的命令应当载明该规章的制定机关、序号、规章名称、通过日期、施行日期、部门首长或者省长、自治区主席、市长署名以及公布日期。部门规章签署公布后，部门公报或者国务院公报和全国范围内发行的有关报纸应当及时予以刊登。地方政府规章签署公布后，本级人民政府公报和本行政区域范围内发行的报纸应当及时刊登。在部门公报或者国务院公报和地方人民政府公报上刊登的规章文本为标准文本。规章应当自公布之日起 30 日后施行；但是，涉及国家安全、外汇汇率、货币政策的确定以及公布后不立即施行将有碍规章施行的，可以自公布之日起施行。①

---

① 参见《规章制定程序条例》第 29 条、30 条、31 条、32 条。

第十六章　立法后的完善程序

立法完成后的阶段被称为后立法阶段，是立法的实施和完善阶段。"现代立法活动过程中的立法完善阶段，一般指法案变为法之后，为使该法进一步臻于科学化、更宜于体现立法目的、能够适应不断变化的新情况的需要，所进行的立法活动和立法辅助工作构成的立法阶段。"[①] 这一阶段的主要内容包括：法的备案与审查、立法解释、法规范适用与冲突的裁定、法的修改和补充、法的废止、法的编纂和立法后评估。它们根据自身有无法的效力分为两大类：一类是涉及法的效力的立法完善，包括法的备案与审查、立法解释、法规范适用与冲突的裁定、法的修改和补充、法的废止；另一类是没有法的效力的立法完善，包括法的编纂、立法后评估。

一、法规范文本的备案与审查

法规范文本通过后的第一个需要完成的程序就是向上级机关进行备案并接受审查，即通常说的备案审查制度，其由备案、审查与处理三个环节构成。

（一）立法备案制度

关于备案审查。《立法法》第 109 条规定了立法的接受备案的主体。接受备案的机关分别是：（1）行政法规报全国人大常委会备案；（2）省、自治区、直辖市的人民代表大会及其常务委员会制定的地方性法规，报全国人大常委会和国务院备案；设区的市、自治州的人民代表大会及其常务委员会制定的地方性法规，由省、自治区的人民代表大会常务委员会报全国人民代表大会

---

① 周旺生著：《立法学》，法律出版社 1998 年版，第 165 页。

常务委员会和国务院备案；（3）自治州、自治县的人民代表大会制定的自治条例和单行条例，由省、自治区、直辖市的人民代表大会常务委员会报全国人民代表大会常务委员会和国务院备案；自治条例、单行条例报送备案时，应当说明对法律、行政法规、地方性法规作出变通的情况；（4）部门规章和地方政府规章报国务院备案；地方政府规章应当同时报本级人民代表大会常务委员会备案；设区的市、自治州的人民政府制定的规章应当同时报省、自治区的人民代表大会常务委员会和人民政府备案；（5）根据授权制定的法规应当报授权决定规定的机关备案；经济特区法规报送备案时，应当说明对法律、行政法规、地方性法规作出变通的情况。

（二）对法规范文本的审查与处理

在备案审查中，发现如下五种情形之一的，应当予以改变或者撤销：（1）超越立法权限的；（2）下位法违反上位法规定的；（3）规章之间对同一事项的规定不一致，被裁决改变或者撤销的；（4）规章的规定被认为不适当，应当予以改变或者撤销的；（5）违背法定程序的。[①]

改变或者撤销法律、行政法规、地方性法规、自治条例和单行条例、规章的权限是：（1）全国人民代表大会有权改变或者撤销它的常务委员会制定的不适当的法律，有权撤销全国人民代表大会常务委员会批准的违背宪法和立法法第75条第2款规定的自治条例和单行条例；（2）全国人民代表大会常务委员会有权撤销同宪法和法律相抵触的行政法规，有权撤销同宪法、法律和行政法规相抵触的地方性法规，有权撤销省、自治区、直辖市的人民代表大会常务委员会批准的违背宪法和立法法第75条第2款规定的自治条例和单行条例；（3）国务院有权改变或者撤销不适当的部门规章和地方政府规章；（4）省、自治区、直辖市的人民代表大会有权改变或者撤销它的常务委员会制定的和批准的不适当的地方性法规；（5）地方人民代表大会常务委员会有权撤销本级人民政府制定的不适当的规章；（6）省、自治区的人民政府有权改变或者撤销下一级人民政府制定的不适当的规章；（7）授权机关有权撤销被授权机关制定的超越授权范围或者违背授权目的的法规，必要时可以撤销授权。[②]

---

① 《立法法》第107条。
② 《立法法》第108条。

从实际情况看，《立法法》施行以来，通过备案发现违法的立法行为而予以撤销或改变的案例较少听说。但我们无法因此而得出立法质量较高这样的结论，因为"恶法"现象的较多存在是不争的事实。所以，我们只能推定出，立法案的备案审查制度有虚置的嫌疑，有待改进和认真执行。

二、立 法 解 释

自 1949 年新中国成立以来，我国的宪法和法律先后多次就法律解释权的配置作出规定。1949 年 9 月通过的《中央人民政府组织法》第 7 条规定，中央人民政府委员会有权制定并解释国家的法律。1954 年宪法第 31 条规定，全国人大常委会有权解释法律；1975 年宪法延续了此项权利；1978 年宪法和 1982 年宪法则更进一步，增加了全国人大常委会"解释宪法"的权力。1979 年通过、1983 年修订的《法院组织法》第 33 条规定："最高人民法院对于在审判过程中如何具体应用法律、法令的问题，进行解释。"这是第一次赋予法院以法律解释权。全国人大常委会还与 1955 年和 1981 年先后两次就法律解释问题作出专门决议，其中后者在前者基础上就法律解释的对象、主体、权限划分、争议解决等方面作了原则性的规定，从而确立了当代中国法律解释体制的基本框架。之后于 2000 年通过的《立法法》及其配套性法律文件《行政法规制定程序条例》和《规章制定程序条例》对法律解释又有进一步的明确。

（一）对 1981 年《解释决议》的解读

需要重点考察的是 1981 年五届全国人大第 19 次常委会通过的《关于加强法律解释工作的决议》（简称《解释决议》），因为这是我国法律解释制度的奠基之作。

《解释决议》包括了四项原则性规定：（1）凡关于法令、法令条文本身需要进一步明确界限或做补充规定的，由全国人大常委会进行解释或用法令加以规定；（2）凡属于法院审判工作或检察院检察工作中具体应用法律、法令的问题，分别由最高人民法院或最高人民检察院进行解释，两院解释如有原则分歧，报请全国人大常委会解释或决定；（3）不属于审判和检察工作中的其他法律、法令如何具体应用的问题，由国务院及主管部门进行解释；（4）凡属于地方性法规条文本身需要进一步明确界限或作出补充规定的，由制定法规的省、自治区、直辖市人大常委会进行解释或作出规定，凡属于地方性法规如何具体应用的问题，由省、自治区、直辖市人民政府主管部门进行解释。对上述规定，我们可作如下分析：

1. 法律解释主体具有多元性。法律解释主体有全国人大常委会、最高人民法院、最高人民检察院、国务院及其主管部门、省级人大常委会、省级政府主管部门。之后，随着地方性法规制定权延伸至省会城市和国务院批准的较大的市的人大及其常委会，其解释权也同步延伸。2000 年《立法法》确立了政府规章的立法权限，从而使有制定政府规章权的省级政府、省会城市政府、较大的市政府和计划单列市政府都拥有了规章的解释权。2014 年党的十八届四中全会《决定》又明确建议将立法权扩大到全部设区的市，意味着这些市的人大和政府都同时拥有了立法解释权。2015 年《立法法》修正时对此进行了明确，其第 72 条规定："设区的市的人民代表大会及其常务委员会根据本市的具体情况和实际需要，在不同宪法、法律、行政法规和本省、自治区的地方性法规相抵触的前提下，可以对城乡建设与管理、环境保护、历史文化保护等方面的事项制定地方性法规。"2023 年修订的《立法法》把设区的市、自治州立法范围调整为城乡建设与管理、生态文明建设、历史文化保护和基层治理四个方面。

2. 法律解释权的配置也呈多元化特点。（1）解释权分为立法解释和具体应用解释。立法机关拥有立法解释权，但未明确国务院对行政法规、国务院主管部门对部门规章、地方政府对政府规章的立法解释权。具体应用解释权授予了最高人民法院和最高人民检察院，俗称司法解释权；同时授予了国务院及其主管部门，以及省、自治区、直辖市人民政府的主管部门以具体应用解释权，俗称行政解释权。但为什么不授权给省、自治区、直辖市人民政府以具体应用解释权？让人费解。（2）对同属于具体应用解释的司法解释权和行政解释权，遵循司法解释权优先的原则，行政解释只能在司法解释未涉及的领域才可适用。（3）立法机关对于具体应用解释有冲突的，全国人大常委会拥有裁定权，体现立法优先原则，同时体现了全国人大常委会对法律解释活动的主导地位。

3. 法律解释权的性质都属于立法解释。虽然作了立法解释与具体应用解释的区分，但按照目前世界法治的发展潮流和普遍的惯例，法律解释，已从对规则的解释转变为法律实施者的描述性解释和裁量性解释，法律解释的场域，已从立法环节转变为法律实施环节，其核心是指向处于不确定状态的法律规范，从原来的"说明法律""理解法律"功能转向了"发现法律"的矫正功能。① 从这一意义上说，《解释决议》所说的立法解释、司法解释、行政解释，其性质都属于立法解释性质或者准立法解释性质，即对规则的解释，而不是现代法治背景下的赋予法律实施者的具有"发现法律"功能的法律解释，因而不是现代法治意义上的司法解释和行政解释。

4.《解释决议》具有历史局限性。这种局限直到今天仍未克服。主要有以下几点：（1）未区分法律解释与立法的补充规定两种性质。《解释决议》第1点、第2点和第4点，都涉及作出补充规定或作出决定，应理解为这种补充规定也属于解释性质。而从法理上来讲，补充规定和具体决定，都明显带有立法性质，不属于法律解释性质。（2）对国务院的行政法规、国务院部门和地方政府制定的规章的立法解释权未作交代，使实践中产生较大混乱。司法部门一般不把规章视为立法行为，意味着规章不具有严格意义上的法律效力。（3）立法解释与宪法解释的衔接还不够明确。宪法解释权是全国人大常委会的专属权力，并对法律以下的立法解释权具有制约性和最终裁量性。而在《解释决议》中就没有提及宪法解释，之后的《立法法》第110条至112条虽然对与宪法相抵触的立法设计了救济程序，但其将全国人大的法律视为同等，没有专门的规定。实际工作中也很少有运用宪法解释的情况发生。

（二）立法解释的实际运用评价

从实践来看，我国的立法解释并不尽如人意，亟待改进和完善。

1. 全国人大常委会的立法解释处于休眠状态，基本不运用，使立法解释长期虚置或实际旁落。1996年5月全国人大常委会第19次会议通过《关于〈中华人民共和国国籍法〉在香港特别行政区实施的几个问题的解释》，是全国人大第一次以明示的方式进行法律解释。而自1979年以来，各地、各部门要求全国人大常委会进行解释的法律问题，一般直接向全国人大常委会的法制工作委员会提出，由其作出书面或电话答复，但由于法制工作委员会在法律上只是人大常委会的内部工作机构，所以这种答复尽管有实效，但严格地说不具有法律效力。2015年修改的《立法法》第64条作出规定："全国人民代表大会常务委员会工作机构可以对有关具体问题的法律询问进行研究予以答复，并报常务委员会备案。"才使人大常委会工作机构的立法解释具有了一定的法律效力。

———————————

① 参见拙作：《法律解释：良法善治的新机制》，上海人民出版社2015年版，第36—40页。

2. 司法解释为了解决实际工作中面临的问题，在立法解释虚置的情况下，难免超越权限，进行属于立法机关权限的法律解释。如，最高人民法院的司法解释活动极其频繁，名称繁多，内容也极其广泛。其中有不少已超出了对法院审判工作中具体应用的范畴，直接对法律条文规定作出解释，甚至直接对某一部法律作出系统全面的解释，如 1988 年 1 月最高人民法院审判委员会通过的《关于贯彻执行〈中华人民共和国民法通则〉若干问题的意见（试行）》200 条；1985 年 9 月最高人民法院《关于贯彻执行〈中华人民共和国继承法〉若干问题的意见》64 条；1991 年 5 月最高人民法院审判委员会通过的《关于贯彻执行〈中华人民共和国行政诉讼法〉若干问题的意见（试行）》115 条等，都具有超出审判工作范围的立法解释之嫌。

3. 对行政的立法解释权，没有作出规定和说明。实际操作是参照法律的解释，凡行政法规，由国务院行使立法解释权，具体由国务院法制机构承担；行政法规的具体应用解释权，由省级人民政府法制机构、主管和具体实施的国务院部门法制机构行使，有关地方政府法制机构和国务院行政主管部门感到解释困难或者其他有关部门对其作出的解释有不同意见的，提请国务院法制机构作出解释与答复①；国务院主管部门制定的部门规章，则由其行使立法解释权，也行使具体应用解释权；地方政府规章一般由制定的政府行使立法解释权，由具体实施部门行使具体应用解释权。但这些实际的做法并没有严格的规制化。

（三）立法解释的基本操作规范

1. 立法解释的指向。立法机关在法律解释中的功能是说明法律，即明确立法者的原意。从这一立足点出发，立法解释应当是文献性质的解释，限于对法律文本的实然和应然两种状态进行解释，即实现四个目标：（1）文本原意的理解和说明；（2）使隐藏的东西显现出来；（3）使不清楚的东西变得清楚；（4）找寻法律体系中客观存在的意蕴。立法解释不能作出扩大解释和限缩解释。

2. 立法解释的主体。立法解释的主体无疑是法律规范制定者。在我国现有法律体系下，有权立法者包括立法机关和行政机关，具体又可分为中央立法机关和地方立法机关；国家政府机关和地方政府机关。立法主体中应排除

---

① 参见《行政法规制定程序条例》第 31 条、33 条。

司法机关。尽管全国人大授权给了"两高"（即最高人民法院和最高人民检察院）以具体应用法律、法令的解释权，但从其权力性质来看，既没有立法解释权，也不具真正意义上的具体应用解释权，而是与行政机关的具体应用解释相似的准立法解释权。

3. 立法解释的适用领域。立法解释主要适用于五种情形：一是模糊的法律概念，即法律文本的原意模糊、不明确；二是属于"不确定法律概念"；三是弹性条款，法律条文的界定不清、可作多种选择的；四是法律概念在同一法律文本中的不同条款含义不一致；五是裁决法律冲突，即同等效力的法律文本之间不一致、相冲突的情形的依法裁决。需要说明的是，对于填补"法律漏洞"的任务，立法解释不宜作出，而是应该通过修改法律或者作出补充规定来解决，因为填补法律漏洞的行为其性质已是明显的立法行为。

4. 立法解释的启动。立法解释的启动基本是被动性的、回应型的。立法者是应相关部门、单位甚至公民个人的请求进行法律解释的。具体分为体制内的主体和体制外的主体两类。体制内的主体一般为实施法律的部门，是立法者的下级部门和机构。如，《立法法》第110条明确，国务院、中央军委、国家监察委员会、最高人民法院、最高人民检察院和各省、自治区、直辖市人民代表大会常务委员会，有权对违反宪法和法律的立法行为向全国人大常委会书面提出审查要求，即作出法律解释的要求。其他国家机关和社会团体、企业事业组织以及公民，可以向全国人大常委会书面提出进行审查的建议。

5. 立法解释的方法。立法解释的功能是"说明法律"，那么哪些方法适用于"说明法律"呢？一是文义解释，包括语义解释、原旨解释，都是能探寻到立法者原意的，但不能用想象性重构的方法来解释法律。二是体系解释，包括法意解释、目的解释、逻辑解释，都能运用到立法解释中。

6. 立法解释的效力。立法解释虽然不被称为立法行为，而是独立于立法行为和执法行为的一种权力，但其效力等同于立法的效力，如《行政法规制定条例》第31条第3款就明确规定："行政法规的解释与行政法规具有同等效力。"

三、法规范的适用与冲突的裁决

良法的标准之一，是法规范之间是和谐的、不相冲突的、不矛盾的，但现实的成文法之间又不可避免地会存在法规范之间的相冲突、相抵触的情形，属于"规范冲突"现象，也被称为"法律冲突"，通俗的说法是"法律打架"。

对于相冲突的法规范之间，需要有一套由相应的立法机关裁定规则和矫正机制，使相冲突的法规范之间最终能实现平衡，不影响法规范的各自实施。这种法规范冲突的裁定规则可以分为实体性裁定规则和程序性规则两类。

（一）实体性裁定规则

所谓实体性裁定规则，是指对于法律文本和条文之间抵触、冲突和不一致，只要按照法律规定就可作出明确无误的裁定的情形。这在我国《立法法》里有明确规定，概括起来有以下主要规则：

1. 上位法优于下位法。这是解决上下位阶法规范冲突的规则，即等级高的主体制定的法规范，其效力高于等级低的主体制定的法规范。这也被称为高法优于低法，即效力位阶高的执法依据优先于效力位阶低的执法依据。在我国，宪法作为根本大法，是母法（法律的法律），其效力最高；由全国人民代表大会及其常委会通过的基本法律和一般法律，其效力高于由国务院的行政法规、地方人大及其常委会的地方性法规、国务院部门规章和地方政府规章；国务院的行政法规效力高于地方性法规、国务院部门规章和地方政府规章；地方性法规的效力高于本级和下级政府规章；省、自治区的规章的效力高于本行政区域内设区的市、自治区的规章。① 对于下位法违反上位法规定的，上一级有立法权的机关可以予以改变或者撤销。②

2. 新法优于旧法。也称为后法优于前法。这是解决同位阶法规范之间冲突的规则之一，是针对同一主体在不同时间制定的、调整同一类社会关系的法不一致而言的。当新的规定与旧的规定不一致的，适用新的规定。③ 由于新法往往是在旧法无法适应新的社会关系调整时进行的新的规定，因而比旧法更接近实际情况，更具适应性。

关于新法优于旧法的关系，实践中还常常遇到超出上述主要规则的情形，需要制定一些特别的裁定规则。这些特别规则是：（1）实体从旧、程序从新原则，即实体性规范按照旧法规定，程序性规范按照新法规定执行；（2）从新

---

① 参见《立法法》第98条、99条、100条。
② 具体权限参见《立法法》第107条。
③ 参见《立法法》第103条。

兼从轻原则，即原则上按照新法规定执行，但同时要比较新法与旧法何者对行政相对人科以义务较轻，若旧法较轻的，则优选适用旧法；（3）从新兼从优原则，即在原则上适用新法的前提下，比较新法和旧法何者对行政相对人更有利，若旧法对相对人更有利的，优选适用旧法；（4）不溯及既往原则，即新法只适用与新法实施以后的行为或事项，不适用新法施行前的行为或事项。

3. 特别法优于一般法。这是解决同位阶法规范之间冲突的另一规则，系针对同一主体制定的不同的法规范之间有冲突而言的。从理论上来说，同一位阶之间的法规范不应出现冲突，但实际上这又是难以避免的。当特别规定与一般规定不一致的，优先适用特别规定。① 原因是，一般法所涉及的内容较为笼统、宏观和抽象，针对性不足，而特别法是有针对性的立法，更为具体和明确，如《行政处罚法》《行政许可法》《行政强制法》等三部行为法对于行政处罚、行政许可、行政强制来说，都属于一般法，其他法律中所规定的行政处罚、行政许可、行政强制与一般法不一致的，都可以认定为是特别法的规定，应当优先于三部行为法的适用。又如，《行政许可法》第51条规定，实施行政许可程序，本节（即第六节特别规定——笔者注）有规定的，适用本节规定；本节没有规定的，适用本章其他有关规定。这意味着，即使在一部法律里，也存在一般法与特别法的关系。

特别法优于一般法的适用，需要同时具备两个条件：一是，只有在同一主体制定的法规范依据之间才能够适用这一原则，不同主体制定的法规范之间的优先适用按其他原则处理；二是，只有在"旧的一般规定与新的特别规定"，或在"同一时间的特别规定与一般规定"之间规定不一致时才适用。

4. 变通法优于被变通法。这是指当某一下位法依法对上位法进行变通规定时，在这一区域内应当优先适用变通的法规范。这一原则由《立法法》第101条所确立："自治条例和单行条例依法对法律、行政法规、地方性法规作变通规定的，在本自治地方适用自治条例和单行条例的规定。经济特区法规根据授权对法律、行政法规、地方性法规作变通规定的，在本经济特区适用经济特区法规的规定。"

5. 行为地法优于人地法。这是指当行政主体针对行政相对人作出某一行为，而行政相对人的所在地与其行为地不一致时，应优先适用行为地法，所

---

① 参见《立法法》第103条。

以又被称为"行为发生地原则"。这一原则的要求是：当事人行为发生地的法规范应当优先适用于当事人所在地的法规范。也因此，一国的法律能适用在该国生活、工作的外国公民。

（二）程序性裁定规则

所谓程序性规则，是指对于法律文本和条文之间的抵触和不一致，法律不能确定如何适用，即效力待定时，明确由相关主体作出裁定的情形。主要有以下几种情形：

1. 新的一般规定与旧的特别规定不一致。按照《立法法》第105条规定，法律之间对同一事项的新的一般规定和旧的特别规定不一致，不能确定如何适用时，由全国人民代表大会常务委员会裁决。行政法规之间对同一事项的新的一般规定与旧的特别规定不一致，不能确定如何适用时，由国务院裁决。第106条第一项规定，同一机关制定的新的一般规定与旧的特别规定不一致时，由制定机关裁决。

2. 地方性法规与部门规章不一致。按照《立法法》第106条第二项规定，地方性法规与部门规章之间对同一事项的规定不一致，不能确定如何适用时，由国务院提出意见，国务院认为应当适用地方性法规的，应当决定在该地方适用地方性法规的规定；认为应当适用部门规章的，应当提请全国人民代表大会常委会裁决。学界认为，该条文的设计有些诡异，它突破了此前法规效力高于规章的常规，所以不得不设计这套如此繁复的裁决程序。也有人认为是有将简单事情复杂化之嫌。我们理解，《立法法》实际已剥夺了部门规章的创制权，仅作为对法律、行政法规的实施性配套立法，最起码也是按照国务院的决定、命令，在本部门的权限范围内制定规章。[①] 所以其定位应当是中央立法的性质，当地方人大立法与其不一致时，属于效力待定，由上级机构（国务院和全国人大常委会）作出裁定，是妥当的、合理的。

3. 规章之间不一致。按照《立法法》第102条规定：部门规章之间、部门规章与地方政府规章之间具有同等效力，在各自的权限范围内施行。由于国务院部门之间存在着管理权限划分不清或者交叉，因而存在着部门规章之间不一致甚至冲突的可能；同时，国务院部门与地方政府规章之间调整的社会关系往往是重合的，因而两者之间也难免产生冲突。对此，《立法法》第106条第三项

---

① 《立法法》第91条。

规定：部门规章之间、部门规章与地方政府规章之间对同一事项的规定不一致时，由国务院裁决。经裁决，国务院可以改变或者撤销一方的规定。

4. 授权制定的法规与法律不一致。按照《立法法》第 106 条第 2 款规定：根据授权制定的法规与法律不一致，不能确定如何适用时，由全国人民代表大会常务委员会裁决。由于根据制定的行政法规和经济特区法规享有较大的立法权限，或可以对法律作变通规定，因此，当它们与法律不一致时，需要判断是不是对法律作出了不合理的变通和细化，这一判断和裁决权自然属于全国人大常委会。

四、立法的违宪审查

所谓违宪审查，又称合宪性审查，是指特定的宪法实施与监督机构通过一定程序，审查和裁决立法、行政等有关国家机关和其他组织的行为及其结果是否违反宪法规定的一种制度。违宪审查制度是维护宪法权威与尊严、保障宪法实施的一项重要制度，是现代民主政治的重要组成部分。在当代，一般宪治国家都建立与实行违宪审查制度。因为宪治包含两方面的内容：一是有一部体现现代民主政治价值要求的宪法；二是有一套确保宪法实现的理性的宪法保障和维护机制。其中缺少不了宪法解释和违宪审查制度。"没有宪法解释与违宪审查机制，以为通过成文法可以一劳永逸地划定各立法主体的权限是天真的。"[①]

（一）违宪审查制度的功能

违宪审查制度可以实现下列主要功能：一是可以解决公权力越权，尤其是立法行为的越权问题，发现和纠正违反宪法原则和精神的立法行为。二是维护法制统一，限制和纠正地方保护主义。因为宪法对各级国家机构的权责都作了明确规定，一旦地方立法中出现地方保护主义的现象，通过违宪审查就能及时予以制止和纠正。三是尊重和保障人权，维护公民的基本权利。宪法就是一部公民基本权利的保护法，所有对公民基本权利构成侵犯的现象，自

---

① 陈端洪：《立法的民主合法性与立法至上——中国立法批评》，载《中外法学》1998 年第 6 期。

然经不起违宪审查。四是避免和纠正多数人的暴政，保护少数人的正当权益。因为宪法明确，中华人民共和国公民在法律面前一律平等，国家尊重和保障人权。因此，每一个人的正当权益都受宪法保护，也受违宪审查的监督。

（二）违宪审查的模式分析

各国的违宪审查制度，因国情和政治体制的不同而存在差异，笔者参考了其他学者的研究成果，将违宪审查的模式归纳为四种类型：

一是议会或最高国家权力机关监督型。议会监督宪法的模式以英国为典型。英国历来奉行"议会主权""议会至上"原则，议会在法律上的地位优于行政和司法机关，它有权制定和修改包括宪法性法律在内的任何法律。议会至上，意味着其立法权不受限制，因而，包括司法机关在内的其他国家机关都不可能监督议会所制定的法律。在英国，高等法院（或王座法院），虽然有权审查行政行为命令和下级法院的判决是否违法，但无权裁判议会制定的法律是否违法。所以，监督宪法实施的职权只能由议会自己来行使。这种模式的国家，一开始都没有设置专门的审查机构，也没有具体的审查程序。英国为了适应社会的发展，逐步将一部分违宪审查权赋予高等法院，高等法院在审理具体案件的过程中有权审查枢密院令和行政机关颁布的法规是否合宪。

二是普通法院监督型。由普通法院监督宪法实施，也叫司法审查。这以美国为代表，属于这一类型的还有日本、挪威、丹麦、瑞士、瑞典、希腊等60多个国家，是一种最为普遍运用的模式。在这一类型的国家中，违宪审查的方式，主要是通过审理具体诉讼案件来审查其所运用的法律、法令是否违宪。这种审查方式是被动的，即"不告不理"。法院的判决在原则上只适用于本案的诉讼当事人，对其他人没有约束力。但其中不少是判例法国家，最高法院的判决对于下级法院有广泛的权威，经最高法院裁定违宪而拒绝加以适用的法律、法令，下级法院就不能再加以援用。这种模式的国家，法院的建立，法官的选任、职责、职务保障，司法审查的手段和方式等都是由宪法和有关法院、法官方面的法律规定的，司法审查的程序与民事、刑事、行政案件审理程序一致，适用民事诉讼法、刑事诉讼法、行政诉讼法的规定。

三是宪法法院监督型。这以德国为代表。不过，这一类型的国家中，奥地利最早设立宪法法院，时间是1920年。第二次世界大战后，联邦德国（西德）、意大利、西班牙以及亚洲的韩国等也相继设立了宪法法院。这一类型中，只有独特的、专门的法院——宪法法院才能进行违宪审查。宪法诉讼必须由宪法法院审理。普通法院可以把争议提交给宪法法院，宪法法院的判决对普通法院有拘束力。宪法法院宣布某一法律、法令违宪，就等于废除了该法律、法令，从而不再对任何人产生法律效力。目前，不同国家宪法法院的构成、法官的人选、产生程序及任期，都各不相同。

四是宪法委员会监督型。这以法国为代表，也称法国模式。在法国，奉行"立法中心主义"或者"法令中心主义"，因而是否定对体现主权者一般意志的法律的违宪审查的。在法国人看来，"美国式的'宪法司法'仍然具有一种神话般的性质——表面上简单至极，但却是一种理想的不可实现的制度。"① 因此，法国依据1958年法国第五共和国宪法设立了宪法委员会，目的和基本出发点是确定议会的法律事项与政府的命令事项的权限划分，维护总统和行政机关的权力。宪法委员会在法律未实施之前，就对其合宪性进行审查，是一种事前审查，而且，是在诉讼活动之外实行违宪审查的。在法国，宪法委员会由总统和两院院长各指定3名共9名委员及卸任共和国总统（终身委员）构成。9名委员每三年改选三分之一。宪法委员会主席由总统任命，宪法赋予宪法委员会主席一项很重要的权力，即宪法委员会在投票表决时，若赞成票与反对票相同，宪法委员会主席有决定性的投票权。②

（三）我国违宪审查的制度与实践

我国"五四宪法"规定，全国人民代表大会监督宪法的实施。1975年宪法未作规定。1978年宪法规定，全国人民代表大会监督宪法和法律的实施。1982年宪法规定，全国人民代表大会监督宪法的实施，有权改变或者撤销全国人大常委会不适当的决定；全国人大常委会解释宪法，监督宪法的实施，有权撤销国务院制定的同宪法、法律相抵触的行政法规、决定和命令，有权撤销省、自治区、直辖市国家权力机关制定的同宪法、法律、行政法规相抵触的地方性法规和决议。从总的模式归类，与英国式的最高权力机关型相似。

我国有没有违宪审查机制？有学者认为我国没有建立起违宪审查制度。对此值得探讨。笔者认为，《立法法》110条、112条其实是一种违宪审查制度的规定。《立法法》110条规定了两种启动违宪审查的机制：一是国务院、中央军事委员会、国家监察委员会、最高人民法院、最高人民检察院和各省、

---

① ［法］路易·法沃勒：《欧洲的违宪审查》，载［美］路易斯·亨金·阿尔伯特·J. 罗森塔尔编，郑戈等译：《宪政与权利》，生活·读书·新知三联书店1996年版，第28页。

② 本节内容参见万其刚著：《立法理念与实践》，北京大学出版社2006年版，第257—263页。

自治区、直辖市的人大常委会如果认为行政法规、地方性法规、自治条例同宪法或者法律相抵触的，可以向全国人大常委会书面提出审查的要求，由全国人大常委会工作机构分送有关的专门委员会进行审查、提出意见；二是上述国家机关以外的其他国家机关和社会团体、企业事业组织以及公民如果认为行政法规、地方性法规、自治条例和单行条例同宪法或者法律相抵触的，可以向全国人大常委会书面提出进行审查的建议，由全国人大常委会工作机构进行研究，必要时，送有关的专门委员会进行审查、提出意见。两者相比，后者增加了由常委会工作机构研究，视其"必要性"而定的限制程序。第112条则规定了全国人大常委会审查行政法规、地方性法规、自治条例、单行条例是否违宪和违法的具体程序。可见，那种认为我国没有违宪审查机制的说法，是缺乏依据的。但也应当承认，我国的违宪审查制度存在着缺陷：一是违宪审查的范围过窄，没有将规章、规范性文件列入。二是违宪审查的程序不够科学，缺乏时间性限制。三是实际运用不够，从《立法法》施行至2018年前，还没有一例全国人大常委会依据《立法法》110条、112条启动违宪审查的案例。2003年"孙志刚事件"① 发生后，有学者和律师曾启动了要求全国人大常委会审查国务院的收容遣送条例是否违宪的申请，但相关机构并没有正式按照立法法的规定程序予以答复。直到2018年后，全国人大常委会才正式启动了合宪性审查机制。

我国违宪审查的内容。就法理而言，我国的违宪审查可以概括为下列主要内容：一是解释宪法；二是对法律性文件、规范性文件的合宪性审查；三是裁决中央国家机关之间、中央国家机关与地方国家机关之间的权限争议；四是审查国家机关和国家领导人的行为是否违宪；五是裁决有关全国人大代表、全国人大常委会组成人员、国家主席、国务院组成人员、中央军委组成人员、国家监察委员会组成人员、最高人民法院和最高人民检察院组成人员的选举或者任命争议；六是审查由最高人民法院提交的公民申诉。

当然，从各国实践来看，也有对违宪审查内容的限制，是值得我们借鉴的：一是"政治问题"不受理，就是对"政治问题"不能进行违宪审查。在美国，

---

① 2003年3月17日晚上，任职于广州某公司的湖北青年孙志刚在前往网吧的路上，因未携带暂住证，被警察送至广州市"三无"人员（即无身份证、无暂住证、无用工证明的外来人员）收容遣送中转站收容。次日，孙志刚被收容站送往一家收容人员救治站。在这里，孙志刚受到工作人员以及其他收容人员的野蛮殴打，并于3月20日死于这家救治站。这一事件被称为"孙志刚事件"。该事件是新闻媒体发挥舆论监督功能，推动国务院废除《城市流浪乞讨人员收容遣送办法》（国发〔1982〕79号），保护公民权利的著名案例。

这大体上包括三个方面的内容：宪法明文规定的立法、行政部门负责的事项；法院没有确切接到进行宪法判断的请求，或者缺乏应该依据的宪法判断基准的执行；那些激烈争论的或者在实施上、制度上因故不宜作出判断的问题。在日本，则普遍认为"统治行为"属于不受理的范围：跟国会及内阁的组织与活动有关的基本事项；委托给政府部门政治上的以及裁量上的判断；与"政治部门"有关的事项；与国家的命运有关的事项。[①] 二是"消极主义"原则，即违宪审查机构有节制或有意识地回避对一些问题作合宪或违宪的审查。[②] 要避免两种倾向：违宪审查机构不应太懦弱，也不应太"能动"、太"大胆"。

五、立法的修改与废止

对于一个已经形成法律体系的国家来说，法的修订和废止与制订新法同等重要。从数量上来说，法的修订数量甚至超过新法的制定数量。所以我们常说"立、改、废、释"并举。

（一）正确理解法的稳定性与动态性

法具有稳定性的特质。因为制度带有根本性、全局性、稳定性和长期性的意义，国家制度的稳定性主要表现在法律制度的稳定性，而法律制度的稳定是国家安定团结的重要保障和标志。在经历了"文化大革命"的社会动荡的惨痛教训之后，党的十一届三中全会开启了我国现代法治的进程，提出了"为了保障人民民主，必须加强社会主义法制，使民主制度化、法律化，使这种制度和法律具有稳定性、连续性和极大的权威"。这是实践中得出的结论。也因此，法治强调维护法的稳定性，也是题中应有之义。

但讲法的稳定性，并不意味着法一成不变，法的修改与法的制定同等重要。其道理不言自明。

（二）立法的修改

法律法规规章修改的模式分为局部修改和整体修改两种模式。局部修改

---

① ［日］佐藤幸治：《宪法诉讼与司法权》，转引自程燎原、王人博著：《赢得神圣》，山东人民出版社 1998 年版，第 384 页。

② 程燎原、王人博著：《赢得神圣》，山东人民出版社 1998 年版，第 384—385 页。

模式一般称之为修正案，整体修改即废旧立新模式则被称为修订案。

立法的修正案与修订案之间有何区别？其一，审议的内容和通过的对象不同。修正案尽管根据修改决定草案或者修正案草案修改后的整个修正案文本草案也会印发立法机关，但整个修正案文本草案只是一个便于立法者了解法律全貌的参阅文件，不是审议内容，立法机关审议的仅仅是修改决定草案或者修正案草案，对修改决定草案或者修正案草案以外的内容不予审议。修订案则是对法律文本的全面修改，因此向立法机关提出的是整个法律文本修订草案文本，立法机关审议的也是修订草案文本的全部内容，而不是仅针对修改内容进行审议。相应的，修正案表决通过的是修改决定或者修正案，而修订案表决通过的是整个修订文本。其二，公布的对象不同。采用修正案决定形式的，修改决定本身都要规定："某某法规（规章）根据本决定作相应修改，重新公布。"因此采用这种修正案形式的，要公布两个文件，即修改决定和整个修正文本。修订案因是对法律文本进行全面修订，所以不单独制定修改决定，而是直接在法律文本中修改相关条文，最后通过的也是作为一个整体的修订文本，因此直接公布一个修订文本即可。其三，生效的时间不同。采用修正案方式修改的法律，同时有两个生效时间，其中修改决定或者修正案有一个新的生效时间，原法律的生效时间不变，即未修正条款的生效时间仍为原法律的生效时间。如 2001 年商标法的修正，《全国人民代表大会常务委员会关于修改〈中华人民共和国商标法〉的决定》规定："本决定自 2001 年 12 月 1 日起施行。"但原商标法关于生效时间的规定未作改动，仍旧是："本法自 1983 年 3 月 1 日起施行。"采用修订案方式修改的法律文本，因为修改的内容较多，实际上相当于制定了一个新的法律、法规、规章，因此需要另行规定新的生效日期，这就意味着无论是修改的内容还是没有修改的内容，均按照新的生效日期开始施行。如 1979 年刑法是从 1980 年 1 月 1 日起施行的，1997 年修订后的《中华人民共和国刑法》规定："本法自 1997 年 10 月 1 日起施行。"相应地，修正案修改的条文适用新的生效时间，因此是"新法"，而未修改的条文仍适用原来的生效时间，因此仍旧是"原法"。修订案修改的条文和未修改的条文均适用一个新生效时间，因此无论是修改的条文还是未修改的条文都是"新法"。

（三）立法的废止

立法的废止，就其法理性质而言，是一种对法律文本宣布其失效的行为。

宣布失效就是该法律文本从宣布之日起终止生效，不再有任何法律约束和规范效力。这是一种明示的失效。宣布失效主要包括四种情形：一种是在对现有法规范作出立法评估后，基于其已无存在价值或者已被新的上位法替代而发布专门通知宣布废止该法规范；第二种是有立法权的机关进行法规范的清理后，对外宣布某项或者某几项法规范作废；第三种是所谓"废旧立新"模式，即在制定新的法规范的同时，宣布旧的法规范废止；第四种是由法定国家权力机关撤销同宪法、法律相抵触的法规和规章，这里的撤销即为废止。

而法律规范的失效有多种形式，宣布失效只是其中一种形式。还有一种较为多见的是法规范的自然失效，这是一种默示的失效。在我国，法规范的自然失效有以下几种情况：一是随着新的法规范的颁布实施，相关内容与新法冲突的旧法自动失效。二是法规范本身规定如果上位法有新规定，从其规定的内容，随着上位法的新规定出现，旧法根据从其规定的条款适用新法，从而失去效力。三是法规范据以存在的时代背景或者社会条件消失，或者其所调整的对象不复存在，或者其使命已经完成，使法规范失去了存在的意义，从而自动失效。四是法规范本身规定了有效期或者终止生效日期，有效期届满，从而自动失效。

六、法 的 编 纂

法的编纂，是指有权的国家立法机关把散见于不同法律文本中属于同一部门或者同一类别的全部法律规范，从内容上按照一定原则对其进行整理、归类，形成一个具有内在联系的统一协调的法的体系的过程。法的编纂是实现法律的系统性、协调性的重要手段，是立法实践经验的总结，是法制健全的一个必要环节，更是体现一国法制发展水平的标志之一，对完善法律体系和促进法制统一具有重要意义。

（一）法的编纂的两种模式

法的编纂的主要目标，是统一同类的法律规范性文件，以形成一个系统的整体，消除法在立法中的矛盾、混乱。法的编纂，有广义与狭义之分。狭义的法的编纂即法律编纂，又称法典编纂，是指对属于某一法律部门的全部现行规范性法律文件进行内部的加工整理而使之成为一部系统化的新法典的活动，它是国家专属立法权范畴内一项重要的立法活动。这种法典编纂系大陆法系的模式。从法律编纂的主体看，只能由国家立法机关行使，在我国即全国人民代表大会依法定权限和程序进行。法律编纂的结果是形成新的法典。八届全国人大第五次会议于 1997 年 3 月 14 日通过的《刑法》就可以说是法律编纂的结果。2020 年 5 月十三届全国人大三次会议表决通过的《民法典》更是新中国第一部以法典命名的法律。而广义的法的编纂则泛指一种后立法活动，是指对调整一定范围社会关系的法律性文件进行审查、整理、补充后，规范成一个统一和协调的法律整体的内部加工整理行为。从这意义上来理解，所有有权立法机关都拥有法的编纂权。这是一种美国式的法的编纂，类似于法律整理和修订基础上的法律清理和法律汇编。如，《美国法典》是美国全部联邦法律的综合大典，是美国国会授权国会众议院法律修订咨询局编纂出版的，是经官方整理、归类后的现行法律，但并非修订或创制新法。

我国以《民法典》为起点，刚开始大陆法系式的法典编纂行为，但未承认美国式的法的编纂，所有的法律清理结果都通过法律修订的程序来解决。这无形中增加了太多立法成本，降低了立法效率。

（二）法的编纂制度的定位

结合中国的国情和立法的现状，笔者认为，确有必要引入法典编纂以外的法的编纂制度。因为随着我国法律法规章数量越来越多，部分法律法规规章的衔接不够紧密，内容有相互抵触之处，逻辑结构不严密，缺乏系统性和统一性，客观上存在着法律文本之间的"打架"现象。迫切需要通过建立法的编纂制度加以克服。如，国家上位法通过行政审批制度改革，取消某项行政许可，其地方下位法所设定的行政许可就与之抵触了，目前的方式要通过启动修正案的修法程序来完成，因为立法成本太高，不少地方采取"拖"字诀，不及时修法，等到适当的时机再启动修法，或者积累到一定量后批量修法。在实践中，已经发生因为地方不及时修法，相关制度与上位法相抵触，在行政诉讼案中被法院以地方性法规为依据判决败诉的案例。而一旦启动法的编纂机制，面对此类简单的立法技术层面上的修法，可以通过法的编纂而及时得到修改，既大大降低了立法成本，又能及时实现法制统一，其价值不言自明。

我国开展法的编纂，可以包括四个方面的工作：一是删除原有的规范性法律文件中已经过时的或不适合的部分内容；二是消除互相重叠和矛盾的部分条款；三是整理不谐调的条款内容和次序；四是必要时增加新的条款和规范，弥补法规范的模糊或不确定。这也就意味着，立法编纂可以适度改变原来的规范内容，既可以删除已经过时或不正确的内容，消除其中矛盾重叠的部分，还可以增加新的内容。当然，这种编纂不是一种随意性的行为，它要根据某些共同的原则形成有内在联系的、和谐的统一体。因此，它是一种立法活动，只能由有权立法的机关进行，其他任何机关、团体和个人均无权进行。

（三）法的编纂与法的汇编

法的编纂与法的汇编都是一种规范法律性文件的行为。但两者应当是有区别的。法的汇编又称为法律汇编，是指将规范性法律文件按照一定的目的或标准，如调整社会关系的领域、类别或问题的性质，按照效力层级、时间顺序，作出系统排列，汇编成册。其只是将有关规范性法律文件按照一定的标准予以排列，编辑成册，并不改变文件的内容。因此，法的汇编不是一种立法行为。而法的编纂是一种具有立法性质的行为，其主体有资格的限制，其在编纂过程中有一定的自主权和能动性。所以法的汇编与法的编纂在目的、机构、性质等方面都有着明显的区别。

（四）法的编纂与法的清理

法的清理是指有权的国家机关，在其职权范围内，以一定方式，对全部或者一定领域内的法律规范性文件进行审查，确定它们是否继续适用或者是否需要加以修改或废止的专门活动。法的清理方式通常分为集中清理、定期清理和专项清理三种。法的编纂与法的清理有相同之处，法的编纂也要分析现存的法哪些可以继续适用哪些应当修改、补充、废止，也需要进行法的清理和利用法的清理结果。但两者又有着本质区别。法的编纂是一种立法行为，而法的清理只是为立法（修改或废止）提供客观依据；法的编纂所针对的对象是单个的法律文本，而法的清理往往是指向全部或者一类法律规范性文件；法的编纂是面向未来的法，法的清理是面对过去的法。所以两者不能等同视之。

（五）法的编纂权的设定

原则上，法典编纂以外的法的编纂权即编纂主体按照"谁制定谁编纂"的原则设定。那么，具体来说，这种法的编纂权应当交给谁呢？是立法决策机关还是立法机关内的某个机构呢？笔者认为，从法的编纂属于一种技术性工作而不是立法决策性质的角度来定位，这种编纂权无须直接交给立法决策机关，而可给予人大或政府的立法工作机构，即人大的法工委和政府法制机构。如，全国人大常委会法制工作委员会刑法室审编的《中华人民共和国刑法（2016 年审编版）》就是一个立法工作机构进行法律编纂的实例①。虽然其未用编纂的概念，而是用了审编的提法，但其内涵与编纂无异。其出版说明中对审编的目的作了说明，主要是基于 1997 年 3 月刑法修订后，全国人大先后通过了刑法修订的一个决定和九个修正案，并做了十三个有关刑法的法律解释；此外，全国人大常委会还通过了关于废止部分法律的决定和关于修改部分法律的决定，其中也对刑法的部分条文作了修改。据此，审编版是对刑法历次修改的情况进行梳理，按照刑法条文的顺序，对刑法修正案、修改刑法的决定、有关刑法的法律解释进行审定、编排而成。此外，根据一些读者的建议，将经最高人民法院、最高人民检察院以司法解释形式确定的罪名在刑法分则相应条款中作了提示性标注，供读者参考。如果仔细分析该审编版，与域外通常的法律编纂的区别是：域外的法律编纂是将修改的依据直接在法条正文（一般在条数之后）中列明，而全国人大法工委刑法室的审编版是将依据通过注释予以阐明。可见我国在具体实践中已经在运用法的编纂的方式，只是还没有统一与规范。

　　而要赋予立法工作机构以法的编纂权的话，前提是要赋予或者承认立法工作机构的另外两个相关的技术性职权：一是立法技术统一权。立法技术是依照一定的体例，遵循一定的格式，运用妥帖的语言，从而实现立法原则，并使立法原则或者国家政策转化为具体法律条文的过程。在我国长期的立法实践活动中，人大法工委和政府法制机构在立法技术方面积累了大量的经验，形成了相应的立法技术规范，对提高立法质量和效率起到了保障作用。但我国的《立法法》和相关法在相当一段时间内都没有明确过立法技术谁说了算，也就是并没有赋予立法工作机构明确的立法技术统一权，直到 2023 年修订的《立法法》第 65 条才正式明确："全国人民代表大会常务委员会工作机构编制立法技术规范。"二是立法解释权。依据 1981 年通过的《全国人民代表大会常务委员会关于加强法律解释工作的决议》，立法解释权属于立法机关，而实

---

　　①　参见全国人民代表大会常务委员会法制工作委员会刑法室审编《中华人民共和国刑法（2016年审编版）》，中国民主法制出版社 2016 年版。

际上，是立法工作机构在承担着立法解释的重要角色。例如，多年来，全国人大常务委员会工作机构通过法律问题咨询答复，实质上承担着立法解释的角色。国务院法制机构和地方政府的法制机构则通过解答、复函等形式对行政法规、规章分别进行着实质上的解释。但长期处于名不正言不顺的状态。2015年《立法法》修改，第64条明确了"全国人民代表大会常务委员会工作机构可以对有关具体问题的法律询问进行研究予以答复，并报常务委员会备案"。这是一种进步，但仍未明确这是立法解释权。如果立法工作机构拥有了上述两项技术性权力，再行使法的编纂权就顺理成章了。

因为法的编纂所涉及的内容都只是技术性的内容，没有实质性的立法权。立法工作机构完全可以在明确的范围内完成相关编纂工作，只要设计一套必要的限制程序：其完成的编纂结果要报人大常委会或者政府备案，后者有权审查与核实，一旦发现有错误之处可以及时纠正；也可以追加一套追认程序，在编纂部门备案后，再通过立法程序进行必要的审查，对没有异议的追认其法律效力。

七、立法后评估

所谓立法后评估，是指法律、法规、规章公布实施一段时间后，具有立法权的国家机关，委托评估实施主体，按照一定的评估程序，对立法的制度设计和实施效果，以其社会实践为依据，对相关法律规范性文件的合法性、合理性、实效性、协调性、立法技术性等指标进行评估，并提出维持、修改或者废止等建议的一项立法辅助性活动。

随着我国政治、经济、社会、文化和生态文明建设的发展，中国特色社会主义法律体系的建立，以及民众参与意识的增强，当前立法中所反映出来的主要矛盾不再是空白领域急需法律调整的问题，而是如何实现已制定法律的"落地"，使之更符合实际、更具有可操作性。因此，立法的重心开始从强调新法的创制转向立、改、废、释并举，也正是从这个意义上，有学者指出我国立法进入了"后立法时代"。在这种背景下，对立法者而言，更多的不是去创制新法，而是对现行的法律法规规章进行反思和考察，并根据其运行情况，对不适应的内容加以矫正。而对既有法律的矫正离不开立法后评估这项基础性的工作。立法后评估是近年来立法工作中流行的一个高频词，但目前立法后评估在我国是实践先行的制度创新，其在国内尚处于探索阶段，对于什么是立法后评估，国内学界和实务界都未形成一个统一的定义。笔者认为，立法后评估本质上是立法活动的延续，其目的在于提高立法质量，发现法律中的"恶性"并对其进行矫正。

在各种评估活动中，由于评估指标影响并决定评估结果，因此，被评估的对象总是按评估指标来调节自己的行为，以便取得较好的评估结果。换句话说，评估指标会间接影响被评估者的行为。美国的组织行为学家在一次调研中曾发现，一个社区的警察上班时的主要活动就是开着警车在社区公路上来回快速穿梭。显然，这种快速巡逻对于维护治安起不到太大作用。而警察之所以这么做，其原因在于该社区的城委会以在岗警察的警车行驶里程作为考察警察工作绩效的指标。这个案例充分说明了评估指标对于绩效评估的重要性。同样，在立法后评估工作中，评估指标同样起到风向标的作用。如果指标体系设计科学合理，就可以正确反映立法的效果和效益，引导立法工作的良性发展；如果指标体系设计不尽合理，则有可能误导立法者对制度与规范的选择。因此，建立科学合理的指标体系是立法后评估中非常重要的工作。

（一）立法后评估的法理基础

1. 稳定与僵滞——成文立法的两难困境。目前中国处于社会变革与转型的阶段，相对于中央立法而言，地方立法更为微观具体，更容易发生变化，而成文法自身由稳定而生发出来的僵化的惰性与滞后的本性，使得立法对社会需求回应机能的发挥受到了严重制约，因此，地方更需要具有"回应型法"的特征，建立一种"新陈代谢"的机制。立法后评估可以被看作是这股具有革陈除旧之力量的来源之一。通过后评估，不断推动地方立法克服成文法所带来的先天的缺陷和后天的迟滞，审视既有立法是否已落后于社会经济发展的实际需要，及时发现迟滞，通过修订克服迟滞，才能帮助地方立法在变化与稳定的夹缝里找到应有的位置，在更广阔的范围内充分发挥地方立法的积极作用，彰显地方立法的魅力。

2. 效力与实效——地方立法的立命之本。所谓法律实效，就是指"人们实际上就像根据法律规范规定的那样行为而行为，规范实际上被适用和服从"[①]，或者"是指国家实在法效力的实现状态和样式，是应然的法律效力实

---

① 转引自陈明：《论法律实效评判的方法和标准》，载《辽宁行政学院学报》2007 年第 5 期。

然化的情形，是法律主体对实在法权利义务的享有和履行的实际状况。因此，法律实效在实质上表达着法律的实现过程"①。面对法律效力"应然"状态和法律实效"实然"状态的对应关系，其或紧张、对立，或和谐、一致，法律效力能否转化为法律实效，是法律文本"善"与"恶"的一个重要标志。没有实效的法律规范是对效力的空置，是一种否定。作为立法机关，需要及时掌握其所制定的法规规章从效力转化为实效的状态和程度。这也正是地方立法后评估的价值所在。

3. 中央与地方——法制统一视野下的立法权限划分。从学理上来说，立法权的分立与法制统一原则并不矛盾。国家的法律秩序是一个不可分的整体，但在创造法律秩序的不同阶段上可以采用不同的模式。"分权的主要理由之一正好就是它提供了同一事项对不同地区加以不同规定的可能性……国家的领土越大，以及社会条件越不同，通过领土划分的分权也就越有必要。"② 在这个层面上，立法权限在中央和地方之间存在一个分流的问题。在我国单一制法治国家的架构下，法制统一的原则与中央、地方立法分权的现实实践决定了先地方再上升为国家立法的"由下而上"立法模式，以及人大与政府双重立法的机制。地方立法与中央立法相冲突、相抵触和不相一致的现象是难以避免的。而地方立法后评估制度，恰恰为我们提供了维护法制统一，及时纠正地方先行立法的偏颇与局限，建立地方与中央和谐立法关系的一种途径。

4. 执法与守法——评估立法的价值实现。立法、执法与守法是一体化的法律体系中不可或缺的三要素。立法目的、执法目标与守法价值的同步实现，才称得上是和谐立法，也才算是和谐法治。地方要实现三个环节的良性互动、和谐共生，通过"回头看"的形式有针对性地审查、审核和评价。作为事后评价制度，立法后评估提供了一种全新的更为有效的手段，通过将立法、执法和守法全部纳入立法后评估的视野，更有利于以一体化的方式来考察法律体系一体化的三要素，促进三者及时发现自身不足，促进三者之间的良性互动。

（二）立法后评估指标的内涵

立法后评估指标，是指根据被评估的内容，按照科学的评估途径和一定的逻辑结构，所构建的一组反映立法现实状况的通用标准体系。立法后评估

---

① 谢晖：《论法律实效》，载《学习与探索》2005 年第 1 期。
② 李步云、汪永清著：《中国立法的基本理论和制度》，中国法制出版社 1998 年版，第 336 页。

指标体系是立法后评估制度的重要组成部分，是反映立法文件是否需要修改、废止的检验标尺。对于立法后评估指标体系的内涵，可以作如下几方面理解：第一，它是立法后评估制度的重要组成部分。立法后评估制度是由评估主体、评估指标、评估方法、评估步骤等部分构成的制度系统，评估指标在整个制度体系中起着指引和示范性作用。作为评价法律法规质量的标准，立法后评估指标体系无疑是立法后评估制度系统中的重要组成部分。第二，它是反映立法现实状况的通用标准体系。立法后评估指标体系是面向法律法规评估而设计的通用指标体系，具有很强的原则性和概括性，对于具体的立法后评估活动起着方向性的指引作用。具体立法的评估活动可以根据特定的目的、特定的条件、特定的环境，对指标体系中的要素进行取舍、细化，从而确立特定立法评估的具体指标体系。第三，它是由指标要素按照一定的逻辑结构形成的标准体系。立法文件的现实状况反映在众多和复杂的指标要素之中，这些指标要素并非是偶然和杂乱无章的排列，而是按照系统结构关系组合而成的逻辑体系。同时，立法后评估指标体系是一个综合性的技术问题，其确立需要一整套技术参数的整合，包括指标的遴选、指标的分层、指标的权重分配等。

（三）立法后评估指标的维度

影响立法质量的因素十分繁杂，如果不能恰当地确立评估的基本范围，立法后评估的工作将会变得十分困难。确立立法后评估指标体系的维度，将为立法后评估活动的顺利进行确立基础。经过综合分析，笔者认为，立法后评估指标的维度主要包括：（1）立法宗旨、原则和价值取向。立法宗旨、原则和价值取向看似比较抽象、原则，但其内涵非常丰富，其体现了立法的原因和目的，为立法指明方向和提供依据。因此，在立法后评估中，立法宗旨、原则和价值取向应当作为一个主要内容进行评估，在评估中有两个层次，第一，评估立法宗旨、原则和价值取向是否符合自由、正义、平等、秩序、效率、和平等基本理念；第二，评估立法文件实施过程中，是否做到有利于立法宗旨的实现，具体制度设计是否违背立法宗旨、原则和价值取向的规定。（2）共同行政行为。共同行政行为是指具有行政权能的组织或者个人基于行使行政职权或履行行政职责而实施的，直接影响到行政相对人一方权利与义务的行为。在各类立法文件中，通常表现为具体的行政程序设计、行政监管措施、行政惩戒手段等。共同行政行为已成为立法文件中经常性甚至是必要性规范，其在地方立法中的实践意义已不容忽视，因此也具有评估的必要性。
（3）专业管理制度。随着立法的专业化、精细化、科学化发展，立法已不再停留在简单地运用法律概念进行权利义务分配，越来越多的经济学、工程学、公共管理学、社会学等专业概念、专业标准、专业制度出现在立法文件中。因此，专业管理制度自然应当成为立法后评估中极为重要的被评估内容。
（4）立法基本规范。立法基本规范分为两方面：一是立法程序，指具有立法权的国家立法机关创制、认可、修改和废止法律规范性法律文件的程序或步骤。因此，评估主要针对立法主体的权限和立法的具体程序与步骤是否合法。二是立法技术规范，即按照立法原则、法学原理和立法惯例，制定立法文件中涉及的结构安排、文字运用的基本规则、模式、方法和技巧等。

（四）立法后评估指标的构成

立法质量的优劣以法律实践主体的价值原则为出发点，对立法质量的评估不可能建立一套精确的量化指标体系，何况在不同社会背景下，人们对于良法和恶法的评价标准并不一致。立法后评估指标体系的确立是一个综合性较强的立法学问题，评估指标是指标体系中最为核心的内容，是对被评估内容进行定性或者定量反映的标志。立法后评估可以由八项一级指标构成，每项一级指标下又有若干二级指标。具体包括：（1）合法性。其二级指标包括：立法依据合法、符合法定权限、符合法定程序、立法内容合法。（2）合理性。其二级指标包括：目的的正当性、最小利益侵害性、平等对待、符合公序良俗、与改革的同步性。（3）实效性。其二级指标包括：行政执法的有效性、守法的有效性、与社会经济发展的相适应性、专业管理制度的有效性。（4）协调性。其二级指标包括：相关同位法之间的协调性、配套规范性文件的协调性、立法文件与其他公共政策之间的协调性。（5）立法技术性。其二级指标包括：文本结构的完整性、内在逻辑的严密性、语言表达的准确性。（6）专业性。其二级指标包括：科学性、可操作性。（7）成本效益。其二级指标包括：执法成本、社会成本与社会效益之比、守法成本与违法成本的比较、管理制度的投入与产出。（8）社会认同。其二级指标包括：对基本制度的知晓率、对立法制度的认可度、对行政执法效果的评价、自我守法情况的评价。

需要指出的是，立法后评估的指标体系具有一般性特征，面向的是一般性的立法，考虑的也是立法的性质和效果中的一般性问题，宏观性较强。换句话说，由于每一部法规规章的条文内容都是不同的，所以我们不可能为每一部立法设计一套指标体系。上述指标体系是在总结立法中共有属性的基础上，所设计的一套能被普遍适用的指标体系。实际运用中，可以根据被评估法规规章的特点有所取舍。

（五）立法后评估的运用与实现

根据立法后评估工作的特点，倾向于将上述八项立法后评估的指标划分为两类：一类是必评指标，即每一项地方立法后评估，必须对这些指标进行评估，其中包括合法性、合理性、实效性、协调性、立法技术性指标；另一类是选评指标，即评估主体可以根据被评估地方立法的具体内容与实际需要，选择这些指标进行评估，其中包括专业性、成本效益和社会认同指标。在必评指标中，合法性指标主要适用于评估立法宗旨、原则和价值取向、共同行政行为和立法规范三个维度；合理性评估主要适用于立法宗旨、原则和价值取向以及共同行政行为两个维度；实效性指标适用于评估共同行政行为和专业管理制度两个维度；协调性指标适用于立法宗旨、原则和价值取向、共同行政行为和立法基本规范三个维度；立法技术性指标主要适用于立法基本规范这一个维度。在选评指标中，专业性指标仅适用于专业管理技术这一个维度；成本效益指标主要适用于共同行政行为和专业管理制度两个维度；社会认同度指标主要适用于立法宗旨、原则和价值取向、共同行政行为和专业管理制度三个维度。同时，针对立法后评估的不同维度，对以上各评估指标的评估可以通过以下方案得以实现：网上征求意见、专家论证会、利益相关人的座谈会、听取社会中介机构和行业协会等专业组织的意见、各种书面建议的评估、行政部门自我评估、听证会、公众问卷调查、典型个案分析、统计数据分析等。需要指出的是，在运用评估指标体系对各维度进行评估时，对上述方案的选择是各有不同的。例如，对共同行政行为的合法性、实效性指标进行评估时，可以运用上述所有方案；而对其成本效益指标进行评估时，只能选择专家论证会、听取社会中介机构和行业协会等专业组织的意见、行政部门自我评估和典型个案分析等四种方案，等等。因此，上述方案的选择要根据不同维度、不同指标的实际情况进行判断和甄选。

（六）立法后评估结果的应用

立法后评估工作结束后，评估责任主体即立法机关应当根据评估报告和相关建议，及时对评估结果作出如下处理：

1. 明令废止。经评估确认有违法情形的，法律、法规、规章的制定机关应当作出予以废止的决定。需要明令废止的情形主要有：主要内容与上位法相抵触；已被新的地方性法规或政府规章所代替；所依据的上位法已被明令废止或者宣布失效；主要规定超越制定机关立法权限；主要规定明显不适当或者不具有操作性；管理部门已经被撤销，且没有新的管理部门履行其职能；制定违背法定程序等。

2. 宣布失效。经评估确认已不再发生效力的，法律、法规、规章的制定机关应当宣布失效。需要宣布失效的情形主要有：适用期已过；调整对象已消失；主要内容已不符合社会经济文化的发展实际等。

3. 及时修订。经评估确认只需要进行部分修改就能够继续有效实施的，法律、法规、规章的制定机关应当及时进行修订。需要予以修订的情形主要有：个别条款与上位法相抵触；监管事项已消失或者监管方式已改变；部分内容已不符合社会经济文化的发展实际；国务院部门的有关管理权限已下放给地方政府等。

4. 立法解释。经评估确认对条文的理解存在异议，通过明确其含义依然可以适用的，由法律、法规、规章的制定机关及时进行立法解释。立法解释与法律、法规或者规章具有同等的法律效力。需要作出立法解释的情形主要有：概念、定义或者文字表述在理解上产生歧义；有些规定需要进一步明确其具体含义；出现新的情况，适用范围需要作出进一步明确等。

下篇

立法技术规范

第十七章　立法技术概说

　　立法技术，是指依据立法目的和要求从事制定、修改、废止、解释和编纂法律、法规与规章等法律规范性文件活动中所遵循的方法和技巧的总称。周旺生教授把立法技术的主要内容概括为：（1）法的总体框架设计技术；（2）法的基本品格设定技术；（3）法的名称构造技术；（4）法的规范构造技术；（5）非规范性内容安排技术；（6）具体结构技术；（7）立法语言技术；（8）有关常用字、词的使用技术。[①]

一、法律规范的结构：条件-行为模式-法律后果

　　关于法律规范的结构，我们最早接受的是"假定-处理-制裁"范式，即"三要素"论，且被普遍认可。但这明显带有管制法的烙印，在后来的立法中暴露出了其局限性，所以被质疑乃至否定。现在大家认同的是新"三要素"论，即"条件-行为模式-法律后果"。之后，行为模式-法律后果的"两要素"论又被进一步深化。其中，行为模式又分为三种：授权模式（有权怎样行为）、义务模式（必须怎样行为）、禁止模式（不得怎样行为）；法律后果也分为两种情形：肯定性法律后果和否定性法律后果。

　　"三要素"的法律结构来源于"三段论"的法律推理。伯顿（Steven J. Burton）指出，三段论"关键性的问题是：（1）识别一个权威性的大前提；（2）明确表述一个真实的小前提；以及（3）推出一个可靠的结论。"[②] 因为现代法典主要是由把一定的行为构成要件和一定的法律效果联系起来的假设命

　　[①]　周旺生著：《立法论》，北京大学出版社 1994 年版，第 184—185 页。
　　[②]　参见 ［美］史蒂夫·J. 伯顿著，张志铭、解兴权译：《法律和法律推理导论》，中国政法大学出版社 2000 年版，第 54 页。

题构成的，这就促使法律的适用按照形式逻辑三段论的格式进行：法律的规则为大前提，法律执行者认定的事实为小前提，推理的结论便是裁决结果。这种三段论方法，被亚里士多德称之为"一种论述，在这种论述里，如果先行陈述了某些东西，那么由这些东西就必然可以得出并不是这些东西的其他东西。"① 下面就是亚里士多德三段论方法的一个例证：

凡是人都会死　　　　　　　（大前提）
所有的希腊人都是人　　　　（小前提）
因此，所有的希腊人都会死　（结论）

从立法规范来看，法律权利或者义务、法律行为和法律责任三者有机地构成了法律制度的本体要素。"法律规范是一种包含条件的命令。一旦具体案件事实符合法律规范的事实要件，就应当产生法律事先规定的法律后果。"②

（一）条件

条件，系指法定条件。"法律是以权利和义务为核心的，法律规范的一切内容都是围绕这一核心而展开的。法律就是通过权利和义务的设定进行利益调整的。"③ 立法中的条件设定，主要是解决设定什么权利和义务（职权与职责），以及给谁设定权利和义务的问题。规定权利与义务的规则从内容上可分为义务性规则和授权性规则。义务性规则是直接要求人们从事或不从事某种行为的规则，即为一定行为或不为一定行为的义务。义务性规则又可分为命令式规则和禁止性规则。命令式规则是要求人们必须作出某种行为的规则，法律条文的通常表述是"应当""必须""应该"等；禁止性规则是禁止人们作出某种行为的规则，法律文本里表述为"不得""禁止""严禁"等。授权性规则是指人们可以作出或要求别人作出一定行为的规则，其特点是任意性和自由选择性，法律文本里的表述是"可以""有权""有……的自由""不受……干涉"等。

---

① 参见［美］理查德·A. 波斯纳著，苏力译：《法理学问题》，中国政法大学出版社 2002 年版，第 54 页。
② ［德］哈特穆特·毛雷尔著，高家伟译：《行政法学总论》，法律出版社 2000 年版，第 122 页。
③ 孙笑侠著：《法律对行政的控制——现代行政法的法理解释》，山东人民出版社 1999 年版，第 46 页。

（二）行为模式

法律是以人的行为为调整对象的，所谓行为模式就是法律条文中所要明确的事实要件，这些事实要件都体现为是否符合一定的规则，构成特定的法律行为。行为模式与条件之间具有逻辑的因果关系，这种因果关系主要体现为两种性质：一种是与规则相符合的事实要件，如行政许可符合相应的条件、对禁止性规则能够遵守、对命令式规则能够履行相应的行为；另一种是与规则不相符合的事实要件，即所谓的违法行为，或者不符合法律规定的行为。法律行为的模式即要求做法律允许做的事，不做法律不允许做的事。

（三）法律后果

法律后果分为肯定性后果和否定性后果。对于符合授权性规则的主体行为给予肯定性后果；对于违反命令性规则和禁止性规则的主体行为，则给予否定性后果。但法律后果与法律责任并不完全等同。对于法律责任来说，只有义务性条款及否定性条款，而无肯定性条款，法律责任是权利义务实现过程中派生的义务，是"以破坏法律上的义务关系为前提而产生的法律上的不利后果"。①

二、法律条文的构成：概念、规则和原则

法律文本中的条文，一般是由法律概念、法律规则和法律原则构成的。要正确判断法律规则，离不开对法律概念和法律原则的理解和运用。

（一）法律概念

所谓概念，是"反映对象的特有属性的思维形式。人们通过实践，从对象的许多属性中，抽出其特有属性概括而成"。② 概念的形成，标志人的认识已从感性认识上升到理性认识。博登海默就说："概念乃是解决法律问题所必需的和必不可少的工具。没有限定严格的专门概念，我们便不能清楚和理性

---

① 孙笑侠著：《法的现象与概念》，群众出版社 1995 年版，第 203 页。
② 参见夏征农主编：《辞海》（缩印本），上海辞书出版社 1999 年版，第 1595 页。

地思考法律问题。"① 表达概念的语言形式是词或词组。

法律概念是这样一个概念：它把法律调整所欲描述或规范对象之特征穷尽列举设定作为基础，并基于某种设想（规范意旨）就其已被认识之特征加以取舍，并将保留下来之特征设定为充分而且必要，同时把要调整之事实涵摄在概念的运用中。② 法律概念中有一些是属于最基本的概念，美国法学家韦斯利·N. 霍菲尔德（Wesley N. Hohfeld）称之为"法律最小公分母"，如法律关系、权利、义务、权力、特权、责任和豁免等。由一个法律制度所确定的概念，主要是用来形构法律规则和法律原则的。这阐明了法律概念与法律规则、法律原则之间的内在逻辑关系。

（二）法律规则

规则是关于法律在各门类情况下对群体的人允许或要求什么行为的一般性陈述。③ 法律规则是指具体规定权利和义务以及具体法律后果的准则，或者说是对一个具体的事实状态赋予一种确定的具体后果的各种指示和规定，它是对人们的行为进行指引的准则。法律规则是构成法律的基本单元，法律就是由一整套规则组成的体系。法律规则即便必须与整体的法律规则体系保持本质上的一致性，但其依然是个体的，有其固有的特质。

法律规则一般与法律规范同义。博登海默认为，规则"可以被视为是规范性控制的方式，其特征是它具有很高程度的精确性、具体性和明确性"。④ 因而，法律规则是法律推理的基础性前提。在通常的表述中，法律规则可分为广义与狭义两种，狭义的表述是作为法律文本中的基本单元，与法律概念、法律原则相区分；而广义的法律规则是将法律概念、法律原则都包含在内的，与法律规范的含义相同。

美国法学家凯斯·孙斯坦（Cass R. Sunstein）精辟地指出，在法律体系中，规则有如下的优点和独特功能：（1）规则在具体案件中使决策的信息成本和政治成本最小化；（2）规则是盲目的，不受个人情感的影响，它们能够促

---

① ［美］E. 博登海默著，邓正来译：《法理学——法律哲学与法律方法》，中国政法大学出版社1999 年版，第 486 页。

② 陈金钊著：《法律解释的哲学》，山东人民出版社 1999 年版，第 264 页。

③ ［美］史蒂文·J. 伯顿著，张志铭、解兴权译：《法律和法律推理导论》，中国政法大学出版社2000 年版，第 16 页。

④ ［美］E. 博登海默著，邓正来译：《法理学——法律哲学与法律方法》，中国政法大学出版社1999 年版，第 236 页。

进平等待遇，减少偏见和武断的可能性；（3）规则在具体案件中既可鼓励也能约束决策者；（4）规则可为个人参与者、立法者及其他人提高可预见性和计划性；（5）规则也提高了透明度和责任性；（6）规则可使人们避免在自己的特别案件中由于服从官员的自由裁量权而蒙受耻辱。[①]

同时，孙斯坦也理性地分析了规则的不足之处，即具有僵化的一面：（1）规则涵盖的范围既可能包容过宽，也可能包容过窄，因而按规则作出的裁决可能是不公允的；（2）规则可能由于情势变更而落伍；（3）抽象与具体有时掩饰了偏见，当人们处境不同时，相同的对待办法可能并不公平、甚至是错误的；（4）规则使自由裁量权无地容身；（5）规则使做坏事的人逃避责任；（6）规则具有非人性化的特点，且在程序上是不公平的；有时，根据具体情况作出修订很有必要或更合适；（7）规则和按规则行事，对公务人员具有不利的心理作用；（8）好的判决胜过好的规则，因为规则通常是非常粗泛的。[②] 应该说，孙斯坦对法律规则的优点和缺点的剖析是十分透彻的、到位的。这提醒我们，在立法中要更加注意克服规则的缺陷，发扬规则的优点。

（三）法律原则

在法理学中，法律原则是指那些可以作为规则的基础或本源的综合性、稳定性的准则，一般是指相对大量具体的法律规则进行同义说明、论证和解释的普遍性规范，这种规范可以作为法律适用过程中法律推理的权威前提。

法律原则有如下特点：其一，从形成过程看，法律原则多是历史形成的，有的是对习惯的确认，有的是对公序良俗的确认，又或者通过宪法规定，大多作为法律的不成文法渊源存在；其二，从适用范围看，大多数法律原则并非针对特定的对象，它基本上可以适用一切法律领域，对行政、司法，甚至部分对立法都有拘束力；其三，法律原则既有程序方面的，也有实体方面的，既有专门的，也有普适的。[③]

法律原则实际上源于正义原则，是人类理性的产物。多数法律原则来自

---

① 参见［美］凯斯·R. 孙斯坦著，金朝武、胡爱平、高建勋译：《法律推理与政治冲突》，法律出版社 2004 年版，第 132—138 页。

② 参见［美］凯斯·R. 孙斯坦著，金朝武、胡爱平、高建勋译：《法律推理与政治冲突》，法律出版社 2004 年版，第 156—162 页。

③ 宋功德著：《行政法哲学》，法律出版社 2000 年版，第 440 页。

法学家基于法治理念的探索，而成形于立法者的认可。法律原则是一种较为抽象的规定。"法律原则是证成法律规则，确定法律规则应当如何扩展和修正，以及解决法律规则冲突的理论实体。"①

与法律规则比，法律原则所涉及的范围更广泛，阐述也更模糊；另外，这些原则往往会遇到各种各样的例外。但是，其价值在于，"一个社会所具有的那种明文规定的实在法，永远无法囊括整个社会中的'活法'结构。一个社会总是根据一些原则运行的，而这些原则源出于该社会制度的精神与性质之中，而且也是该社会有效运作所必不可少的，尽管这些原则并未得到立法机关或立宪大会的正式表达"。②

（四）概念、规则与原则之间的关系

法律概念由词或词组构成，是法律规则的基本材料。有时候，法律概念本身就具有独立的法律意义，与法律规则同义；更多的时候，法律概念只是构成法律规则的基本材料，并不构成独立的法律意义。

法律规则是法的"细胞"（单元），而法律原则则是法的"灵魂"，两者密不可分。（1）法律规则具有比较严密的逻辑结构，针对特定的对象；而法律原则并不能构成规则本身，它只是法的一种渊源，它促使规则必须与具体社会关系相互结合。（2）法律规则在适用时是刚性的、明确的，要么有效，要么无效；而法律原则的适用则有灵活性，其并不指明符合规定的条件时将自动发生的法律后果。（3）法律原则具有力量上和重要性上的程度等级，当诸个原则交错的时候，这个冲突必须根据每一个原则在这一情况下的相对分量来解决；而法律规则没有这种程度等级的差别，在一个规则体系内部，不存在一个规则比另一个规则更重要的情况。③（4）法律规则必须体现、落实法律原则的抽象规定，立法制定规则、行政实施规则、司法适用规则，都不能同法律原则相违背，否则无效。法律原则对法律规则起着补充作用与统帅作用，当法律规则缺失时，法律原则起着补充规则、调整特定社会关系的作用，每一法律原则形成相对独立的以其为核心的完整的规则体系。

---

① ［美］拉里·亚历山大、肯尼思·克雷斯：《反对法律原则》，载于［美］安德雷·马默主编，张卓明、徐宗立等译：《法律与解释》，法律出版社 2006 年版，第 362 页。

② ［美］E. 博登海默著，邓正来译：《法理学——法律哲学与法律方法》，中国政法大学出版社 1999 年版，第 525 页。

③ 参见［美］罗纳德·德沃金著，信春鹰、吴玉章译：《认真对待权利》，中国大百科全书出版社 1998 年版，第 46 页。

作为立法工作者，应当熟练地认识和掌握法律概念、法律规则与法律原则之间的辩证关系，尽量避免制定出不确定法律概念、模糊的法律规则、多义的法律界定等情形的法律条文，还要确保法律概念、法律规则不与隐藏在其背后的法律原则相背离、相抵触。

三、立法范式："实施型"与"创制型"

立法的范式，概括起来就是两种：实施性立法和创制性立法。

实施性立法的一个重要使命是解决上位法的原则和规定如何贯彻和落实的问题，尤其是地方立法如何将国家立法在本地落地，变得可操作、可遵守、可执行。因此，实施性立法需要注意以下几点：一是遵循"不抵触"原则，即所规定的内容不与上位法相冲突和矛盾，立法精神与原则与上位法相一致，立法权限不超出地方立法的权限，即所谓的"法条不抵触、法意不抵触、法权不抵触"。二是遵循"可操作"原则，即地方立法的目的是细化上位法的规定，特别是与本地区、本系统的实际结合起来，将上位法比较原则的内容变成可以遵守和执行的规则；对于上位法中模糊、不明确甚至有缺失的漏洞，通过实施性立法加以明确和补充，弥补其漏洞。三是遵循不重复或不抄上位法的立法原则。四是在立法体例上，不追求完整性、系统性，需要几条就立几条，可以采用若干规定的形式的，鼓励采用若干规定的立法体例。

创制性立法又可分为自主性立法和先行性立法。

自主性立法，是针对地方立法而言的，主要涉及《立法法》所赋予的地方管理事务的领域。由于我国幅员辽阔，各地经济、社会、文化状况的不平衡是客观现实，所以立法需求各不相同也是难以避免的。如城市与农村的两元结构还未根本改变，城市化地区与农村地区的立法需求自然有别；内地的人口输出区与沿海和较为发达的人口导入区的政策法律需求也有明显区别；同样是城市化地区，大城市与中小城市在城市管理、道路交通、公共服务等方面的压力也明显存在差异，其立法需求自然也不同。这就给不同地区、城市的立法提供了自主性的空间和必要。

地方自主性立法应当注意以下几点：一是严格甄别立法事项是否属于地方管理事务，即是否属于地方事权。若属于国家法律保留或中央立法事项，即使国家未立法，地方也无权创制立法。二是地方自主性立法的事项，相对于国家立法而言，应是"拾遗补阙"，地方不追求立法体系的完整性，因为地方不存在自己的法律体系。三是自主性立法应当立足"需求导向"，重在立法解决地方的实际问题。尤其应当围绕当地经济社会文化发展的中心工作和服务大局的事项。各地在发展社会主义市场经济和社会民生方面各自都有从实际出发确立的目标和任务，立法要围绕这些大局和重点工作提供法制保障。四是自主性立法应当注重制度创新，通过立法中的制度创新实现制度效率，探索成本最小化、效用最大化地解决当地具体问题的制度设计。五是自主性立法要关注本地"独有性"的立法事项。这倒不是刻意追求独创性，而是客观上存在着一些当地特定的立法需求。如，上海浦东新区由国务院授权综合配套改革和自贸试验区改革后，其实拥有了其独有的地方创制性立法的事项权力，就应当用足这种特有的立法资源。

先行性立法，顾名思义，是在国家尚未立法之前，一些地方先行制定地方性法规予以规范。这些立法领域不属于中央专属立法领域，而是中央和地方都可以立法的共有立法领域，即中央和地方立法权有交叉的中间地带，因此也被称为并行立法领域①。这些立法领域按理应当由国家统一立法进行规范的，因各种原因国家尚未能马上立法，则有部分地区先行进行立法探索，等实践成熟了再上升为国家立法，即"地方先行，中央固定"的做法。因此，先行性立法往往具有改革探索的意味，也被称为改革性立法。在中国，先行性立法的出现，有其客观的必然性。在改革开放初期即法治建设的初期，邓小平就指出："现在立法的工作量很大，人力很不够，因此法律条文开始可以粗一点，逐步完善。有的法规地方可以先试搞，然后经过总结提高，制定全国通行的法律。"②

当前的先行性立法，需要关注如下方面：一是需要拿到"尚方宝剑"，今天的改革已经从40多年前可以"自费改革"的时代到了必须"授权改革"的阶段，按照党的十八届四中全会《决定》的精神，先行先试需要依法授权，这样才能保证法制的统一，使改革在法治的框架内实现。二是先行性立法应当遵循"法意不抵触"的原则，虽然没有上位法的制约，但先行性立法不能背离宪法原则和基本法理，不能违背立法目的、立法精神和立法原则，体现

---

① 参见于兆波著：《立法决策论》，北京大学出版社2005年版，第157页。
② 《邓小平文选》第2卷，人民出版社1983年版，第147页。

法的价值。三是先行性立法应当立足"可复制"，即可推广，中国的改革一般有实验、试验的性质，也可以说是一个试错的过程。因此，先行性立法需要避免"盆景式立法"，只在一个地方有价值，不能在全国推广，这就失去了先行性立法的意义。

第十八章　立法的基本规范

现代成文法的结构通常包括三方面要件：一是法的名称。二是法的内容，其中包括规范性内容和非规范性内容，规范性内容即通常所说的规定人们行为的法定模式和法定后果的法的规范；非规范性内容则指其他所有的规范性内容。三是表现法的内容的符号。立法的基本规范，也就是基本的立法技术规范，包括立法例的名称表述、基本体例、文本的基本结构等内容，也就是说，立法例的名称、体例和结构，不是可以随心所欲的，而是有技术规范的。经过 40 多年的立法实践，目前这方面的立法技术规范已经初步形成，并将随着立法能力的提高和立法需求的变化而不断深化。

一、名称的表述

法的名称，是指每一部法规范文本的称谓。法的名称应当正确反映法规范的内容，它既是对法律法规规章内容的高度概括，又能表达出法规范含有的丰富实际内容。

（一）基本要求

法律、法规、规章的名称应当完整、准确、简洁，能够集中体现法规范的实质内容，反映适用范围和基本体例。除以书名号引用上位法名称的情形外，不使用标点符号。

（二）构成三要素

法律、法规、规章的名称一般由"适用范围、规范事项、基本体例"三要素构成。如，《上海市政府信息公开规定》，"上海市"为适用范围，"政府信息公开"为规范事项,"规定"为基本体例。

在规范事项的表述中,经常使用"管理""促进""保护"的表述。使用"管理"的,一般属于行政管理类,包括行政执法类的立法事项,以赋予管理相对人相应义务为主要特点,一般被称为"硬法";使用"促进""保护"的,主要适用于改革领域和社会公共服务领域的立法事项,一般被称为"软法"。

(三) 题注

题注的主要内容包括:签发日期、制定机关、文种和文号。题注应当以括号形式置于名称之下。立法文本被修正的,还应当在题注中注明修正的时间和依据;文本被多次修正的,应当注明各次修正的时间和依据。

范例 1:

上海市房地产转让办法

1997 年 4 月 30 日上海市人民政府第 42 号令发布 根据 2000 年 9 月 20 日《上海市人民政府关于修改〈上海市房地产转让办法〉的决定》修正,根据 2004 年 4 月 21 日公布的《上海市人民政府关于修改〈上海市房地产转让办法〉的决定》修正,根据 2004 年 6 月 24 日公布的《上海市人民政府关于修改上海市化学危险品生产安全监督管理办法等 32 件市政府规章和规范性文件的决定》修正,根据 2010 年 12 月 20 日上海市人民政府令第 52 号公布的《上海市人民政府关于修改上海市农机事故处理暂行规定等 148 件市政府规章的决定》修正并重新发布

二、基 本 体 例

法规范文本的体例,是指其体裁、结构。

(一) 法规的基本体例

法规的基本体例主要有下列五种:

1. 条例——适用于对管辖范围内某一领域的事项做比较全面、系统的立法规范。如,《上海市环境保护条例》,是对上海市范围内环境保护方面做全面、系统的法律规范。条例是目前法规的主要体例。

2. 规定——适用于对某一具体事项作出特别的立法规范。规定的结构是相对完整的。如，《上海市企业名称登记管理规定》，是对企业名称登记这一行为的较为完整的立法规范。

3. 若干规定——适用于对某一特定事项作出针对性较强的专门规定，需要几条规定几条是其重要特征，不强调完整性和系统性。若干规定比较适用于对上位法即法律、行政法规作实施性的补充规定。如，《上海市机动车道路交通事故赔偿责任若干规定》，是对国家有关机动车道路交通事故赔偿责任这一事项在实践操作中遇到的若干问题所作的补充规定，以解决上位法在地方实施中的难题。制定若干规定应是今后实施性立法的主要体例，但目前这一体例应用得还不够充分。

4. 实施办法——适用于对实施法律或者行政法规作出比较具体、详尽的立法规范，立足于结合本地区、本系统实际情况，对上位法中部分需要细化的内容作出具体规定，以解决上位法的落地与操作问题。如，《上海市实施〈中华人民共和国水法〉办法》。

5. 决定——适用于根据实际需要对某种法律性问题作出的立法规范，是一种不采用条款式的简易法规体例。决定一般用于依法对某些现行法规中特定条款的适用情况变动及时作出决定，如，《上海市人大常委会关于停止执行本市地方性法规设定的若干行政许可事项的决定》；或者根据改革的需要作出某种授权性决定，如《上海市人民代表大会常务委员会关于在中国（上海）自由贸易试验区暂时调整实施本市有关地方性法规规定的决定》。

（二）规章的基本体例
规章的体例主要包括下列五种：

1. 规定——适用于对管辖范围内某一领域的事项作出全面、系统的立法规范，其地位类似"条例"在法规中的定位，与法规中的"规定"的定位有所差别。如，《上海市政府信息公开规定》，是对上海市行政区域内政府信息公开方面所做的全面、系统的规范。

2. 若干规定——适用于对某一方面的行政管理工作作出有针对性的专门规定，强调需要几条规定几条，比法规中若干规定的定位更宽泛，包含了法规中"决定"的定位。如，《上海市促进张江高科技园区发展的若干规定》。

3. 办法——适用于对某一行政管理事项做具体、详尽的立法规范，与规章的"规定"相比，"办法"规范的事项更小、更细致，一般更侧重于规范程序，以解决操作问题。如，《上海市房地产转让办法》；实践中更多的表述是"管理办法"，体现了这类规章以管理类为主，如，《上海市危险化学品安全管理办法》。"办法"不同于贯彻上位法的"实施办法"。

4. 实施办法——适用于对法律、法规作出比较具体、可操作的立法规范。其定位与法规中的"实施办法"有所不同。规章中的"实施办法"不要求系统、完整，需要细化几条就规定几条。如，《上海市渔业资源增殖保护费征收实施办法》，另一种表述如《上海市实施〈突发公共卫生事件应急条例〉办法》。这类规章在地方立法中总体较少。

5. 实施细则——适用于对法律、法规作出具体、详尽的操作性细化。其定位与法规中的"实施办法"相类似。具体适用三种情形：一是对上位法全部内容做全面、系统的细化，如，《上海市文化娱乐市场管理条例实施细则》。二是对上位法某一方面内容作全面、系统的细化，如，《中华人民共和国植物新品种保护条例实施细则》（林业部分）。三是对某一项制度作全面、系统的细化，如，《上海市取水许可制度实施细则》。

需要特别分析的是关于"试行""暂行"的使用。在法治建设初期，法律体系尚不健全的情况下，面对实际确实需要立法规范，制度论证又尚未完全成熟的特殊情况下，国家和地方立法中经常使用"试行办法""暂行规定"的名称和体例，这无可厚非。但在已经形成中国特色社会主义法律体系的今天，继续使用"试行""暂行"的体例，就已不恰当。所以，笔者认为，今后立法中，应当慎用"暂行"，不宜使用"试行"。因为，"试行"和"暂行"在性质上没有本质区别，"暂行"侧重于时间效力的限制，而"试行"的强制力比较模糊，两者相比，"暂行"更能体现立法本意。对确实需要使用"暂行"立法体例的，应当规定暂行的期限，或者明确实施后评估时间节点及相关要求，避免暂行规定历时30多年仍然有效等"长寿"暂行规定的不正常现象，如《上海市政府机关和事业单位机构编制管理暂行规定》，发布于1986年8月，于2013年失效，实际暂行了20余年。

三、文本的基本结构

《立法法》第65条规定："法律根据内容需要，可以分编、章、节、条、款、项、目。编、章、节、条的序号用中文数字依次表述，款不编序号，项的序号用中文数字加括号依次表述，目的序号用阿拉伯数字依次表述。"据此，法律文本由编、章、节、条、款、项、目构成。

（一）编、章、节的设置

编的设置，目前只在全国人大制定的法律中使用，法规、规章基本不设置编。

法规、规章设章、节，必须符合一定的条件或者要求：

一是内容较多，条款较多的才予以设章，一般把握在文本有 30 条以上的数量。

二是结构复杂，有划分层次的必要时才予以设章，除总则、法律责任、附则外，至少还有两部分以上相对独立的分则内容，且每部分条款数不少于 3 条的情形，才考虑设章。

三是在设有章的前提下，其内容构成仍然复杂，有必要分成若干部分予以规范的情况下，才在章之下设节。从内容上来看，目前设节的情形大多侧重于程序性规定。如，《行政许可法》共 8 章，只有第四章"行政许可的实施程序"中设节。

规章一般慎重设章，基本不设节。国务院《规章制定程序条例》第 8 条第 3 款规定："除内容复杂的外，规章一般不分章、节。"

章、节都应当有章名和节名。

章名应当能够概括本章的全部内容或者范围，一般概括为一项内容，至多用一个"与"连接两项相关内容。各章之间应当以序数形式连贯排列，另起一行居中，冠以"第一章""第二章"，依此类推。

节名的表述要求与章名相同。每章中的节都重新按独立的序数排列（即每章都从第一节起编），另起一行居中，冠以"第一节""第二节"，依此类推。

（二）条与条标

条是构成法律文本的最主要、最常用的单位。

每一条文的内容都应当具有相对的独立性和完整性。一个条文一般规定一项内容，同一项内容一般规定在同一个条文中。在立法实践中，往往会不经意地违反这一原则，如，《行政诉讼法》第 4 条第 1 款规定："人民法院依法对行政案件独立行使审判权，不受行政机关、社会团体和个人的干涉。"第

2 款规定："人民法院设行政审判庭，审理行政案件。"前者是讲"独立审判原则"，后者是讲"法庭机构设置问题"。两者固然有一定联系，但不是同一项内容，若用条标来表述，就无法概括这两项内容了。这也从一个侧面证明了设条标的重要性：能检验是否遵循了一个条文只规定一项内容的原则。

条的标题即条标的表述，应当反映该条的主旨和内容。条标的表述应当简短、清晰，紧扣条文内容。条标以括号将标题括在其内，列于法条序数之后。

范例2：

《上海市公共图书馆管理办法》第16条（目录管理）：

公共图书馆应当及时对入馆的书刊进行验收、登记、分类、编目，并建立完善的书刊资料目录系统，安排专人负责管理，做到定期检查核对，保持书刊资料与目录相符。

书刊资料的分类编目工作，按照国家规定的统一标准进行。

市和区（县）图书馆应当建立书刊资料目录数据库，实现计算机联网检索。

地方性法规的条标在完成审议表决，向外公布文本时，予以删除，即地方性法规的公开文本是没有条标的，但在起草和审议过程中一直保留着条标，这有利于法规文本的起草和审议。而政府规章则可以保留条标直到被废止。

条的表述格式，是以序数形式分段表述，条数按照统一连贯排列，用汉字数字表述条文序数（如第一条、第二条……第一百〇一条等）。

（三）款、项、目

1. 款。款隶属于条，条由一至几款构成，因此平时有"条款"的习惯说法。一条内容包含两层以上相互关联的意思，但不宜划分为两条时，应当分款来表述。

款的表述格式是，在条标下以自然段表述，一个自然段为一款，不用任何数字表述。

一款内一般规定条中的一层意思，同一层意思的内容一般规定在同一款中。

一款一般只对一个主体设定行为规范，不应同时对几个主体或者几种性质不同的行为设定行为规范。

分款表述的方法有下列三种：

一是并列分款法，即所划分的各款之间在内容上是并列的关系。

范例 3：

《宪法》第 76 条：

全国人民代表大会代表必须模范地遵守宪法和法律，保守国家秘密，并且在自己参加的生产、工作和社会活动中，协助宪法和法律的实施。

全国人民代表大会代表应当同原选举单位和人民保持密切的联系，听取和反映人民的意见和要求，努力为人民服务。

这条表述的是全国人民代表大会代表的义务，两款分别表述不同方面的义务，因此并列分款表述。

二是补充前款法，即后款是对前款内容的补充，前后款之间是递补关系。

范例 4：

《传染病防治法》第 45 条：

传染病暴发、流行时，根据传染病疫情控制的需要，国务院有权在全国范围或者跨省、自治区、直辖市范围内，县级以上地方人民政府有权在本行政区域内紧急调集人员或者调用储备物资，临时征用房屋、交通工具以及相关设施、设备。

紧急调集人员的，应当按照规定给予合理报酬。临时征用房屋、交通工具以及相关设施、设备的，应当依法给予补偿；能返还的，应当及时返还。

以上两款之间，第 2 款是对第 1 款的补充。

三是混合分款法，即各款之间有的是并列关系，有的是递补关系，一般来说是先并列后递补的情形。

范例 5：

《行政诉讼法》第 55 条：

当事人认为审判人员与本案有利害关系或者有其他关系可能影响公正审判，有权申请审判人员回避。

审判人员认为自己与本案有利害关系或者有其他关系，应当申请回避。

前两款规定，适用于书记员、翻译人员、鉴定人、勘验人。

院长担任审判长时的回避，由审判委员会决定；审判人员的回避，由院长决定；其他人员的回避，由审判长决定。当事人对决定不服的，可以申请复议一次。

以上 4 款中，前两款是并列关系，后两款是对前两款的补充，因此为混合式分款。

一个条文中可以设置多少款，没有明确的限制，应当根据条文的内容和层次来决定。根据总结实际立法经验，一般在 4 款以内居多。

2. 项。项隶属于款。一款需要包含两层以上相关意思时，可以分项表述。

项的内容不具有相对的独立性和完整性，各项的内容必须与列项的所叙内容相联系，才能表达完整的意思。从内容上看，通常在列举多项规范、分类规范时使用项的结构。

项的表述格式，是以序数形式分段表述，序数用小写汉字加括号［如（一）（二）（三）……］排列。

分项的方法可以归纳为下列三种：

一是择一分项法，即所列举的若干项中，只要具备其中之一项的条件或情形，就可以满足该条或该款适用的条件，多用于表述需要承担或者追究法律责任的条款等。

范例 6：

《上海市社会公共安全技术防范管理办法》第 12 条（禁止规定）：

任何单位和个人都应当遵守技术防范工程使用规定，禁止下列行为：

（一）毁坏技术防范工程的设备、设施；

（二）擅自改变技术防范工程的用途；

（三）泄露技术防范工程的秘密；

（四）影响技术防范工程使用的其他行为。

二是全备分项法，即所列举的若干项中，各项条件或者情况必须全部具备，缺一不可，才能满足该条或款的适用条件，多用于表述资质、条件等。

范例 7：

《上海市城镇生育保险办法》第 13 条（津贴、补贴申领条件）：

申领生育生活津贴、生育医疗费补贴的妇女必须同时具备下列条件：

（一）具有本市城镇户籍；

（二）参加本市城镇社会保险；

（三）属于计划内生育；

（四）在按规定设置产科、妇科的医疗机构生产或者流产（包括自然流产和人工流产）。

三是并列分项法，即分项所列事项之间是并行列举的关系，其性质既不是择一，也不是全备，多用于列举职责、权利、义务、种类等。

范例 8：

《劳动保障监察条例》第 10 条：

劳动保障行政部门实施劳动保障监察，履行下列职责：

（一）宣传劳动保障法律、法规和规章，督促用人单位贯彻执行；

（二）检查用人单位遵守劳动保障法律、法规和规章的情况；

（三）受理对违反劳动保障法律、法规或者规章的行为的举报、投诉；

（四）依法纠正和查处违反劳动保障法律、法规或者规章的行为。

立法实践中，对分项的把握，一般有以下原则：（1）分项的内容一般在三项以上，有作出并列划分的必要，若只有两项内容则没必要分项；（2）出现四项以上内容的，必须分项处理；（3）对列项无法穷尽的，在最后设一款作为兜底，如法律、法规规定的其他情形等。这种分项模式俗称"列举+口袋"。

3. 目。目是次于项并且隶属于项的单位结构。目必须以项的存在为其存在的前提，只有在项的内容层次复杂，不分目难以表述清楚时，才会使用目。从现状来看，目在地方立法中出现的频次不高。

目的表述格式，也是以序数形式分段表述，并用阿拉伯数字不加括号（如 1、2、3 等）排列。

范例 9：

原《行政复议法》第 28 条第 1 款第 3 项：

（三）具体行政行为有下列情形之一的，决定撤销、变更或者确认该具体行政行为违法；决定撤销或者确认该具体行政行为违法的，可以责令被申请人在一定期限内重新作出具体行政行为：

1. 主要事实不清、证据不足的；

2. 适用依据错误的；

3. 违反法定程序的；

4. 超越或者滥用职权的；

5. 具体行政行为明显不当的。

第十九章　通用条文的表述规范

　　法律文本一般由总则、分则、法律责任、附则以及附件等部分组成。每一部分都有一些常规性的条文安排，在长期的立法实践中，已经形成一些惯例、先例，被后立法者所模仿和遵循。本章要阐述的就是这部分表述规范，因此，本章也是立法技术规范中重要的内容，也可以说是核心的部分。

一、总　则　部　分

　　法的总则，是在法规范文本中具有统领地位，在法的结构中与分则、法律责任、附则等对应的法的条文的总称。法的总则有明示的（以章标的形式出现），也有非明示的（不分章的表述形式）。法规范文本的总则部分，一般表述立法目的和依据、定义、适用范围、法的原则、实施主体、总体要求或基本规范等内容。

（一）目的和依据

　　立法一般需要明示立法目的，实施性立法还要明示立法所遵循的上位法依据。立法的目的和依据，一般置于法律文本正文的第 1 条。

　　1. 两类体例的不同表述。

　　立法中，对于创制性立法与实施性立法，其第 1 条的表述是有区别的。

　　对于创制性立法，因为没有上位法依据，所以该条只表述立法目的，条标就为"立法目的"。

　　范例 10：

　　《上海市微生物菌剂使用环境安全管理办法》：

第一条（立法目的）

为了加强对微生物菌剂使用环境安全的管理，保护生态环境，保障人体健康，制定本办法。

对于实施性立法，既要表述立法目的，也要表述立法依据，即在立法目的之后援引上位法依据名称，该条的条标为"目的和依据"。

范例11：

《上海市生食水产品卫生管理办法》：

第一条（目的和依据）

为了加强本市生食水产品的卫生管理，预防食物中毒，防止肠道传染病的暴发流行，保障人体健康，根据《中华人民共和国食品卫生法》的规定，制定本规定。

当然也有特别的情形，即作为实施性立法，将立法目的和依据合并表述，即是目的，又是依据。

范例12：

《上海市房地产登记条例实施若干规定》：

第一条（制定目的）

为了贯彻实施《上海市房地产登记条例》（以下简称《条例》），制定本规定。

2. 立法目的的表述规则。

立法目的往往具有多项内容，需要用多层含义句式表述，从各层意思之间的逻辑关系来看，一般采用由具体到抽象、由直接到间接、由微观到宏观的顺序来排列。

范例13：

《上海市科学技术奖励规定》第1条（目的和依据）：

为了奖励在本市科学技术进步活动中作出贡献的个人、组织，调动科学技术工作者的积极性和创造性，加快本市科学技术事业的发展，促进科教兴

市，根据《国家科学技术奖励条例》《上海市科学技术进步条例》，制定本
规定。

上述范例，基本符合立法目的表述的顺序要求，体现了从微观到宏观、
从直接到间接、从具体到抽象的规则。但实践中不乏不符合此规则的情形，
如，《上海市外来从业人员综合保险暂行办法》第1条规定："为了保障外来
从业人员的合法权益，规范单位用工行为，维护本市劳动力市场秩序，根据
本市实际，制定本办法。"其中，"规范单位用工行为"是最微观的，应放在
最前面，"保障外来从业人员的合法权益"和"维护本市劳动力市场秩序"
何者微观何者宏观，或者何者具体何者抽象，都较难判断，但从直接与间接
的角度来分析，则"保障外来从业人员的合法权益"更直接一点，应列为第
二句，应当为：为了规范单位用工行为，保障外来从业人员的合法权益，维护
本市劳动力市场秩序，根据本市实际，制定本办法。

从行政管理类和公共服务类立法目的的表述来看，为表明权利本位的价
值取向，应当将保障公民权利的目的写在前，保障行政管理的目的写在后。
这是近年来立法中的新认识和新现象。

范例14：

《行政许可法》第1条：

为了规范行政许可的设定和实施，保护公民、法人和其他组织的合法权
益，维护公共利益和社会秩序，保障和监督行政机关有效实施行政管理，根
据宪法，制定本法。

立法实践中，经常出现的问题，是将管理手段当成立法目的加以表述。
如，《上海市文物经营管理办法》第1条规定："为了加强本市文物经营的管理，
保护国家历史文化遗产……"这里的第一句"为了加强本市文物经营的
管理"能定位为立法目的吗？其实，行政管理只是手段，目的是"保护国家
历史文化遗产"，所以，这样的表述显然是将行政管理手段当成了立法目的。
而"为了加强……管理"的表述目前立法实践中是很常见的，甚至可以说是
一种表述的范式，如："为了加强本市社会公共安全技术防范管理""为了加
强对本市导游人员的管理"，等等，这是值得今后立法中注意避免的。反之，
若将规范行政主体的行为作为立法目的，这倒是成立的。上述范例14就是

例证。

3. 立法依据的表述规则。

立法依据的表述要求明确表述上位法的名称，不宜虚写，如，"依据法律"，或"依据相关法律、行政法规"。主要有以下三种形式：

一种是对上位法全部内容作出具体规定的，如法规中的规定、规章中的办法，立法依据以书名号援引直接上位法全称。

范例 15：

《上海市危险化学品安全管理办法》第 1 条：（目的和依据）

为了加强危险化学品的安全管理，保障人民生命、财产安全，维护社会公共安全，依据《中华人民共和国安全生产法》《危险化学品安全管理条例》《上海市安全生产条例》等有关法律、法规，结合本市实际，制定本办法。

第二种是对上位法部分内容作出具体规定的，如实施细则、实施办法，应当在上位法名称之后表明"的有关规定"。

范例 16：

《安全生产许可证条例》第 1 条：

为了严格规范安全生产条件，进一步加强安全生产监督管理，防止和减少生产安全事故，根据《中华人民共和国安全生产法》的有关规定，制定本条例。

第三种是对上位法的某一条规定进行细化的，可以在依据中写明上位法的条款序号。

范例 17：

《上海市机动车道路交通事故赔偿责任若干规定》第 1 条：

依据《中华人民共和国道路交通安全法》第七十六条等条款以及有关法律、行政法规的规定，结合本市实际情况，制定本规定。

立法实践中，法律目的和依据的表述，还有两方面的内容需要说明：

一是实践中往往依据不局限于一部上位法，或者同时有法律和行政法规的依据，或者有其他相关的特别法规定，所以，经常出现所援引的上位法依据不止一个，而是两项甚至三项，这应该是可以理解的，如，《上海市盐业管理若干规定》第 1 条规定："根据《盐业管理条例》《食店加盐消除碘缺乏危害管理条例》《食盐专营办法》的规定，制定本规定"便是一例；还有一种常见的表述，就是在援引上位法之后，增加表述"和相关法律、行政法规的规定"等。

二是一般地方立法中，在援引了上位法依据之后，都会有"结合本省（市）实际"的表述，说明其内容中有体现地方特点、区域特色的内容。但这种表述在规章的"实施办法"和"实施细则"中，应当尽量避免使用。因为规章的实施办法、实施细则，主要限于对上位法规定事项的细化，以解决操作性问题。对于其中能否补充一些创制性内容，对此是有争议的，因此，以不强调"结合本市实际"为宜。从大的背景来看，新修订后的《立法法》其实已严格限制规章的自主立法空间，国务院部门规章只限于执行法律、行政法规，没有任何权利与义务的设定权；对地方政府规章也没有赋予其与地方性法规相似的自主立法空间，所以，在规章的立法目的和依据中，已不宜有"结合本市实际"的惯用表述。对于地方性法规，基于《立法法》第 82 条第 1 项"为执行法律、行政法规的规定，需要根据本行政区域的实际情况作具体规定的事项"可以制定地方性法规的规定，在目的和依据条款中表述"根据本省（市）实际"，是符合立法权限和立法规范的。

（二）定义

定义是立法中必须研究的问题，是文本起草的前提之一。没有清晰的定义，文本起草就缺乏逻辑的起点。但这也是立法中的难点。

1. 定义的基本方法。

定义一般采取揭示概念内涵的逻辑方法，也可以用"内涵+外延"的形式表述。

范例 18：

《上海市公共图书馆管理办法》第 2 条（定义）：

本办法所称的公共图书馆，是指政府举办的，向社会公众开放的收集、整理、保管和利用图书、报刊、音像制品、电子出版物等书刊资料的公益性文化机构，包括市图书馆、区（县）图书馆和街道（乡镇）图书馆。

上述范例采用的便是"内涵+外延"的定义方法。

2. 定义的种类和位置。

立法实践中，定义一般可以分为两类，即基本概念和专业术语。

基本概念，一般贯穿法律文本的始终，往往在法律文本的名称中就已经提及。对基本概念，一般在总则中作出表述，放在目的依据条目之后；如果法律文本的名称和目的依据条款没有涉及该需要定义的概念，则在适用范围条款中应当提及，并在适用范围条目之后作出表述。

专业术语或者专用名词，一般涉及部分章节和条款。其在文本中所放置的位置，有三种模式：一是放在文本的附则，这是较为常见的形式，如，《固体废物污染环境防治法》第88条，就对固体废物、生活垃圾、危险废物等概念在附则中作了集中定义（名词解释）；二是只涉及某章节的内容，则放在相关章节的最前部，如，《海商法》在相关章节的第1条对该章出现的概念进行定义（名词解释）；三是跟在相关条文之后作出定义，如，《票据法》中的票据、票据权利、票据责任、抗辩、汇票、承兑、背书等概念，都是在出现该概念的相关条文后面进行定义（解释）的。上述三种方式中，笔者倾向使用第一种方式，即在附则中集中对专业术语、专用名词作出定义。

一个定义条款中规定多个概念、术语的，应当分项表述。如：本条例中下列用语的含义：（一）——，是指……；（二）——，是指……。

3. 定义的规则。

法律文本中的定义，应当遵循下列规则：

一是定义内容必须是相应相称的。定义应遵循的第一条原则便是"定义项的外延与被定义项的外延必须全同"。既要避免"定义过宽"（如"犯罪就是违法行为"），也要避免"定义过窄"（如"中华人民共和国公民就是年满十八周岁、具有中华人民共和国国籍的自然人"）的逻辑矛盾。

二是定义不能直接或者间接地包含被定义项。要避免"同义反复"（如"因盗窃构成的犯罪是盗窃犯"）或者"循环定义"（如"承运人是指本人或者委托他人以本人名义与托运人订立海上货物运输合同的人"与"托运人是指本人或者委托他人以本人名义与承运人订立海上货物运输合同的人"）的逻辑矛盾。

三是定义必须清晰、准确，不能使用含糊的语词（如"权力是指一种发生在相互作用中的关系过程"），不能用比喻。

四是除被定义项本身是负概念的情况外，定义不能包含否定概念。如，"无效婚姻就是因欠缺婚姻成立的法定要件而不发生法律效力的婚姻"，这就是一个否定式定义，由于被定义项"无效婚姻"本身是负概念，所以它是一个正确的定义。又如，"盗窃罪不是危害公共安全罪"，这句话如果作为定义就是错误的，因为它只能说明被定义项不具有某种属性，而不能揭示被定义项的内涵。

4. 立法中要否定义的取舍。

在立法实践中，由于定义本身的高难度，使立法者经常就要不要进行定义产生纠结和争议。有一种代表性的观点认为，当定义不清的时候，不如不作定义，其内涵和外延在其他条文中自然得到体现即可。

笔者认为，这是一种"鸵鸟"政策，不是立法工作者应有的思维特点和法制精神。定义确实难，但不作定义的后果是，立法者本身也对相关概念浑浑噩噩、似懂非懂、一知半解，那立法就缺乏逻辑的起点，立法的逻辑性、系统性、准确性就无从谈起。定义本身就是一个厘清立法思路的过程。所以，对于定义，应当在立法中作为重点环节加以重视，切不可知难而退。

（三）适用范围

适用范围是指法规范所适用的地域、对象和行为。

地域，指特定适用的行政区域或者行政管辖范围。通常的表述是"本省（市）行政区域内"或者"本省（市）范围内"。

对象，是指法规范所调整的特定主体，包括人或者组织。通常的表述是"公民、法人或者其他组织"。

行为，是指法规范所调整的特定主体的相关行为、活动以及关系。如，"消防工作以及相关应急救援工作""建筑节能及相关监督管理活动"等。

1. 适用范围的表述。

适用范围通常采用行政区域、适用对象和行为的组合表述。适用范围一般有两种表述方式：

一种是内容单一、使用短句的表述，通常为"本条例（规定）适用于……"

范例 19：

《上海市终身教育促进条例》第 2 条：

本条例适用于本市行政区域内除现代国民教育体系以外的各级各类有组织的教育培训活动。

另一种是内容多、句式较长的表述方式，通常采用："……（指调整的区域、对象和行为），适用本条例（规定）。"

范例20：

《上海市合同格式条款监督条例》第3条：

本市范围内，提供方与为生活消费需要购买、使用商品或者接受服务的消费者订立合同采用格式条款的，适用本条例。

立法实践中，不少短句表述的适用范围都存在着与法规范名称同义反复的问题，实际上都没有表述的必要。因此，建议适用范围能将文本的主要内容即各章节的主要内容概括性地作出表述，便于公众了解文本的中心内容和全貌。

范例21：

《上海市道路交通管理条例》第2条：

本市行政区域内道路交通规划与设施、车辆和驾驶人、道路通行、道路停车、综合治理等活动，适用本条例。

2. 适用范围的扩大与限缩。

适用范围经常会出现需作扩大适用和作限缩适用两种特别情形。

所谓扩大适用，是指适用对象以外的主体也从事本规范所涉及的行为和活动的，适用本规范的有关规定。

范例22：

《立法法》第2条：

法律、行政法规、地方性法规、自治条例和单行条例的制定、修改和废止，适用本法。

国务院部门规章和地方政府规章的制定、修改和废止，依照本法的有关规定执行。

范例23：

《上海市婚姻介绍机构管理办法》第3条（适用范围）：

本办法适用于本市行政区域内婚姻介绍机构的设立、服务及其管理活动。

报社、期刊社、广播电台、电视台等传播媒体（以下简称媒体）从事婚姻介绍服务活动，适用本办法的有关规定。

适用范围的扩大适用，还有另一种立法模式，即在附则中作出参照执行的规定，其功能同样是对适用对象以外的主体也从事本规范所涉及的行为和活动的扩大适用。具体在后面的附则部分进行分析与解释。

所谓限缩适用，是指本规范所适用的主体的某些行为可以适用其他法律、法规的规定，而不适用本规定；或者直接规定适用主体的某些行为不适用本规范。

范例 24：

《保险法》第 183 条：

中外合资保险公司，外资独资保险公司、外国保险公司分公司适用本法规定；法律、行政法规另有规定的，适用其规定。

范例 25：

《上海市微生物菌剂使用环境安全管理办法》第 2 条（适用范围）：

本办法适用于本市范围内以生态环境保护和污染防治为目的，使用微生物菌剂的环境安全管理。

前款规定范围内，属于基因改造的微生物菌剂使用，以及微生物菌剂在实验室内使用的，不适用本办法。

3. 不作适用范围表述的情形。

是否在所有法律文本中都要有适用范围的表述？答案是否定的。当适用范围和调整对象处于"不言自明"状态时，就不需要专门规定适用范围，主要有两种情形：

一是在法律、法规、规章名称中已经得到明确的体现，并没有出现歧义和模糊，且单设条文表述适用范围可能显得同义反复时，可以不再专门规定适用范围。

二是实施性立法未改变上位法已经明确的适用范围的，不用再规定适用范围。

（四）实施部门

在行政法和社会法的立法领域，即法规和规章的大多数立法中，具有行政管理职责的主体即行政实施部门的表述是必不可少的，这也是"职权法定"依法行政原则的具体体现。实施部门的表述一般放在总则部分。

1. 实施部门的一般表述。

法律文本中行政机关的表述，一般使用"……主管部门"；对某些部门，实践中已有固定表述的，如"公安机关""工商行政管理部门""海关"等，保留原来的表述方式；对少数情况特殊的部门，应当表述准确，如司法厅（局）不能表述为"司法部门"，而应当表述为"司法行政部门"，这里的"行政"与"主管"不能并用。

2. 实施部门的类别。

在立法实践中，政府部门作为实施部门的表述主要有下列三种情形：

一种是由一个政府主管部门独立实施的，表述为："……部门（机构）主管（负责）本行政区域内……工作。"

范例 26：

《兽药管理条例》第 3 条：

国务院兽医行政管理部门负责全国的兽药监督管理工作。

县级以上地方人民政府兽医行政管理部门负责本行政区域内的兽药监督管理工作。

第二种是由两个以上部门分别负责实施的，需要明确各自职责，分别表述为："……部门（机构）主管（负责）本行政区域内……工作，……部门（机构）负责……工作，……部门（机构）负责……工作。"

范例 27：

《海洋环境保护法》第 5 条：

国务院环境保护行政主管部门……负责全国防治陆源污染物和海岸工程建设项目对海洋污染损害的环境保护工程。

国家海洋行政主管部门负责海洋环境的监督管理，组织海洋环境的调查、监测、监视、评价和科学研究，负责全国防治海洋工程建设项目和海洋倾倒废弃物对海洋污染损害的环境保护工作。

国家海事行政主管部门负责所辖港区水域内非军事船舶和港区水域外非渔业、非军事船舶污染海洋环境的监督管理，并负责污染事故的调查处理；对在中华人民共和国管辖海域航行、停泊和作业的外国籍船舶造成的污染事故登轮检查处理。船舶污染事故给渔业造成损害的，应当吸收渔业行政主管部门参与调查处理。

国家渔业行政主管部门负责渔港水域内非军事船舶和渔港水域外渔业船舶污染海洋环境的监督管理，负责保护渔业水域生态环境工作，并调查处理前款规定的污染事故以外的渔业污染事故。

军队环境保护部门负责军事船舶污染海洋环境的监督管理及污染事故的调查处理。

沿海县级以上地方人民政府行使海洋环境监督管理权的部门和职责，由省、自治区、直辖市人民政府根据本法及国务院有关规定确定。

第三种是由一个政府部门负责组织实施，其他政府部门协同实施的，需要明确主管部门（机构）及其职责，但不必明确其他协同实施部门（机构）的具体职责。实践中，这种情形是最为常见的，一般在该法律文本中涉及权利或义务的政府部门，都需要在总则部分作出表述。

范例28：

《上海市微生物菌剂使用环境安全管理办法》第3条（管理部门）：

上海市环境保护局（以下简称市环保局）负责本市微生物菌剂使用的环境安全管理。

本市农业、水务、市容环卫、绿化、卫生、质监、检验检疫等有关管理部门按照各自的职责，协同实施本办法。

3. 授权组织或者受委托组织作为实施机构的表述。

授权组织作为实施机构，应当明确其机构性质和授权范围。

范例29：

《电力监管条例》第6条：

国务院电力监管机构根据履行职责的需要，经国务院批准，设立派出机构。国务院电力监管机构对派出机构实行统一领导和管理。

国务院电力监管机构的派出机构在国务院电力监管机构的授权范围内，履行电力监管职责。

受委托组织作为实施机构，应当明确其委托部门、受委托机构和委托的职责事项。

范例30：

《上海市出口加工区管理办法》第3条（管理委员会）：

各加工区设立管理委员会（以下称管委会）。管委会接受加工区所在地的区（县）政府的领导，并依照本办法以及有关行政管理部门的委托，在加工区内行使下列职责：

（一）制定发展规划和计划；

（二）负责投资项目、土地使用和建设工程管理；

（三）负责开发建设，为企业提供必要的指导和服务；

（四）配合海关、检验检疫等有关行政管理部门对通关活动实施监管；

（五）协调和配合有关行政管理部门对企业的管理；

（六）承担市和区（县）政府委托的其他职责。

4. 实施部门的称谓。

对实施部门的称谓，在立法实践中，是经历了由实到虚的演绎过程。最早的地方立法，大都采用实写的表述，直接明确行政机关的名称；之后在不断进行机构改革的背景下，出现了原行政机关名称调整，市、县行政部门名称不尽一致，因而实写的机关名称与实际不符，要立法修订又成本太高的问题。所以，之后形成了虚实结合的共识，即省级部门单独表述时，可以实写；市、县部门或者省级和市县部门一起表述时，采用虚写。但问题仍未得到根本解决。现在，基本的共识是，原则上，行政机关都采用虚写，以避免机构改革后的滞后性；对授权组织和受委托机构，则采用实写的表述。

表述实施部门的称谓，可以使用简称。第一次表述时应当使用完整的称谓，并在其后以括号注明简称，后文则都使用该简称。行政部门的简称，应当按照各地政府办公厅统一编制的《政府机构简称》规范使用。

二、分则（主体）部分

分则部分也就是立法文本的主体部分，即对不同主体、客体、行为、结果作出分别规定的部分，其主要任务是制定法定规则，明确行为主体的权利与义务，或者职权与职责。也就是通过制定义务性规则和授权性规则，为法律行为主体设定行为规范。义务性规则又可分为命令式规则和禁止性规则。命令式规则是要求人们必须作出某种行为；禁止性规则是禁止或严禁作出某种行为。授权性规则的特点是任意性和自由选择性。与总则一样，分则也有明示的与非明示的之分。

（一）行为规范的设定

立法中贯穿始终的核心概念，就是权利和义务；对于公权力部门而言，就是职权与职责，这是公民、法人的权利和义务在公权力部门的一种转换。立法的目的，就是通过规范公民、法人和公权力部门的行为模式，达到维护个体的权利和义务，同时维护国家利益和公共利益的目标。

所谓行为规范，就是明确义务主体为一定行为或者不为一定行为。这是立法的主要内容。落实到具体立法实践中，主要有四种行为规范：

1. 禁止性规范，即规定行为主体不得作出某种行为的规范。立法中的常用语有："禁止……""不得……""不应当……""严禁……"等。

2. 义务性规范，即行为主体按固有的条件必须作出某种行为的规范。立法中的常用语有："应当……""必须……""应该……""有义务……""有责任……""履行……义务""承担……职责"等。

3. 授权性规范，即允许或者授予行为主体作出某种行为的规范。立法中的常用语有："可以……""有权……""享有……权利""有……的自由""不受……干涉""不受……侵犯""行使……职权"等。

4. 倡导性规范，即提倡行为主体作出某种行为的规范。立法中的常用语有："鼓励……""提倡……""保障……""支持……""倡导……"等。

（二）权利和义务的设定规则

对于权利和义务的设定，是立法的主要任务，也可称为"主业"。对权利和义务（职权和职责）的设定，要体现公平、公正和公开的立法原则，要平衡相对人的权利和义务，也要平衡管理者的职权与职责，还要平衡相对人的权利与管理者的义务（职责）。具体应遵循下列基本规则：

1. 同一主体权利与义务设定规则。

在同一条文中，对同一主体既设定权利又设定义务的，应当对其不同权利和义务的内容作分款表述，这便于在法律责任部分设定不同的法律责任。如果在同一款中既有权利又有义务，在法律责任认定时会产生混乱。

范例31：

《上海市居住房屋租赁管理实施办法》第14条（出租人的权利和义务）：

居住房屋的出租人在订立租赁合同时，有权查验承租人及其全部同住人的身份证明；租赁期间，有权按照租赁合同的约定，定期查看承租人使用房屋的情况。

居住房屋的出租人在订立租赁合同时，应当按照本办法第八条的规定，在租赁合同中确定承租的居住人数；承租人不具有本市户籍的，应当督促其按照国家和本市的有关规定及时办理居住登记。

居住房屋的出租人发现承租人利用租赁房屋从事违法活动的，应当及时报告社区综合协管队伍或者有关管理部门。

上述范例中，对同一主体即居住房屋出租人分三款分别规定了其在订立租赁合同时的权利、义务以及日常管理中的相关义务。

2. 同一事项权利与义务设定规则。

在同一条文中，就同一事项对不同主体设定相关联的权利或者义务的，要明确权利或者义务主体和具体不同的内容，不能虚写与含糊。否则，在法律责任认定时，会出现找不到被追究主体的问题。

范例32：

《上海市扬尘污染防治管理办法》第18条（监督检查）：

市或者区、县环保部门应当加强扬尘污染防治的管理，其他有关管理部门应当加强对扬尘污染场所、设施的监督检查。对综合性的扬尘污染防治工作，市或者区、县环保部门可以组织相关管理部门实施联合执法检查。

被检查的单位或者个人应当如实反映情况，提供与检查内容有关的资料，不得隐瞒，不得拒绝或者阻挠有关管理人员的监督检查。

上述范例中，就扬尘污染防治这一事项，分别规定了环保部门、其他有关部门和被检查单位和个人的职责或义务。其中又以环保部门为核心，明确了各自的职责或义务。

3. 一个主体的权利与其他主体的义务设定规则。

一个主体的权利，对于其他社会主体，包括行政管理部门，都是一份义务。在立法中，为了切实保障权利主体的合法权益，有时会通过对其他主体设置禁止性规范加以强化。在立法实践中，往往会在主体权利表述后，分款增加一款对其他主体（任何单位和个人）的禁止性规定，我们称之为"正反两面表述"。从行为规范的设定上说，是授权性规范与禁止性规范的组合，其意义是强调授权性规范不受任何主体的侵犯和干涉。而禁止性的规定通常是设定法律责任的依据。

范例 33：

《上海市饮用水水源保护条例》第 10 条：

市或者区县人民政府应当设立各级饮用水水源保护区界标，并在显著位置设立警示标志。

任何单位和个人不得移动或者损毁饮用水水源保护区界标和警示标志。

4. 互为权利与义务的设定规则。

同一主体，既是权利又是义务，在立法中不常见，但确实存在，属于一种特别情形。对此情形，一般是在同一条或者同一款中同时表述。如《宪法》第 42 条第 1 款规定："中华人民共和国公民有劳动的权利和义务。"

（三）行为主体的表述

法律文本中的行为主体主要是管理人和管理相对人两类。而管理相对人的表述主要有以下几种情形：

1. 公民、法人和其他组织/公民、法人或者其他组织。

使用"和"与"或者"的区别在于："公民、法人和其他组织"表述一个集体概念，视作一个抽象整体；而"公民、法人或者其他组织"则表示个体概念，意指每个主体。这一细微的差别，在立法中是常常被忽视的。

范例 34：

《行政诉讼法》第 1 条：

为保证人民法院公正、及时审理行政案件，解决行政争议，保护公民、法人和其他组织的合法权益，监督行政机关依法行使职权，根据宪法，制定本法。

第 2 条：

公民、法人或者其他组织认为行政机关和行政机关工作人员的行政行为侵犯其合法权益，有权依照本法向人民法院提起诉讼。

上述范例中，第一条"公民、法人和其他组织"的表述是个抽象概念，强调主体共有的合法权益；第 2 条"公民、法人或者其他组织"的表述就是一个个体概念，强调每个公民、法人、其他组织都有依法提起行政诉讼的权利。

2. 组织和个人/单位和个人。

立法实践中，与"个人"相对应的概念，有"组织"和"单位"两种常见的表述。两者的区别在哪里？"单位和个人"的表述，一般在对管理相对人的表述中使用较多，如"任何单位和个人不得……"，这一般是规定管理相对人的义务或者禁止性行为。"组织"的概念包含了所有以团体形式存在的实体，既包括管理相对人，也包括行政机关、事业单位、民办非企业单位和各类社会团体。所以，"组织和个人"一般是面对全部团体和个人作出义务性规定时作出的表述，其外延要比"单位和个人"要大。如我国宪法中就使用了"组织和个人""组织或者个人"的表述。

3. 当事人/管理相对人。

"当事人"是法律、行政法规中经常使用的概念。而"管理相对人"则是一个行政法上的学理概念，系抽象地表述行政管理的对象。在国家立法，即法律、行政法规中，未使用过"管理相对人"的表述，在地方立法中，则有使用的范例，如在上海，截至 2000 年时的统计，就有 5 部地方性法规中使用了"管理相对人"。

另一方面，"当事人"并不能与"管理相对人"画等号。立法实践中，当事人是个中性的概念，可能是管理相对人，也可能是管理者，其内涵要从具体语境和上下文的逻辑关系中予以明确。这与法律文本中"其"的用法有相似之处。

（四）引用条款的表述

引用条款，主要有下列表述：

1. "前款"。顾名思义，就是在同一条中，后一款对前一款的表述，一般是对前款的内容作细化和补充。

范例 35：

《行政处罚法》第 29 条：

违法行为在二年内未被发现的，不再给予行政处罚。法律另有规定的除外。

前款规定的期限，从违法行为发生之日起计算；违法行为有连续或者继续状态的，从行为终了之日起计算。

2. "本条第……款"。其适用情形与"前款"基本相似。其区别是后款与前款并不相连的，不能用"前"字来表述，需要具体表述清楚款的序数。

范例 36：

《上海市饮食服务业环境污染防治管理办法》第 11 条（告知承诺制度）：

在新建的成片开发区内，新开办饮食服务项目环境保护实行告知承诺制度。

实行环境保护告知承诺的区域，区、县环保部门应当将环境污染防治要求书面告知饮食服务经营者……

饮食服务经营者应当将承诺的内容自作出之日起 10 日内在经营场所周围醒目位置公布，公布时间不得少于 1 个月。

本条第一款规定范围以外的饮食服务项目，视条件成熟情况，逐步推行环境保护告知承诺制度。具体实施步骤由市环保局另行规定并予以公布。

3. "本规定第……条"或者"本办法第……条第……款"。其含义已经很明确，无须解释。

范例 37：

《上海市住宅物业管理规定》第 8 条第 1 款：

物业管理区域符合本规定第七条第二款所列条件之一的，建设单位应当书面报告……

（五）制定配套性规定的表述规则

制定配套性规定的表述，就是专项授权立法的表述规则。专项授权，也被称为法条授权立法，是指立法机关在其制定的法律法规中，运用其中某一条款，将某些立法权授予有关机关的授权。《立法法》第 66 条规定，"法律规定明确要求有关国家机关对专门事项作出配套的具体规定的，有关国家机关应当自法律施行之日起一年内作出规定，法律对配套的具体规定制定期限另有规定的，从其规定。有关国家机关未能在期限内作出配套的具体规定的，应当向全国人民代表大会常务委员会说明情况"。

范例 38：

《上海市未成年人保护条例》第 14 条：

中小学校应当建设非营业性的互联网上网场所，为未成年人提供健康有益的上网服务。

寒暑假期间，中小学校的文化体育设施和场地应当向未成年人开放。

建设非营业性互联网上网场所、开放文化体育设施和场地的具体办法由市人民政府规定。

专项授权的现有表述规则存在着下列缺陷，需要加以改进：一是授权给哪个主体不明确，既有授权给一级政府的，也有授权给政府部门的；实践中还有政府自行再授权给其相关部门制定规定的情形。二是授权制定的规定文本性质不明确，是制定规章还是可以制定规范性文件。三是制定规定的时间要求不明确，《立法法》的规定较为宽松，只要在实施后一年内制定完就可，而实践中大都希望能与法律规范同步实施，但立法中少有同步实施的明确要求，造成与法律法规执行的要求不相一致。四是授权的权限不明确，如行政法规授权，规定是否具有行政法规的立法权限。笔者认为，如果将此授权认定为是授权立法的一种形式，那么制定的具体规定应当具有立法的效力，应当由有权立法的政府通过制定规章来实现，其权限应当限定在规章范围之内。原则上应当在法规范实施前完成制定，以实现与法律法规同步实施。

三、法律责任部分

法律责任是当事人不履行法定义务（职责）所产生的法律后果。无论是义务性规范，还是禁止性规范，都应当相应规定不履行义务（职责）的法律责任。法律责任在法律文本中的位置，一般接近法规范的末尾部分，置于权利与义务之后，附则之前；未设章节的法规范，一般位于施行日期、废止事项等条文之前。

在法规、规章中，法律责任主要是设定行政责任，对刑事责任和民事责任只作一些引导和提示性规定，不作具体设定。其原因是，刑事责任和民事责任都属国家法律的专属立法权的事项，法规、规章无权设定。对行政责任，既包括针对不履行义务当事人的行政处罚、行政强制及其他行政处理，也包括针对违法违纪的行政机关工作人员的政务处分。

（一）法律责任的表述方法

法规、规章制定中，法律责任的表述方法主要有下列三种：

1. 违法行为表述法，即明确表述违法行为，相对应地设定行政处罚种类和幅度。可概括为"违法行为+行政处罚"模式。如，"未经检疫出售、运输与人畜共患传染病有关的野生动物、家畜家禽的，由县级以上地方人民政府畜牧兽医行政部门责令停止违法行为，并依法给予行政处罚。"

此种表述方法的立法难点，是要将禁止性规定、义务性规定转换成违反规定的表述，在这一语言转换中，难免会出现不达意或者偏离原意的情况，需要立法者严谨和认真对待。

2. 条文序数对应法，即直接引用法规范中设定禁止性规范、义务性规范的条文序数，再相对应地设定行政处罚种类和幅度。可概括为"条文序数+行政处罚"模式。如，"有本法第八十一条、第八十二条规定的行为，尚不构成犯罪的，由国务院银行业监督管理机构没收违法所得。"

此种表述方法，在立法实践中的难点是在草案起草过程中容易出错。因为文本条文的序数在立法过程中变化较大，稍不注意就会出现前后不一致的纰漏。这在立法中是时有发生的情况，所以，立法者一般都不倾向运用此种表述方法，认为将违法行为作出描述是相对比较可靠的办法。

此种表述方法的另一个缺陷是不便于行政执法，行政执法人员要将前面的条文对应起来看，才能知道所设定的违法行为内容。所以，这种表述方法也不受行政执法人员的欢迎。

3. 综合表述法，即将上述两种法律责任的表述方法同时使用，既列明条文序数，也描述违法行为，再对应设定行政处罚。可概括为"条文序数+违法行为+行政处罚"模式。如："违反本法第四十五条规定，动用募集的资金的，责令返还，没收违法所得。"

上述三种法律责任的表述方法中，综合表述法是最严密、最便于执法操作的方法。

（二）法律责任的设定类型

法律责任的设定，主要有下列三种类型：

1. 明确责任主体类。

这是以违法行为主体为核心，设定法律责任，并设定相对应的行政执法主体和行政处罚种类和幅度。这是最常见的一种设定类型。

范例 39：

《银行业监督管理法》第 45 条：

银行业金融机构有下列情形之一，由国务院银行业监督管理机构责令改正，有违法所得的，没收违法所得，违法所得五十万以上的，并处违法所得一倍以上五倍以下罚款……

2. 不特定主体类。

在责任主体为不特定公民、法人或者其他组织时，可以省略责任主体的表述，用"的"字结构表述法律责任。

范例 40：

《中国人民银行法》第 42 条：

伪造、变造人民币，出售伪造、变造的人民币，或者明知是伪造、变造人民币而运输，构成犯罪的，依法追究刑事责任；尚不构成犯罪的，由公安机关处十五日以下拘留、一万元以下罚款。

3. 指引条款类。

对违反法规、规章规定的义务性规范、禁止性规范的行为，如果其上位法或者同位阶的特别法已有规定并设定了法律责任，可以直接作为承担法律责任的依据的，则该法规、规章不需要实写法律责任的各要素，只作一个概括性表述的指引性条款即可。该法规、规章只对创制性的规定设定法律责任。这意味着，对这类法律责任，不是按照该法规、规章的规定执行，而是按照上位法和同阶位的特别法设定的法律责任执行。这在目前立法中是常见的情形。指引条款一般置于法律责任的前端。

范例 41：

《粮食流通管理条例》第 42 条：

粮食收购者有未按照规定告知、公示粮食收购价格或者收购粮食压级压价，垄断或者操纵价格等价格违法行为的，由价格主管部门依照《中华人民共和国价格法》的有关规定给予行政处罚。

上海地方立法实践中，目前通用的指引条款表述为："对违反本规定的行为，法律、法规已有处罚规定的，从其规定。"

（三）法律责任的归类方法

法律责任的设定，总的可归为两大类：一种是逐条表述，即对应一条义务性规范、禁止性规范设定一条法律责任；另一种是作归类表述，即为了简化法律责任的表述，按照"合并同类项"的原则，对法律责任作归并设定。主要有下列方法：

1. 按执法主体归类，即将由同一执法主体作出决定的法律责任归在同一条款表述。一般采用分项表述，在项下根据不同情形设定不同的行政处罚种类和幅度。

范例 42：

《上海市民防工程建设和使用管理办法》第 28 条（行政处罚）：

对违反本办法的行为，由市或者区、县民防办按照下列规定予以行政处罚：

（一）违反本办法第九条规定，不修建结建民防工程的，给予警告，并责令限期修建，可以并处以 1 万元以上 10 万元以下的罚款。

（二）违反本办法第十一条第一款规定，不缴纳民防工程建设费的，给予警告，责令限期改正，可以并处以1万元以上10万元以下的罚款。

（三）违反本办法第十二条第一款规定，不按照国家规定的防护标准和质量标准修建民防工程的，给予警告，并责令限期改正，可以对个人并处以1 000元以上5 000元以下的罚款、对单位并处以1万元至5万元的罚款。

……

（七）违反本办法第二十七条第（一）项、第（二）项、第（三）项规定，从事禁止行为的，给予警告，并责令限期改正，可以对个人并处以300元以上5 000元以下的罚款、对单位并处以1万元至5万元的罚款。

2. 按行为违法程度归类，即在同一执法主体的前提下，将同一或者不同相对人违法程度相近，相应的行政处罚种类相同、处罚幅度相近的各类违法行为，归在同一条款表述。一般也需分项表述，在款下设定行政处罚的种类和幅度，在项下列举违法程度相近的不同违法行为。

范例43：

《上海市个人信用征信管理试行办法》第29条（一般违法行为的处罚）：

征信机构有下列行为之一的，由市征信办给予警告或者处以1 000元以上1万元以下罚款：

（一）违反本办法第七条规定，采集规定情形以外的信息而未征得被征信个人同意的；

（二）违反本办法第八条规定，采集禁止采集的个人信息的；

（三）违反本办法第十条规定，未及时、准确录入个人信用信息，或者虚构、篡改个人信用信息，或者擅自录入禁止录入信息的；

……

3. 按责任主体归类，即对同一法律责任主体的不同违法行为，由一个或者两个行政部门处罚的，归在同一条款表述。对违法行为，一般分项表述；对行政处罚的种类和幅度，能在款下统一设定的，在款下表述；无法统一设定的，在项下表述。

范例44：

《上海市实施〈中华人民共和国环境影响评价法〉办法》第30条（建设

单位的法律责任）：

违反本办法规定，建设单位有下列情形之一的，由有审批权的环保部门按照下列规定予以处罚：

（一）违反本办法第十八条第一款、第二款，第二十一条第一款规定，未依法报批环境影响评价文件或者未按规定重新报批环境影响评价文件，擅自开工建设的，责令停止建设，限期补办手续；逾期未补办的，可处以 5 万元以上 20 万元以下的罚款。

（二）违反本办法第十八条第四款，第二十一条第二款规定，环境影响评价文件虽已报批单位获批准或者未经原审批部门重新审核同意，擅自开工建设的，责令停止建设，并可处以 5 万元以上 20 万元以下的罚款。

（三）违反本办法第二十一条第三款规定，未向环保部门报告，擅自开工建设的，责令停止建设，限期补办手续，并可处以 5 000 元以上 3 万元以下的罚款。

……

（八）违反本办法第二十五条规定，建设单位未按规定开展建设项目环境影响后评估的，责令限期改正，并可处以 1 万元以上 3 万元以下的罚款。

（四）行政处罚的表述

1. 行政处罚的设定原则。

行政处罚的设定原则可以概括为"行为罚"，即对违法行为只要认定事实清楚，证据确凿即可进行处罚，而不需要考虑是否有主观故意和动机、有没有危害后果。这跟刑事处罚有明显的区别。其主要法理是，行政管制型的立法目的是规范行政相对人的行为，维护公共秩序，所以需要发挥立法的引领功能和警示功能，防患于未然。只要发现了违法行为就要进行行政处罚，而不需要去认定有没有主观犯疑、主观恶意；也不能等到有危害后果了才启动处罚。这样，就能起到规范行为的作用。有主观恶意和危害后果，是从重处罚、加重处罚需要考虑的因素。

2. 行政处罚的设定权限。

按照《行政处罚法》的规定，行政处罚分为警告、通报批评；没收违法所得、没收非法财物、罚款；暂扣许可证件、降低资质等级、吊销许可证件；限制开展生产经营活动、责令停产停业、责令关闭、限制从业；行政拘留等五种，此外法律和行政法规可以设定其他的行政处罚种类，如诫勉谈话、驱逐出境等。

法律可以设定所有种类的行政处罚；行政法规可以设定除限制人身自由以外的其他五种行政处罚；地方性法规有权设定行政拘留和吊销企业营业执照以外的所有行政处罚；规章则只能设定警告、通报批评和一定数额的罚款。

3. 行政处罚的设定规则。

行政处罚的设定需要遵循下列四项规则：

一是从轻到重表述行政处罚种类和幅度。行政处罚的种类按照申戒罚-财产罚-行为罚-人身罚这一由轻到重的顺序表述；罚款幅度也是由小到大排列；若作出罚款与其他处罚种类并处的立法设定的，一般先规定其他种类的处罚，后规定可并处一定数额的罚款，而其他种类的处罚设定仍坚持由轻到重的顺序。

范例 45：

《上海市计量监督管理条例》第 38 条：

违反本条例第二十六条规定，有禁止行为之一的，给予警告，没收违法所得，吊销或者收缴相关资质证书，可并处以五千元以上五万元以下的罚款。

二是责令改正的表述前置。表述处罚种类和幅度之前，应当根据《行政处罚法》"处罚与教育相结合"的原则，设定责令改正的要求。具体又可分为两种方式：一种是在责令改正的同时，设定相应的行政处罚，这被称为"不能以教代罚"；另一种是按照《行政处罚法》第 23 条的规定，对社会危害较小，改正后能消除违法状态和影响的，应当先表述责令当事人改正或者限期改正违法行为；对逾期未改正的，再设定行政处罚措施。

范例 46：

《上海市实施〈中华人民共和国大气污染防治法〉办法》第 35 条：

违反本办法第十一条规定，无排放许可证、无临时排放许可证，排放主要大气污染物的，由市或者区、县环保部门责令停止排污，并处一万元以上十万元以下罚款；有排放许可证，排放主要大气污染物超过核定排放总量指标的，由市或者区、县人民政府责令限期治理，并由市或者区、县环保部门处一万元以上十万元以下罚款；有临时排放许可证，限期治理期满排放主要大气污染物仍超过核定总量指标的，由市或者区、县环保部门吊销其临时排放许可证，并由同级人民政府责令停业、关闭。

需要说明的是，上述范例的表述中，"并处"的表述并不准确，因为责令改正或者限期改正（停止排污、限期治理），并不是一种行政处罚，而是一种教育措施，所以是在责令改正的同时，按照错罚相当的原理进行罚款的行政处罚，即教育与处罚相结合。

范例47：

《电子签名法》第31条：

电子认证服务提供者不遵守认证业务规则、未妥善保存与认证相关的信息，或者有其他违法行为的，由国务院信息产业主管部门责令限期改正；逾期未改正的，吊销电子认证许可证书……

三是责令改正后的处罚不能用"并处"。因为，责令改正、限期改正违法行为都不属于行政处罚种类，其只是实施行政处罚之前的一种教育措施。这在立法实践中也是经常会犯的一种错误。如："违反本办法第十二条第三款规定，扬尘污染防治方案不按规定进行备案或者公布的，由建设行政管理部门责令限期改正，并可处以1 000元以上1万元以下的罚款。"这种表述就混淆了责令改正与行政处罚的关系，将责令改正也认定为一种行政处罚了。

四是单项处罚不能用"可以"。对违法行为依法实施行政处罚，是行政机关应当履行的法定职责，只实施单项处罚的情况下不能用"可以"，而是必须实施的刚性措施。只有在依法可以实施多项行政处罚时，才可用"可以"的表述。如："提供方违反本条例第九条，第十一条第一款、第二款规定的，由工商行政管理部门责令限期改正；在规定期限内拒不改正的，可以处以五百元以上五千元以下的罚款。"此例中，行政机关对罚款幅度已有裁量空间，如果对是否处以罚款再有裁量权，则处罚缺乏必要的刚性。这是要避免的一种错误。

还有一种情况需要说明，即我国的行政处罚遵循"一事不二罚款"原则，即对较为严重的违法行为，可以实施两种以上的行政处罚种类，但不能进行二次以上的罚款。

4. 行政罚款的设定。

行政罚款是行政处罚的一种方式，对当事人有惩戒教育作用。罚款可以是警示性的，也可以是经济性的。设定罚款应当根据违法行为的主观恶性、造成的损失、社会危害程度确定。

对行政罚款的设定，一般应当明确罚款的数额或者幅度。立法实践中有四种方式：

一种是按照"错罚相当"的原则，直接对违法行为设定一定数额以内或者一定幅度以内的行政罚款。

范例 48：

《治安管理处罚法》第 51 条第 1 款：

冒充国家机关工作人员或者以其他虚假身份招摇撞骗的，处五日以上十日以下拘留，可以并处五百元以下罚款；情节较轻的，处五日以下拘留或者五百元以下罚款。

范例 49：

《证券法》第 193 条第 1 款：

发行人上市公司或者其他信息披露义务人未按照规定披露信息，或者所披露的信息有虚假记载、误导性陈述或者重大遗漏的责令改正，给予警告，并处以三十万元以上六十万元以下的罚款。对直接负责的主管人员和其他直接责任人员给予警告，并处以三万元以上三十万元以下的罚款。

一般行政罚款的设定，都会设定一定的自由裁量权，如"处以 200 元以上 2 000 元以下的罚款"。立法实践中争议的问题是：自由裁量的幅度是否要有一定的限制，设定多大的裁量幅度较为合适？目前达成的基本共识是：按下限与上限之间不超过 10 倍的数额设定，以防止自由裁量空间过大，尽量避免在执行中畸轻畸重。如，对公民设定 200 元以上 2 000 元以下的罚款；对单位设定 5 000 元以上 50 000 元以下的罚款。

第二种是对有违法所得的，按照违法所得的倍数或者一定比例设定行政罚款，即对违法行为能够以违法数额、违法所得数额、造成的实际损失等作为参考数确定罚款数额定，可以使用处以该系数的倍数或者比例罚款的表述。

范例 50：

《道路交通安全法》第 98 条第 1 款：

机动车所有人、管理人未按照国家规定投保机动车第三者责任强制险的，由公安机关交通管理部门扣留车辆至依照规定投保后，并处依照规定投保最低责任限额应缴纳的保险费的二倍罚款。

范例 51：

《上海市历史文化风貌区和优秀历史建筑保护条例》第 43 条：

违反本条例规定，对优秀历史建筑的修缮不符合建筑的具体保护要求或者相关技术规范的，由市房屋行政管理部门或者区、县房屋行政管理部门责令其限期改正、恢复原状，并可以处该优秀历史建筑重置价百分之三以上百分之三十以下的罚款。

这种设定在实践中遇到的主要问题：一是违法所得较难全部被认定，与违法事实不相一致，不能体现"错罚相当"原则；二是违法所得要不要扣除成本，在实践认识并不一致，也很难操作。三是对经营性的行为罚款起点往往较高，都在 2 000 元以上，而实践中的违法所得起点往往较低，达不到罚款的下限数额。如查获不洁毛蚶几斤，只值几十元钱，即使违法所得的五倍也罚不到 2 000 元的水平。

第三种是"数额+倍数"，即有违法所得且较大的，按照违法所得倍数设定罚款；没有违法所得或者违法所得较少的，设定一定数额的罚款。因为违法所得的查实与取证是执法中的难点，往往是不能完全查实，仅以这一行为而不论违法所得多少设定罚款，不能达到错罚相当的目的和功能，所以对有较大金额违法所得的，通过按照其查实的违法所得设定倍数的罚款；对没有违法所得或者可以认定违法所得较少的，设定一定数额的罚款，是符合执法中所取得的经验和规律的。

范例 52：

《上海市出版物发行管理条例》第 23 条第 2 款第 1 项：

（一）违反本条例第九条第一款规定，擅自设立出版物交易市场的，责令停止违法行为，没收违法所得，违法所得在一万元以上的，处违法所得二倍以上十倍以下的罚款；没有违法所得或者违法所得在一万元以下的，处五千元以上二万元以下的罚款。

第四种是按照投资的一定比例设定罚款幅额，但规定上限。

范例 53：

《上海市实施〈中华人民共和国环境影响评价法〉办法》第 30 条第 4 项：

（四）违反本办法第二十三条第一款规定，未经环保部门批准，主体工程擅自投入试生产或者试运行的，责令停止试生产或者试运行，并处以建设项目总投资的 1% 以上 10% 以下的罚款，但最高不超过 10 万元。

（五）行政责任的表述

地方性法规、政府规章对行政责任的表述要明确违法或者违纪行为性质和责任主体。其中，责任主体一般是违法、违纪的国家工作人员，立法中的表述是"直接负责的主管人员"和"其他直接责任人员"。行政责任的表述有下列规则：

1. 置于对管理相对人的罚则之前。

过去，对国家工作人员设定的行政责任，一般都安排在法律责任的最后部分，放在对管理相对人设定的法律责任之后。进入 21 世纪后，这种立法理念开始改变，为了体现权力与权利的平衡，也体现对国家工作人员和行政机关的严格要求，国务院行政法规中，开始将对行政机关和国家工作人员设定的行政责任置于对相对人设定的行政处罚之前。律人先要律己，才会有公信力。这是立法理念的一种进步。

2. 通用条款与专门条款相结合。

对行政责任的另一种表述方法，是通过分项表述的方式，将通用条款的内容与专门条款的内容结合起来，也是一种较好的方法。

范例 54：

《上海市建筑垃圾和工程渣土处置管理办法规定》第 31 条（执法人员违法行为的追究）：

绿化市容行政管理部门、城管执法部门和其他有关行政管理部门的工作人员有下列行为之一的，由其所在单位或者上级主管部门对直接负责的主管人员和其他直接责任人员依法给予行政处分；构成犯罪的，依法追究刑事责任：

（一）无法定依据执法或者故意违反法定程序执法的；

（二）使用暴力、威胁等手段执法的；

（三）故意损坏或者违反规定损毁当事人财物的；

（四）对发现的违法行为不依法查处的；

（五）滥用职权、玩忽职守、徇私舞弊的其他行为。

3. 对政务处分的设定具体化。

政务处分的种类有警告、记过、记大过、降级、撤职和开除等六种。对于政务处分的具体适用，《公职人员政务处分法》有明确规定。因此，在地方性法规和政府规章中如何表述，便成为一个立法技术的难题。一种立法思路是，为了避免与上位法重复甚至抵触，主张只作原则性表述，即"依法给予政务处分"；另一种立法思路是，应当将上位法的规定落到实处，对政务处分作出具体的细化。如，对哪种或者几种行为适用较低的（警告、记过、记大过）政务处分；对哪几种行为适用较高的（降级、撤职）政务处分；哪种行为适用开除的政务处分等。笔者倾向于第二种思路。

范例55：

《上海市户外广告设施管理办法》第33条（执法人员违法行为的追究）：

绿化市容行政管理部门、城管执法部门以及规划、工商等有关行政管理部门的工作人员有下列行为之一的，由其所在单位或者上级主管部门依法给予警告、记过或者记大过处分；情节严重的，给予降级、撤职或者开除处分；构成犯罪的，依法追究刑事责任：

（一）违法实施行政许可或者行政处罚的；

（二）使用暴力、威胁等手段执法的；

（三）故意损坏或者违反规定损毁当事人财物的；

（四）滥用职权、玩忽职守、徇私舞弊的其他行为。

（六）刑事与民事责任的表述

鉴于立法权的限制，对于刑事责任和民事责任的设定，地方性法规和政府规章都没有设定权。该两项立法权都属于全国人大及其常委会制定的法律的专属立法权范畴。但需要提示行政执法主体及时将构成犯罪的案件移送司法机关时，地方性法规和政府规章可以作出提示性的规定。具体有两种情形：

一是只有个别条文涉及追究刑事责任的，一般在该条文行政责任的表述之后，直接作出"构成犯罪的，依法追究刑事责任"的表述。

范例 56：

《上海市实施〈中华人民共和国气象法〉办法》第 22 条：

气象主管机构及其所属气象台站的工作人员由于玩忽职守，导致重大漏报、错报公共气象预报、灾害性天气警报，以及丢失或者毁坏原始气象探测资料、伪造气象资料等事故的，依法给予行政处分；致使国家利益和人民生命财产遭受重大损失，构成犯罪的，依法追究刑事责任。

二是有多个条文内容涉及追究刑事责任的，可在法律责任部分单设一条，表述为：违法本条例规定，构成犯罪的，依法追究刑事责任。也可以在指引条款中一并表述，如："违反本条例的行为，《中华人民共和国安全生产法》及其他有关法律、法规已有处罚规定的，依照其规定处罚；构成犯罪的，依法追究刑事责任。"① 也可以与民事责任同时表述，如："违反本条例规定，侵犯未成年人合法权益的，应当依法承担民事责任；构成犯罪的，依法追究刑事责任。"②

对于民事责任，地方性法规和政府规章同样没有设定权。但如果涉及一方民事主体侵犯另一方民事主体的合法权益的，也可以作出提示性的表述。

范例 57：

《互联网文化管理暂行规定》第 18 条：

互联网文化单位提供的文化产品，使公民、法人或者其他组织的合法性利益受到侵害的，互联网文化单位应当依法承担民事责任。

（七）法律救济条款

鉴于行政复议法、行政诉讼法等法律对救济途径已有明确规定，除了其他法律另作规定外，地方性法规、政府规章原则上无须作出规定，即法律救济的条款可以省略。目前地方性法规、政府规章中经常出现的法律救济的通用条款，其实是早期立法的遗迹，即当时行政复议和行政诉讼制度尚未统一，处于专门法分别设定时期。在行政复议法、行政诉讼法实施以后，这类表述已无法律效力和法律意义。

只有在两种情形下，地方性法规、政府规章中才有对法律救济作出具体

---

① 参见《上海市安全生产条例》第 62 条。
② 参见《上海市未成年人保护条例》第 46 条。

规定的必要：一是地方性法规、政府规章的直接上位法在申请行政复议、提起行政诉讼的期限等方面有特别规定，需要强调的；二是授权组织的复议机关需要作出特别明确规定的。

四、附 则 部 分

法的附则是法规范文本中作为总则、分则和法律责任的辅助性内容而存在的部分。主要内容包括：（1）关于名词、术语的定义；（2）关于制定实施细则的授权规定；（3）关于制定变通或参照执行的授权规定；（4）关于宣告有关法规范失效或者废止的规定；（5）关于新旧法规范之间适用衔接的规定；（6）关于施行问题的规定。附则是地方性法规、政府规章设章的情况下的最后一章；在不设章的情形下，以下内容也按顺序放在地方性法规、政府规章的后部。

（一）名词、术语解释

名词、术语解释与定义相关。如果一部立法中只有一个或两个主要概念，一般在总则中进行定义。如果一部立法中有较多名词或专业术语概念的，则会选择放到附则部分专门进行名词、术语解释；或者对贯穿全法的主要概念在总则进行定义，其他的名词、术语放到附则中进行解释。立法中需要把握的是哪些名词、术语需要解释，哪些不需要解释，即不言自明的。在附则中需要作解释的名词、术语往往不是一般的法律概念，而是专业术语或者专用名词。

（二）参照执行的规定

参照执行所规定的，是不属于本立法的法律适用范围的事项或领域，但又与本法的调整范围相关，可以适用本法中的部分条款的情形。哪些内容可以适用参照执行的规定，在立法实践中是一项有难度的立法技术。关键是如何认定既不适用又与之相关，还要梳理、明确哪些条款是适用的，哪些条款不能适用。

另外，参照执行的规定与适用范围的规定中的除外情形或者适用特别规定的情形也不相同。后者是对适用范围的限缩，而前者是对适用范围的扩张。

范例58：

《政府信息公开条例》第37条：

教育、医疗卫生、计划生育、供水、供电、供气、供热、环保、公共交通等与人民群众利益密切相关的公共企事业单位在提供社会公共服务过程中制作、获取的信息的公开，参照本条例执行，具体办法由国务院有关主管部门或者机构制定。

（三）过渡性条款

法规、规章设定的行为规范的施行，将影响或者改变原合法行为或者合法权益时，法规、规章应当设置保留或者保护原有行为或权利的过渡性安排的相应条款，以真正体现法制统一。

过渡性条款内容一般包括：对新法施行（颁布）前相关法律行为、法律关系效力的确定；新法对某种特殊情形所作出的特别生效时间或者依法特别办理的规定；对依据旧法获得的权利、资格、资质效力的承认或者处理等。

范例59：

《上海市畜禽养殖管理办法》第33条（过渡条款）：

本办法实施前已经建成的畜禽养殖场，在禁止养殖区内的，由区（县）人民政府按照市人民政府规定的期限安排关闭事宜；在控制养殖区、适度养殖区内的，由区（县）人民政府制定实施方案，并组织限期整治。

（四）施行日期

法规、规章应当明确规定施行的具体日期，施行的起始日一般定为某年某月的1日或者15日，或者某个具体特定意义的日子。表述为："本条例（规定等）自……年……月……日起施行。"法规、规章应当自公布之日起30日后施行，以确保其有充足的实施准备工作。

修正案，施行日期不变；修订案，即废旧立新的立法，应当重新确定施行日期。

（五）废止事项

凡是采用废旧立新模式制定的新法规、规章，应当在附则中作出废止原法规、规章的表述。废止事项一般紧接在法规、规章施行日期之后，在同一条中表述，并应当注明被废止法规、规章的文号和发布日期，表述为："本规定（办法等）自……年……月……日起施行。……年……月……日……省（市）人民政府令第……号发布的《……省（市）……规定》同时废止。"

五、附　件（附　录）

　　附件（附录）是法规、规章正文之后附加的一部分内容，是用来补充表述法规、规章内容的相关资料，或是为保障法规、规章有效施行，而附上有关法律法规的相关条款。只有在法规、规章的正文部分不便写进的内容，而在法规、规章整体上又必须采用附件（附录）方式作补充表述的情况下，才可采用附件（附录）的补充表述形式。

　　法规、规章中的附件（附录）形式多种多样。如：表格、图案、说明、式样、清单、名录、目录、附录、批复等等。而且有的附件篇幅很长，如《中华人民共和国核出口管制条例》共 22 条，但其附件《核出口管制清单》的内容长达十余页。[①]

　　范例 60：

　　《上海市公共信息图形标志标准化管理办法》附件：

　　公共信息图形标志标准实施目录

　　1. GB2893《安全色》

　　2. GB2894《安全标志》

　　3. GB16179《安全标志使用导则》

　　4. GB13495《消防安全标志》

　　5. GB15630《消防安全标志设置要求》

　　6. GB5768《道路交通标志和标线》

　　7. GB7058《铁路客运服务图形标志》

　　8. GB/T10001.1《标志用公共信息图形符号第 1 部分：通用符号》

　　9. GB/T10001.2《标志用公共信息图形符号第 2 部分：旅游设施与服务符号》

---

　　① 参见李培传著：《论立法》，中国法制出版社 2013 年版，第 431—432 页。

10. GB/T15566《图形标志使用原则与要求》

11. GB/T18574《地铁客运服务标志》

12. MH0005《民用航空公共信息标志用图形符号》

13. MH0012《民用航空公共信息标志设置原则与要求》

14. CJ115《动物园安全标志》

第二十章　立法语言的规范

　　"法律是透过语言被带出的。"[①] 语言是法律的存在方式和实施工具，立法语言也是法律思想的具体体现。立法语言中包含着规范、特征、语体、情态、语义、技术、伦理、价值等丰富内容。这里，仅就立法语言的规范作些分析。

一、立法语言的基本要求

　　所谓立法语言，是指国家出台或发布的具有权威性的法律法规规章所使用的语言文字以及必须遵循的语言规律，主要表现为书面形式。立法语言文字是准确表述立法意图、立法目的和体现立法政策的一种专门载体，有着自己的独特的风格。[②] 立法语言即所谓的"法言法语"，应当既要符合国家通用语言文字的基本规范，还要符合法律行业语言文字的要求和规范。清末思想家梁启超曾指出："法律之文辞有三要件，一曰明，二曰确，三曰弹力性。明确就法文之用语言之，弹力性就法文所含意义言之。若用艰深之文，非妇孺所能晓解者，是曰不明。此在古代以法愚民者恒用之，今世不取之。"[③]

　　对立法语言的基本要求是：准确、精炼、平易、明确、严谨和中性。

（一）准确

　　准确性是立法语言文字最基本的风貌和格调，是立法语言文字的灵魂和

---

① ［德］考夫曼著，刘幸义等译：《法律哲学》，法律出版社 2004 年版，第 169—170 页。
② 参见周旺生主编：《立法学》（第二版），法律出版社 2000 年版，第 629 页。
③ 梁启超著：《中国成文法编制之沿革》，中华书局 1957 年版，第 69—70 页。

生命。① 立法语言首先的要求是应当准确无误，如孟德斯鸠所言："法律用语对每个人都能唤起同样的观念。"② 立法中强调"一词一义"，即不同的法律概念不能用同一个词语来表达，同一个法律概念只能用一个词语表达，不同词语之间不允许存在相互替换的现象。因为立法所表述的是社会生活中普遍的现象，而不是个别现象；是对社会生活的一种理性认识，而不是感情冲动或美好想象；是运用逻辑思维对调整对象进行客观界定，而不是作主观描述；是告诉人们一种行为准则，而不是可知可不知的新闻消息。因此，立法语言应当准确表述法律概念，符合客观事物发展规律或客观事物的实际状态，使之可以判断与衡量。

准确，意味着严谨规范，表达时必须字斟句酌，力求周详严密，无懈可击。立法语言虽然来源于日常生活、工作用语，但要符合相应的通用语言文字和法律行业语言的双重规范。这就要求立法语言要采用规范的现代汉语构词法，主要有附加法和复合法两种。

附加法：如审判员、陪审员、仲裁员、所有权、质权、使用权等。

复合法：有联合结构，如判决、证据、审判、起诉等；有主谓结构，如法定、期满、自杀等；有动宾结构，如罚金、贪污、司法等；有偏正结构，如死刑、民法、合议庭；有述补结构，如送达、保全等。

（二）精炼

立法语言文字具有稳定、准确、集合、简洁的特质。立法语言应当简洁、凝练，即一个法律术语能够尽可能精确、简练地将其所反映的法律含意最直接地表达出来，并且要符合其所蕴含的法律事物或者现象的本质特征。因此，立法语言要言简意赅，做到惜字如金，使之不能增减其义，改动其名。如，立法实践中，第一条立法目的和依据，通常有"结合本市实际情况"的表述，但按照用语精炼的要求，"实际"这个词已经将"情况"的含义包含在内了，两者的内涵其实是重复的，所以应当表述为"结合本市实际"即可。又如，立法实践中常用"行政管理部门"的表述，与上述案例同理，"行政"即包含了"管理"的内涵，所以表述为"行政部门"更显精炼、简洁。

同时需注意的是，简洁凝练必须"简而理周"，否则就会造成苟简、疏遗

---

① 参见周旺生主编：《立法学》（第二版），法律出版社 2000 年版，第 630 页。
② 孟德斯鸠著，张雁深译：《论法的精神》下册，商务印书馆 1961 年版，第 297 页。

或残缺。简洁凝练是有界限和尺度的，即以既有利于遵守者和执行者的理解，又不牺牲法的内容的完整性、系统性、准确性为前提。

（三）平易

法律语言的平易意味着尽量通俗、平实，用明白易懂的语言文字表达法的内容，以便人们理解和掌握。法学界有基本共识：法律语言难懂是法律的老大难问题，而让法律语言明白易懂是立法工作者的责任和义务。从法律的普及和全民守法的法治基本理念出发，如果法律术语偏僻难懂，就会影响公众对法律含义的理解，从而影响到法律的遵守和执行，所以，让法律规范明确易懂确实是必要的，但也是很难的。

立法语言源于日常生活用语，对于同时存在大众语言和专业语言两种表达方式时，应当优先选择大众语言；只在大众语言无法表达法律含义时，才动用专业语言。对大众语言的选择要遵循下列原则和要求：一是用词应当质朴、通俗、文雅，通俗而不庸俗；二是要选用含义精确、概括性强的词语，不致产生歧义和误解；三是可以采用一些民众已经熟知的文言词语，如"贪赃""渎职""羁押"等；四是须排斥口语词、方言词和某些行业用语，如，用"监狱"而不用"牢房""局子"等口语、方言词。五是不用形象性词语和艺术化句式，不宜对立法用语加上任何外表的装饰，不使用比喻、夸张的文学表述；六是对具有时间特征的社会流行语要慎重入法，不宜变成立法语言，因为流行语具有明显的不确定性、流变性。如：把"有没有"表述成"有木有"；用"羡慕嫉妒恨"表达一种复杂感情；用"细思极恐"的网络语言表达仔细想想极度后怕的意思，等等，都不合适变成立法用语。

（四）明确

立法语言的明确，即术语的单义性，不可模糊或者模棱两可。立法语言不能用怀疑性、询问性、商榷性、讨论性、建议性以及隐语、双关语等其他不肯定性的用语来表达法规范的内容。一个词语在日常生活中可能会有多种含义，多个义项，一旦成为法律术语后，它就只能具有一个义项，尤其在一个文本中，一个法律术语只能有一种意义，指向同一个事物或现象；不能同时用一个词和它的近义词表达不同的意思，否则会造成法律语言的模糊性和不确定性。如，"过失"这一概念，在刑法中是指行为人在过失犯罪时的心理状态，在民法中则是表示过错的一种形式，即应注意、能注意而没有注意的状态，可见，一个词语，在不同的法律部门中，也会有完全不同的义项。但在一个法律部门里，这一义项应当是一致的，且是唯一的，不能混用。而这种违背词语单义性的错误在立法实践中是经常出现的。

（五）严谨

立法语言的严谨，体现为其不可替代性，即一个法律术语对应一个法律事物或现象，当这个法律术语确定后，今后再描述到该法律事物或者现象时，必须使用已经确定下来的法律术语，而不能用其他词语来代替，且前后不能有不同的表述。如，罚金和罚款，二者都有一个共同语素"罚"，意义上都有"处罚"之意，另一个语素"金"与"款"都表示钱，都表示以罚钱为意义的制裁手段。但作为法律术语，两者则有本质区别，具有截然不同的法律地位和完全不同的法律特征。"罚金"是我国刑法中的一种刑罚，适用于惩罚有罪的人，必须由人民法院依法进行判决才能适用；而"罚款"则是我国民事诉讼法、行政法、经济法、民法中的一种处罚，适用于尚未构成犯罪的违法行为人，可以由人民法院也可由有关行政机关作出决定生效执行。可见"罚金"和"罚款"不能互相替代、混同使用。①

立法语言应当符合形式逻辑规律的要求，即要符合同一律、不矛盾律、排中律、充足理由律的要求。同一律要求立法思维保持同一性，即确定性，立法概念应当有确定的内涵和外延，且前后一致；不矛盾律要求立法思维不出现逻辑矛盾，两个相互反对或矛盾的判断不能同时成立，即对同一事物不能作出两个相反的判断；排中律要求立法思维中对两个互相矛盾的判断不能同时都是假的时，按照非此即彼的原理，辨别出哪一个是真的，而不能全部否定；符合充足理由律要求立法思维在确定一个判断是真的时，必须要有充足的理由，必须具有论证性，经得起推敲。而前三项逻辑规律（同一律、不矛盾律、排中律）是充足理由律的基础和必要条件；充足理由律则是前三项规律的必要补充和完善。

（六）中性

立法语言的性格特征是尽量减少主观色彩，感情色彩，舍弃激发情感的名称和概念，使用中性的表达方式。这是英国著名哲学家边沁（Jeremy

---

① 参见黄震云、张燕著：《立法语言学研究》，长春出版社 2013 年版，第 92 页。

Bentham）提出的主张①，得到后人的认同，也被立法实践证明是正确的观点。立法语言要求不能带有任何主观色彩和偏向性，即立法语言不能采用褒义词或者贬义词，必须使用中性词，以保持立法语言的客观性。立法语言的外表是温文尔雅、不愠不火，不表现任何可以让当事人产生合理怀疑的主观态度。这一点有别于司法文书中如辩护词、判决书等，后者会出现带有褒义词或者贬义词等感情色彩的词语，如"情节恶劣"，感情色彩就比较浓，在司法判决中可以，而在立法语言中则不妥，宜用"情节特别严重"的表述。

二、常用句式的规范

在汉语中可供选择的句式主要有长句和短句，主谓句和非主谓句，整句和散句，主动句和被动句，肯定句和否定句等。立法中，一般短句与长句并用，多用短句；主谓句和非主谓句并用，多用非主谓句；整句与散句并用，多用散句；用主动句而不用被动句；用肯定句而不用否定句。

法律文本中，常用的固定句式包括："的"字结构、但书、列举和指示代词等。

（一）"的"字结构

所谓"的"字结构，是名词性的偏正词组省略了中心语的句式，它具有名词所具有的一切语法功能。其特点是一般无特指或者特定的对象即非主谓句，概括性强，包容性大，言简意赅。在立法实践中，这是广泛运用的一种句式。

在法规范文本中，"的"字结构的功能是用以表述适用某种行为规则的条件。

1. 在短语中，"的"字做单句的主语，表示具有某些假定条件的行为主体，即行为主体不具有特定身份，具有一定的任意性，中心语应当省略，不出现中心语"个人或者组织"。

范例 61：

《上海市个人信用征信管理试行办法》第 31 条（对未经批准从事征信业

务的处理）：

　　未经批准，擅自从事个人信用征信的，由工商行政管理部门依法处理。

　　在上述范例中，"未经批准，擅自从事个人信用征信的"，即是一个"的"字结构，它省略了"的"字后面的中心语"个人或者组织"，用来表述由工商行政管理部门依法对这些个人或者组织作出处理的适用前提和条件。

　　2. 用"的"字结构的名词短语，可以省略相同的定语或中心语，使语句更简洁。如，《妇女权益法》第 2 条规定："未成年的或不能独立生活的子女。"应该为：未成年或不能独立生活的子女。省去前一"的"字。

　　3. 在列举规定中使用"的"字结构（"有下列情形之一的"或"有下列行为之一的"），其所列各项末尾是否用"的"字，根据下列三种情况确定：

　　其一，当所列项是名词时，不用"的"。

　　范例 62：

　　《国家通用文字法》第 17 条：

　　本章有关规定中，有下列情形的，可以保留或使用繁体字、异体字：

　　（一）文物古迹；

　　（二）姓氏中的异体字；

　　（三）书法、篆刻等艺术作品；

　　（四）题词和招牌的手书字；

　　……

　　其二，当所列项是主谓结构时，视为名词性短语，不用"的"。

　　范例 63：

　　《民法典》第 173 条：

　　有下列情形之一的，委托代理终止：

　　（一）代理期间届满或者代理事务完成；

　　（二）被代理人取消委托或者代理人辞去委托；

　　（三）代理人丧失民事行为能力；

　　（四）代理人或者被代理人死亡；

　　（五）作为代理人或者被代理人的法人、非法人组织终止。

其三，当所列项是动宾结构时，应当用"的"。

范例 64：

《上海市畜禽养殖管理办法》第 28 条（违反畜禽防疫规定的法律责任）：

畜禽养殖场有下列行为之一的，由市和区（县）农业行政管理部门委托动物防疫监督机构予以警告，并责令改正；对拒不改正的，处以 2 000 元以上 2 万元以下的罚款：

（一）水禽与旱禽、家畜与家禽混养的；

（二）未建立畜禽疫病免疫程序，未按规定实施强制免疫或者强制免疫后未佩带免疫标识的；

（三）对染疫或者病、死畜禽未作无害化处理的。

（二）但书

但书，又称但书条款，是一种特定的句式，是法规范条文中以"但"或者"但是"引出的一段文字，这段文字是对其前文所做的转折、例外、限制或者补充。但书与前面的主文部分存在相反相成的主从关系。

但书有三种功能：

一是排除、例外功能，这是但书的主要功能，使用最为广泛，其特征是对法规范条文中的规定作出例外、排除或者否定的规定。其中又可分为三种类型，即抽象性规定的排除（参见范例 65）、对特定事项的具体排除（参见范例 66）及对特定主体的排除（参见范例 67）。所以但书常常又被称为"除外条款"。通常表述为：但（但是）……除外。

范例 65：

《上海市标准化条例》第 24 条：

地方标准由市质量技监部门批准并发布，但法律、法规另有规定的除外。

范例 66：

《税收征收管理法》第 52 条：

因税务机关的责任，致使纳税人、扣缴义务人未缴或者少缴税款的，税务机关在三年内可以要求纳税人、扣缴义务人补缴税款，但是不得加收滞纳金。

范例 67：

《民事诉讼法》第 172 条：

人民法院审理认定公民无民事行为能力或者限制民事行为能力的案件，应当由该公民的近亲属为代理人，但申请人除外。近亲属互相推诿的，由人民法院指定其中一人为代理人。该公民健康情况许可的，还应当询问本人的意见。

实际立法中，还有一种特殊情形：没有"但"字的但书条款，即没有"但"或者"但是"表述的除外条款，其虽然没有但书的明示，但其仍具有但书的功能和内涵。

范例 68：

《行政处罚法》第 22 条：

行政处罚由违法行为发生地的行政机关管辖。法律、行政法规、部门规章另有规定的，从其规定。

范例 69：

《海商法》第 227 条：

除合同另有规定外，保险责任开始后，被保险人和保险人均不得解除合同。

二是限制功能，其特征是对法规范条文中但书之前的内容作出主体、程度、时间等方面的限制性规定，以达到法律规范的准确力度。通常表述为：但（但是）……只能。

范例 70：

《行政处罚法》第 18 条：

国务院或者省、自治区、直辖市人民政府可以决定一个行政机关行使有关行政机关的行政处罚权。限制人身自由的行政处罚权只能由公安机关和法律规定的其他机关行使。

三是补充、说明功能，其特征是对但书之前的文字予以补充、说明，使其更加全面、完整。

范例 71：

《刑事诉讼法》第 118 条：

侦查人员在讯问犯罪嫌疑人的时候，应当首先讯问犯罪嫌疑人是否有犯罪行为，让他陈述有罪的情节或者无罪的辩解，然后向他提出问题。犯罪嫌疑人对侦查人员的提问，应当如实回答。但是对与本案无关的问题，有拒绝回答的权利。

（三）列举

列举规定，也称列举条款，是指为了防止法律规范在适用时发生歧义，对法规范条文中涉及的概念、所调整法律关系主体的行为规则、适用该行为规则的条件或者违反该行为规则的法律后果等内容，采用列举的方式而非概述的方式，揭示其外延或者具体内容的法律条文。目前立法实践中常运用列举表述的有：禁止性行为、权利或者义务、条件、行为、事项、种类、作出的决定、行使的职责、程序、措施、材料或者文件等。

概括而言，列举方式可以分为下列四种：

一是全选式列举法，又可称为完全式列举法，即所列举的情形是齐全的，没有缺失的，在执行时是同时适用，缺一不可的。全选式列举的优点在于，规定明确、清晰，便于执行和遵守，也有利于防止行政裁量权的滥用；但其也有缺陷，列举容易产生遗漏。从立法实践来看，全选式列举法是应当提倡和推广的一种。通常的表述是："应当符合下列条件：……"或者"应当提交下列文件（材料）：……"等。

范例 72：

《公司法》第 92 条：

董事会应于创立大会结束后三十日内，向公司登记机关报送下列文件，申请设立登记：

（一）公司登记申请表；

（二）创立大会的会议记录；

（三）公司章程；

（四）验资证明；

（五）法定代表人、董事、监事的任职文件及其身份证明；

（六）发起人的法人资格证明或者自然人身份证明；

（七）公司住所证明。

二是全选加兜底列举法，也称为不完全列举法，即所列举的情形也都是同时适用，缺一不可的，但其列举并不齐全、明确，一般会有一个"兜底项"加以弥补。这种方式属于"列举+口袋"的表述方式。全选加兜底列举法的优点是可以防止挂一漏万，保证法规范条文的严谨和周延；其缺点是不能完全防止和杜绝行政管理的随意性，对相对人的义务存在不确定性。

范例73：

《上海市盐业管理若干规定》第19条（稽查人员的义务）：

市盐务局稽查人员在稽查时，应当承担下列义务：

（一）不泄漏稽查工作中了解和掌握的相关单位的商业秘密；

（二）不接受相关单位或者个人的任何馈赠、报酬及宴请，不参加相关单位或者个人安排的娱乐、旅游等活动；

（三）不在相关单位或者个人处报销任何费用；

（四）告知当事人享有的权利和承担的义务；

（五）法律、法规规定的其他义务。

首先，我们鼓励使用全选式列举法，但在实在无法做到列举穷尽的情况下，可以运用全选加兜底列举法。需要指出的是，"兜底项"的运用应当慎重，体现对行政权力的制约原则，不宜直接授权给执行的行政部门，可以表述为"法律、法规和规章规定的其他条件"或者"省（市）政府规定的其他条件"等，以避免执行部门自我设权，既当规则制定者，又当规则执行者，造成权力缺乏制约。从这一理念出发，下列范例中所规定的"证券交易所要求的其他文件"是不妥当的。

范例74：

《股票发行与交易管理暂行条例》第32条：

股份有限公司申请其股票在证券交易所交易，应当向证券交易所的上市委员会送交下列文件：

（一）申请书；

（二）公司登记注册文件；

……

（七）证券交易所要求的其他文件。

三是并列选项列举法，即相关主体可以适用所列举的"项"中的随意几种情形，可以适用一种，也可以适用全部情形，一切从实际出发，不作刚性约束。

范例75：

《上海市促进张江高科技园区发展的若干规定》第8条：

经市有关行政管理部门、机构或者管委会认定的企业和项目，在园区内可以享受下列优惠政策：

（一）国家和本市有关鼓励技术创新的各项优惠政策；

（二）国家和本市有关鼓励科技成果转化和产业化的各项优惠政策；

（三）国家和本市鼓励软件产业和集成电路产业的各项优惠政策；

（四）本市促进中小企业发展的有关优惠政策。

四是单选式列举法，即当事人只要符合所列举的情形之一，即符合承担法律责任或者禁止性行为的条件。因此，此列举法常用于法律责任部分对违法行为的列举，或者对禁止性行为的列举。通常的表述为："有下列情形之一的，不得……"或者"符合下列情形之一的，应当……"。

范例76：

《上海市导游人员管理办法》第19条（发证限制）：

有下列情形之一的，不得颁发《导游证》或者《景区（点）导游证》：

（一）无民事行为能力或者限制民事行为能力的；

（二）患有传染疾病的；

（三）受过刑事处罚的，过失犯罪的除外；

（四）被吊销导游证的。

（四）指示代词

法规范文本中的指示代词，不论是指人还是物，均使用"其他"，不用

"其它"的表述。

为了指称不产生歧义，法规范文本中不使用具有性别差异的人称代词（他、她）和物主代词（他的、她的）。需要指代时，以古语词"其"来行使指代功能，主要用于"前指"。

三、惯用词和字的规范

立法中的文字规范，包括常用字的规范、近义词的选用、数字使用规范等内容。

（一）宜适用以双音节构词的常用字

在立法文本条文的表述中，能用双音节构成的词，一般使用双音节构成的词，以体现文字的准确和韵律美。如：使用"但是"而不使用"但"；使用"可以"而不使用"可"；使用"应当"而不使用"应"；使用"或者"而不使用"或"；使用"如果"而不使用"如"；使用"按照"而不使用"按"；使用"及其"而不使用"及"，使用"必须"而不使用"须"，依次类推。

（二）近义词的选用

1. "和"与"与"。

"和"与"与"两字，意思相近，都是连接两项以上事物，事物之间是并列关系。但作为立法语言的使用仍有一定区别。

一是在作为连词时，法律条文中一般使用"和"，以连接两个并列的名词、动词或者短语，其前后成分无主次之分，互换位置后在语法意义上不会发生意思变化。

范例77：

《妇女权益保障法》第7条：

中华全国妇女联合会和地方各级妇女联合会依照法律和中华全国妇女联合会章程，代表和维护各族各界妇女的利益，做好维护妇女权益的工作。

二是在作为介词时，一般使用"与"，表述形式一般为"与"+直接宾语+动词（或"有关""相关""相适应"）。一般不使用"和"。

范例 78：

《电力监管条例》第 24 条第 3 项：

查阅、复制与检查事项有关的文件、资料，对可能被转移、隐匿、损毁的文件，资料予以封存。

三是在一个断句之内需多次使用连词的，分别使用"和""与"，而不连续使用"和"或者"与"。

范例 79：

《可再生能源法》第 12 条：

国家将可再生能源开发利用的科学技术研究和产业化发展列为科技发展与高科技产业发展的优先领域，纳入国家科技发展规划和高科技产业发展规划，并安排资金支持可再生能源开发利用的科学技术研究、应用示范和产业化发展，促进可再生能源开发利用的技术进步，降低可再生能源产品的生产成本，提高产品质量。

四是在章名、条标中，一般使用"与"，而不使用"和"。如，《可再生能源法》第 2 章至第 6 章的章名分别为："资源调查与发展规划""产业指导与技术支持""推广与应用""价格管理与费用分摊""经济激励与监督措施"。

2."应当"与"必须"。

两者都表示义务、职责、要求或先决条件。从含义上来说，并没有本质区别，都是义务性的规范，是命令性的指引要求，要求义务履行人为一定行为，若"不为"一定行为就是违法，会有相应的法律后果。

两者相比较而言，"应当"比"必须"的口气稍微柔和一点，"必须"更带有强制性，语气比"应当"更加强硬，起一种着重强调作用。在地方立法中，较少使用"必须"，一般只使用"应当"。

范例 80：

《妇女权益保障法》第 18 条：

父母或者其他监护人必须履行保障适龄女性儿童少年接受义务教育的义务。

3."禁止"与"不得"。

两者都用于禁止性规范的情形。"不得"一般用于有主语或者有明确的被规范对象的句子中;"禁止"一般用于无主语的祈使句中。

立法中一般不再使用"不准""不应""不能""严禁"等与"不得""禁止"相近的词语。

范例81:

《上海市无障碍设施建设和使用管理办法》第13条(禁止行为):

任何单位或者个人不得损坏、擅自占用无障碍设施,或者改变无障碍设施的用途。

范例82:

《上海市九段沙湿地自然保护区管理办法》第18条(禁止行为):

在保护区内禁止下列行为:

(一)未经批准擅自进入保护区;

(二)破坏、损毁或者擅自移动保护区界标以及相关保护设施、设备;

(三)挖沙,擅自割青;

(四)捕捞、狩猎、采药、烧荒,但法律、行政法规另有规定的除外;

(五)其他损害生态环境和生态资源的活动。

4."可以"与"有权"。

可以和有权都是赋予行为主体为一定行为或者不为一定行为的权利(权力)。

"可以"——适用性最广,即可以适用于相对人权利的行使,也可以适用于行政主体权力的行使;即可以适用于为一定行为(即要求作为),也可以适用于不为一定行为(即要求不作为)。

范例83:

《上海市集体合同条例》第7条第4、5款:

集体协商双方根据实际需要可以聘请本企业以外的专业人员担任本方协

商代表，但其人数不得超过本方协商代表人数的三分之一。

集体协商双方可以更换本方的协商代表。更换协商代表，应当遵守本条例规定的代表产生程序。

"有权"——主要适用管理相对人，所指向的行为性质可以是不为一定行为，即有权不履行义务的权利，也可以是为一定行为，即积极行使权利。

范例 84：

《上海市实施〈中华人民共和国防震减灾法〉办法》第 5 条：

任何单位和个人都有依法参加防震减灾活动的义务，有权对违反防震减灾法律、行政法规和本法的行为进行举报、投诉。

市和区县地震、建设交通等管理部门应当对举报、投诉依法进行处理。

5. 依照、按照、参照与遵照。

"依照""按照""参照""遵照"都是引出某一标准作为依据的用语，但是在立法语言中用法有所区别。

"依照"——通常引出法律规范作为依据，可以是具体法律规范的名称，也可以是"本规定（办法）等""法律、法规的有关规定"等。

范例 85：

《著作权集体管理条例》第 47 条：

依照著作权法第二十三条、第三十二条第二款、第三十九条第三款的规定使用他人作品，未能依照《中华人民共和国著作权法实施条例》第三十二条的规定向权利人支付使用费的，应当……

"按照"——也与"依照"一样，后面一般直接引出依据，但"按照"引出的通常不是法律规范，而是某种规则、标准、命令、指示、约定、章程、份额、比例等。

范例 86：

《海商法》第 19 条第 2 款：

同一船舶设定两个以上抵押权的，抵押权人按照抵押权登记的先后顺序，从船舶拍卖所得价款中依次受偿。同日登记的抵押权，按照同一顺序受偿。

"参照"——是作为参考依据的意思，通常是指以某一规定或者标准作为参照物，以其作为处理事务的重要依据。参照适用的情形一般不在法律适用范围内，但又属于该范围逻辑内涵自然延伸的事项，且执行部门有一定的自由裁量权，可以根据实际情况进行调整。

范例87：

《上海市停车场（库）管理办法》第34条（临时停车场管理）：

利用闲置空地开设经营性临时停车场，以及为为期30日以上重大活动临时开设经营性机动车辆停放点的，参照本办法有关规定执行。

"遵照"——一般不直接引出依据，通常与"执行"连用，表述为"遵照执行"。"遵照"的表述在地方立法中较少使用。

范例88：

《中央储备粮管理条例》第34条：

中央储备粮的入库成本由国务院财政部门负责核定。中央储备粮的入库成本一经核定，中央储备粮管理总公司及其分支机构和承储企业必须遵照执行。

6."对"与"对于"。

"对"和"对于"在现代汉语语法中，都是介词，都表示引出动作行为的对象或关系者。在法律文本中也常用这两个介词，将其置于句首，从而使动作的受事者位于动词之前，处于醒目的地位，而且用逗号与后面的分句隔开，减轻长句的负担。

"对"的语法意义比"对于"更宽泛，"对"除做介词外，还可以引出动作、行为的方向、目标或者还有"对待"的意味，可用"向""朝""对待"等替换，而"对于"则没有这种语法意义。也就是说，"对"可以替换"对于"，而"对于"有时不能替换"对"。因此，建议将法律文本中的"对于"和"对"统一为"对"，使字句更为简洁统一。

范例 89：

《刑法》第 61 条：

对于犯罪分子决定刑罚的时候，应当根据犯罪的事实、犯罪的性质、情节和对于社会的危害程度，依照本法的有关规定判处。

上述范例中，句首的"对于"含有"对待"的意味，宜用"对"而不是"对于"，即句首的"对于"应该改为"对"。

7."根据"与"依据"。

"根据"——引用宪法、法律作为立法依据时，使用"根据"。

范例 90：

《村民委员会组织法》第 40 条：

省、自治区、直辖市的人民代表大会常务委员会根据本法，结合本行政区域的实际情况，制定实施办法。

"依据"——适用其他法律或者本法的其他条款时，用"依据"。

范例 91：

《反垄断法》第 53 条：

对反垄断执法机构依据本法第二十八条、第二十九条作出的决定不服的，可以先依法申请行政复议；对行政复议决定不服的，可以依法提起行政诉讼。

（三）法律文本中的数字使用规范

1. 用汉字数字表述的数字。

序数词、比例、分数、百分比、倍数、时间段、年龄、人数、金额，以及表示重量、长度、面积等计量数值的数字，均用汉字数字表述。

地方性法规中，设定的罚款数额，也用汉字数字表述。

2. 用阿拉伯数字表述的数字。

公历年、月、日，统计表中的数字，需要精确到小数点后的数字，法律条文中"目"的序号等，均用阿拉伯数字表述。

政府规章中，设定的罚款数额，一般用阿拉伯数字表述。这与地方性法规有所不同。

3. 数量关系词的表述。

一般数字表述后有"以上、以下、以内、不满、超过"的数量关系规定的，"以上、以下、以内"均含本数；"不满、超过"均不含本数。

数字后的"日"和"工作日"在法律时限中的区别是："日"包含节假日，"工作日"不包含节假日。对于限制公民人身自由或者行使权力可能严重影响公民、法人和其他组织的其他权利的，应当用"日"，不用"工作日"。

4. "二"和"两"的用法。

"二"可以表示序数，如"二月份""二年级""二楼"。数词"二"连用或者与别的词组合，可以表示序数、分数、倍数等等，如第二、百分之二等。表达数目时，包括个数、分数等都用"二"，不用"两"，如一、二、三、四；在小数和分数中也只能用"二"不用"两"，如五分之一、百分之零点二（0.2%）等。

"两"只用于数词，如两个工作日、两天、两倍。"两"不能表示序数，唯一例外的是"两点钟"，而这在立法中基本不涉及。

表示度量衡的量词前边可以用"两"也可以用"二"。如"二千"与"两千"等。但不是任何情况下都可替代，如"两本书""两个人"，不说成"二本书""二个人"。"两"可以用在所有量词前边，而"二"与量词组合时只用在一些传统的度量衡量词前边，如"二尺""二里""二亩""二斤"。

在连用度量衡单位的数目及多位数中，"二"可以用在任何一个位置，如"二斤""二两""二万二千"；而"两"只能用在最前一位数，如"两斤二两""两万二千"。

四、标点符号的使用规范

标点符号是辅助文字记录语言的符号，用来表示停顿、语气或词语的性质。1990 年国家语言文字工作委员会和中华人民共和国新闻出版署修订发布的《标点符号用法》（GB/T15834—1995）规定了现代汉语的标点符号有：7 种点号——句号、问号、叹号（句末点号）、顿号、逗号、分号、冒号（句内点号）；9 种标号——引号、括号、破折号、省略号、书名号、着重号、连接号、间隔号、专名号。

（一）法律文本标点符号的使用种类

法律文本中，常用的标点符号有 8 种，即：句号（。）逗号（，）顿号（、）分号（；）冒号（：）括号（（））书名号（《》）引号（""）。

句号（。）表示一句话完了之后的停顿；逗号（，）表示一句话中间的停顿；顿号（、）表示一句话中间并列的词（包括作用跟并列的词相仿的并列的词组）之间的停顿，又表示"序次语"之后的停顿；分号（；）表示一句话中间并列的分句之间的停顿；冒号（：）表示提示语之后的停顿；括号（）［］［（）］表示文中注释部分，一般常用于法名题注等；书名号《》用在文字的两端，表示文中的书名、篇名的证件名之类；引号（""''）表示文中引用的部分，较多的在法规范的修正案中使用。

立法文本不使用感叹号、问号、破折号、着重号等具有强烈感情色彩和语气的标点符号，也不使用省略号、连接号、间隔号、专名号等符号。

（二）标点符号的使用规范

法律文本少长句、多短句，主语往往很长，并列的句子往往很多，所以标点符号的作用更加突出，需要引起立法工作者的重视。因为立法实践中，标点符号出错的情况比较多的发生。法律文本中标点符号的使用，遵循下列使用规范：①

1. 主语和谓语都比较长时，主语和谓语之间加逗号（，）。

范例 92：

《立法法》第 17 条第 2 款：

全国人民代表大会常务委员会、国务院、中央军事委员会、国家监察委员会、最高人民法院、最高人民检察院、全国人民代表大会各专门委员会，可以向全国人民代表大会提出法律案，由主席团决定列入会议议程。

2. 一个句子内部有多个并列词语的，各个语词之间用顿号（、），用"和"或者"以及"连接最后两个并列词语。

---

① 参见全国人大常委会法制工作委员会办公室编《立法工作规范手册（试行）》中"二、法律条文表述规范"之 18、标点符号的使用。

范例 93：

《立法法》第 13 条：

授权决定应当明确授权的目的、事项、范围、期限以及被授权机关实施授权决定应当遵循的原则等。

3. 一个句子存在两个层次以上的并列关系时，在有内在联系的两个并列层次之间用顿号（、），没有内在联系的两个并列层次之间用逗号（,）。

范例 94：

《公务员法》第 107 条：

全国人民代表大会常务委员会 1957 年 10 月 23 日批准、国务院 1957 年 10 月 26 日公布的《国务院关于国家行政机关工作人员的奖惩暂行规定》，1993 年 8 月 14 日国务院公布的《国家公务员暂行条例》同时废止。

4. 在多重复句中，各并列分句内已使用逗号（,）的，并列分句之间用分号（;）。

范例 95：

《文物保护法》第 76 条：

……人员，有……行为之一的，依法给予行政处分；情节严重的，依法开除公职或者吊销其从业资格；构成犯罪的，依法追究刑事责任。

5. 法规范文本提及法律（法规、规章）名称时，宜用全称加书名号；引用条文时，宜用引号（""）；但引用《中华人民共和国宪法》时，不用全称，也不加书名号，直接表述为"宪法"。

五、语法的正确运用

语法是语言中词、词组、句子的组织规律，能够针对语言整体形成稳定的形式。语法规则是整个语言系统及其结构的法则，它具有抽象性、稳固性及民族性等特征。语句之所以能够直接或间接地表达人们的思想，就是缘于其严格遵守了一个民族长期以来所形成的语法规则。

（一）句法结构选择要合理

法规范文本的句法结构多用并列结构，包括词语并列、短语并列和复句中的分句（或单句）并列。[①]

词语并列。如《刑事诉讼法》第 241 条："当事人及其法定代理人、近亲属，对已经发生法律效力的判决、裁定，可以向人民法院或者人民检察院提出申诉，但是不能停止判决、裁定的执行。"其中几次采用了词语并列的形式，即行为主体并列、行为对象并列和行为的另一方主体并列。

短语并列。如《文物保护法》第 25 条："私人收藏的文物，严禁倒卖牟利，严禁私自卖给外国人。"此条文通过两个并列的短语，共用了一个前置的宾语，从而避免了累赘。

复句中的分句（或单句）并列。如《刑事诉讼法》第 183 条："人民法院审判第一审案件应当公开进行。但是有关国家秘密或者个人隐私的案件，不公开审理；涉及商业秘密的案件，当事人申请不公开审理的，可以不公开审理。"通过对国家秘密、个人隐私与商业秘密的分句并列，表达了两种不公开审理的例外情形。

（二）句法成分要俱全

法规范文本中的一个句子，如果是复杂的主谓句，则主、谓、宾（定、状、补）等成分相应要俱全；如果是复杂的非主谓句，则谓、宾（补）等成分相应要俱全。否则该句子就会成分残缺，造成句子不合语法、表意不明确。

立法实践中可能出现的问题：

一是缺少谓语，如《婚姻法》第 36 条规定："离婚后，哺乳期内的子女，以随哺乳的母亲抚养为原则。"该条就缺少谓语，应该为：父母离婚后，哺乳期内的子女，原则上由哺乳的母亲抚养。

二是缺少宾语，如《女职工保健工作规定》第 10 条规定："实行高危孕妇专案管理，无诊疗条件的单位应及时转院，并配合上级医疗和保健机构严密观察和监护。"该条是个主谓句，其主干为"单位……转院就诊，配合……观察和监护"，这里显然缺少了宾语"高危孕妇"，应该为：实行高危孕妇专

---

① 参见周旺生主编：《立法学教程》，法律出版社 1995 年版，第 303 页。

案管理，无诊疗条件的单位应当及时将高危孕妇转院就诊，并配合上级医疗和保健机构对其进行严密观察和监护。

三是缺少介词，如《婚姻法》第 39 条规定："离婚时，夫妻的共同财产由双方协议处理；协议不成时，由人民法院根据财产的具体情况，照顾子女和女方权益的原则判决。"该条就缺少了介词，应该在"照顾"之前加上介词"本着"或"依照"。

（三）句法成分要搭配得当

法规范文本中一个句子既然有了多个句法成分，就要做到句法成分搭配得当。因为汉语的词类和句法成分不是一一对应关系，成分复杂的对应关系，需要在法规范文本中句法成分搭配得当。而立法实践中，这种句法成分搭配不当的现象比比皆是，需要进行规范。

动宾搭配不当，是出现错误最多的一种情形。如《妇女权益保障法》第 14 条规定："对于有关保障妇女权益的批评或者合理建议，有关部门应当听取和采纳；对于有关侵害妇女权益的申诉、控告和检举，有关部门必须查清事实，负责处理，任何组织或者个人不得压制或者打击报复。"该条文的最后一句的含义是"打击报复申诉、控告和检举"，属于动宾搭配不当，打击报复的对象只能是人，应该为：任何组织或者个人不得打击报复相关人员。又如《女职工保健工作规定》第 8 条规定："对欲婚女职工必须进行婚前卫生知识的宣传教育及咨询，并进行婚前健康检查及指导。"其中第一句，"进行""宣传教育"的动宾搭配是正确的；"进行""咨询"则是动宾搭配不当，因为咨询是一种征求意见的行为，其主体应是欲婚女职工，向医生进行咨询，所以应该为：提供咨询。

（四）句类选择要准确

汉语的句类有陈述句、疑问句、感叹句和祈使句。但在立法语言中只能选用陈述句和祈使句，而不能使用疑问句和感叹句。

陈述句主要表述说明性的法规范和授权性的法规范。可以用直接陈述的方式，也可以用间接陈述的方式。直接陈述句用于表述说明性的法规范和积极授权性法规范，如"公民在法律面前一律平等"；间接陈述句主要用于表述消极授权性的法规范，如"公民非经人民法院决定或者人民检察院批准不受逮捕"。

祈使句主要用于表述义务性的法规范，即要求人们为一定行为或不为一定行为的规定。常用术语有："禁止""不得""不许""不准""不能"等。

（五）语序要符合规范

法规范文本中句子的词语位置不同，表达的意思也就不一样，有时甚至会造成歧义。如《劳动法》第 29 条规定："患职业病或者因工负伤并被确认丧失或者部分丧失劳动能力的。"这里，丧失劳动能力的可能是全部，也可能是部分，所以，"部分"应该限定为"劳动能力"而不是动词"丧失"，应该为：患职业病或者因工负伤并被确认丧失全部或者部分劳动能力的。

（六）须避免的立法语言中常见错误

一是法律概念不明确，造成难以理解或理解不一致，如，《刑法》第 20 条第 3 款规定："对正在进行行凶、杀人、抢劫、强奸、绑架以及其他严重危及人身安全的暴力犯罪，采取防卫行为，造成不法侵害人伤亡的，不属于防卫过当，不负刑事责任。"这里使用了"行凶"这个普通词语，其法律内涵和外延都不明确，因而难以从专业的角度准确界定。

二是法律概念混淆，违背了概念的同一律。如，2001 年修订的《婚姻法》，仍沿用旧的《婚姻法》名称。而这部新的法律既有调整婚姻关系的规范，也有对家庭关系进行调整的内容，这就使得法律名称中的"婚姻"与法条中的"婚姻"内涵不相一致，同一概念不能保持自身的同一律。

三是种属概念并列使用，产生逻辑上的混乱。仍以上述《刑法》第 20 条为例，"行凶"其实是属概念，"杀人""抢劫""强奸""绑架"等是种概念。"行凶"这一概念的外延完全包含了"杀人""抢劫""强奸""绑架"等概念的外延。所以，将两者并列，会产生逻辑上的混乱。

四是概念不周延，也会产生逻辑上的混乱。如《婚姻法》第 5 条规定："结婚必需男女双方完全自愿，不许任何一方对他方加以强迫或任何第三者加以干涉。"第 15 条规定："一方不得对他方加以限制或干涉。"上述两个条款中，都以"一方"与"他方"相对应，而婚姻是男女双方的事，"一方"应该和"另一方"（或对方）相对应，使用"他方"的概念显然存在着逻辑上的混乱。值得一提的是，《民法典》在制定过程中对《婚姻法》的这一文字问题进行了矫正，其第 1046 条规定："结婚应当男女双方完全自愿，禁止任何一方对另一方加以强迫，禁止任何组织或者个人加以干涉。"

　　五是逻辑上层次不清，影响法律条文的周延性。如《宪法》第 49 条规定："婚姻、家庭、母亲、儿童受国家的保护。"这里，婚姻与家庭是一对范畴、母亲和儿童是一对范畴，将其简单地平列，则混淆了概念的逻辑层次。①

　　六是用词不当，影响法律规范的严谨性。如原《立法法》第 3 条规定："立法应当遵循宪法的基本原则，以经济建设为中心，坚持社会主义道路、坚持人民民主专政、坚持中国共产党的领导、坚持马克思列宁主义毛泽东思想邓小平理论，坚持改革开放。"这里，"基本"两字似有不妥，给人打折扣的感觉，应是根本原则。又如《刑法》第 81 条规定："被判处有期徒刑的犯罪分子，执行原判刑期二分之一以上，被判处无期徒刑的犯罪分子、实际执行十年以上，如果认真遵守监规，接受教育改造，确有悔改表现，假释后不致再危害社会的，可以假释。"上述条文中的"不致"带有怀疑推理、不确定的成分，而这里是推断，所以应该用"不会"，这样，对推断方也提出了相对公平的要求与责任。

---

　　①　参见黄震云、张燕著：《立法语言学研究》，长春出版社 2013 年版，第 61—63 页。

第二十一章　修改与废止的技术规范

法的修改与废止，是立法活动特别是立法完善活动的组成部分。法的修改，是对现行法的内容加以修缮改动，通过这种活动使法臻于立法主体预期达到的状况。法的废止，则是将有关法从现行法的体系中清除出去，使其由法变为非法，进而使法的体系得到纯化、完善的活动。

法律法规规章修改的模式分为局部修改和整体修改两种。两者的定位各不相同。此外，随着上位法修改的频率加快，还有一种修法的模式适用频率也在增加，即批量修改的模式。这里只对法规和规章的修改模式进行探讨。

一、局部修改模式（修正案）

局部修改模式一般称之为修正案，既基本保持法规（规章）体例和结构不变的前提下，对法规（规章）中部分条款进行修改或者补充、删除。这也就是修正案模式。

（一）修正案的定位

修正案，不能修正法规（规章）的名称；基本保持法规（规章）体例结构不变；修改的内容较少，修改的条文数量一般应不超过法规（规章）条文总数的三分之一；修正案的内容应当以保持法条的稳定为基本原则，即能不修改的尽量不作修改。

（二）修正案的名称

修正案一般表述为：《……省（市）……条例（或者规定）修正案（草案）》。

与此相对应的，关于修正案的决定名称，一般表述为：……省（市）人民代表大会常务委员会关于修改《……省（市）……条例（或者规定）》的决定。或者……省（市）人民政府关于修改《……省（市）……规定》的决定。

地方性法规修正案开首语的表述方式为：……省（市）第……届人民代表大会常务委员会第……次会议审议了……（提案人）关于提请审议《……省（市）……条例（或者规定）修正案（草案）》的议案，决定对《……省（市）……条例（或者规定）》作如下修改：

……

政府规章修正案开首语的表述为：……省（市）人民政府决定，对《……省（市）……规定》作如下修改：

……

（三）表述方式

修正案的修改内容应当逐条逐款依次表述。每修改原法规（规章）一条内容，在修正案中就列为一条。对被修改的条款的引述应当完整。

1. 对条或者款作整体修改的，表述为：将第……条（第……款）修改为"……"。

2. 对条款中的部分内容作修改的，表述为：将第……条第……款中的"……"修改为"……"。

3. 对多个条款中的同一事项（概念）作统一修改的，表述为：将第……条第……款、第……条第……款、第……条第……款中的"……"均修改为"……"；或者表述为：将本条例（规定）相关条文中的"……"修改为"……"。

4. 需要作增加一条修改的，表述为：增加一条，作为第……条："……"。

5. 需要作增加一款修改的，表述为：增加一款，作为第……条第……款："……"。

6. 作删除修改的，表述为：删去第……条（第……款、第……项）。

7. 对两条内容作合并修改的，表述为：将第……条和第……条合并，作为第……条，修改为"……"；或者表述为：将第……条改为第……条第……款，修改为"……"。

8. 对一款内容作分款修改的，表述为：将第……条第……款修改为两款，作为第……款、第……款：

"……"

"……"

原第……款改为第……款。

9. 修正案条文中的条序需作相应调整的，单列一条，表述为：经上述条文增删后，其余条文的顺序作相应调整。

（四）结尾的表述

地方性法规修正案的结尾应当有如下表述：本修正案（草案）提请……省（市）人民代表大会常务委员会审议并作出修改决定。

政府规章修正案的表述则为：本修正案（草案）提请……省（市）人民政府常务会议审议并作出修改决定。

修正案决定的结尾应统一表述为：本决定自……年……月……日起施行。《……省（市）……条例（或者规定）》根据本决定作相应修正后重新公布。

（五）附件：对照表

修正案一般应当附列法规或者规章修改前后有关条款的对照表。对照表中，对修改或者增加的内容应当用黑体字标识；条款被删除的，应当注明"删除第……条第……款"。

二、废旧立新模式（修订案）

整体修改即废旧立新模式一般称之为修订案，即通过制定新的法规（规章）替代现行的相关法规（规章），并宣布其废止的立法行为。

（一）修订案的适用情形

修订案适用于法规（规章）名称、体例结构需做调整的；修改内容较多的。

修订案的修订程序和立法技术规范，均与制定新的法规（规章）相同。

（二）修订草案的标识与说明

为便于立法审议，法规（规章）的草案文本应当对修订内容进行必要的标识：

1. 对原法规（规章）条文整款、整条予以保留的，以下画曲线进行标识。例如：<u>城市规划必须依法制定，任何单位和个人未经法定程序不得更改或者废止</u>。

2. 引用上位法原文的，以下画直线进行标识。例如：<u>本市土地利用和各项建设必须符合城市规划，服从规划管理</u>。

3. 对删去原法规（规章）中主要制度的情形，应当在起草说明或者审查报告中说明理由。

在修订草案文本的最后，应当注明每种标识所表示的情形。

范例 96：

《上海市城市规划管理技术规定（土地使用、建筑管理）》

（修订草案）

……

第四条　<u>本市建设用地，按其主要用途和功能分区的基本原则，参照《城市用地分类与规划建设用地标准》（GBJ137-90）分类如下：</u>

（一）<u>居住用地；</u>

（二）<u>公共设施用地；</u>

（三）<u>工业用地；</u>

（四）<u>仓储用地；</u>

（五）<u>市政公用设施用地；</u>

（六）<u>绿地。</u>

……

（注：直线部分为引用的上位法原文；曲线部分为保留的原规章条文。）

（三）新旧法规（规章）的衔接

新的法规（规章）应当取代原法规（规章），原法规（规章）自然失效，不需要另行作出法规（规章）的修改决定，通常在新法规（规章）的附则中作出废止原法规（规章）的表述。

修订后的法规（规章）需要重新规定施行日期。

范例 97：

《上海市城市规划管理技术规定（土地使用、建筑管理）》

（修订草案）

第六十四条　本规定自……年……月……日起施行。1994年8月1日上海市人民政府批准的《上海市城市规划管理技术规定（土地使用、建筑管理）》同时废止。

三、批量修订模式

批量修订模式不同于修正案和修订案，它是对多部法规范中涉及同类事项的个别条款集中进行修改，并以作出一个决定的形式完成。批量修订模式往往是与法的清理或者行政审批制度改革连在一起的。因此，这种模式是越来越被重视和运用的一种现行修改模式。

（一）批量修订模式的适用情形

《立法法》第46条规定："对多部法律中涉及同类事项的个别条款进行修改，一并提出法律案的，经委员长会议决定，可以合并表决，也可以分别表决。"从中我们可以推定出，批量修订模式是适用于对多部法规范的同一类或几类事项的个别条款进行的集中修改。实践中，这种需求来自下列情形：

（1）国家部署或者地方自行决定的法的集中清理活动后，按照清理结果进行修法；

（2）行政审批制度改革过程中，按照改革的结果进行相关法规范的调整；

（3）国家对某项制度提出改革要求，如：全面取消"红顶中介"，立法中涉及的相关条款按照改革要求进行修改；

（4）国家出台一部规范政府共同行为的法律之后，如：出台《行政强制法》，按照新的法律规范，对下位法中与之相抵触的条款进行修改。

（二）批量修订格式

1. 名称。

地方性法规一般为：……省（市）人民代表大会常务委员会第……次会议关于修改《……省（市）……条例》等……件地方性法规的决定。

政府规章一般为：……省（市）人民政府关于修改《……省（市）……

规定》等……件省（市）政府规章的决定。

2. 正文。

以规章为例：根据……的有关规定，……省（市）人民政府决定对《……省（市）……规定》等……件省（市）政府规章作如下修改：

一、对《……省（市）……规定》的修改：

1. ……

2. ……

……

二、对《……省（市）……办法》的修改：

1. ……

2. ……

……

本决定自……年……月……日起施行。《……省（市）……规定》等……件省（市）政府规章根据本决定作相应修改和调整后，重新公布。

四、废止的规范

法的废止是一种终止法律文本的效力的立法行为，它与法的创制、修改、解释一样，也是一种立法活动。所不同的是，法的废止是为了去除、消除现行法，使之失去法的效力。

（一）法的废止的种类

法的废止，从不同的角度来分析，可以有不同的类型：

从废止的性质来界定，可以分为自然废止与强制废止两种。所谓自然废止，是指因法的生效期届满而产生的法的终止情形；所谓强制废止，是指有权国家机关依照法定程序和权限，宣告终止现行法的效力的行为。

从法的废止的表现形式来看，可以分为明示废止与暗示废止两种。所谓明示废止，是指通过明文规定或宣告的方式废止法的效力；所谓暗示废止，是指原法在未经宣告的情形下，因新法的颁布而部分或全部失去法的效力，尽管从形式上看，该法仍然有效，但实际执行中，已不能再作为依据了。

从法的废止的明确程度来分析，可以分为一般废止与特别废止两种。所谓一般废止，是指有权机关仅仅宣告废止的原则而非具体的法，如：立法机关在新法颁布之时，仅仅宣布凡与新法相抵触的一切法，均视为无效；所谓特别废止，是指有权机关采用具体列举的方式宣告法的效力终止。

（二）应予废止的情形

现行法规（规章）有下列情形之一的，应当予以废止：

（1）法规（规章）的基本原则和主要内容同新制定或者修订后的直接上位法相抵触；

（2）法规（规章）的基本内容已被新制定或者修订后的直接上位法所涵盖；

（3）法规（规章）的内容已被新制定的同类法规（规章）所取代；

（4）法规（规章）的调整对象或者主要规范事项已经不复存在；

（5）法规（规章）的基本内容已经完全不适应经济、社会发展的新情况。

（三）废止的格式

1. 在制定新的法规时，在法规条文中规定废止相关法规。表述为：本条例自……年……月……日起施行。……年……月……日第……届省（市）人大常委会第……次会议通过的《……条例》同时废止。

2. 单独通过一个决定废止法规。表述为："……年……月……日第……届省（市）人大常委会第……次会议通过的《……条例》自……年……月……日起废止。"

3. 规章的废止。表述与法规基本相同，差别是会议名称改为"第……次省（市）政府常务会议"。

参考书目

一、中 文 论 著

1.《毛泽东文集》第 7 卷，人民出版社 1996 年版。

2.《邓小平文选》第 2 卷，人民出版社 1996 年版。

3.《孙中山全集》（第 1 卷），中华书局 1981 年版。

4.《彭真文选》，人民出版社 1991 年版。

5. 彭真：《新时期的社会主义民主与法制建设》，中央文献出版社 1989 年版。

6. 彭真：《论新中国的政法工作》，中央文献出版社 1992 年版。

7. 顾昂然著：《新中国民主法制建设》，法律出版社 2002 年版。

8. 张春生主编：《中华人民共和国立法法释义》，法律出版社 2000 年版。

9. 李步云、汪永清主编：《中国立法的基本理论和制度》，中国法制出版社 1997 年版。

10. 何勤华主编：《法律文明史》第 9 卷，何勤华、马贺、蔡迪等著：《大陆法系》（上卷），商务印书馆 2015 年版。

11. 尹晋华主编：《法律的真谛》，中国检察出版社 2006 年版。

12. 沈宗灵著：《比较法研究》，北京大学出版社 1998 年版。

13. 刘政、于友民、程湘清主编：《人民代表大会工作全书》，中国法制出版社 1999 年版。

14. 刘松山著：《中国立法问题研究》，知识产权出版社 2016 年版。

15. 李培传著：《论立法》，中国法制出版社 2013 年版。

16. 李龙主编：《良法论》，武汉大学出版社 2001 年版。

17. 陈新民著：《行政法学总论》（修订八版），台北三民书局 2005 年版。

18. 王人博、程燎原著：《法治论》，山东人民出版社 1998 年版。

19. 张文显著：《二十世纪西方法哲学思潮研究》，法律出版社 1996 年版。

20. 卓泽渊著：《法的价值论》，法律出版社 1999 年版。

21. 李林著：《走向宪政的立法》，法律出版社 2003 年版。

22. 李林著：《立法机关比较研究》，人民日报出版社 1991 年版。

23. 王保民著：《现代国家政府立法角色研究》，法律出版社 2015 年版。

24. 周旺生著：《立法论》，北京大学出版社 1994 年版。

25. 周旺生主编：《立法学》，法律出版社 2000 年版。

26. 周旺生主编：《立法研究》（第 1 卷），法律出版社 2000 年版。

27. 周旺生主编：《立法学教程》，法律出版社 1995 年版。

28. 孙关宏、胡雨春、任军锋主编：《政治学论》，复旦大学出版社 2009 年版。

29. 张宏生主编：《西方法律思想史》，北京大学出版社 1983 年版。

30. 张正修著：《地方制度法理论与实用》（二），台湾学林文化事业有限公司 2003 年版。

31. 苏力著：《法治及其本土资源》，中国政法大学出版社 1996 年版。

32. 刘莘主编：《行政立法原理与实务》，中国法制出版社 2014 年版。

33. 王名扬著：《法国行政法》，中国政法大学出版社 1988 年版。

34. 许振洲编著：《法国议会》，华夏出版社 2002 年版。

35. 张越著：《英国行政法》，中国政法大学出版社 2004 年版。

36. 季卫东著：《法律程序的意义——对中国法制建设的另一种思考》，中国法制出版社 2004 年版。

37. 郭道晖著：《法的时代精神》，湖南出版社 1997 年版。

38. 郭道晖主编：《当代中国立法》，中国民主法制出版社 1998 年版。

39. 宋功德著：《行政法哲学》，法律出版社 2000 年版。

40. 王兆波著：《立法决策论》，北京大学出版社 2005 年版。

41. 唐孝葵主编：《地方立法比较研究》，中国民主法制出版社 1992 年版。

42. 张千帆著：《宪法学导论》，法律出版社 2003 年版。

43. 陈伯礼著：《授权立法研究》，法律出版社 2000 年版。

44. 陈弘毅著：《法治、启蒙与现代法的精神》，中国政法大学出版社 1998 年版。

45. 吴大英等著：《比较立法学》，法律出版社 1985 年版。

46. 吴大英、任允正、李林著：《比较立法制度》，群众出版社 1992 年版。

47. 李瑜青等著：《人文精神与法治文明关系研究》，法律出版社 2007 年版。

48. 龚祥瑞著：《比较宪法与行政法》，法律出版社 1985 年版。

49. 范中信选编：《梁启超法学文集》，中国政法大学出版社 2000 年版。

50. 王爱声著：《立法过程：制度选择的进路》，中国人民大学出版社 2009 年版。

51. 陈俊著：《政党与立法问题研究——借鉴与超越》，人民出版社 2008 年版。

52. 徐向华著：《中国立法关系论》，浙江人民出版社 1999 年版。

53. 梁启超著：《中国成文法编制之沿革》，中华书局 1957 年版。

54. 李寿祺著：《利益集团与美国政治》，中国社会科学出版社 1988 年版。

55. 孙大雄著：《宪政体制下的第三种分权——利益集团对美国政府决策的影响》，中国社会科学出版社 2005 年版。

56. 刘建飞等编著：《英国议会》，华夏出版社 2002 年版。

57. 胡叔宝著：《契约政府的契约规则》，中国社会科学出版社 2004 年版。

58. 蔡定剑主编：《国外公众参与立法》，法律出版社 2005 年版。

59. 罗传贤著：《立法程序》，台湾龙文出版社 1993 年版。

60. 蒋劲松著：《美国国会史》，湖南出版社 1992 年版。

61. 万其刚著：《立法理念与实践》，北京大学出版社 2006 年版。

62. 孙笑侠著：《法律对行政的控制——现代行政法的法理解释》，山东人民出版社 1999 年版。

63. 孙笑侠著：《法的现象与概念》，群众出版社 1995 年版。

64. 陈金钊著：《法律解释的哲理》，山东人民出版社 1999 年版。

65. 黄震云、张燕著：《立法语言学研究》，长春出版社 2013 年版。

66. 中国政法大学中德法学院主编：《立法权限划分——中德比较》，中国政法大学出版社 2015 年版。

67. 上海市行政法制研究所编：《依法行政与法治政府》，法律出版社 2006 年版。

68. 上海市行政法制研究所编：《地方立法的理论与实务（2005—2006 年研究报告集）》，法律出版社 2007 年版。

二、外 文 译 著

69.《马克思恩格斯选集》第 2 卷，人民出版社 2012 年版。

70.《马克思恩格斯选集》第 3 卷，人民出版社 2012 年版。

71.《马克思恩格斯选集》第 4 卷，人民出版社 2012 年版。

72.《马克思恩格斯全集》第 21 卷，人民出版社 1956 年版。

73.《列宁全集》第 10 卷，人民出版社 1958 年版。

74.《列宁全集》第 31 卷，人民出版社 1985 年版。

75.《列宁全集》第 34 卷，人民出版社 1985 年版。

76. ［美］E. 博登海默著，邓正来译：《法理学——法律哲学与法律方法》，中国政法大学出版社 1999 年版。

77. ［德］马克斯·韦伯著，张乃根译：《论经济与社会中的法律》，中国大百科全书出版社 1998 年版。

78. ［加］帕特里克·格伦著，姚玲译：《世界法律传统》，北京大学出版社 2009 年版。

79. ［古罗马］优士丁尼著，张企泰译：《优士丁尼法学总论》，商务印书馆 1989 年版。

80. ［日］美浓部达吉著，黄冯明译、周旋勘校：《公法与私法》，中国政法大学出版社 2003 年版。

81. ［美］罗杰·科特威尔著，潘大松译：《法律社会学导论》，华夏出版社 1989 年版。

82. ［英］马丁·洛克林著，郑戈译：《公法与政治理论》，商务印书馆 2003 年版。

83. ［美］理查德·A. 波斯纳著，苏力译：《法理学问题》，中国政法大学出版社 2002 年版。

84. ［美］P. 诺内特、P. 塞尔兹尼克著，张志铭译：《转变中的法律与社会：迈向回应型法》，中国政法大学出版社 2004 年版。

85. ［德］卡尔·拉伦茨著，陈爱娥译：《法学方法论》，商务印书馆 2003 年版。

86. ［法］孟德斯鸠著，张雁深译：《论法的精神》（上、下册），商务印书馆 1961 年版。

87. [英] A. J. M. 米尔恩著，夏勇、张志铭译：《人的权利与人的多样性——人权哲学》，中国大百科全书出版社 1995 年版。

88. [德] 拉德布鲁赫著，米健、朱林译：《法学导论》，中国大百科全书出版社 1997 年版。

89. [英] 威廉·韦德著，徐炳等译：《行政法》，中国大百科全书出版社 1997 年版。

90. [古希腊] 亚里士多德著，吴寿彭译：《政治学》，商务印书馆 1965 年版。

91. [美] 伯纳德·施瓦茨著，王军等译：《美国法律史》，中国政法大学出版社 1989 年版。

92. [美] 乔治·萨贝因著，托马斯·索尔森修订，邓正来译：《政治学说史》[上卷]，世纪出版集团、上海人民出版社 2008 年版。

93. [美] 哈罗德·J. 伯尔曼著，梁治平译：《法律与宗教》，三联书店 1990 年版。

94. [美] 哈罗德·J. 伯尔曼著，贺卫方、高鸿钧、张志铭、夏勇译：《法律与革命——西方法律传统的形成》，中国大百科全书出版社 1993 年版。

95. [奥] 凯尔森著，沈宗灵译：《法与国家的一般理论》，中国大百科全书出版社 1996 年版。

96. [德] 尤尔根·哈贝马斯著，曹卫东译：《包容他者》，上海人民出版社 2002 年版。

97. [英] 洛克著，叶启芳、瞿菊农译：《政府论》（下篇）商务印书馆 1983 年版。

98. [德] 黑格尔著，范扬、张企泰译：《法哲学原理》，商务印书馆 1982 年版。

99. [日] 南博方著，杨建顺译：《行政法》（第六版），中国人民大学出版社 2009 年版。

100. [英] 埃弗尔·詹宁斯著，蓬勃译：《英国议会》，商务印书馆 1959 年版。

101. [日] 深濑忠一等著，许介鳞译：《议会立法过程之比较研究》，台北正中书局 1991 年版。

102. [美] 小 G. 宾厄姆·鲍威尔、加布里埃尔·A. 阿尔蒙德著，曹沛霖等译：《比较政治学：体系、过程和政策》，上海译文出版社 1987 年版。

103. ［美］塞缪尔·P. 亨廷顿著，张岱云等译：《变动社会的政治秩序》，上海译文出版社 1989 年版。

104. ［美］乔·萨托利著，冯克利、阎克文译：《民主新论》，东方出版社 1998 年版。

105. ［法］狄冀著，钱克新译：《宪法论》，商务印书馆 1962 年版。

106. ［英］丹尼斯·基南著，陈宇、刘坤轮译：《史密斯和基南英国法》（上），法律出版社 2008 年版。

107. ［美］罗纳德·德沃金著，信春鹰、吴玉章译：《认真对待权利》，中国大百科全书出版社 1998 年版。

108. ［美］史蒂文·凯尔曼著，商正译：《制定公共政策》，商务印书馆 1990 年版。

109. ［英］约翰·密尔著，汪瑄译：《代议制政府》，商务印书馆 1984 年版。

110. ［美］罗斯科·庞德著，邓正来译：《法律史解释》，中国法制出版社 2002 年版。

111. ［英］威廉·葛德文著，何慕李译：《政治正义论》，商务印书馆 1982 年版。

112. ［美］理查德·A. 波斯纳著，蒋兆康等译：《法律的经济分析》，中国大百科全书出版社 1997 年版。

113. ［美］迈克尔·罗斯金等著，王浦劬、林震等译：《政治科学》，华夏出版社 2001 年版。

114. ［美］约翰·奈斯比特著，董良果译：《大趋势》，世界知识出版社 1984 年版。

115. ［英］彼得·斯坦、约翰·香得著，王献平译：《西方社会的法律价值》，中国人民公安大学出版社 1990 年版。

116. ［美］汉密尔顿等著，程逢如等译：《联邦党人文集》，商务印书馆 1980 年版。

117. ［德］哈贝马斯著，童世骏译：《在事实与规范之间》，生活·读书·新知三联书店 2003 年版。

118. ［日］岩井奉信著，李薇译：《立法过程》，经济日报出版社 1990 年版。

119. ［英］伯特兰·罗素著，肖巍译：《权威与个人》，中国社会科学出版社 1990 年版。

120. ［美］L. 科基著，孙立平等译：《社会冲突的功能》，华夏出版社 1989 年版。

121. ［英］吉米·边沁著，李贵方等译：《立法理论》，中国人民公安大学出版社 2004 年版。

122. ［法］托克维尔著，董果良译：《论美国的民主》，商务印书馆 1988 年版。

123. ［美］路易斯·亨金、阿尔伯特·J. 罗森塔尔编，郑戈等译：《宪政与权利》，生活·读书·新知三联书店 1996 年版。

124. ［美］史蒂夫·J. 伯顿著，张志铭、解兴权译：《法律和法律推理导论》，中国政法大学出版社 2000 年版。

125. ［德］哈特穆特·毛雷尔著，高家伟译：《行政法学总论》，法律出版社 2000 年版。

126. ［美］凯斯·R. 孙斯坦著，金朝武、胡爱平、高建勋译：《法律推理与政治冲突》，法律出版社 2004 年版。

127. ［美］安德雷·马默主编，张卓明、徐宗立等译：《法律与解释》，法律出版社 2006 年版。

128. ［德］考夫曼著，刘幸义等译：《法律哲学》，法律出版社 2004 年版。

129. ［荷兰］马丁·W. 海塞林克著，魏磊杰译注：《新的欧洲法律文化》，中国法制出版社 2010 年版。

130. 陈卫佐译注：《德国民法典》（第 3 版），法律出版社 2010 年版。

131. ［美］托马斯·潘恩著，马清槐译：《潘恩选集》，商务印书馆 1981 年版。

图书在版编目(CIP)数据

立法原理、程序与技术／刘平著. —2版. —上海：
学林出版社,2023
（法治原理与实务丛书）
ISBN 978 - 7 - 5486 - 1988 - 8

Ⅰ. ①立… Ⅱ. ①刘… Ⅲ. ①立法—研究—中国
Ⅳ. ①D920.0

中国国家版本馆 CIP 数据核字（2024）第 001200 号

责任编辑 　李晓梅
封面设计 　周剑峰

法治原理与实务丛书

立法原理、程序与技术（第二版）

刘　平　著

出　　版　**学林出版社**
　　　　　　（201101　上海市闵行区号景路 159 弄 C 座）
发　　行　上海人民出版社发行中心
　　　　　　（201101　上海市闵行区号景路 159 弄 C 座）
印　　刷　商务印书馆上海印刷有限公司
开　　本　720×1000　1/16
印　　张　25.25
字　　数　42 万
版　　次　2024 年 1 月第 1 版
印　　次　2024 年 1 月第 1 次印刷
ISBN 978 - 7 - 5486 - 1988 - 8/D·102
定　　价　98.00 元